ENSAIOS SOBRE O COMPORTAMENTO HUMANO: DO DIAGNÓSTICO À INTERVENÇÃO

CONTRIBUTOS NACIONAIS E INTERNACIONAIS

PATROCÍNIO
FUNDAÇÃO CALOUSTE GULBENKIAN

Centro de Psicopedagogia da Universidade de Coimbra
[FEDER/POCTI-SFA-160-490]

ENSAIOS SOBRE O COMPORTAMENTO HUMANO: DO DIAGNÓSTICO À INTERVENÇÃO

CONTRIBUTOS NACIONAIS E INTERNACIONAIS

EDITORAS

CRISTINA M. C. VIEIRA, ANA MARIA SEIXAS
ARMANDA P. M. MATOS, MARGARIDA PEDROSO DE LIMA
M. MANUELA VILAR, MARIA DO ROSÁRIO M. PINHEIRO

ALMEDINA

ENSAIOS SOBRE O COMPORTAMENTO HUMANO: DO DIAGNÓSTICO À INTERVENÇÃO

CONTRIBUTOS NACIONAIS E INTERNACIONAIS

EDITORAS
CRISTINA M. C. VIEIRA, ANA MARIA SEIXAS
ARMANDA P. M. MATOS, MARGARIDA PEDROSO DE LIMA
M. MANUELA VILAR, MARIA DO ROSÁRIO M. PINHEIRO

EDITOR
EDIÇÕES ALMEDINA, SA
Rua da Estrela, n.° 6
3000-161 Coimbra
Telef.: 239 851 905
Fax: 239 851 901
www.almedina.net
editora@almedina.net

EXECUÇÃO GRÁFICA
G.C. – GRÁFICA DE COIMBRA, LDA.
Palheira – Assafarge
3001-453 Coimbra
producao@graficadecoimbra.pt

Maio 2005

DEPÓSITO LEGAL
226510/05

NOTA DE ABERTURA

Neste início do século XXI continuam a ser numerosas as questões sem resposta acerca do desenvolvimento humano, quer devido à multiplicidade das suas expressões, quer em virtude da diversidade de variáveis e de contextos a ter necessariamente em conta na compreensão das condutas. Na realidade, nem todas as pessoas com os mesmos recursos familiares, sociais, educacionais, financeiros ou profissionais se comportam, de forma análoga, em situações idênticas e, por isso, coloca-se-nos o desafio de tentar explicar, no seio de um mesmo país e também numa perspectiva transcultural, a pluralidade dos comportamentos observados, tanto a nível intra como interindividual.

Não alheios a esta complexidade do seu objecto de estudo, os próprios cientistas têm-se preocupado com a concepção de metodologias de investigação cada vez mais válidas e integradoras, de cariz transversal ou longitudinal que, na sua tentativa de estabelecerem princípios gerais de explicação do desenvolvimento humano, levem simultaneamente em consideração aspectos de natureza mais idiossincrática, específicos de indivíduos ou de momentos de vida particulares.

Com a finalidade de contribuir para uma compreensão mais ampla dos factores individuais e contextuais que influenciam as condutas e de possibilitar o delineamento de estratégias de intervenção, destinadas à promoção de um desenvolvimento saudável e do bem-estar dos indivíduos, em qualquer faixa etária, levou-se a efeito a edição desta compilação de ensaios. Nela se incluem dezanove trabalhos teóricos e empíricos de investigadores pertencentes a oito países da Europa e da América. Os autores convidados a participar foram alguns dos especialistas que integraram o painel de oradores de dois congressos internacionais e multidisciplinares, organizados em Fevereiro de 2003 e em Maio de 2004 pelo *Centro de Psicopedagogia da Universidade de Coimbra*. No primeiro destes eventos foi abordada a temática das trajectórias normais e desviantes do desenvolvimento desde a infância à juventude, e o segundo voltou-se para os domínios da Educação, da Psicologia e da Justiça, tendo sido realçados, numa perspectiva comparativa, os seus diferentes olhares sobre o comportamento humano.

Subjacente à redacção de todos os capítulos integrantes desta obra está uma visão do desenvolvimento como um processo dinâmico e interactivo, que se desenrola ao longo de todo o ciclo de vida e é influenciado por inúmeros determinantes. A existência de continuidade tanto das condutas pró-sociais como das anti-sociais pode ser aqui constatada através das conclusões de diversos estudos efectuados em diferentes países, os quais acompanharam indivíduos por longos períodos de tempo. São também variados os contextos de desenvolvimento que constituíram alvo de análise, como a família, a escola e o grupo de pares, e diversificadas as estratégias de intervenção apresentadas, partindo de exemplos que apontam para a sua eficácia preventiva ou mesmo promotora de um funcionamento psíquico saudável.

Embora a cobertura das temáticas aqui abordadas não traduza de forma exaustiva o estado actual dos conhecimentos no domínio em apreço, acreditamos que estes ensaios poderão constituir importantes recursos de aprendizagem e de reflexão para estudantes, investigadores e profissionais das ciências sociais e humanas.

A organização deste livro contou com o apoio de muitos colegas e amigos, a quem queremos transmitir a nossa gratidão e expressar uma palavra de reconhecimento pelo valioso trabalho que têm desenvolvido no estudo do comportamento humano.

Agradecemos à *Fundação Calouste Gulbenkian* e ao *Centro de Psicopedagogia* da Universidade de Coimbra os indispensáveis apoios financeiros concedidos.

CRISTINA MARIA COIMBRA VIEIRA

O que será um bom carácter?*

JOÃO BOAVIDA
Faculdade de Psicologia e de Ciências da Educação da Universidade de Coimbra, Portugal

«Possivelmente, era Quina uma dessas pessoas de quem se diz não terem carácter, significando isto todo o turbilhão de aspirações, desejos, fraquezas, perversidades, mentira, audácia, medo e loucura, que pode ser encontrado no coração humano. A fibra mais recôndita do seu ser era a ternura – a mais bela e mais rara ternura», Agustina Bessa Luís, *A Sibila*.

1. FICÇÃO, INDIVÍDUO OU CONTEXTO?

É um personagem sem nome, sem rosto, nunca descrito em termos físicos, que vive uma relação que só lentamente se vai compreendendo, e que acaba por praticar um crime difícil de entender. Trata-se do protagonista de um romance, de uma autora estreante, e, por certo, desconhecida da maioria: Dulce Maria Cardoso. O livro chama-se *Campo de sangue*. Para contextualizar deixem-me resumir o enredo. Ele, essa pessoa sem nome e sem rosto, não tem nem nunca teve profissão, vivendo à custa da sua ex-mulher, de quem, no entanto, continua a ser amante, depois da separação de ambos, e do casamento dela com um homem que lhe garante estatuto e estabilidade de vida. Ele acomoda-se a esta situação, como já se

* Este capítulo foi escrito com o apoio do *Centro de Psicopedagogia* da Universidade de Coimbra [FEDER/POCTI-SFA-160-490].

acomodara à anterior, quando era o marido legítimo da actual amante e, tal como agora, já vivia à sua custa. É de notar que não conheceu o seu pai a não ser já morto, no velório, embora lhe conhecesse vagamente as feições por uma fotografia desbotada que andava lá por casa. E se o viu ainda, apesar de já morto, foi porque a mãe o aconselhou a ir ao enterro, porque, como disse, «sempre é teu pai»; embora ela própria não fosse pois «já enterrara o pai há muito tempo». Convém ainda dizer que entre mãe e filho não há qualquer manifestação de amor, pois vêem-se, agora, duas ou três vezes por ano e, «portam-se como estranhos».

É, pois, alguém inerte, de vontade débil, mas que acaba, como se disse, por cometer um crime incompreensível, manifestando uma perturbação psico-afectiva que não se adivinhava, na aparente acomodação a todas as situações e na ausência de vontade em relação a tudo, salvo, é curioso, a uma bela jovem que encontrou por acaso e sobre a qual cria uma fixação que o leva a procurá-la por todo o lado e a começar a vê-la, de modo progressivamente delirante, em diferentes jovens e diversas situações, até ao crime final.

Por que falo neste personagem de romance? Pelas sugestões que nos dá para este tema. Desde logo porque é uma personalidade aparentemente incapaz de tudo o que é desejável, ou seja, trabalhar, ter uma ocupação, interesses, motivações, isto é, desejar, optar, lutar. Parece incapaz de tudo isto, e embora mantenha uma ligação com a antiga mulher, a neutralidade e até o desinteresse são patentes em todas as atitudes e, paradoxalmente, só a inércia o parece motivar, embora acabe, como disse, por assassinar alguém com o qual não tinha nada que ver, numa manifestação de perturbação mental mansa, invisível, mas trágica.

Dirão, é mais um caso, entre muitos, de desarranjo de personalidade que a psiquiatria estuda. Certamente. Mas é revelador da complexidade de problemas que podem surgir de uma formação deficiente ou desequilibrada, e que dá que pensar aos educadores. E isto porque, na aparência, e como ele próprio, num dos seus momentos de meditação consegue realizar, «talvez eu tivesse sido alguém», se não tivesse ocorrido um episódio antigo, passado numa aula, quando da morte do pai. E que episódio foi este?

É simples, tendo morrido o pai, a mãe dissera-lhe para pedir dispensa à professora da última aula, para poder ir ao enterro. Mas a professora, perante a cara com que lhe fazia o pedido, pensou que ele mentia, e o mesmo aconteceu com os colegas, que julgaram que ele se servira de tão arrojada trapaça para gozar com a professora. E tanto, que tiveram por ele, pela primeira vez, consideração e respeito, e aceitaram-no no seu grupo porque mostrara, aos olhos de todos e segundo os seus códigos, capacidades muito acima da média, inventando uma história arrojada para «desafiar aquela vaca, que andava mesmo a pedi-las há muito», como um deles disse. E a admiração foi tanta que recebeu abraços e parabéns dos colegas, pagaram-lhe bebidas, e ele sentiu-se aceite e valorizado num grupo onde sempre desejara aceder, mas onde jamais entrara, por inércia e cinzentismo profundo e crónico.

Mas a glória foi efémera. Face à desconfiança da professora, a mãe teve que ir ao liceu confirmar a morte do marido. E, de repente, aos olhos dos colegas, tornou-se infamante que ele pudesse ter participado em tais farras, e recebido as honras da sua heroicidade pela afronta feita à professora, quando nenhuma heroicidade havia, pois o pai morrera-lhe de facto. E tanto desafecto levou os colegas a afastarem-se dele «repugnados» e «amedrontados», e ele a pairar de novo numa realidade sem consistência, gelatinosa e sem forma.

Ou seja, o que o teria salvo seria a verdade da mentira e não a mentira que deixou construir sobre a verdade, num aproveitamento sem coragem nem ética. Pois se, afinal, não afrontara a professora, mas obtivera os louros como se tal tivesse acontecido, falhando-lhe a coragem, que era o que eles estavam louvando; e tendo-lhe morrido o pai aproveitara, mesmo assim, a farsa e convivera sem problemas com a situação, o que pensar dele? Ficou, pois, mal face à professora, porque, sobre um tal assunto, falara verdade com cara de quem mente, mais lhe valera que mentisse. Ficou mal entre os colegas, porque afinal era verdade o que eles julgavam ser mentira, não manifestando sombra de sentimento filial, o que até neles causou temor. E, pior ainda, segundo pensava, tudo podia ter sido evitado, e ele feito da vida algo de aceitável, se a mãe não tivesse desmontado o embuste construído sobre a sua verdade, isto é, se não tivesse confirmado a veracidade da sua suposta mentira. Na sua interpretação era incapaz de atribuir responsabilidades à sua pessoa, ou pensar em lutar pela vida, com vontade própria, em planos valiosos. E como tudo, segundo ele, poderia ter resultado, se as imagens estivessem invertidas, (se ele mentisse), e só não resultou porque afinal estavam na posição certa (falara verdade), falar verdade provocara o seu mal, como mentir teria provocado o seu bem. Não só o acaso dominou a sua vida, mas pior, o bem provocou o seu mal, e o mal teria provocado o seu bem. Não espanta que um carácter assim, não sendo capaz de nada, fosse capaz do pior.

Eis o motivo para a longa exposição sobre um romance a propósito do que seja um bom carácter. É certo que as coisas, na nossa vida, estão dependentes de factores que muitas vezes não controlamos, mas outras não controlamos porque não queremos. E por que é que não queremos controlar? Embora a sucessão das perguntas não nos responda, alerta-nos para a sucessão dos contextos em que o problema se coloca, para a multiplicação das responsabilidades, para a acumulação de decisões erradas ou certas, para os factores que interferem e que ignoramos, para o contexto, para a vontade própria, etc. E por que falta tanto a vontade? E nova série de perguntas se poderiam fazer.

2. ETIMOLOGIA E CONSTITUIÇÃO DA PESSOA

A palavra "carácter" parece estar um pouco fora de moda, perdida na diluição geral de certos conceitos, desvitalizada, mas vale a pena recuperar alguns dos seus sentidos. Qualquer bom dicionário de Português (o *Cândido de Figueiredo*, o *Houaiss*, o *Pedro Machado*) fala de carácter como «qualidade peculiar, especificidade, cunho distintivo de uma pessoa», ou «conjunto de traços psicológicos e morais (positivos ou negativos) que caracterizam um indivíduo»; ou ainda em «firmeza moral, coerência de actos, honestidade».

Há aqui, pois, poderemos considerar, um conceito central, o de *pessoa*, e três outros que ganham significado em relação àquele, que se lhe aplicam em níveis e circunstâncias diferentes: os conceitos de *especificidade*, de *firmeza* e de *coerência*, com os quais se poderá constituir o conceito de carácter. Analisemos estes conceitos e a sua interdependência, começando, porém, pelo de *pessoa*, que todos, neste domínio pressupõem, e em relação ao qual ganham sentido social, moral, e, portanto, também educativo.

O termo tem um conteúdo que evoluiu e se foi enriquecendo desde a Antiguidade, sobretudo a partir do Concílio de Nicea, em 325, e da necessidade de relacionar os conceitos de "natureza" e de "pessoa" em Cristo, isto é, de uma dupla natureza (Cf. Mora, 1966, II, 402), na linha de sentidos que já vinham da Antiguidade. Na concepção aristotélica, por exemplo, toda a pessoa o é por dois aspectos: o que é em si e o que tem de comum com os outros; a pessoa é simultaneamente *hipóstasis*, ou seja, substância que existe por direito próprio, individual e concreta, e *ousía*, aquilo que é comum a várias substâncias, a essência. Esta dupla natureza foi reconhecida e adoptada pelos autores cristãos, surgindo pela primeira vez em Tertuliano, (sécs. II-III), a palavra *persona* para designar uma substância completa que existe por si. A partir de Boécio, (séc. XIII), a designação de *persona* significa substância individual de natureza racional, que existe por direito próprio, ou seja, é a união do que é próprio de um só com o que é comum a todos, além de se lhe acrescentar a natureza racional. A dimensão relacional do conceito já fora dada, de resto, por Ricardo de São Victor, (séc. XII), que distingue nela o *sistere* do *existere*, isto é, o ser, que diz respeito à natureza, e o existir, ou vir de, derivar, originar-se, que se manifesta em cada indivíduo de um modo particular. Realça-se assim na ideia de pessoa uma conotação essencialista – o que é porque a natureza assim o determina, e uma existencialista, ou algo que deriva e se forma na existência, e assim vai constituindo cada pessoa concreta no bom e no mau que cada um faz de si. Em Emmanuel Mounier (1993, II, 57) carácter «designa ao mesmo tempo o conjunto das condições que nos são dadas, e mais ou menos impostas, e a força maior ou menor com que dominamos este dado».

Referindo-se ao objecto da ética, Adela Cortina (1999, 131) diz que ela terá «por objecto o carácter, o modo de ser a partir do qual nós, homens, enfrentamos a vida» (...) «o modo de ser do qual nos vamos apropriando durante a nossa existência». E Alte da Veiga (2005, 37), na linha da evolução cristã apontada, fala de «pessoa com a característica nuclear de amor, que se foi revelando no Antigo Testamento, adquirindo, no Novo Testamento, a simbologia de um Pai cujo amor é infinito, e que trata os seus filhos (...) como pessoas livres e responsáveis». O que dá conta desse ponto de partida de que todos participamos, e com que podemos contar para a nossa viagem, o que de particular formos sendo capazes de fazer e ser, isto é, o itinerário constitutivo que seguirmos, porque, como diz Mounier (1992, I, 892), «a pessoa do homem está posta, ontológica e historicamente, numa certa situação, a qual faz parte da sua própria definição, do mesmo modo que as suas virtualidades últimas». Daqui a ligação que sempre se fez entre carácter e ética, por um lado, e ética, pessoa e amor, isto é, afectividade, por outro. O itinerário, na medida em que define um perfil e afirma uma pessoa particular, garante constância de traços e de atitudes, uma continuidade individual que será impossível sem um mínimo de consistência e coerência, e também de profundidade, de dimensão humana.

Já nos nossos dias a compreensão da pessoa e das suas potencialidades foi, de facto, muito enriquecida com o contributo do Personalismo. «A pessoa, efectivamente, diz Mounier (1992, I, 625) sendo a própria presença do homem, a sua característica última, não é susceptível de definição rigorosa», mas «é uma actividade vivida de auto criação, de comunicação e de adesão que se apreende e se conhece no seu acto» (Mounier, 1993, III, 453). Filosofia da pessoa na sua realidade individual, o Personalismo, segundo Fullat, (1983), veio dizer esta verdade simples e complexa: o conceito de pessoa é metafísico. A psicologia, a fisiologia, a sociologia ajudam a conhecer a pessoa mas não o núcleo profundo que a pessoa é. A pessoa está, enquanto unidade, para lá disso, tem uma liberdade subjectiva, manifesta-se na medida em que triunfa sobre a natureza e, deste modo, vai além dela. A pessoa constrói, a partir da natureza, um ser singular; é um singular modo de ter e de viver a natureza. Não devo nem posso negar os meus actos naturais, dizem os personalistas, pois são a prova da minha natureza, da minha necessidade, mas não se identificam nem coincidem perfeitamente comigo, nem com as razões e as forças que fazem meus esses actos naturais. É pelo facto de haver um carácter pessoal na minha natureza, que os actos naturais que em mim se manifestam passam a ser meus; isto é, a pessoa é o determinante e o referencial último da minha natureza. A minha pessoa dá à minha natureza aquilo que eu sou, aquilo que me especifica, o que os outros captam e pelo qual me reconhecem.

Mas os outros reconhecem-me como sou ou como julgam que sou? Em que medida eu sou aquilo que pareço? E eu próprio sou o que sou ou o que julgo ser? Ou o que pretendo mostrar aos outros, mas que não sou? E em que medida este que não sou, e que abusivamente se intromete, faz parte, ou pode fazer, do que sou? E com que legitimidade penso que de facto não sou esse que se intromete, ou pretende intrometer? Em suma, qual a função da própria pessoa nesta dualidade? E a função dos outros na construção da minha pessoa? E o que será a própria pessoa? E qual o peso da relação com os outros e que, como relação, faz parte do que somos? E qual a relação entre o que somos, o que poderíamos ser e o que deveríamos ser? Tudo questões determinantes em educação, e onde se cruzam o indivíduo e o contexto numa luta incessante do eu consigo mesmo, de nós com os outros, do ser com o dever ser e do real com o possível; conceitos eles próprios, por sua vez, em constante reformulação em virtude da interacção em que vivem.

Tem sido referido; a palavra *persona*, em latim, significava originariamente máscara, a máscara que os actores do teatro clássico usavam nas representações e mediante as quais, incarnando noutras personagens, escondiam ou aniquilavam a sua própria pessoa. Ou multiplicavam a sua pessoa incarnando outras, numa ambiguidade entre a pessoa que o actor era e que deixava temporariamente de ser, ou que era a diversos níveis e simultaneamente. A máscara esconde e manifesta ao mesmo tempo; esconde a pessoa, que eternamente se resguarda sob as aparências, mas que essas mesmas aparências podem manifestar; esconde o núcleo profundo que nunca alcançamos completamente, de que se alimenta a psicologia das profundezas, mas que muitas vezes revela, através de sintomas, aquilo mesmo que quer esconder. Esconde a pessoa que se resguarda, ou que sob as convenções sociais nos pretende enganar, mas que de facto a si se engana, num jogo de reposteiros em que a verdadeira pessoa nunca se chega a encontrar. Mas a máscara sobre o rosto é também possibilidade de outras pessoas nas muitas manifestações da mesma pessoa, o que pressupõe a ideia de que a pessoa implica muitas possibilidades, dando assim cor e dimensão simbólica ao potencial de cada indivíduo e à enorme riqueza das suas interacções sociais, tanto no que são como no que podem ser – o que releva de um potencial educativo quase sem medida.

3. A IDEIA DE FIRMEZA

A ideia de firmeza nos comportamentos deriva assim das ideias de pessoa e das características particulares que cada pessoa adquire. E isto pela razão de que o que caracteriza uma pessoa deverá revelar uma constância, uma continuidade e uma coerência mínimas. É a própria continuidade da pessoa que vai exigindo essa afirmação, manifestando-se dentro de contextos por vezes adversos, distanciando-se em relação às situações, remando muitas vezes contra as correntes predominantes, frequentemente pessoas com interesses ou opiniões diferentes. A falada firmeza das pessoas de carácter não é pois mais que a afirmação das suas características distintivas nas diversas situações a que são sujeitas, e resulta das exigências que a pessoa, pelas características que tem e face às situações, não pode deixar de fazer a si mesma. A não ser que a pessoa se caracterize pela inconstância e pela indefinição, mas, neste caso, deixará de ter sentido a noção de carácter, porque a pessoa não conseguirá traduzir em atitudes, e nas diversas situações, um perfil nítido e reconhecível, uma marca pessoal. Uma marca que a toda a hora se desfaz e refaz não é uma marca, falta-lhe exactamente aquilo que caracteriza e possibilita um carácter. Tal como a forma e o contorno de uma letra ou de um número, por exemplo, se distingue necessariamente de todos os outros; e não é pelas muitas formas sensíveis que a sua representação pode apresentar, mas por aquilo que são essencialmente, isto é, uma dada letra ou um determinado número, sempre com a mesma valência em infinitas situações. Ora, isto tem conotações racionais e morais, como veremos.

Nestas aproximações necessariamente sincopadas e fragmentárias à noção de carácter, ao *ethos* da pessoa, é indispensável referir o contributo de Kant, no século XVIII, porque vai encontrar a pessoa pela via da consciência moral, a razão prática, ou seja, naquele domínio em que o que está em jogo, como diz Ladrière (1997, 78), «não é a compreensão do dado mas a determinação das orientações da acção». Na concepção kanteana o homem define-se como dever na medida em que é livre, como sugere Alte da Veiga (2005, 16) pela «liberdade pressuposta pelo próprio dever», e por isso não está sujeito, em termos morais, às contingências da sua natureza, mas somente à sua razão. A razão prática revela a pessoa moral como liberdade e independência frente ao mecanismo da natureza inteira. «O respeito pela lei moral é, pois, o único e simultaneamente o incontestado motivo moral» (Kant, 1984, 94). E logo a seguir: «A lei moral determina, em primeiro lugar, objectiva e imediatamente a vontade no juízo da razão; a liberdade, porém, cuja causalidade é determinável simplesmente pela lei, consiste [em restringir todas as inclinações da pessoa] à condição da observância da sua lei pura» (Kant, *id. Ibid.*); sendo assim a pessoa a única realidade submetida a leis próprias, numa natureza sujeita à fatalidade das leis, tal como a ciência newtoniana da época o entendia. Nesta perspectiva é pela acção moral que a pessoa se define em liberdade, e assim se revela, o que implica não arbitrariedade ou irracionalidade, mas, pelo contrário, universalidade e racionalidade. A pessoa humana tem a possibilidade de se distinguir do resto da natureza justamente pela sua racionalidade. Sendo uma capacidade especificamente humana, não só lhe dá um estatuto único face a todos os outros seres, como lhe possibilita o acesso à compreensão da universalidade da lei e à razão da obrigatoriedade do seu cumprimento, pois o que está em causa é a «adequação dos comportamentos efectivos à normatividade intrínseca que determina a separação entre o bem e o mal» (Ladrière, *ibid*, 77). O que pressupõe e exige consciência, responsabilidade pessoal e social e vontade própria. E tem evidentes implicações no conceito de carácter, que, assim, já que é a razão que nos comanda, resultará da construção da pessoa, pelas opções livres que forem sendo tomadas e de acordo com os princípios orientadores da nossa acção, que formos capazes de reconhecer.

Convenhamos, porém, que é excessivamente alta esta compreensão da pessoa. «O essencial de toda a determinação da vontade mediante a lei moral é que ela, como vontade livre, será determinada unicamente pela lei» (Kant, 1984, 88). O ser racional comunicando, através da razão, e reconhecendo-se livre a partir da lei que a razão revela; o homem, origem e fim de todo o processo moral, porque «em toda a criação, tudo o que se quiser e sobre que se tem algum poder pode também utilizar-se simplesmente como meio; unicamente o homem e, com ele, toda a criatura racional é fim em si mesmo» (Kant, 1984, 103), paira numa esfera de racionalidade para lá do homem corrente. Com efeito, uma tão elevada compreensão da pessoa e da razão, um tão exigente exercício de moral, um dever tão abstracto e tão desprovido de suportes, corriam o risco de se desagregar, e o próprio conceito de pessoa com eles; de não serem conciliáveis com cada pessoa na circunstância da sua falibilidade, dos seus hábitos, dos contextos familiares onde o psico-afectivo e o socio-cultural se revelam tão determinantes.

E assim, o conceito tem hoje para nós perspectivas menos exigentes mas talvez mais variadas, porque a ideia tem vindo a revelar zonas desconhecidas, ou só adivinhadas, e a acentuar componentes de aprendizagem que a época moderna terá desvalorizado ou esquecido, mas que são indispensáveis. Porque, em primeiro lugar, é necessário que este fim em si mesmo, que é a pessoa, respeite os outros fins em si mesmos, que são as outras pessoas. Isto é, a minha pessoa, origem e fim da minha liberdade, a minha liberdade, reconhecimento da minha racionalidade, e esta minha racionalidade, sendo em mim a manifestação da universalidade, apelam e necessitam da racionalidade e da liberdade das outras pessoas. Só assim se constitui um universo de seres livres e moralmente responsáveis.

Esta dimensão relacional da pessoa ao nível da liberdade e da racionalidade teve continuadores: Husserl, por exemplo, que realça a consciência como intencional e relacional, ou Levinas que, menos optimista que Kant, entende a pessoa como um ser aberto desde a origem aos outros e necessitando deles para uma boa relação consigo mesmo; o outro como um outro eu. E assim, entre os humanos, ser é ser com o outro, condição do ser pessoal e social, solidário, não egoísta e, portanto, com condições para ter um bom carácter. Ou seja, o ser social, ao mesmo tempo que potencia, normaliza a pessoa, define-lhe limites sem aniquilar o que há nela de específico.

Mas esta abertura ou possibilidade de abertura ao outro tem ainda outras faces, outras implicações, porque se adquire, em Heidegger, um estatuto ontológico e em Levinas um estatuto moral, ganha uma problematização especial ao desencadear pulsões inconscientes em Freud, ao ser uma vontade de poder que ultrapassa os outros, em Nietzsche, por exemplo. Isto é, a pessoa tornou-se campo de debate e de problematizações diferentes, inesperadas, quase contraditórias, através da abertura de frentes científicas, sociais e hermenêuticas impensáveis até há pouco tempo, mas que estilhaçam os quadros interpretativos e axiológicos que a foram organizando ao longo dos séculos. Como considera Diáz (1999) a «natureza humana instabiliza-se, fragmenta-se» e, pior ainda, vê até que ponto pode ir assumindo a sua possibilidade de criador axiológico e deixando assim o bem e o mal de ser transcendentes e axiologicamente invariáveis.

Alargou-se assim a componente educativa (que os racionalistas conheciam mas não adivinhavam em toda a sua latitude) até uma dimensão dramática nunca vista, ou nunca sentida com a dispersão que o actual individualismo veio proporcionar. A própria "cedência" de Levinas a um racionalismo extreme continua numa esfera de racionalidade compartilhada que não é possível senão mediante um processo educativo, a que não se dá a devida importância, face às problemáticas que estão em jogo. É certo que é mais fácil compreender isto do que pôr em marcha uma actividade educativa continuada, sistemática e capaz de fazer de cada pessoa o que de melhor ela pode ser. Mas compete ao filósofo denunciar esta situação e integrá-la na sua análise crítica. A pessoa é mais o que pode ser do que aquilo que é, e isto tem uma dimensão educativa intrínseca que a própria filosofia tem que compreender, ou arriscar-se-á a ficar de fora do problema do ser da pessoa.

De qualquer modo há uma linha, a que poderemos chamar espiritualista, que vem do cristianismo, passando pela escolástica, o kantismo e a fenomenologia, e vem desembocar no personalismo, a que já se fez referência, e que parece dever ser a linha a explorar depois dos desvios «críticos» que problematizaram mais que resolveram as questões em aberto, como acontece em Adorno, Apel e Horkheimer.

4. PESSOA E INTERACÇÃO

Os outros componentes essenciais para a noção de carácter são, recordo, a especificidade, a firmeza e a coerência. Se a pessoa é uma assunção única e insubstituível da natureza, há nela uma individualidade pela qual se distingue. E como se distingue? De muitos modos, mas principalmente pelas dimensões pessoal, social e moral, quer enquanto pressupostos que lhe estão na origem, como condição, quer enquanto consequência ou resultado final dessa acção moral, na esfera social.

Existe em cada indivíduo a possibilidade que o transforma numa pessoa única, ou melhor, que revela a pessoa que, de algum modo, se vai manifestando na personalidade, «essa construção coerente que se apresenta em cada momento como a resultante provisória do meu esforço de personalização» (Mounier, 1992, I, 631). Mas não se esgota nela «porque isso não é, contudo, a minha pessoa mas uma suspensão mais ou menos instável da pessoa que aí encontrei». De qualquer modo, é ao conceito de personalidade que atribuímos uma constância de traços e de atitudes que a tornam uma espécie dentro de um género (o sujeito A ou B, essas "espécies", pertencentes ao género humano) e que, na medida em que o *caracter*izam, são condições de um *carácter*, revelam-no. Mas é óbvio que o carácter de cada um não é independente do dos outros. Os limites do eu são impostos pelo outro. E isto, que em certas circunstâncias, ou para alguns, é um mal, é a condição indispensável do nosso ser. De facto, e embora me limite, preciso do outro porque me reflecte, do mesmo modo que preciso de um espelho para saber como sou. Além disso, o outro, ao reflectir-me, constitui-me, e, portanto, abre-me possibilidades, isto é, potencia-me. E se é certo que me condiciona, também me força a ir mais além e, nesta medida, obriga-me a um projecto e, portanto, simultaneamente, a um perfil social.

A forma em que me vou moldando são os outros que a tornam possível em mim, a partir daquilo que eu tenho de biológico, neurológico, genético, etc. Eu adquiro o que me caracteriza de acordo com um conjunto de condições de base, e na contínua rede de interacções que vou estabelecendo com os outros. E também em consequência da qualidade dessas interacções, as quais me proporcionam as condições das minhas possibilidades, e as limitações e regras que vão constituindo a minha forma particular. É neste processo de conquistas e cedências que eu vou constituindo o meu itinerário, composto algo imprevisível de inúmeros factores individuais ao sabor das circunstâncias; favoráveis ou desfavoráveis em relação a duas coisas: as potencialidades, isto é, os factores dinamogénicos de uma personalidade, e a qualidade das limitações e dos enquadramentos a que vai sendo sujeita. O carácter como marca distintiva vai assim traduzir os percalços a que estão sujeitos os itinerários particulares, e vai ser deles um reflexo, tanto na definição e coerência, como na indefinição e na incoerência.

5. A DIMENSÃO SOCIAL E MORAL

Qualquer pessoa é, como se viu, uma assunção única, mesmo que esse distintivo se manifeste por um comportamento amorfo e aparentemente desinteressante, como no romance de que se falou. Ou perverso, por interesse pessoal ou pura gratuitidade. E o problema ganha assim conotações novas. A partir do momento em que o bem e o mal deixaram de ser, para muitos, axiologicamente determinados e estabelecidos previamente, e se considera até que estamos sujeitos a impulsos e vontades que não devemos recalcar; e uma vez que as finalidades se pulverizam e os princípios se diluem nos motivos que eu adopto no momento, o ângulo da abertura axiológica dobra pelo verso e pelo reverso até à circularidade dos trezentos e sessenta graus. Passando a exigir infinitos pontos de apoio, quando até aqui exigia um só, numa espécie de geometria não euclideana da moral, ou axiologia de geometria infinitamente variável, exigindo tantos pontos na sua indefinição e contínua flutuação, que fica sem qualquer ponto de apoio. Facto que, como é evidente, tem implicações pessoais e sociais pelo exponencial de variabilidade das trajectórias. Como diz González-Carvajal (2000, 159) «erramos e erraremos para sempre, sem fim nem objectivos últimos; sem disciplina de marcha, nem bússolas precisas, nem esperanças nostálgicas».

De qualquer modo, na medida em que a pessoa é relação e interacção, continua a ter de funcionar em termos sociais e a exigir dos outros idênticas normas de funcionamento. E continua a não ser possível considerar a pessoa sem a dinâmica que continuamente estabelece com as outras pessoas, num processo auto e heteroconstituinte, disciplinador e potenciador, e, portanto, em grande medida, moral no sentido de normativo e regulador.

Mas este sentido pode vir de um simples propósito regulador, que se mostra indispensável, como um «contrato social», ou da assunção generalizada da ideia de homem e de uma espécie de dedução prática das suas implicações. Recordo a kanteana fórmula acima referida de que «unicamente o homem (...) é fim em si mesmo». Ou seja, a dinâmica social, já que é constituída por pessoas, se reconhecermos serem elas fim em si mesmas, porque são únicas, como também o Personalismo reconhece, implica uma dimensão moral em todos os que conseguirem reconhecer e respeitar a lei, porque «o móbil da vontade humana (e de todo o ser racional criado) nunca pode ser outra coisa senão a lei moral (Kant, *ibid.*, 87). Ou seja, a partir da pessoa como fim, e na circunstância interactiva da sociedade em que todas as pessoas se integram, é relativamente fácil chegar à constituição de uma necessidade ética que tanto se justifica a montante, pela recorrência aos princípios, como a jusante, pela definição de fins. Nesta linha, as éticas dialógicas contemporâneas vieram chamar a atenção para os pressupostos racionais implícitos na comunicação, para os princípios de procedimento que dão estrutura formal e diversidade às comunicações e, portanto, para a razão, dialógica e interactiva, base das relações moralmente justas. Como diz Coutinho, (2002, 352) a propósito de Habermas: «Através do paradigma comunicativo, apresenta um projecto moderno de emancipação numa base ética discursiva, isto é, uma reorientação do projecto que se encontrava "inacabado" nas suas potencialidades racionais, de forma a levar o homem à sua "maioridade"».

Nesta concepção, a exigência moral resulta dos pressupostos racionais da comunicação, e as pessoas acabam, ou podem vir a acabar por impô-los às finalidades, na medida em que estas são reflexo desses pressupostos, e desde que não haja factores particulares ou socioculturais de perversão do processo. Eu reconheço-me como ser racional na medida em que reconheço os outros como racionais através das interacções que produzimos e dos princípios de acção que nos governam, que a racionalidade exige e o diálogo revela. Estabelecem-se assim as condições de acção e liberdade recíprocas através da racionalidade, que a todos possibilita reconhecer a necessidade da lei, respeitá-la e actuar de acordo com ela, libertando-nos dos caprichos e das fatalidades cegas. Aliás, como já vai sendo compreendido e dito, eu só me reconheço livre se os outros, com quem convivo, e de que preciso para a minha própria entidade, forem livres pela racionalidade comum e pela lei que em todos se revela e a todos obriga por igual. Só a lei me dá possibilidade de escolha e de decisão segundo uma ordem universal, que está antes, pelas condições racionais que me dá, e que está depois, como possibilidade, fruto das liberdades pessoais e das interacções que daí resultarem.

É óbvio que uma racionalidade nas acções as torna coerentes entre si, e que iluminadas pela razão têm condições para fortalecer em nós a vontade de as cumprir, e, uma vez inseridas na contingência histórica e dramática de cada um, são susceptíveis de produzir um bom carácter, pela estruturação interna e pela constância de atitudes que provocam. Sendo assim, optar segundo a razão é, como já o era em Sócrates e continua a ser hoje (Cf. Ladrière, 1997) o que nos especifica em termos comportamentais, e nos fornece algumas das condições indispensáveis à constituição de um bom carácter. Mas não necessária nem exclusivamente.

Em primeiro lugar, porque se um destes elementos se romper, degrada-se cada um deles e o próprio conjunto, e com ele o que de melhor tem cada homem e todos os homens: a sua racionalidade e a sua liberdade, logo, a qualidade das relações que vivencia e possibilita aos outros, em suma, as condições da sua humanidade. É evidente que a racionalidade e a humanidade são condições indispensáveis de um bom carácter, uma vez que tanto uma como a outra estabelecem uma norma, como quadro referencial de frequência comportamental, e, portanto, como taxonomia axiológica. E embora estes conceitos sejam hoje ambíguos, continuamos a perceber o que eles querem dizer, o que significa que há um padrão predominante que continua a funcionar em termos racionais e morais.

Mas quando se fala de racionalidade como componente indispensável do carácter, não se está a pensar numa racionalidade pura, que, de resto, é coisa que não existe. A racionalidade enquanto exercício da razão, confronto com problemas e sua solução, está sempre mergulhada na cultura, vitalizada e condicionada por ela. Como diz Berdiaeff, (1970) «admitir um conhecimento emocional, um conhecimento dado pelo sentido dos valores, pela simpatia e pelo amor, não é negar a razão. É a própria razão que exige ser restabelecida na sua totalidade» (...) «Daqui que as garantias da verdade tenham de ser procuradas não (exclusivamente) na razão, no entendimento, mas no espírito, no espírito total. A sensibilidade e a consciência permanecem os agentes supremos da avaliação e do conhecimento do sentido das coisas». É a questão, tão actual, da impossibilidade de separar o racional do afectivo, e dar à razão os lubrificantes afectivos e culturais da sua funcionalidade. Recentes investigações (Damásio, 1995; Changeaux, 1994; Smythies, 1994; Searl, 1995, etc.) só vieram confirmar empiricamente o que já se sabia, porque a razão jamais trabalha no vazio, e face ao concreto dos problemas diários tem sempre a cor das intuições sensíveis, como dizia David Hume e o calor dos afectos, como diria Santo

Agostinho. Referindo os perigos da distinção rígida de um discurso dito racional face a outros, doutra natureza, que seriam irracionais, Octavi Fullat (2000, 113) diz que «aquilo que de facto instaura a racionalidade em cada sociedade histórica (...) é precisamente o reconhecimento social de um determinado valor». A partir do valor socialmente reconhecido separa-se do resto esse bem particular que passa a ser, assim, princípio de escolha, de ordenação relativamente a outros valores, de análise, de avaliação de situações, de identificação de finalidades, enfim, factor de racionalidade, (...) «a fronteira entre o "racional" e o "irracional" é indicada pelos valores». Ou seja, os valores e o reconhecimento social deles são, assim, forças estruturantes da própria racionalidade, porque são opção, análise, discussão; e também normas por influência social. Num livro original Quintana Cabanas procura demonstrar que desde sempre a axiologia foi a fundamentação da Filosofia, chamando a esta perspectiva "axiologismo" «porque põe o valor (quer dizer a afirmação de valores) como afirmação de verdade e, por esse facto, como ponto de arranque da filosofia». (Cabanas, 2000, 11).

Por isso, quando se fala no distintivo que define uma pessoa com carácter, falamos ou pressupomos humanidade, racionalidade estruturando a personalidade, e uma implicação do racional no humano que passa necessariamente pelo social; porque a estruturação é feita de modo continuado, evolutivo, e a racionalidade, embora com falhas funcionais, garante continuidade exigida pelo social em que se insere e pela racionalidade que a si mesma progressivamente se impõe. E a humanidade de cada ser humano vive da racionalidade específica e da qualidade e quantidade das relações que, com ela por base, se poderão obter. A diversidade cultural, a cor própria, o calor e a riqueza das formas particulares e dos contextos, não impedem a racionalidade, antes a vitalizam e exercitam. Talvez por isso se diga que nas melhores manifestações culturais e artísticas se sintetiza harmoniosamente o local e o universal, e todo o produto artístico, apesar da sua contextualização, releva de um esquema, de um modelo implícito que sempre se pressupõe, que a realização concreta explicita e reconhece, e que é de natureza racional, ou susceptível de racionalização. Como diz Atlan (1999, 97) «é a partir desta realidade intermédia do grupo que se pode conceber uma outra espécie de universalidade e, de facto, se pode começar a construí-la».

6. CRISE DO CONCEITO TRADICIONAL

Temos, porém, que reconhecer que esta perspectiva genérica a que se tem estado a fazer referência é devedora de um humanismo e de um racionalismo que estão em crise; pela impotência reiterada de fazer do ser humano cidadão livre, racional, justo e cumpridor; além de exigente para consigo e com os outros, em suma, alguém em quem se possa confiar. Por outro lado, tudo isto pressupõe valores claros, que nascem da ordem a que pertencemos, que nos constitui e reflecte, mas que, ao mesmo tempo, com as nossas atitudes, podemos ir qualificando. Ora, é esta ordem que se apresenta desordenada e pouco nítida.

A noção de carácter, que é resultante da convergência de várias perspectivas e enriquecimentos, reconhece-se geralmente hoje em risco, em virtude de uma desestruturação na própria raiz da pessoa que fundamentava o dever – a pessoa como entidade moral. «Como designar», pergunta Lipovetsky (1994, 17) «uma cultura onde a promoção dos direitos subjectivos deixa sem herdeiro o dever dilacerante, onde o que é rotulado de ético é assumido como invasor, usurpador, e onde a exigência de compromisso está ausente?» A cultura pós-moderna fez desaparecer as fontes tradicionais da obrigação moral, como Lipovetsky (1994, 56) também reconhece: «o dever escrevia-se com letras maiúsculas e nós miniaturializamo-lo; era severo, nós organizamos espectáculos recreativos; ordenava a submissão incondicional do desejo à lei, nós reconciliámo-lo com o prazer».

E tudo isto, quem sabe? Talvez pelo ponto excessivamente alto a que se chegou no conceito, na exigência funcional que implicava, na abrangência de campos a que se aplicava, e, simultaneamente, pela incapacidade de criar as condições sociais e educativas que uma tal concepção exigia. Por onde passam e até onde vão as razões para a chamada crise moral? A própria concepção de racionalidade universal, absoluta, «monolítica», «unitária» que herdámos dos racionalistas, não terá culpas neste cartório? Tudo indica que sim porque a razão, extravasando os seus limites, «foi assumida, sobretudo a partir do séc. XVI, como instância universal, na qual se uniam a lógica, a religião, a estética e todas as dimensões do sujeito humano, no seu relacionamento com o mundo» (Duque, 2003, 142). Ora, como se viu, a razão é sempre contextualizada, e não tem grandes condições de sobreviver se não tiver uma sólida, alargada e contínua base de sustentação, isto é, estímulo, exercício, interacção, reforço, verificação. E os princípios de orientação moral terão de ser sentidos como isso mesmo, ou seja, princípios de acção, com o valor lógico de um princípio e a força moral de uma lei. O que implica uma forma de transcendência, seja ela de que espécie for, e o sentimento vivo de uma imanência que lhe corresponda. Mas estas duas exigências fazem realçar de novo os factores educativos, nos quais, é bom não esquecer, se integram sempre os contextuais e os culturais, pois só pela educação se pode chegar ao reconhecimento de um princípio universal e à obrigatoriedade de o cumprir. É certo que, como o próprio Lipovetsky também reconhece, e outros, a moral vai sobrevivendo a outros níveis, como se as pessoas e as suas normas, face à eminência inacessível da razão absoluta e absolutamente determinante, como em Kant, se tivessem reorganizado a um nível de mais baixa exigência, mas garantindo um mínimo de funcionalidade e de coerência.

De qualquer modo, há sinais evidentes de uma crise ao nível do carácter como perfil pessoal de instância moral, pelo menos tal como nos habituámos a considerar, e de que será bom conhecer a etiologia, na medida em que é a condição de uma eventual recuperação. Não já das instâncias de rigor a que a própria etimologia nos continua a obrigar, mas como reorganização e recuperação possível num enquadramento social e cultural novo, com novos problemas e predisposto a novas soluções. É, pois, indispensável uma análise, mesmo que elementar. E o que começa a ser consensual em termos de visão crítica é que, hoje, se adoptou, em geral, do racionalismo, a crítica e o livre pensamento, mas não se adoptou a correspondente exigência racional de rigor e de objectividade. Adoptou-se o direito de rejeitar as normas sociais ou de as submeter à conveniência pessoal, mas não se interiorizou o valor social e moral da lei. Adoptou-se dos kanteanos a ideia da liberdade de julgar, que avalia a situação e decide a atitude, mas esqueceu-se o princípio e o seu carácter apodíctico, isto é, não se herdou a exigência que um juízo universal comporta. Em resumo, não nos sentimos mais obrigados a obedecer segundo o critério da universalidade e da reversibilidade. Parece assim ter-se criado um clima geral onde domina uma individualidade sem imagem nem reflexo de princípios ou de ideias; ou onde o reflexo é fragmentário e deformado, porque se esbateu o modelo; e onde o agir e o pensar se produzem em função do local e da conveniência, sem reconhecimento de princípios, porque o eu se dissolve e, não se reconhecendo, não os pode reconhecer em si mesmo.

De facto, o eu, tanto mais universal quanto mais fundo e individual, como S. Agostinho descreveu, tem vindo a perder a sua forma epistémica e moral, e a ser diluído em teorias mais ou menos estruturalistas, em ideologias mais ou menos sociais, em metodologias mais ou menos positivistas, em análises mais ou menos desconstrutivas. Todas legítimas enquanto perspectiva crítica, todas compreensíveis em função dos enquadramentos originários, todas importantes enquanto factor de interpretação e de compreensão, mas que, em grande medida, tornaram o indivíduo humano ao mesmo tempo insignificante em termos culturais, impotente em termos sociais e irresponsável em termos morais. E tudo isto enquanto que através de técnicas de condicionamento se manipulam impunemente massas ignaras, e impedindo-lhes o acesso ao próprio eu, lhes enfraquecem as defesas, e tudo a partir de uma cínica presunção de desenvolvimento e de individualidade. Seria irónico se não fosse trágico.

E assim está em risco a noção do eu enquanto continuidade e coerência, e também a de carácter, nas formas de constância e exigência, tal como sempre o entendemos, porque está fragilizada a estrutura racional e moral que o constitui. E nós vivemos entre a saudade de um carácter feito de firmeza e rigor, que se perdeu ou está em vias de se perder, e a esperança de que nem tudo se tenha perdido; entre uma anomia quase endémica, e que é anemia pessoal e social, e esperançados e desejosos de uma reorganização e requalificação. E de que modo? Talvez que a natureza humana vá dando sinais dessa possibilidade a partir de uma funcionalidade pessoal e social que acabam por obrigar a uma racionalidade mínima que tem contornos morais. E mesmo que conscientes do equilíbrio instável em que tudo está, e da necessidade de inserir a própria instabilidade no conceito, como os factos nos estão a obrigar a fazer, o certo é que os modos e as práticas geram as suas próprias teorias. Sempre assim foi também; e, portanto, pela funcionalidade pode recuperar-se aquilo que se perdeu ao nível dos princípios e das finalidades. A educação sempre foi simultaneamente o princípio que se pratica e a prática que se teoriza. E se é evidente a crise em relação a certos paradigmas de exigência, parecem os modelos querer reconstituir-se assentes nos direitos pessoais e nas soluções consensuais; isto é, na base de uma funcionalidade accionada por factores individualistas mas que acaba por ter implicações no social. E assim, se há conceitos de que não se esqueceu de todo os significados e as implicações, e que poderão portanto ainda ser recuperados, há, por outro lado, necessidade de perceber e integrar a funcionalidade das coisas, e ultrapassar uma perspectiva estática, de algum modo dedutiva e a partir de um conceito absoluto de racionalidade, que muitos factos sociais e políticos do último século nos obrigaram a ultrapassar. Ou seja, entre um passado perdido e um futuro imprevisível, o que é que daquele deveremos recuperar ainda, e porquê, e em que medida poderemos orientar este, e como?

7. A RECUPERAÇÃO PELA IDEIA DE UM PRINCÍPIO?

É claro que tudo isto põe em causa a noção de carácter; um conceito que não pode deixar de pressupor princípios de acção e coerência de finalidades, e que implica qualidades racionais e morais. Mas a questão que nos parece importante é saber se este conceito de carácter tem condições para uma recuperação do seu conteúdo axiológico, e pelas exigências que um tal conteúdo impõe. Pensamos que sim, porque a ideia de carácter enquanto estrutura comportamental parece poder apoiar-se numa perspective genética e como resultante de um dado nível de compreensão e de interpretação. Com efeito, poderemos apoiar em investigações empíricas muito daquilo que até agora tinha por base unicamente a dedução dos filósofos; e que as contingências sociais e culturais da pós modernidade vieram pôr em risco. Algumas investigações do nosso tempo o confirmam.

É pois uma ideia a precisar de ser repensada, através das investigações de Kohlberg (1976), por exemplo. Investigações, curiosamente, na linha da psicologia do desenvolvimento de Piaget, da filosofia moral de Kant e do liberalismo de Rawls, e numa linha de reacção a várias e diversificadas tendências, como a filosofia analítica e o neo-positivismo, a psicanálise, o comportamentalismo Skinnereano e, em geral, todas as formas de relativismo moral dominante. Rejeitando o individualismo romântico, à moda de Rousseau, e o colectivismo da transmissão cultural, à moda de Durkheim, Kohlberg procura uma síntese entre o indivíduo e a sociedade, na linha de Dewey, e com base nas ideias de interacção e de interdependência entre o organismo e o ambiente, em suma, reconhecendo o valor do indivíduo, do grupo e da sua interacção. Como considera Atlan (2002, 97) «a questão ética tem três vértices incontornáveis: indivíduo, grupo social, humanidade. Tentar compreender a questão ou dar-lhe uma resposta sem ter em conta simultaneamente estes três aspectos, é não alcançar a questão em toda a sua extensão». Podemos contestar a ideia kholberguiana da justiça como conceito máximo, ou valor último, no qual todos os outros se convertem, mas o que nos parece mais interessante nas suas investigações, na linha de Piaget, é a sua ideia de desenvolvimento moral paralelamente ao desenvolvimento intelectual e como seu correlato, a concepção de estádios de desenvolvimento com suas características próprias, e o tipo de justificação para o comportamento moral que o desenvolvimento intelectual vai possibilitando. O que é uma forma não só de compreender os diferentes patamares da instância moral, como o ponto culminante da universalidade e da obrigatoriedade moral, que todas as formas de relativismo vêm corroendo. Se o progresso moral acompanha o desenvolvimento intelectual, e uma vez que, como dissemos noutra ocasião, (Boavida, 2000, 707), em Kohlberg «as concepções morais derivam do sujeito e da sua actividade construtiva, sem esquecer, porém, a sua interacção com o meio físico e social», criando boas condições educativas o sujeito pode chegar ao estado pós convencional. E neste estádio a vontade rege-se por princípios universais, ou princípios onde se nos revela a necessidade absoluta da sua aceitação. E, portanto, no reconhecimento desta necessidade eu encontro um fundamento contra o qual todos os relativismos sociais e culturais esbarram e, de facto, se relativizam, porque, em última análise, na teoria de Kohlberg «há princípios éticos universais e toda a ética é prescritiva» (Boavida, *Ibid. Id.*). Mesmo que as diversas culturas históricas me revelem diferentes apodícticos morais, o que é significativo é que o homem possa chegar ao apodíctico, à noção irrecusável da obrigatoriedade, por desenvolvimento intelectual e não por mera repressão interiorizada e hábito.

Por outro lado, se no estádio pós-convencional o certo é obedecer a princípios éticos universais, e as leis são válidas quando respeitam esses princípios, e só nessas condições, os princípios acabam por ser o reflexo de uma ordem que reside na natureza humana, ou que a natureza humana é capaz, em certas condições, de reconhecer; recuperando esta um estatuto, e com ele uma possibilidade de que há muito andava esquecida.

Por outro lado, partindo de considerações linguísticas Mehler e Ramus (1999, 137) perguntam «se existirão universais morais determinados pela natureza biológica, tal como existem universais linguísticos». Parece que sim ou, pelo menos, como considera Conde (1999), há convergências significativas, a nível religioso e cultural, com o que se verifica na biologia, como é o caso de múltiplos cuidados aos recém nascidos, em vários níveis de vida animal. E ainda noutra perspectiva, Tugendhat (1979) fez notar que a categoria semântica de qualquer significado moral assenta no termo «bom», entendido o bom como necessariamente bom para todos e não só para alguns. O que pressupõe a universalidade, característica própria de um princípio moral, através da participação na especificidade de um conceito, na obrigatoriedade da sua compreensão neste registo específico em que universalidade se manifesta, e no direito à vivência que o conceito pressupõe. E isto apesar de todas as contextualizações em que os seres humanos se integram e de o *bom* e do *bem* como categorias morais estarem sempre contextualizados. Mesmo que se reconheçam graus de generalidade diferente nessas duas categorias e consideremos o "bom" como categoria moral, relativo ao indivíduo e ao grupo e o "bem" com carácter absoluto e universal, como consideram Pourtois e Desmet (1997) (cf. também Belchior, 2003), o contextual nunca deixa de estar presente porque sempre se parte da situação para o princípio que deve orientar a decisão que ela solicita.

Se, por outro lado, e a um nível social, os princípios morais estão presentes em todas as sociedades e em todas as culturas, pelo menos nas formas de dever e de obrigação que em todas se manifestam, o princípio ético em si mesmo é prévio à sociedade, ou, pelo menos, simultâneo. Se a partir de um certo nível de desenvolvimento social se constata a normatividade através da necessidade da norma, implicitamente se reconhece a necessidade de um princípio, como ordem inteligível donde deriva essa e outras normas igualmente consideradas legítimas. Princípio que, embora apareça e eventualmente só se manifeste depois, ao nível da verificação, compreende-se e reconhece-se, por essa mesma razão, como "princípio"; e assim se chamando pela sua necessidade, pela obrigatoriedade de se ordenar daquele modo desde o princípio, e sendo, portanto, essa ordem condição da sua própria existência.

E se, por outro lado ainda, a nível psico-afectivo e moral, a experiência de vivências traumáticas, «chocantes», «inaceitáveis» revela a face do interdito, do limite último para uma ordem possível, transposto o qual já não é possível a própria ordem e o seu funcionamento, implicitamente nos reconhecemos como parte daquele ordem, e funcionando necessariamente naquelas condições. Tal como acontece numa máquina para a qual as peças foram pensadas, feitas e organizadas segundo uma funcionalidade fora da qual não tem qualquer sentido nem utilidade, assim as posições e funções de uma ordem necessária pressupõem essa ordem, desde o início, sendo essa ordem uma categoria *a priori*. Mesmo que só se reconheça posteriormente e na dependência de um desenvolvimento cultural, o interessante é que essa ordem se reconheça como necessária, como condição *sine qua non* da própria humanidade. Ou seja, ao reconhecer os princípios, a humanidade pressupõe o desenvolvimento de que necessita, e segundo a ordem que reconhece como legítima, para ser o que é. E o reconhecimento da necessidade de princípios universais aparece sempre que se revelam as condições de humanidade.

É certo que aqui poder-se-á colocar o problema da liberdade e da criação moral; do direito que assiste a uma mente livre de reconhecer que as condutas a que foi habituado, ou as que são vigentes na sua cultura, carecem de razão de ser, de fundamento racional, que não suportam a tentativa de racionalização, ou porque possuem um baixo nível de racionalidade ou até porque não são de todo racionais. É certo, por outro lado, que a evolução moral tem resultado desta possibilidade humana de romper o círculo limitado da sua afectividade e da sua racionalidade contextualizada, pela procura de novas e mais largas formas de vivência e de compreensão. Ou seja, este movimento de libertação faz-se ainda em nome de uma racionalidade e resulta do reconhecimento de outros princípios ordenadores, que, como princípios, são sentidos como universais ou tendencialmente universais; isto é, pressupõem o universo racional perfeito, e possível, que a comunicação e a interacção postulam. Nesta ordem de ideias, a opinião corrente de que cada um deve seguir os seus "princípios" e actuar de acordo com as suas razões pessoais, na perspectiva de um individualismo soberano e sem limitações, levaria, no limite, à impossibilidade da interacção e, portanto, da comunicação e do entendimento, ou seja, à destruição da razão; em última análise do próprio homem e daquilo que o especifica.

E assim voltamos aos racionalistas e à concepção abrangente de razão, de que falamos acima. Mas agora com noção da importância insubstituível da educação e do desenvolvimento racional e moral que implica, ou deve implicar. E com outra consequência: se estas condições não se verificarem, não podemos falar de educação nos seus níveis mais elevados, nem, portanto, em educação como autonomização, ou individualização, ou personalização.

Parece afinal confirmar-se que a hoje muito problemática "natureza humana" se caracteriza, apesar de tudo, pela racionalidade; ou que é a racionalidade, apesar de todas as condicionantes, uma dimensão especificamente humana – o que implica que deverá ser a componente humana mais determinante. Note-se que não digo que seja já, ou tenha sido a humanamente mais comum, mas que o deva ser por ser específica do ser humano, e pela potencialidade que contém. O que faz realçar a dimensão educativa e a sua dinâmica de progresso, pois em educação é mais determinante o dever ser que o ser. É na racionalidade que estão, pois, as condições intrínsecas e últimas da exigência de moralidade, sem esquecer a componentes psico-afectivas e culturais que sempre a envolvem, e que para a maior parte das pessoas são as mais determinantes. Mas é a razão que nos dá capacidade de aceder à compreensão e ao respeito por princípios universais e reversíveis, ou, como diz O. Lourenço (2000, 568): «princípios aplicáveis em qualquer tempo e espaço (universalidade) e aceites mesmo quando, no conflito de interesses em causa, a pessoa tivesse que trocar de posição ou ocupar o lugar de um outro qualquer (reversibilidade)».

Ora, o que é isto senão as condições necessárias para a recuperação da noção de carácter na sua componente racional e apodíctica? Esta espécie de fecho em círculo entre e psicologia e a filosofia parece ter condições para renovar a ideia de que a natureza humana, factor de estabilidade e de exigência, tem o dever de ir à procura daquilo que lhe é determinante.

8. CONCLUSÃO, EMBORA PROBLEMÁTICA

Um problema que, portanto, se pode colocar hoje é o de saber se tem sentido continuar a falar de carácter a partir de uma perspectiva clássica ou etimológica, enriquecida, como vimos, com as conotações que a evolução do termo e dos conceitos lhe foi proporcionando, de acordo com as exigências que a própria evolução moral dos indivíduos e da sociedade foi colocando. Ou se não deveríamos ir na onda dos que, mesmo sem darem por isso, têm concorrido para desvitalizar tanto o termo como o conceito. E aceitando, portanto, a convergência entre as já referidas anemia axiológica geral com a anomia social corrente, que se manifestam pelo enfraquecimento dos princípios e das vontades. E nos convidam a interpretar este facto como consequência de um processo histórico irreversível de descarga ou descompressão axiológica, e a deixar que as coisas caminhem como caminham e sigam por onde seguem mesmo que ninguém saiba que caminhos tomam e onde podem chegar. Ou seja, face à aparente fragilização do necessário e do apodíctico de certas normas e à generalização de uma «moral à la carte», como lhe chamou Lipovetsky, tem sentido ainda falar de carácter num sentido moral?

As breves referências a alguma investigação neste domínio parecem tornar redundante esta pergunta. Com efeito, aparentemente, a resposta foi dada, ou está a ser dada por esta via. Mas o problema continua em aberto porque, independentemente das investigações que se façam em educação, esta continua, na sua realidade concreta, sujeita a movimentos e influências capazes de sacrificar gerações inteiras enquanto os princípios não recuperam, ou enquanto continuam a ser visões só de alguns. O problema continua alimentado por condições sociais, religiosas e tecnológicas adversas, mas atravessa toda a cultura e é o centro da própria educação. Por muito que reconheçamos a função predominante da razão, não podemos esquecer os factores contextuais, educativos e deseducativos das culturas, nem deixar de considerar que os factores psico-afectivos interferem profundamente no processo e, em grande parte por isso, são os problemas educativos muitas vezes secundarizados ou esquecidos.

Além disso há outro problema, mais teórico, que não podemos deixar de analisar: é o eterno problema do ser e do dever ser no qual toda a moral se joga. Porque se há uma desvitalização do conceito de carácter, haverá razões históricas, sociais e psicológicas que o poderão explicar. Mas, continuando, apesar de tudo, as pessoas a reger-se por normas, deveremos dar à palavra um conteúdo mais ameno, em consonância com os hábitos e as exigências actuais mais leves ou, pelo contrário, tentar recuperar o sentido antigo da palavra assente nos conceitos ainda significativos de princípio moral e de exigência? Parece aquela a atitude mais sensata, porque é evidente o carácter evolutivo e cultural dos costumes; e grande é também, pelo menos na aparência, a capacidade de adaptação das pessoas às circunstâncias, inclusive com a aceitação progressiva de comportamentos e atitudes que antes lhes pareciam inaceitáveis, mas que depois, pelo hábito, se tornam norma. E, portanto, face à adaptação que se vai fazendo dos princípios aos hábitos, ou o esquecimento dos princípios (esquecimento que até a filosofia poderá justificar porque os princípios poderão ser racionalizações das normas, ou seja, dos costumes), mais fácil é deixar que as coisas corram como correm, e tomem o caminho que quiserem. Como em geral acontece, mais tarde ou mais cedo alguém virá explicar as boas razões do caminho seguido; um pouco à moda dos planos urbanísticos que se fazem para tentar enquadrar e ordenar *a posteriori* casas que foram sendo construídas ao sabor da inspiração e das disponibilidades financeiras de cada um.

Mas há, como vimos, em cada momento histórico e pessoal, um inaceitável, um interdito, que parece marcar, em cada situação, a exigência de um princípio universal. E, portanto, a contextualização das leis morais está submetida, em cada instante, a essa referência vertical e universal, que, apesar de jogar dialecticamente com o circunstancial, não deixa de existir, mesmo que seja só como referência fantasmática desse contextual histórico.

E isto é evidente quando nos confrontamos com o facto de que a educação, e sejam quais forem as suas circunstâncias concretas, pertencer mais, ou, pelo menos, tanto, ao domínio do dever ser e do prescritivo como do ser e do descritivo. Toda a educação se constitui sempre na perspectiva do dever ser; ou, melhor dizendo, o ser desempenha o passivo que há na educação e o dever ser o activo sem o qual não há educação alguma. O que significa que em educação não somos obrigados a aceitar, como bom, aquilo que é, somente *porque é* e pelo estado em que *está*; mas devemos exigir sempre mais, ir sempre no sentido do que deve ser, tentando alcançar o estádio que, em cada instante e circunstância, *devia ser*. E isto não por um abstracto "dever", ou como resultado da dedução de um princípio a aplicar, uma vez que a palavra pode ter perdido muito do seu sentido, mas por uma mais-valia pressuposta no valor de cada acto ou atitude concreta, na possibilidade de os valorar e, portanto, pela possibilidade que em cada instante está à nossa frente. Na perspectiva educativa um acto é simultaneamente o que é e o que devia ser; ou seja, é sempre potência de ser.

Mas esta perspectiva potencial tem ainda dois sentidos: o sentido do que poderá vir a ser pelas potencialidades que tem, e o futuro que poderá ser pelas consequências que acarreta. Por exemplo, o facto de muitas pessoas se não sentirem hoje, como se diz, obrigadas a respeitar a palavra dada, assentes na ideia de que cresce o número dos que a não respeitam e a evolução vai no sentido de tornar isso aceitável, não quer dizer que isso possa vir a tornar-se regra e que, portanto, *deva* tornar-se regra. Isto é, há uma possibilidade de que isso venha a ser assim, mas há também uma série de consequências se assim vier a ser. E as consequências, calculadas, é certo, pelos quadros interpretativos actuais, dizem-nos que isso não é possível; pelo menos segundo o nosso entendimento, porque é o princípio da confiança que fica ferido e, sem este, não será possível continuar a pensar a pessoa e o grupo social tal como os pensamos e os sentimos como (e enquanto) condição da nossa vida.

O que não quer dizer que o grupo não possa, hipoteticamente, vir a reorganizar-se na base da desconfiança sistemática e definitiva, para continuarmos a pensar no exemplo anterior. Mas o problema é saber se isso é um bem a que devemos aspirar e para o qual devemos trabalhar. Ou, mesmo sabendo não ser um bem, termos de o aceitar como uma fatalidade a que não poderemos fugir porque todas as forças vão nesse sentido. Ora, tudo indica que não é um bem, porque se iriam multiplicar de tal modo os problemas e degradar as relações tanto, que até o conceito de pessoa a que, apesar de tudo, já chegámos, seria destruído. E também não é uma fatalidade inevitável porque, como vimos, em cada situação há um ser e um dever ser, e este dever ser é reacção, é exigência de qualificação. Na perspectiva educativa (e também na social) a hipótese prevista é, de facto, inaceitável, por muito que a realidade o queira fazer passar por aceitável.

Ou seja, parece que inerente ao ser há um dever ser que sempre o acompanha, que se manifesta com diversos graus de exigência, que pode ter diferentes tipos de fundamento, como as investigações de Kohlberg demonstram, mas que, de qualquer modo, é fonte de insatisfação ou de implícita comparação. E que por isso cruza constantemente o horizontal daquilo que se faz com o vertical daquilo que, nesse momento e nessa circunstância, se devia fazer. O dever ser, quer queiramos quer não, acompanha-nos e exige-nos uma insatisfação relativamente ao que está ou é. O princípio como referência última, como pressuposto, não pode ser dispensado, porque dele se deduz toda uma ordem de entendimento, para lá do qual nada mais é ordenável nem compreensível.

Sendo assim, se a palavra carácter ainda implica algum conteúdo moral, é porque continua a ser sentida e interpretada como uma mais-valia pessoal e como uma referência necessária na avaliação das atitudes. É de algum modo a demonstração de uma ordem que permanece. Podemos aceitar que os princípios morais, na perspectiva universal em que os racionalistas os tomam, eram exigentes de mais para serem seguidos, ou que o próprio princípio exige uma distância e um grau de abstracção em relação ao acto que, pelo alargar e multiplicar dessas distâncias, estão na origem da própria degradação actual. Mas não podemos deixar de pensar, de interpretar e de sentir fora de uma ordem; nem deixar de sentir essa ordem como tendencialmente universal, como devendo ser universal, uma vez que é sentida como a condição do próprio juízo e do acto de julgar.

Assim sendo, o grande problema consiste em saber por que razão nem todos sentem a apodicticidade dos princípios, ou por que razão o carácter imperativo é sentido em relação a uns princípios e não o é em relação a outros. E a resposta terá que passar pelos contextos culturais e pelos factores educativos; em síntese, depende das culturas diferentes ou das práticas educativas deficientes. Ou até que ficará sempre muito aquém de ser bem resolvida, mas que é evidente certas épocas, lugares e grupos humanos resolverem, ou terem resolvido, muito melhor que outros. O que faz regressar tudo ao início, aos contextos educativos e deseducativos, às técnicas e práticas educativas, ou não, às ideias dominantes do que deve ser, à vontade de lutar pelo bem ou deixar que o mal se desenvolva, etc., etc. Poderá então perguntar-se: Em que condições alcançamos o estádio de captar a lei, a sua racionalidade, a sua universalidade e a sua natureza apodíctica? Mas a questão não fica por aqui. Dado, como vimos, os factores psico-afectivos e culturais que interferem naquilo que se poderá considerar um bom carácter, poderemos alargar a pergunta: Em que condições de afectividade, exemplo e exigência crítica se criará um bom carácter? E assim voltamos ao princípio, perguntando de novo: o que será um bom carácter? Ainda o sabemos ou já estamos esquecidos?

BIBLIOGRAFIA

ATLAN. H. (1999). Os níveis da ética. *In* J. P. Changeaux, *Uma mesma ética para todos?* (pp. 91-108) Lisboa, Instituto Piaget.

BELCHIOR, F. (2003). Pedagogia, comunicação e existência, *Revista Portuguesa de Pedagogia*, XXXVII, *3*, 197-230.

BERDIAEFF, N. (1970). 5 meditations sur l'existence. *In* J. Miquel, *La philosophie découverte dans les textes*, Paris, Classiques Roudill.

BOAVIDA, J. (2000). Norma e liberdade: para uma compreensão dos seus pressupostos educativos, *Revista Portuguesa de Pedagogia*, XXXIV, *1, 2, 3*, 673-729.

CABANAS, J. M. Q. (2000). *La axiología como fundamentación de la filosofía,* Madrid, U.N.E.D.

CARDOSO, D. M. (2001). *Campo de sangue*, Porto, ASA.

CHANGEAUX, J.-P. (1994). *Raison et plaisir*, Paris, Éditions Odile Jacob.

CONDE, C. (1999). Ética, diversidade e universalismo: a herança de Darwin. *In* J. P. Changeaux, *Uma mesma ética para todos?* (pp. 77--90) Lisboa, Instituto Piaget.

CORTINA, A. (1999). Ética filosófica. *In* M. Vidal, *Ética teológica – conceitos fundamentais* (pp. 131-151) Petrópolis, Editorial Vozes, 131-151.

COUTINHO, M. (2002). *Racionalidade comunicativa e desenvolvimento humano em Jürgen Habermas*, Lisboa, Colibri.

DAMÁSIO, A. (1995). *O erro de Descartes – emoção, razão e cérebro humano*, Lisboa, Publicações Europa América.

DIÁZ, C. (1999). Persona, *in* A. Cortina *et al.*, *10 palabras clave en ética* (pp. 289-326), Navarra, Verbo Divino.

DUQUE, J. M. (2003). *Dizer Deus na pós-modernidade*. Lisboa, Alcalá.

GONZÁLEZ-CARVAJAL, J. (2000). *Ideas y creencias del hombre actual*, Santander, Sal Térrea.

LADRIÈRE, J. (1997). *L'éthique dans l'univers de la rationalité*, Quebec, Éditions Fides.

LIPOVETSKY, G. (1994). *O crepúsculo do dever – a ética indolor dos novos tempos democráticos*, Lisboa, Dom Quixote.

FULLAT, O. (1983). *Filosofías de la educación*, Barcelona, CEAC.

FULLAT, O. (2000). La razón educacional. *In* A. Carvalho *et al.* (coor.), *Diversidade e identidade, Actas da 1ª Conferência internacional de Filosofia da Educação* (pp. 111-121), Porto, Faculdade de Letras.

LOURENÇO, O. (2000). Educação para a cidadania: um olhar kolhberguiano, *Revista Portuguesa de Pedagogia*, XXXIV, *1,2,3*, 555-583.

KANT, I. (1984). *Crítica da razão prática*, Lisboa, Edições 70.

KOHLBERG, L. (1969). Stage and sequence: the cognitive developmental approach to socialization. *In* D. Goslin (Ed.) *Handbook of socialization theory and research* (pp. 347-380), Chicago, Rand McNally.

KOHLBERG, L. (1976). Moral stages and moralization: The cognitive developmental approach. *In* Lickona (Ed.) *Moral development and behavior* (pp. 347-380), New York, Holt, Rinehart& Winston.

MORA, J. F. (1966). *Diccionário de filosofía*, Buenos Aires, Editorial Sudamericana.

MOUNIER, E. (1992). Manifiesto al servicio del personalismo, *in Obras completas*, vol. I, Salamanca, Ediciones Sígueme.

MOUNIER, E. (1992). Personalismo y cristianismo, *in Obras completas*, vol.I, Salamanca, Ediciones Sígueme.

MOUNIER, E. (1993). Tratado del carácter, *in Obras completas*, vol. II, Salamanca, Ediciones Sígueme.

MOUNIER, E. (1993). El personalismo, *in Obras completas*, vol. II, Salamanca, Ediciones Sígueme.

POURTOIS, J. – P.; DESMET, H. (1997). *L' éducation post-moderne*, Paris, PUF.

RENAUD, M. (2000). A historicidade das normas morais, *in Grandes temas da ética – homenagem ao Professor Doutor Roque Cabral* (189-202) Braga, Faculdade de Filosofia.

SEARLE. J. (1995). *The construction of social reality*, London, Allen Lane.

SMYTHIES, J. (1994). *The walls of Plato's cave*, Aldershot, Avebury Press.

TUGENDHAT, E. (1979). La pretensión absoluta de la moral y la experiência histórica, *in Actas de las jornadas de ética y historia de la ciência*, Madrid, U.N.E.D.

VEIGA, M. A. (2005). *Um perfil ético para educadores*, Viseu, Palimage Editores.

Continuidades e descontinuidades no desenvolvimento positivo e no comportamento anti-social*

LEA PULKKINEN
Departamento de Psicologia, Universidade de Jyväskylä, Finlândia

INTRODUÇÃO

A problemática da existência, ou não, de continuidade no comportamento, ao longo do ciclo de vida, é algo que tem intrigado os investigadores do desenvolvimento humano, os quais, motivados por esta incerteza, põem em curso estudos longitudinais para avaliar os mesmos indivíduos em diversos momentos do tempo. Como se sabe, as pesquisas transversais, por se basearem numa medição única dos sujeitos, não permitem concluir pela estabilidade ou mudança das características analisadas.

Caspi (1998), um dos investigadores mais conhecidos neste domínio, distinguiu quatro tipos de continuidade ao nível da personalidade. A saber:

(1) *Continuidade absoluta*: traduz a ideia de que não existe qualquer tipo de alteração na quantidade de características individuais, ao longo do tempo. As modificações associadas à idade são comuns na infância: por exemplo, a agressão verbal aumenta entre os 2 e os 4 anos. Na vida adulta (Costa e McCrae, 1988), os dados empíricos disponíveis apontam para um decréscimo normativo, no que concerne ao *Neuroticismo*, e para uma subida também normativa ao nível da *Conscienciosidade*. No entanto, de

* Tradução de Cristina Maria Coimbra Vieira.

uma maneira geral, ocorrem poucas modificações associadas à idade durante a adultez.

(2) *Continuidade diferencial*: tem a ver com o facto de a posição relativa de um indivíduo num grupo se manter sem alterações, ao longo do tempo. Os estudos empíricos mostram que se verifica uma continuidade diferencial nas características de personalidade, em particular, na vida adulta. Por exemplo, já se observou uma correlação de .54 entre duas medições da *Extroversão* em pontos diferentes do tempo (Roberts & Delvecchio, 2000), o que parece traduzir a tendência dos indivíduos mais extrovertidos para continuarem a manifestar maior *Extroversão*, quando comparados com outros elementos do grupo a que pertencem. Este tipo de continuidade tem sido designada também por estabilidade ou por estabilidade relativa.

(3) *Continuidade estrutural*: implica que o padrão de correlações, a este nível, se mantém sem alterações. Isso mesmo tem sido demonstrado em diversos estudos relativos, por exemplo, aos *Cinco Grandes Factores de Personalidade* (Big Five), já que o *Neuroticismo*, a *Extroversão*, a *Amabilidade*, a *Conscienciosidade* e a *Abertura à Experiência* são factores que emergem em momentos diferentes (McCrae & Costa, 1992).

(4) *Continuidade ipsativa*: refere-se à semelhança entre as configurações das características da personalidade de cada indivíduo, obtidas em diferentes momentos do tempo. A este propósito, tem-se verificado, por exemplo, que a agressividade aparece associada a fracas competências sociais desde a infância, mantendo-se tal constelação de comportamentos na vida adulta: uma criança que é agressiva e que apresenta dificuldades ao nível das competências sociais tende a tornar-se um adulto propenso a gerar conflitos com os outros e incapaz de os resolver adequadamente (Laursen, Pulkkinen, & Adams, 2002).

Estes quatro tipos de continuidade dizem respeito à continuidade homotípica (*homotypic*), ou seja, àquela que se verifica ao nível de comportamentos semelhantes ou de características fenotípicas, ao longo do tempo. Kagan (1971) distingue-a da continuidade heterotípica (*heterotypic*), termo pelo qual pretende aludir à situação em que um atributo particular se constitui como preditor de uma característica diferente, em termos fenotípicos, mas logicamente com ela relacionada, numa idade posterior. Caspi recorre à expressão *coerência* para se referir à continuidade heterotípica: trata-se, no seu entender, da continuidade de um genótipo que se infere estar na base de diversas manifestações fenotípicas. A visão mais alargada de continuidade foi apresentada por Rutter (1984). Para este autor, o conceito de continuidade pressupõe a existência de associações significativas ao longo do ciclo de vida e não simplesmente a ausência de mudanças. Esta perspectiva destaca aqueles casos em que a continuidade observada ao nível do comportamento é mais do que – ou meramente – o reflexo da continuidade da estimulação ambiental.

O ESTUDO LONGITUDINAL DE JYVÄSKYLÄ SOBRE A PERSONALIDADE E O DESENVOLVIMENTO SOCIAL

Para o estudo da continuidade do comportamento humano há que proceder-se a uma recolha muito cuidadosa dos dados iniciais, pois estes vão constituir a âncora de toda a investigação. O presente capítulo baseia-se, no essencial, numa pesquisa originalmente transversal, por nós levada a efeito em 1968, sobre o comportamento sócio-emocional das crianças, de forma a compreender as diferenças individuais neste domínio, trabalho este que veio a representar o ponto de partida de um estudo longitudinal, na sequência do qual os mesmos indivíduos foram acompanhados dos 8 aos 42 anos de idade. Passou, desta forma, a constituir para nós motivo de interesse científico, o descobrir se se verificava alguma continuidade no comportamento das crianças, à medida que elas transitavam para a adolescência e, depois, para a vida adulta.

A amostra original do estudo longitudinal de Jyväskylä (Finlândia) sobre a personalidade e o desenvolvimento social (JYLS) englobou 12 turmas completas de escolas do ensino básico. Os participantes (173 raparigas e 196 rapazes, com 8 e 9 anos de idade) nasceram em 1959. Durante um período de 33 anos foram recolhidos os dados principais quando os sujeitos tinham 8, 14, 20, 27, 33, 36 e 42 anos de idade, consultando os professores e os colegas nos momentos de avaliação relativos à infância e ao início da adolescência, e recorrendo a questionários e a entrevistas no final da adolescência e durante a vida adulta. Aos 42 anos de idade, 80% da amostra inicial mantinha-se no estudo, sendo essa a taxa de retenção verificada. Em termos de mortalidade experimental, é de salientar que não ocorreram perdas sistemáticas, ou seja, a amostra final, no seu todo, não diferia do grupo original em qualquer das variáveis estudadas aos 8 anos de idade. A consulta dos dados estatísticos disponíveis relativos à população finlandesa (*Statistics Finland*) permitiu-nos concluir que a amostra era representativa da coorte nascida neste país em 1959, no que concerne ao nível educacional, à taxa de casamento, ao desemprego, etc.

As nossas medições abrangeram o comportamento sócio-emocional, variáveis de personalidade e outros indicadores como a educação e o trabalho, a família de origem e a família nuclear de cada sujeito, e a saúde e os hábitos saudáveis. Para além de se questionarem os participantes acerca da sua situação actual de vida, foram-lhes administrados diversos inventários de personalidade internacionalmente conhecidos, tais como o *Inventário de Personalidade NEO-PI* (Costa & McCrae, 1985; Pulver, Allik, Pulkkinen, & Hämäläinen, 1995), o *Questionário de Personalidade de Eysenck* (Eysenck & Eysenck, 1975), as *Escalas Suecas de Personalidade de Karolinska* (af Klinteberg, Schalling, & Magnusson, 1990), a *Escala de Auto-estima* (Rosenberg, 1965), a *Escala de Agressão* (Buss & Perry, 1992), a *Escala de Depressão do Inventário Geral do Comportamento* (Depue, 1987), o *Teste CAGE de Despistagem do Alcoolismo* (Ewing, 1984), etc. Aos 42 anos de idade, todos os indivíduos da amostra foram ainda submetidos a minuciosos exames médicos, através de testes laboratoriais.

Na realidade, são diversas as maneiras pelas quais é possível analisar a continuidade e a descontinuidade num estudo longitudinal. No JYLS foi seguida, da infância à vida adulta, a mesma linha de base do comportamento, nas seguintes categorias principais: personalidade e comportamento sócio-emocional, educação e trabalho, família de origem e família nuclear, comportamentos saudáveis e saúde, e a integração social, bem assim como as suas interacções (ver Figura 1). O problema reside, pois, em como explicar a continuidade.

Nesta investigação foi concebido um modelo de regulação emocional e comportamental para explicar os pressupostos teóricos subjacentes às associações significativas entre o comportamento sócio-emocional na infância e as condutas adaptativas exibidas durante a vida adulta (Pulkkinen, 1995). Este modelo, que se encontra esquematizado na Figura 2, é composto por duas dimensões ortogonais: expressão *versus* inibição do comportamento e baixo *versus* elevado auto-controlo das emoções. Os mecanismos utilizados pelo indivíduo no controlo das suas emoções, e as relações destas com a competência e o ajustamento social são temáticas que têm ganho um interesse crescente junto dos investigadores. Acredita-se, de facto, que a regulação das emoções é uma parte integrante da socialização. A emotividade contribui para a qualidade das relações sociais,

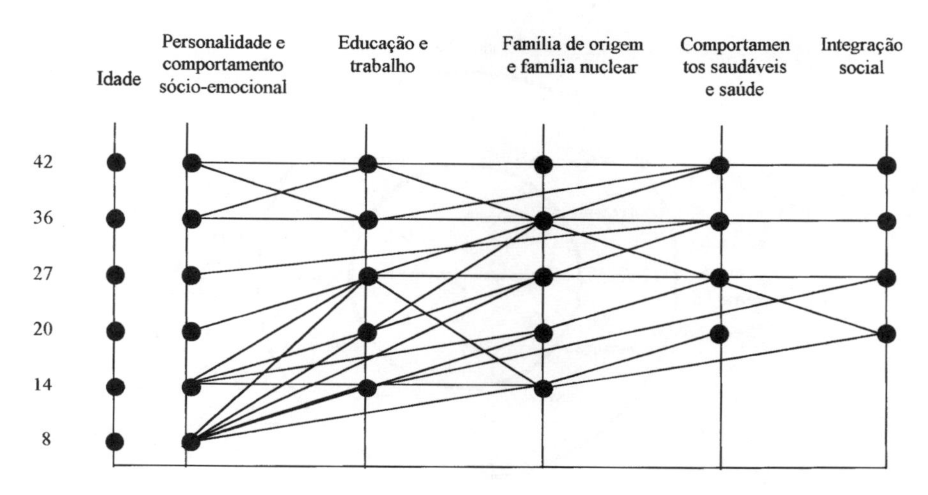

FIGURA 1
Trajectórias seguidas no estudo longitudinal de Jyväskylä sobre a personalidade e o desenvolvimento social (JYLS)

havendo, por isso, que manter as suas manifestações negativas sob controlo. A regulação das emoções pode ser vista como "o processo de iniciação, sustentação, modelação ou de alteração da ocorrência, intensidade ou duração de estados psicológicos internos e de mecanismos fisiológicos relacionados com as emoções" (Eisenberg, 1998).

A regulação das emoções e do comportamento depende, parcialmente, da reactividade do temperamento e da capacidade de auto-regulação individual. Rothbart e Bates (1998) destacam, contudo, que os processos subjacentes ao temperamento são sistemas abertos, o que significa que, a par da herança genética e da própria maturação, as experiências também influenciam o seu desenvolvimento. Estas experiências estão relacionadas, por exemplo, com os cuidados prestados à criança desde os primeiros anos da infância, os quais afectam a regulação homeostática e a solidez dos laços afectivos, com a socialização efectuada pelos pais, que influencia o controlo exercido sobre o comportamento, e com os estados transitórios do indivíduo associados ao humor ou mesmo à antecipação de consequências, a partir de acontecimentos prévios.

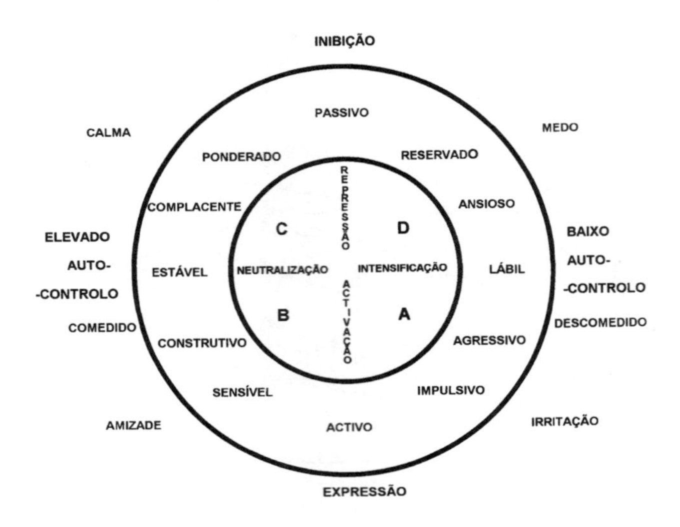

FIGURA 2
Modelo de regulação emocional e comportamental (Pulkkinen, 1995).

A regulação das emoções e dos comportamentos negativos é conceptualizada no modelo em termos de processos inibidores e desencadeadores: neutralização e intensificação das emoções, e activação e repressão das condutas. As combinações destes processos permitem identificar diferentes estratégias comportamentais (Pulkkinen, 1995). Por exemplo, se ambos os processos desencadeadores (intensificação e activação) forem activados, isso aumenta a probabilidade de o indivíduo reagir aos estímulos e de se expressar emocionalmente. Este padrão de funcionamento é designado por comportamento de Tipo A, sendo que poderá manifestar-se nas condutas impulsivas e agressivas. De maneira contrária, a ocorrência simultânea da repressão e da intensificação indica-nos que o indivíduo percepciona a situação como emocionalmente estimulante, mas que o seu comportamento manifesto está bloqueado. A activação emocional está, aqui, sujeita ao medo de estímulos ameaçadores e à ansiedade derivada da incapacidade de o indivíduo se defender deles. Trata-se, neste caso, do comportamento de Tipo D. Os dois tipos A e D estão associados a um baixo auto-controlo, o qual explica a correlação entre a agressão e a ansiedade.

Os tipos de comportamento B e C têm em comum um elevado auto-controlo das emoções. A ocorrência simultânea da neutralização e da activação traduz o facto de o indivíduo concentrar a sua atenção nos factores situacionais que modelam os estados emocionais e de agir em consonância. Perante cada acontecimento, a pessoa é, assim, capaz de tentar levar em consideração as necessidades das partes envolvidas, de avaliar as consequências do comportamento e de o regular, a partir dessas apreciações. Este padrão de conduta é designado por comportamento de Tipo B. Pelo contrário, quando os processos de neutralização e de repressão se verificam ao mesmo tempo, tal significa que os sentimentos associados às emoções são evitados e que a expressão comportamental dos mesmos é reprimida. O evitamento pode traduzir-se num afastamento concreto da situação ou num abrandamento do estado emocional. Este tipo de funcionamento designa-se por comportamento de Tipo C.

O modelo apresentado aponta para a ligação entre dois tipos principais de disfunções, a externalização e a internalização dos comportamentos (Achenbach & Edelbrock, 1984), através de um baixo auto-controlo das emoções, e para a associação entre dois tipos importantes de conduta pró-social, caracterizados por um elevado auto-controlo. Neste segundo caso, são eles o comportamento espontâneo e o complacente (Eisenberg *et al.*, 1981, 1984). A externalização de problemas envolve aquelas situações em que os comportamentos manifestados são dolosos e prejudiciais para os outros, tais como a agressão, a hiperactividade, a desobediência e a delinquência. Por seu turno, a internalização de problemas traduz uma perturbação nuclear ao nível das emoções e dos estados de humor auto-punitivos, assinalados pela depressão e pela ansiedade. Quer na infância, quer em particular na vida adulta, a internalização de problemas é uma perturbação mais comum nas mulheres do que nos homens, passando-se o oposto com a externalização dos problemas. É de referir que, no sexo masculino, os tipos A e D de comportamento tendem a abrir caminho à externalização de comportamentos e, no sexo feminino, à sua internalização.

CONTINUIDADE NO DESENVOLVIMENTO POSITIVO

As temáticas do desenvolvimento positivo (pró-social) e da continuidade na adaptação sempre despertaram pouca atenção na comunidade científica, ao passo que é notória a acumulação de dados empíricos em favor da continuidade do comportamento problemático. Na investigação longitudinal aqui apresentada, foram analisados tanto a adaptação como os problemas de conduta, como se disse atrás. Estudou-se a continuidade, ou, nas palavras de Rutter (1984), as ligações significativas no curso do desenvolvimento, procurando identificar os critérios indicativos de um desenvolvimento bem sucedido na vida adulta e os seus respectivos percursores, adstritos ao período da infância. Para tal, considerou-se o comportamento pró-social aos 8 anos de idade, a adaptação à escola e as circunstâncias familiares (Pulkkinen, Nygren & Kokko, 2002). A análise estatística dos resultados envolveu a utilização de equações estruturais (*structural equation modelling*).

Nesta sequência, foi encontrado um factor latente, subjacente às condições propiciadoras de um desenvolvimento favorável aos 14 anos de idade, que consistia na existência de:

(1) Características pró-sociais e de competências sociais numa idade escolar muito inicial, aqui operacionalizadas através de comportamentos construtivos e condescendentes, avaliados pelos professores e pelos pares;

(2) Sucesso escolar e elevada motivação para a escola na pré-adolescência;

(3) Circunstâncias familiares positivas na pré-adolescência, que incluíam estilos parentais centrados na criança, consumo controlado de bebidas alcoólicas por parte dos pais e um elevado estatuto sócio-económico (significativo, apenas, para o sexo masculino). Os estilos parentais de centração na criança traduziam-se por um bom entendimento entre pai e mãe, uma boa relação da criança com o pai, a prestação de cuidados – no âmbito de uma forte relação afectiva – e de supervisão por parte da mãe e a ausência de castigos físicos. O bom relacionamento entre os diversos membros é sinónimo de um capital social elevado da própria família, dado que, desta forma, é assegurada a transmissão de uma herança cultural (conhecimentos e competências sociais) de pais para filhos (Coleman, 1988).

O referido factor latente para as condições propiciadoras de um *desenvolvimento favorável* explicava 75% da variância ao nível do funcionamento social, aos 36 anos de idade. Esta variável foi operacionalizada pelos seguintes indicadores:

(1) Socialização, medida pela *Escalas de Personalidade de Karolisnka* (af Klinteberg *et al.*, 1986);

(2) Consumo controlado de bebidas alcoólicas;
(3) Estabilidade da carreira profissional.

As condições propiciadoras de um desenvolvimento favorável não explicavam directamente o funcionamento psicológico na vida adulta. Este foi operacionalizado através do bem-estar psicológico, medido pela *Escala de Ryff* (Ryff, 1989), pela *Escala de auto-estima de Rosenberg* (Rosenberg, 1965) e pela satisfação com vários aspectos da vida. O funcionamento social, contudo, mostrou-se correlacionado com o funcionamento psicológico. Os resultados apontam, por isso, para a existência de outros preditores do funcionamento psicológico, para além da adaptação na infância, a qual se mostra extremamente significativa para a capacidade de funcionamento social.

Os dados por nós obtidos põem em evidência, nas palavras de Rutter (1984), ligações significativas entre o comportamento adaptativo na infância e o bom funcionamento social na vida adulta. Esta continuidade comportamental talvez seja o reflexo de uma certa continuidade ambiental, traduzida em circunstâncias familiares positivas, as quais tenderão a promover as condutas pró-sociais, o sucesso escolar, as oportunidades de educação e de emprego, hábitos bastante saudáveis e uma socialização normativa. No entanto, os resultados puseram a descoberto, também, a existência de descontinuidade entre o desenvolvimento favorável dos primeiros anos de vida e o funcionamento psicológico na vida adulta. Seria importante, por conseguinte, estudar quais serão os factores que explicam o bem-estar psicológico adulto: tratar-se-á de factores conhecidos, como sejam, por exemplo, a satisfação com o casamento, ou existirão outros, intrinsecamente associados ao bem-estar psicológico na infância?

A continuidade no funcionamento social mostrou-se muito elevada (Pulkkinen, 2004). Não existiam indivíduos na amostra que tivessem tido um funcionamento social muito débil, no âmbito de condições favoráveis de desenvolvimento, e não encontrámos sujeitos que exibissem um excelente funcionamento social, tendo por base circunstâncias de desenvolvimento extremamente empobrecidas. A continuidade revelou-se também elevada para as mulheres. É de referir que os factores de risco inerentes às condições desfavoráveis de desenvolvimento foram analisados de forma mais pormenorizada num outro estudo (Rönkä *et al.*, 2000).

CONTINUIDADE NO COMPORTAMENTO PROBLEMÁTICO

1. Desenvolvimento da agressão

O modelo de regulação emocional e comportamental (Figura 2) sugere que uma elevada reactividade temperamental e uma baixa capacidade de regulação das emoções negativas tornam alguns indivíduos mais vulneráveis à agressão, quando comparados com outros sujeitos de reacção mais lenta a esse nível. O papel dos factores genéticos, habitualmente designado por hereditabilidade, tem uma magnitude de cerca de 50% no caso da agressão, o que remete os restantes 50% para explicações de natureza ambiental. Em nossa perspectiva, qualquer indivíduo apresenta uma propensão fisiológica para experienciar emoções negativas e para exibir condutas agressivas, mas a regulação das emoções, as formas de expressar os comportamentos agressivos e a saliência da agressividade nas acções individuais são aspectos que se aprendem na interacção social. Sabe-se, com efeito, que a socialização exercida pela família desde os primeiros anos de vida está relacionada com o desenvolvimento da agressividade. Os indivíduos agressivos defendem, habitualmente, pontos de vista positivos acerca desta forma de comportamento e acreditam que ela é normativa (Coie & Dodge, 1998). Um estilo educativo caracterizado por ligações afectivas inseguras e desorganizadas entre as crianças e os prestadores de cuidados, por um distanciamento parental e por uma ausência de supervisão, por regras familiares inconsistentes e por uma disciplina autoritária, baseada no poder, contribui para o aumento da agressividade. Uma pobre supervisão mostra-se um factor particularmente importante para o envolvimento do adolescente no comportamento anti-social.

Convém realçar, contudo, que existem casos em que alterações cerebrais causadas por tumores ou por lesões poderão conduzir a manifestações de agressividade, as quais são completamente independentes das experiências de socialização. É ainda possível a actuação de factores genéticos que afectam o metabolismo do cérebro e, como consequência, poderão estar na origem de certos comportamentos agressivos. Além disso, aspectos ligados ao estilo de vida, como o consumo de álcool ou de drogas, e a exposição permanente a situações de stress físico e mental tenderão a afectar, também, o funcionamento do cérebro, de molde a reduzir a capacidade de controlo das emoções e do comportamento, o que aumentará a probabilidade de exibição de condutas agressivas.

São ainda de referir determinados factores sócio-culturais que poderão contribuir para o aumento do nível de agressão de uma dada comunidade, tais como o comportamento anti-social da vizinhança, a acessibilidade a armas e a qualidade da escola e das suas normas. A pobreza está fortemente relacionada com a agressividade e, possivelmente, exerce a sua influência por causa do disfuncionamento parental. A violência nos meios de comunicação social e nos contextos de realidade virtual está inteiramente ao alcance das crianças da presente geração. Os programas de televisão e os filmes de vídeo são de natureza passiva, quando comparados com os jogos electrónicos, que envolvem a participação activa do jogador e fazem muitas vezes apelo à utilização de estratégias vencedoras violentas.

Como resultado das experiências positivas de socialização, a frequência e a intensidade da experiência emocional, especialmente no caso das emoções negativas, tendem a decrescer, em geral, com a idade (Gross *et al.*, 1997). Estas modificações parecem estar relacionadas com a capacidade crescente de controlo emocional do indivíduo, à medida que vai ficando mais velho, tal como pode antever-se das etapas relativas ao desenvolvimento da agressão (Coie & Dodge, 1998), apresentadas a seguir:

(1) Nos recém-nascidos não é possível diferenciar as manifestações de irritação de outras emoções negativas;

(2) Aos quatro meses de idade já é possível detectar expressões faciais que denotam irritação, sendo as mesmas direccionadas para a fonte de frustração. Os factores mais frequentemente desencadeadores de agressão nos primeiros anos de vida são o desconforto físico e a necessidade de atenção;

(3) A agressão direccionada para indivíduos da mesma idade, envolvendo comportamentos de protesto ou inclusive de retaliação, como resposta a provocações daqueles, é algo que pode ser observado a partir do final do primeiro ano de vida. Por volta deste período, as crianças começam a sentir-se cada vez mais interessadas naquilo que é seu – nas suas coisas – tentando, ao mesmo tempo, controlar as suas próprias actividades;

(4) Durante o segundo ano de vida, verifica-se um aumento ao nível dos comportamentos de oposição e da agressão física. A maioria das

crianças aprende, contudo, a inibir a agressão física durante os anos pré--escolares;

(5) A agressão verbal aumenta bruscamente entre os 2 e os 4 anos de idade, seguindo-se um período de estabilização. Trata-se da fase do rápido desenvolvimento da linguagem, a qual permite às crianças expressar as suas necessidades de uma forma simbólica. Certos atrasos neste processo estão muitas vezes relacionados com problemas de comportamento agressivo;

(6) Entre os 6 e os 9 anos de idade, a taxa de agressividade diminui, mas, ao mesmo tempo, as suas manifestações e funções tendem a sofrer alterações. A natureza relativamente instrumental da agressão adstrita aos anos pré-escolares dá lugar, de maneira progressiva, a uma agressividade mais hostil e orientada para a pessoa (*person-oriented*). De facto, ao longo deste período, as crianças começam a tomar consciência das intenções nefastas dos outros e isso faz com que, particularmente as mais agressivas, percebam tais actos como ameaças à sua auto-estima, facto que desencadeia reacções de agressividade;

(7) Verifica-se uma diminuição suplementar da agressão percebida, à medida que as crianças entram na adolescência. Contudo, tende a ocorrer um aumento do número de actos de violência grave. É durante esta transição que as diferenças individuais ao nível do comportamento agressivo sofrem um aumento significativo;

(8) Acredita-se, habitualmente, que a agressividade física é mais comum nos rapazes e a verbal mais típica nas raparigas. Na realidade, existem diferenças entre os sexos nos comportamentos de agressão, que atingem o seu ponto máximo aos 11 anos de idade, mas não nos moldes atrás mencionados. Os rapazes tendem a exibir mais condutas agressivas, quer ao nível físico, quer verbal, mas não se verificam diferenças de género no que concerne à agressividade relacional (*e.g.*, tentativa de excluir os colegas de participarem no seu grupo), já que as raparigas manifestam este tipo de comportamento com a mesma frequência que os rapazes (Vierikko, Pulkkinen, Kaprio, Viken, & Rose, 2003, p. 66). O recurso quer à agressividade física, quer à relacional poderá ter como objectivo a estruturação do poder da criança (e do adolescente) no seu grupo de colegas, representando, no entanto, modos diferentes de o conseguir;

(9) As diferenças individuais na expressão de irritação observam-se desde os primeiros anos de vida. Aos dois anos de idade, a consistência das respostas a este nível, ao longo do tempo, é já significativa, e as dife-

renças individuais na agressão permanecem estáveis da infância para a adolescência;

(10) As diferenças individuais na resposta a uma situação de conflito relacionam-se quer com a frequência do comportamento agressivo, quer com as tentativas pró-sociais para a sua resolução. Estas últimas são facilitadas pelo desenvolvimento da linguagem. No entanto, a própria linguagem pode também oferecer à criança recursos verbais para as manifestações de agressividade.

A continuidade observada ao nível do comportamento agressivo inicia-se aos dois anos de idade (Tremblay *et al.*, 2004), significando isto que as crianças fisicamente agressivas neste período tendem a ser mais agressivas do que as restantes, numa idade posterior. No JYLS, verificou-se que a estabilidade da agressividade entre os 8 e os 14 anos era significativa (com uma correlação de 0.37), sendo igualmente elevada para os rapazes e para as raparigas. A continuidade desde os anos da escolaridade básica e secundária até à vida adulta mostrou-se menos evidente, em particular, devido a problemas de medição. Com efeito, é possível dispor de avaliações, feitas pelos professores e pelos colegas, das crianças e dos adolescentes em idade escolar. Todavia, a agressividade exibida durante a vida adulta costuma ser medida somente através de auto-relatos. Não obstante, concluímos que pelo facto de a agressividade, tanto aos 8 como aos 14 anos de idade, ser considerada como um preditor da agressão na vida adulta, então poder-se-ia falar de continuidade, no que concerne a este tipo de conduta, aos 42 anos de idade, tanto no caso dos homens como no das mulheres (Kokko & Pulkkinen, *no prelo*).

2. **Definição de agressão**

Para além dos problemas de mensuração, de que falámos atrás, não é possível omitir as dificuldades de generalização dos resultados, causadas pelas diferentes conceptualizações de agressão. Os indicadores deste conceito variam grandemente de estudo para estudo, e não tem sido colocada a tónica da averiguação da validade das medidas utilizadas. Nas análises conceptuais, as definições de agressão salientam, de maneira habitual, a intenção de causar danos a outra pessoa, não sendo, no entanto, frequentes as referências à componente emocional deste construto (Pulkkinen,

2001). A irritação, que constitui a componente emocional da agressão, e a hostilidade, que se refere à atitude negativa subjacente, motivam a pessoa para a exibição de condutas agressivas. Agressão e violência são conceitos relacionados, mas não necessariamente sinónimos. A *violência* traduz a agressão física nas suas formas extremas.

Habitualmente é feita a distinção entre agressão hostil e instrumental. Perante a percepção de uma ameaça, o tipo de resposta agressiva *hostil* tende a caracterizar-se por uma forte activação autónoma e pela intensidade da reacção desencadeada. Pelo contrário, a agressão instrumental costuma aparecer associada a uma fraca activação autónoma e a uma orientação para aquilo que o agressor encara como a recompensa ou o resultado esperado do comportamento.

Uma outra distinção tende a ser efectuada entre agressão pró-activa e reactiva, ou seja, entre iniciativa e resposta, tendo por base um encadeamento de actos agressivos. É de referir, no entanto, que esta segunda distinção não encontra paralelo na primeira, acima mencionada. De facto, embora a agressão pró-activa seja, frequentemente, de natureza instrumental, a agressão reactiva (ou defensiva) poderá ser tanto instrumental como hostil.

De acordo com estudos por nós já efectuados, cada acto agressivo possui um *modo de expressão*, um alvo, um motivo e uma intensidade (Pitkänen, 1969; Pulkkinen, 1987, p. 198). Um acto agressivo pode ser expresso de maneira física, verbal e não verbal, e ser orientado para o alvo, em cada caso, de uma forma mais directa ou indirecta. Verificam-se, ainda, variações ao nível do dano que provoca e da sua intensidade. No acto de bater, por exemplo, o modo de agressão é físico, a orientação para o alvo é directa, o motivo pode ser auto-defensivo (agressão reactiva) ou pró-activo, e a sua intensidade pode variar de uma leve palmada à provocação de uma escoriação. As crianças são consideradas mais agressivas se tiverem iniciativas dessa natureza, isto é, se atacarem sem razão. A agressão pró-activa é percebida como socialmente inaceitável. Por seu turno, a agressão reactiva, exibida para defesa própria ou dos outros, é muitas vezes aceite socialmente, se a sua intensidade e manifestações forem controladas e ajustadas à magnitude da ameaça.

A nível individual, a agressão pró-activa e a reactiva tendem a aparecer nos mesmos sujeitos. Uma criança que viva num ambiente violento e negligente não costuma desenvolver qualquer tipo de inibição da agressão, quando se trata de exibir comportamentos defensivos, podendo ainda percepcionar como satisfatório ou recompensador o acto de arreliar os outros. Neste tipo de crianças poderá falar-se de *agressão múltipla*. Aquelas que limitam a sua agressividade a situações de auto-protecção ou de defesa de outras pessoas significativas podem caracterizar-se por uma *agressão limitada à defesa*. As crianças que não se mostram provocadoras nem defensivas são designadas de *não agressivas*. Os prognósticos destes três grupos de crianças diferem, significativamente, ao nível, por exemplo, do comportamento criminal (Pulkkinen, 1996). A agressão múltipla, que inclui tanto as manifestações pró-activas como as reactivas, constitui um factor de risco para o funcionamento durante a vida adulta, em particular, quando se observa continuidade ao nível da agressão ao longo da infância. Pelo contrário, a agressão limitada à auto-defesa pode ser vista como parte de uma conduta socialmente adequada, tratando-se de uma forma de assertividade. O seu poder preditivo dos problemas de funcionamento social durante a vida adulta é menor do que o da agressão múltipla.

Entre as crianças com idade escolar, a agressão pró-activa é muitas vezes observada nos comportamentos de *bullying*[1]. Estas manifestações costumam envolver a exibição de condutas que provocam danos repetidamente contra o mesmo indivíduo. Entre os actos de *bullying* poderemos observar as brigas, o fazer "troça", os comentários maliciosos ou a agressão relacional. Trata-se de um fenómeno relativamente mais comum nos rapazes do que nas raparigas, e aqueles são também mais vezes identificados como vítimas. Tanto a tendência para exibir comportamentos de *bullying* para com os outros, como a de sofrer com eles, ou seja, de ser vítima dos mesmos, costumam manter-se de ano para ano, e mostram-se relacionadas com padrões de personalidade relativamente estáveis. Sabe-se que o *bullying* é um factor de risco para a delinquência, e a vitimização, para a baixa auto-estima e para a depressão. Para além dos *bullies* e das vítimas, os papéis dos participantes neste tipo de situações incluem os assistentes, que são os seguidores mais ou menos passivos dos *bullies*, os apoiantes, que lhes dão reforço positivo, os defensores, que se colocam ao

[1] *N. de T.* Em virtude da dificuldade de encontrar, na língua portuguesa, expressões que traduzissem satisfatoriamente as palavras *bullying* e *bullies*, estas foram mantidas em inglês neste capítulo. A ideia principal nelas contida é a de intimidação e de ameaça repetida de alguém mais forte sobre uma vítima, em geral mais fraca.

lado das vítimas, e os estranhos, que tendem a afastar-se desse tipo de cenários (Salmivalli, 1998).

3. Agressividade e desempenhos na vida adulta

No nosso estudo longitudinal verificou-se que as crianças que exibiram continuamente uma agressividade múltipla, dos 8 aos 14 anos de idade, se encontravam no patamar mais elevado de risco de problemas duradouros de consumo de álcool, tal como foi diagnosticado tanto aos 36 como aos 42 anos de idade com um teste de despistagem do alcoolismo (CAGE; Ewing, 1984), facto que veio a constatar-se numa comparação de grupos extraídos através de uma análise de *clusters*. Estes sujeitos começaram a beber álcool na idade mais jovem de toda a amostra, isto é, aos 13.5 anos (a média para a amostra global foi de 15.5 anos). Os *clusters* para a não agressão e para a agressão limitada à defesa estavam relacionados com um início mais tardio de consumo de álcool. Constatou-se também que o início precoce de consumo de bebidas estava altamente associado a resultados elevados em dois testes de despistagem de alcoolismo, o CAGE e o mmMAST (Selzer, 1971), à frequência do consumo e à quantidade de álcool ingerido, directamente aferida pela taxa de embriaguez (Pitkänen, Lyra & Pulkkinen, 2004).

As diferenças entre os *clusters* foram também observadas aos 36 anos de idade, ao nível da orientação para o trabalho (estabilidade da carreira profissional, educação), a qual se mostrou mais elevada no *cluster* relativo à agressão limitada à defesa e mais baixa no *cluster* concernente à agressão contínua múltipla. Na amostra global, a porção de indivíduos que possuíam antecedentes criminais era de 34%: 49% no caso dos homens e 16% no caso das mulheres. Como seria de esperar, as proporções diferiam entre os *clusters*. No que dizia respeito à agressão contínua múltipla, todos os homens, com excepção de um deles, já haviam sido indiciados por crimes (86% de homens; 33% de mulheres). Este indivíduo, que constituía caso único, tinha parado de beber álcool na adolescência, logo após um período de consumo excessivo, facto que contribuiu para que deixasse de continuar a exibir uma conduta criminosa. Todos os tipos de crime (propriedade, violência, dano) apareceram no *cluster* da agressão contínua múltipla. A condução sob o efeito do álcool mostrou-se particularmente típica deste agrupamento. Em nosso entender, este *cluster* – e o tipo de agressividade nele envolvido – correspondia ao comportamento anti-social persistente ao longo da vida, identificado por Moffit e colaboradores (1996, 2001); os indivíduos nele incluídos continuaram envolvidos em crimes depois dos 21 anos de idade.

A agressividade está associada a problemas de conduta e à delinquência na adolescência e na vida adulta se na sua base estiverem outros distúrbios de comportamento. Como se disse atrás, Moffitt e colegas (1996, 2001) descobriram um padrão de actuação a que chamaram comportamento anti-social persistente ao longo da vida, o qual é preditivo de acções delinquentes graves, mesmo em idades muito precoces (aos três anos de idade, por exemplo). Esta forma de funcionamento caracteriza-se por uma falta de controlo, facto que reflecte uma certa incapacidade para regular a expressão dos impulsos; por manifestações temperamentais problemáticas; por hiperactividade; por problemas de atenção; por labilidade emocional; por impulsividade comportamental; por agressividade; por défices cognitivos, linguísticos e motores; por dificuldades de leitura e baixo Q.I.; e por perturbações no funcionamento neuropsicológico. Este padrão de conduta é mais comum nos rapazes (6.2%) do que nas raparigas (0.4%). É de referir, contudo, que nem todos os indivíduos com estes distúrbios de comportamento se tornam criminosos. A probabilidade de tal acontecer aumenta no caso de as crianças já identificadas como altamente propensas ao desenvolvimento destes comportamentos, crescerem em ambientes sociais, também eles de alto risco.

Sabe-se que a delinquência tende a aumentar na adolescência, mas que a maior parte dos jovens não pratica actos criminosos quando chega à vida adulta. Moffitt e colaboradores (2001) designaram este tipo de conduta como o padrão limitado à adolescência. Tal modo de funcionamento delinquente é, efectivamente, mais comum do que o padrão persistente ao longo da vida, já que em comparação com este, o primeiro (limitado à adolescência) está mais associado a dificuldades temperamentais, à hiperactividade e a outros problemas comportamentais de início precoce, a défices neuropsicológicos e a relações empobrecidas com o grupo de colegas. Este padrão limitado à adolescência é mais comum entre as raparigas do que o persistente ao longo da vida, continuando a existir uma diferença pronunciada entre os sexos na prevalência deste último (9.9% no caso dos rapazes *versus* 2.2% no caso das raparigas) (Kratzer e Hodgins, 1999).

O comportamento agressivo na infância e na adolescência está também associado a outros desempenhos numa fase posterior do ciclo de vida.

A probabilidade de enfrentar roturas numa relação íntima, por exemplo, é mais elevada entre os indivíduos com uma história de problemas de conduta do que entre aqueles sem esse tipo de antecedentes (Caspi & Elder, 1988). No nosso estudo (Kinnunen & Pulkkinen, 2003), as mulheres e os homens divorciados haviam sido classificados como mais agressivos, quando crianças, pelos seus professores, do que os indivíduos (de ambos os sexos) casados. Foi também já verificado (Zoccolillo, 1993) que as dificuldades de conduta na infância resultam em problemas maritais na vida adulta, sendo essa frequência relativamente superior para as mulheres do que para os homens (97% e 60%, respectivamente).

Em comparação com as raparigas não agressivas, as agressivas tendem a iniciar mais cedo a sua vida sexual, costumam enfrentar mais conflitos nas suas relações interpessoais e inclinam-se a vivenciar a maternidade numa idade mais jovem (Serbin *et al.*, 1991). Além disso, os pré-adolescentes de ambos os sexos que experienciaram problemas emocionais e comportamentais, do género da agressividade, mostram-se mais propensos a relatar vários tipos de dores físicas, como as de costas, de estômago e de cabeça (Vaalamo *et al.*, 2002). A conduta agressiva na infância tende ainda a incrementar a probabilidade de ocorrência de outras síndromas somáticas (Kokkonen, Kinnunen & Pulkkinen, 2002), de acidentes (Pulkkinen, 1995) e de dependência de álcool (Pulkkinen & Pitkänen, 1994).

De facto, a agressividade é uma característica individual complexa, em virtude das suas variadas formas de expressão, e do poder preditivo distinto de cada uma dessas diferentes manifestações, em particular, da agressão pró-activa e reactiva, para o futuro. Se a agressividade for contínua e envolver ataques e injúrias contra as outras pessoas, então parece-nos que esse facto é revelador de problemas de socialização e que acarreta consigo o risco de aparecimento de outros distúrbios comportamentais. As crianças e os adolescentes com estas manifestações estarão, certamente, a necessitar de uma intervenção de natureza preventiva.

ACUMULAÇÃO DE FENÓMENOS E O PAPEL DOS FACTORES PREVENTIVOS

Existem diferentes modos de abordagem da questão da acumulação de características e de experiências positivas ou negativas, assim como é possível encontrar na literatura explicações teóricas distintas para este fenómeno. Caspi, Bem & Elder (1989) descreveram-no como uma continuidade cumulativa, do tipo "bola de neve", já que um determinado factor de risco, por provocar efeitos negativos, acarretará por sua vez, dificuldades suplementares para o indivíduo. As crianças agressivas, por exemplo, tendem a apresentar problemas na escola, os quais poderão resultar em insucesso escolar e, numa perspectiva mais alargada, abrir caminho a problemas ao nível da educação futura e da carreira profissional.

Uma outra explicação para este fenómeno é avançada pela hipótese de gravitação do problema (Bergman & Magnusson, 1997). A ideia principal aqui expressa baseia-se na defesa de que as dificuldades de adaptação tendem a restringir-se a um grupo pequeno de pessoas. Parece, pois, haver uma polarização dos problemas, uma vez que quer os tipos de ajustamento saudável, quer os padrões indiciadores de défices múltiplos a esse nível, costumam surgir associados a outros tipos de funcionamento individual. Isto acontece porque se a pessoa não ultrapassa os problemas mais brandos, eles tendem a piorar com o tempo. Além disso, o sucesso também apresenta um efeito cumulativo: os ricos tornam-se mais ricos e os pobres, mais pobres.

Em termos empíricos, a questão da acumulação de fenómenos pode ser abordada focalizando mais o indivíduo (*person-oriented*) ou, sobretudo, as variáveis envolvidas (*variable-oriented*), tal como revelam os exemplos apresentados a seguir. Bergman e Magnusson (1997) mostraram, através da sua abordagem centrada no indivíduo, que a agressão observada no início da adolescência é um preditor mais robusto da delinquência, quando associada a outros problemas de comportamento, tais como hiperactividade, falta de concentração, baixa motivação para a escola, fraco rendimento escolar e pobres relações com o grupo de colegas. A associação mais forte encontrada foi entre a rejeição pelos pares e a agressão.

O nosso estudo longitudinal teve subjacente uma orientação mais centrada nas variáveis (Kokko & Pulkkinen, 2000). De facto, concentrámos os esforços de investigação na agressão, enquanto factor de risco, medindo esta variável quando os sujeitos tinham 8 anos de idade, através das avaliações efectuadas pelos professores sobre a sua agressividade física, e correlacionando estes resultados com outros indicadores comportamentais posteriores. A agressão responsável pela inadaptação escolar aos 14 anos estava associada a um pobre desempenho académico, à ausência de interesse pelos trabalhos da escola, às punições recebidas na instituição e à falta às aulas. Por seu turno, este desajustamento evidente do mundo escolar contribuía para o desemprego de longa duração, quer directamente, quer em virtude da ausência de alternativas de ocupação profissional, e para o aparecimento de problemas de consumo de álcool. É ainda de referir que a agressão patente numa fase muito inicial da vida estava também directamente associada à dependência posterior de bebidas alcoólicas.

A nossa interpretação destes resultados leva-nos a deduzir que a agressão evidenciada numa idade escolar muito precoce poderá desencadear um ciclo de desajustamento, que conduzirá a problemas ao nível da educação e do emprego e a deficitários hábitos de saúde, os quais, por sua vez, farão subir o risco de desemprego. Na realidade, perante a perda de um trabalho remunerado, os indivíduos socialmente melhor ajustados têm uma probabilidade superior à dos problemáticos a esse nível de voltar a conseguir emprego. Por essa razão, os períodos de desemprego tendem a ser superiores para os sujeitos que apresentam comportamentos disfuncionais.

Numa outra investigação por nós conduzida, foi operacionalizado um índice de risco do desenvolvimento dos 8 aos 14 anos de idade, através dos seguintes indicadores: (1) baixo auto-controlo das emoções, deduzido pela agressão e pela ansiedade demonstradas durante a infância; (2) fraco sucesso escolar e pobre ajustamento na adolescência; (3) hábitos excessivos de consumo de bebidas alcoólicas por parte dos pais e baixo estatuto socio-económico da família (Rönkä *et al.*, 2000). Nesta sequência, a conclusão principal obtida foi a de que os factores de risco estavam directamente relacionados com os problemas de funcionamento social na vida adulta dos homens, que isso acontecia de forma indirecta em ambos os sexos por via da instabilidade da carreira profissional, acrescendo, neste segundo caso, a sensação de fracasso nas mulheres (ver Figura 3). Para além disto, os factores de risco pareciam contribuir, ainda, para a vivência precoce da paternidade ou da maternidade. Este tipo de experiência, quando vivida numa idade muito precoce, mostrou-se associada à instabilidade da carreira das mulheres e à estabilidade laboral dos homens. Na realidade, em comparação com os pais jovens, torna-se mais difícil para as mães muito novas prosseguirem o seu caminho no mundo profissional.

O funcionamento social na vida adulta foi medido por um índice cumulativo de seis variáveis: fraca situação financeira, desemprego, pobres relações sociais, débeis relacionamentos íntimos, problemas de bebida e criminalidade. A interpretação efectuada foi a de que existem dois modos interligados, através dos quais os riscos da infância são transpostos para a vida adulta e acumulados ao longo do tempo, nomeadamente, as continuidades ambientais, de que a instabilidade da carreira (modo externo) é um exemplo, e as cognições com elas relacionadas, tais como a sensação de fracasso (modo interno).

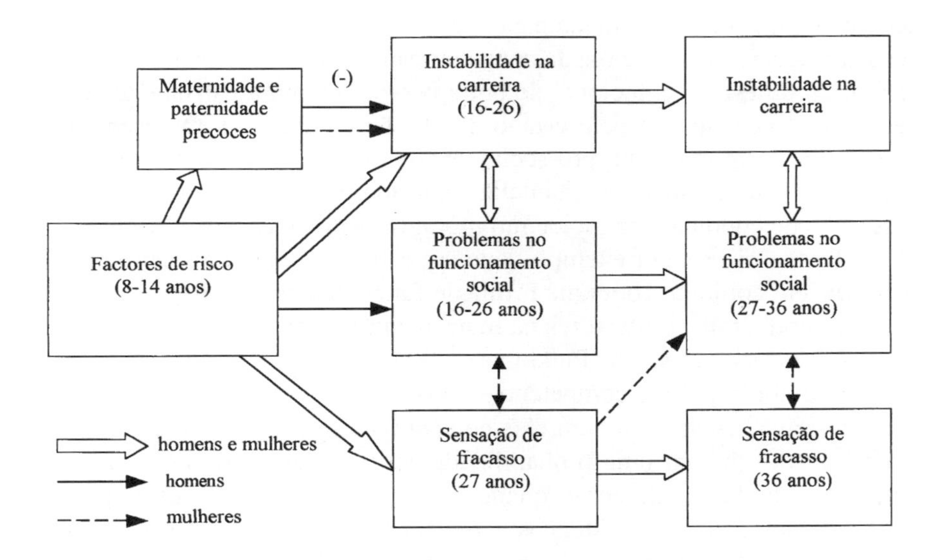

FIGURA 3
Percursos dos factores de risco aos problemas de funcionamento social na vida adulta. Tais percursos são positivos e significativos, a menos que indicados com o sinal (-).
(Modificado de Rönkä, Kinnunen, & Pulkkinen, 2000)

Na sequência desta distinção, verificámos que o modo externo é mais típico dos homens e o modo interno mais comum nas mulheres. Estas conclusões estão em consonância com as de outros estudos (*e.g.*, Serbin *et al.*, 1991; Zoccolillo, 1993), segundo as quais o sexo masculino é mais vulnerável à externalização dos problemas, quando tem de lidar com factores de risco, relacionados, por exemplo, com as adversidades em casa, ao passo que o sexo feminino se mostra mais propenso à internalização das dificuldades, em situações idênticas.

DESCONTINUIDADE NO DESENVOLVIMENTO E A PROMOÇÃO DA MUDANÇA

Para além da temática da continuidade, o nosso interesse tem recaído também na descontinuidade do desenvolvimento, em particular, ao nível da agressão. A hipótese de que partimos foi a de que a promoção do desenvolvimento pró-social poderia contrariar o comportamento agressivo. A conduta pró-social é orientada para fazer bem às outras pessoas. A motivação subjacente está relacionada com a empatia ao nível das emoções (compreensão do estado emocional de outra pessoa) e com a partilha de certas emoções (preocupação pelo estado de aflição de alguém). O desenvolvimento do comportamento pró-social tem-se mostrado ligado à capacidade de assunção de perspectivas, à inteligência, ao tipo de razões expressas para esse tipo de conduta e ao raciocínio moral (Eisenberg & Fabes, 1998).

Descobriu-se, por exemplo, que um estilo parental mais centrado na criança, em conjunto com uma forma de funcionamento pró-social, actuavam como factores protectores na ligação entre agressão e desemprego de longa duração (Kokko & Pulkkinen, 2000). As crianças agressivas que tinham exibido pobres competências pró-sociais e cujos pais não pautavam a sua actuação para com elas de acordo com o estilo parental acima mencionado, tinham uma probabilidade superior de se tornarem desempregadas de longa duração, quando comparadas com aquelas que se encontravam acima da média nas variáveis referidas (conduta pró-social e estilo parental centrado na criança). As probabilidades de tal acontecer eram de 45% e de 1%, respectivamente.

Na realidade, o modo de actuação pró-social ajuda os indivíduos a lidarem com as dificuldades do dia-a-dia. Fracas competências a este nível representam um factor de risco, também no que concerne à delinquência. De facto, na nossa amostra, aspectos como a baixa complacência e a fraca afabilidade mostraram-se preditores da delinquência, independentemente de os indivíduos externalizarem problemas, através da agressão, por exemplo (Hämäläinen & Pulkkinen, 1996). Isto significa que as crianças com dificuldades no comportamento pró-social podem correr o risco de se tornarem delinquentes, mesmo que não se caracterizarem por uma externalização dos problemas.

Uma sociedade moderna exige não apenas trabalhadores esclarecidos, sob o ponto de vista do conhecimento especializado, mas também indivíduos socialmente competentes, capazes de construir redes de confiança entre si. Por este motivo, os objectivos do desenvolvimento sócio-emocional não poderão ser alcançados, simplesmente, através de uma educação baseada na transmissão da informação. De acordo com diversas estimativas (*e.g.*, Bardy *et al.*, 2001), as crianças finlandesas em idade escolar (15 a 20% delas) apresentam níveis alarmantes de problemas mentais e de conduta, que ameaçam a sua capacidade de participação na sociedade. Num projecto de investigação actualmente em curso, designado por MUKAVA, estão a ser feitos esforços no sentido de se conceberem intervenções para melhorar, em contexto escolar, a adaptação das crianças à vida social (Pulkkinen, 2004). No processo educativo posto em marcha, salientam-se e investigam-se, em especial, dois alvos particulares de intervenção: actividades diárias integradas na vida da escola e o envolvimento dos pais.

Por *actividades diárias integradas na vida da escola* referimo-nos a uma organização inovadora do trabalho da instituição, de molde a permitir maior flexibilidade de horários. Antes do início das actividades lectivas, durante o intervalo para almoço, entre as aulas e no final do dia escolar normal, são oferecidas aos alunos actividades estruturadas, que incluem a formação de clubes e de grupos de passatempos, as quais são coordenadas pelos professores e por outros educadores qualificados para o efeito. Diversos trabalhos empíricos destacaram já, amplamente, o papel dos tempos livres, enquanto espaços privilegiados de aprendizagem para as crianças (*e.g.*, McHale *et al.*, 2001; Hansen *et al.*, 2003). Tem sido constatado que a maior parte dos efeitos positivos das actividades extracurriculares sobre o desenvolvimento das crianças se verifica, de facto, se essas mesmas iniciativas forem organizadas dentro do próprio estabelecimento de ensino (Eccles & Barber, 1998; Mahoney & Cairns, 1997; Mahoney & Stattin, 2000, 2002). As actividades extracurriculares dentro da escola reforçam os contactos das crianças, quer com os seus colegas, quer com os professores e restantes funcionários. Os alunos que nelas participam tendem a obter melhores notas e a sentir-se mais envolvidos com a própria instituição (McNeely *et al.*, 2002). As chamadas ligações débeis (Granovetter, 1973) entre os alunos das diferentes turmas e dos diversos anos de escolaridade terão probabilidade de ser robustecidas, tornando-se, assim, em vínculos sociais, através da participação de todos em passatempos e em actividades extracurriculares (Hansen *et al.*, 2003; McHale *et al.*, 2001). De forma inversa, sabe-se que o tempo que as crianças passam sozinhas em contextos não supervisionados tende a ser um preditor de problemas de adaptação social (McHale *et al.*, 2001). A este propósito, Richardson e colaboradores (1993) constataram que o facto de as crianças passarem 10 horas por semana sem supervisão contribuía para o incremento do risco de depressão, de abuso de drogas e de insucesso escolar por volta dos 14 anos de idade. Apesar destes importantes dados empíricos, as actividades extracurriculares tem sido amplamente ignoradas na Finlândia, em particular, depois da grave recessão económica sofrida no início dos anos 90 do século XX.

São vários os objectivos principais das actividades integradas na vida escolar diária:

1) *Objectivo de protecção da criança*: de forma a diminuir o tempo que os alunos passam sem a supervisão dos adultos, durante as manhãs e as tardes dos dias escolares. Habitualmente, ambos os membros do casal finlandês típico são trabalhadores a tempo inteiro. O nosso estudo-piloto revelou que apenas 16% das mães com filhos em idade escolar não trabalhavam fora de casa, e que 3% delas possuíam um emprego a tempo parcial. No sistema escolar da Finlândia, as crianças iniciam o 1º ciclo apenas aos 7 anos de idade. Cerca de metade delas, incluindo as mais pequenas (mesmo com 7 anos), não têm adultos em casa quando lá regressam depois das actividades lectivas, não sendo supervisionadas, por isso, diariamente, ao longo de várias horas. Algumas crianças chegam mesmo a passar cerca de 20 a 30 horas por semana sem qualquer supervisão.
2) *Objectivo do desenvolvimento psicológico*: para facilitar o crescimento pessoal e o desenvolvimento sócio-emocional dos alunos, pela criação de um ponto de partida sólido para a execução de actividades de lazer e pela promoção das suas competências sociais e das suas capacidades de regulação emocional.
3) *Objectivo socio-psicológico*: para reforçar as redes de apoio social na escola entre os alunos das diferentes classes e dos diversos anos lectivos e também entre estes e os professores.

Quanto mais novas são as crianças, mais elas necessitam de protecção, isto é, de supervisão durante as suas actividades não estruturadas, em espaços fechados e em recintos ao ar livre, quanto fazem em casa os seus deveres escolares ou mesmo nos momentos em que estão em repouso.

Desde os primeiros anos de escolaridade, elas começam a sentir-se interessadas em actividades supervisionadas, mais direccionadas para objectivos específicos, realizadas em clubes e em grupos de passatempos, que poderão ser por elas frequentados no âmbito da comunidade a que pertencem. Os interesses das crianças têm sido e continuarão a ser investigados no decurso do nosso projecto, e as actividades a implementar serão concebidas em consonância com os resultados obtidos. A atenção tem recaído, especialmente, naquelas crianças que não dispõem de qualquer ocupação dos tempos livres que encoraje a sua participação.

As escolas envolvidas neste trabalho estabelecem também parcerias com as comunidades locais, de molde a organizarem clubes, nos quais os estudantes possam ser treinados como voluntários. De facto, os alunos dos anos de escolaridade mais avançados participam voluntariamente em diversas actividades, realizadas, por exemplo, em lares de idosos, em hospitais ou no contexto das acções de apoio social apoiadas pela Igreja. Eles podem ainda oferecer-se para trabalhar para a própria escola, de várias maneiras práticas. Os estudos (Eccles & Barber, 1998; Youniss & Yates, 1997) têm mostrado que, de entre as actividades extracurriculares, o voluntariado parece ser a iniciativa que exerce maior impacto nas capacidades sociais dos alunos (Pulkkinen, 2002). Por esta razão, está em marcha a criação de uma rede de organizações de voluntariado.

O *envolvimento dos pais,* também traduzido pelos conceitos de parceria ou de reforço do seu poder (*empowerment*), deve ser encarado como um construto multidimensional (Epstein, 1996). O seu objectivo consiste em desenvolver e estimular uma comunicação mais positiva com as famílias, ao longo do percurso académico dos alunos, de modo a promover o sucesso escolar. As investigações evidenciam que os pais desejam envolver-se mais na educação dos seus filhos e que os factores escolares – especialmente os professores (Rosenfeld *et al.*, 2000) – desempenham uma influência prioritária nesse envolvimento. Quando os pais sentem que as escolas realizam actividades de molde a envolvê-los, eles tendem a dedicar mais atenção, de facto, à educação dos seus filhos (Booth & Dunn, 1996). No entanto, tanto na Finlândia como em muitos outros países (Hargreaves, 2000), os pais raramente se envolvem na concepção e na implementação dos currículos, ou ainda na vida escolar diária. Por essa razão, o *Conselho Nacional da Educação* finlandês adoptou como regra fundamental do currículo formal (Conselho Nacional de Educação, 2002) a cooperação entre pais e professores.

No presente projecto de investigação, o envolvimento dos pais está a ser encorajado ao nível da sala de aula, de duas formas. Em primeiro lugar, os professores são incentivados a organizar reuniões presenciais com os pais dos alunos de uma dada turma. Em segundo lugar, tem sido desenvolvido um *novo sistema de comunicação digital* (Kivahko), para disponibilizar meios conducentes a uma comunicação mais rápida e fácil entre as escolas e as famílias, de forma a estimular o envolvimento parental e a fomentar a comunicação entre os pais dos estudantes, colegas de uma mesma classe. O equipamento exigido pelo sistema Kivahko é um telefone portátil e um computador com acesso à *internet*. Embora estes recursos já possam ser encontrados na maior parte das habitações finlandesas, as tradicionais mensagens escritas em suporte de papel e os contactos pessoais continuam a ser as estratégias usadas junto daqueles pais que ainda não possuem estas tecnologias. O Kivahko será utilizado para facilitar a comunicação no contexto escolar entre os seus profissionais (professores e outros funcionários), os pais e as crianças. Os estudos-piloto já efectuados com este sistema conduziram a resultados preliminares bastantes promissores: tanto os pais como os professores confirmaram que a comunicação e a cooperação entre a família e a escola melhoraram, em virtude do recurso a esta nova tecnologia, e incrementaram todos os tipos de contacto entre ambas as partes.

O objectivo do projecto é estudar: (1) a nível institucional, o impacto das actividades integradas na escola e do envolvimento parental no capital social da própria instituição, aferido pelas redes de suporte existentes, pela clareza das regras e das obrigações e pela valorização da confiança nas relações entre a escola e a família; (2) a nível individual, o impacto da participação das crianças nas actividades integradas na escola e do envolvimento dos pais na competência social das crianças e no seu capital social inicial, directamente apurado pelas redes de apoio de que dispõem, pelas normas partilhadas e pelas relações de confiança que estabelecem. O último objectivo (3) consiste em avaliar o impacto destas intervenções no desenvolvimento sócio-emocional dos alunos.

Com este trabalho, espera-se que as actividades integradas na vida diária da escola e o envolvimento dos pais aumentem as oportunidades estruturais para essas iniciativas e para o estabelecimento da comunicação. As oportunidades estruturais poderão materializar-se, por exemplo, no número de clubes de passatempos organizados, na taxa de participação nos mesmos e na frequência dos contactos entre professores e pais, ou mesmo entre as próprias famílias. A hipótese colocada é a de que a participação dos alunos e dos pais nas actividades oferecidas possa, por um lado, incrementar o capital social da escola, traduzido pelos valores e pelas normas de reciprocidade, pelas redes de suporte e voluntariado, e pela confiança nas relações humanas. Por outro lado, espera-se ainda que a supervisão das actividades integradas na vida escolar diária e o crescente envolvimento dos pais nas tarefas de aprendizagem dos seus filhos contribuam para a melhoria das competências sociais das crianças. Defende-se, por conseguinte, que tanto o reforço do capital social da escola como a estimulação da competência social das crianças constituem factores promotores do seu desenvolvimento sócio-emocional.

A intervenção por nós orientada teve início em sete escolas finlandesas no Outono de 2002, envolvendo um conjunto de mais de 2000 alunos com idades compreendidas entre os 7 e os 16 anos. Os resultados esperados estão relacionados com inovações sociais de grande envergadura. Na realidade, acreditamos que eles revelarão mudanças na cultura escolar, ao nível:

(1) Do impacto das actividades integradas na vida escolar diária (i) no desenvolvimento sócio-emocional dos participantes, aferido pela sua melhor adaptação social e pelas redes crescentes de apoio social dos alunos entre si e destes com os adultos, pelo respeito pelas regras e pela confiança que depositam nas relações com os outros; (ii) na quantidade de tempo não supervisionado dos estudantes, assim como no seu interesse pelos estudos; e, por isso, (iii) na redução do número de alunos em risco de marginalização.

(2) Dos benefícios (e das dificuldades) decorrentes da existência de diversas actividades no seio da própria escola e da cooperação desta com a comunidade envolvente, de forma a oferecer serviços de supervisão e actividades extra-curriculares aos alunos.

(3) Da contribuição das tecnologias de comunicação contemporâneas para a promoção do envolvimento dos pais.

Em nosso entender, o investimento nas crianças em idade escolar conduzirá, seguramente, a poupanças substanciais no futuro, se conseguirmos reduzir a incidência do comportamento agressivo e anti-social, e se as trajectórias que levam ao abandono escolar e ao desemprego subsequente puderem ser evitadas.

BIBLIOGRAFIA

ACHENBACH, T. M., & EDELBROCK, C. S. (1984). Psychopathology of childhood. *Annual Review of Psychology, 35,* 227-256.

AF KLINTEBERG, B., SCHALLING, D, & MAGNUSSON, D. (1986). *Self-report assessment of personality traits. Data from the KSP inventory on a representative sample of normal male and female subjects within a developmental project.* (Report No. 64.) Department of Psychology, University of Stockholm.

AF KLINTEBERG, B., SCHALLING, D., & MAGNUSSON, D. (1990). Childhood behavior and adult personality in male and female subjects. *European Journal of Personality, 4,* 57-71.

BARDY, M., SALMI, M. & HEINO, T. (2001). *Mikä lapsiamme uhkaa? Suuntaviivoja 2000-luvun lapsipoliittiseen keskusteluun.* Sosiaali- ja terveysalan tutkimus- ja kehittämiskeskus STAKES. Raportteja 263.

BERGMAN, L. R., & MAGNUSSON, D. (1997). A person-oriented approach in research on developmental psychopathology. *Development and Psychopathology, 9,* 291-319.

BOOTH, A. & DUNN, J. F. (1996). (Eds.). *Family school links: How do they affect educational outcomes.* Mahwah, NJ: Lawrence Erlbaum.

BUSS, A. H. & PERRY, M. (1992). The Aggression Questionnaire. *Journal of Personality and Social Psychology, 63,* 452-459.

CASPI, A. (1998). Personality development across the life course. In W. Damon (Editor-in-Chief) & N. Eisenberg (Volume Editor*), Handbook of child psychology* (Vol. 3. pp. 311-388). New York: Wiley.

CASPI, A., BEM, D. J., & ELDER, G. H. (1989). Continuities and consequences of interactional styles across the life course. *Journal of Personality, 52,* 375-406.

CASPI, A., & ELDER, G. H. (1988). Childhood precursors of the life course: Early personality and life disorganization. In E. M. Hetherington, R. M. Lerner & M. Perlmutter (Eds.), *Child-development in life-span perspective* (pp. 115-142). Hillsdale, NJ: Lawrence Erlbaum.

COIE, J. D., & DODGE, K. A. (1998). Aggression and antisocial behavior. In W. Damon (Editor-in-Chief) & N. Eisenberg (Volume Editor), *Handbook of child psychology* (Vol. 3. pp. 779-862). New York: Wiley.

COLEMAN, J. S. (1988). Social capital in the creation of human capita. *American Journal of Sociology, 94,* Supplement, 95-120.

CONSELHO NACIONAL DE EDUCAÇÃO (2002). *Framework curriculum for the comprehensive school.* Helsinki: Board of Education.

COSTA, P. T. JR., & MCCRAE, R. R. (1985). *The NEO Personality Inventory Manual.* Odessa, FL: Psychological Assessment Resources, Inc.

COSTA, P., & MCCRAE, R. (1988). Personality in adulthood: A six-year longitudinal study of self-reports and spouse ratings on the NEO Personality Inventory. *Journal of Personality & Social Psychology, 54*, 853-863.

DEPUE, R. (1987). *General Behavior Inventory.* Department of Psychology, Cornell University.

ECCLES, J. S., & BARBER, B. L. (1998). Student council, volunteering, basketball, or marching band: What kind of extracurricular involvement matters? *Journal of Adolescent Research, 14*, 10-43.

EISENBERG, N. (1998). Introduction. In W. Damon (Editor-in-Chief) & N. Eisenberg (Volume Editor), *Handbook of child psychology* (Vol. 3. pp. 1-24). New York: Wiley.

EISENBERG, N., CAMERON, E., TRYON, K., & DODEZ, R. (1981). Socialization of prosocial behavior in the preschool classroom. *Developmental Psychology, 17*, 773-782.

EISENBERG, N., & FABES, R. (1998). Prosocial development. In W. Damon (Editor-in-Chief) & N. Eisenberg (Volume Editor), *Handbook of child psychology* (Vol. 3. pp. 701-778). New York: Wiley.

EISENBERG, N., PASTERNACK, J. F., CAMERON, E., & TRYON, K. (1984). The relation of quantity and mode of prosocial behavior to moral cognitions and social style. *Child Development, 55*, 1479-1485.

EPSTEIN, J. L. (1996). Perspective and previews on research and policy for school, family, and community partnerships. In A. Booth & J. F. Dunn (Eds.), *Family school links: How do they affect educational outcomes* (pp. 209-246). Mahwah, NJ: Lawrence Erlbaum.

EWING, J. A. (1984). Detecting alcoholism: The CAGE Questionnaire. *Journal of the American Medical Association (JAMA)*, 252, 1905-1907.

EYSENCK, H. J., & EYSENCK, S. B. G. (1975). *Manual of the Eysenck Personality Questionnaire.* London: Hodder and Stoughton.

GRANOVETTER, M. (1973). The strength of weak ties. *American Journal of Sociology, 78*, 1360-1379.

GROSS, J. J., CARSTENSEN, L. L., PASUPATHI, M., TSAI, J., GÖTESTAM SKORPEN, C., & HSU, A. Y. C. (1997). Emotion and aging: experience, expression, and control. *Psychology and aging, 12*, 590-599.

HANSEN, D. N., LARSON, R. W., & DWORKIN, J. (2003). What adolescents learn in organized youth activities: A survey of self reported developmental experiences. *Journal of Research on Adolescence, 13*, 25-55.

HARGREAVES, A. (2000). Four ages of professionalism and professional learning. *Teachers and teaching: History and practice, vol 6*, 2, 151-182.

HÄMÄLÄINEN, M., & PULKKINEN, L. (1996). Problem behavior as a precursor of male criminality. *Development and Psychopathology, 8*, 443-455.

KAGAN, J. (1971). *Change and continuity in infancy*. New York: Wiley.

KINNUNEN, U., & PULKKINEN, L. (2003). Childhood socioemotional characteristics as antecedents of marital stability and quality. *European Psychologist, 8*, 223-237.

KOKKO, K., & PULKKINEN, L. (2000). Aggression in childhood and long-term unemployment in adulthood: A cycle of maladaptation and some protective factors. *Developmental Psychology, 36*, 463-472.

KOKKO, K., & PULKKINEN, L. (in press). Stability of aggressive behavior from childhood to middle age in women and men. *Aggressive Behavior.*

KOKKONEN, M., KINNUNEN, T., & PULKKINEN, L. (2002). Direct and indirect effects of adolescent self-control of emotions and behavioral expression on adult health outcomes. *Psychology and Health, 17*, 657-670.

KRATZER, L., & HODGINS, S. (1999). A typology of offenders: A test of Moffitt's theory among males and females from childhood to age 30. *Criminal Behaviour & Mental Health, 9*, 57-73.

LAURSEN, B., PULKKINEN, L., & ADAMS, R. (2002). The antecedents and correlates of agreeableness in adulthood. *Developmental Psychology, 38*, 591-603.

MAHONEY, J. L., & CAIRNS, R. B. (1997). Do extracurricular activities protect against early school dropout? *Developmental Psychology, 33*, 241-253.

MAHONEY, J. L., & STATTIN, H. (2000). Leisure activities and adolescent antisocial behavior: The role of structure and social context. *Journal of Adolescence, 23*, 113-127.

MAHONEY, J. L., & STATTIN, H. (2002). Structured after-school activities as a moderator of depressed mood for adolescents with detached relations to their parents. *Journal of Community Psychology, 30*, 69-86.

McCrae, R. R., & Costa, P. T. (1990). *Personality in adulthood*. New York: The Guilford Press.

McHale, S. M., Crouter, A. C. & Tucker, C. (2001). Free time activities in middle childhood: Links with adjustment in early adolescence. *Child Development 72*, 6, 1764-1778

McNeely, C. A., Nonnemaker, J. M. & Blum, R. W. (2002). Promoting school connectedness: Evidence from the National Longitudinal Study of Adolescent Health. *Journal of School Health, 72* (4), 138--146.

Moffitt, T. E., Caspi, A., Dickson, N., Silva, P., & Stanton, W. (1996). Childhood-onset versus adolescent-onset antisocial conduct problems in males: Natural history from ages to 18 years. *Development and Psychopathology, 9*, 399-424.

Moffitt, T. E., Caspi, A., Rutter, M., & Silva, P. A. (2001). *Sex differences in antisocial behaviour: Conduct disorder, delinquency, and violence in the Dunedin Longitudinal Study*. New York: Cambridge University Press.

Pitkänen, L. (1969). *A descriptive model of aggression and nonaggression with applications to children's behaviour.* Jyväskylä: Jyväskylä Studies in Education, Psychology and Social Research, Whole Nr. 19.

Pitkänen, T., Lyyra, A-L., & Pulkkinen, L. (resubmitted). Age of Onset of Drinking and the Use of Alcohol in Adulthood: A Follow-up Study from Age 8 to 42 for Females and Males. *Addiction*.

Pulkkinen, L. (1987). Offensive and defensive aggression in humans: A longitudinal perspective. *Aggressive Behavior, 13*, 197-212.

Pulkkinen, L. (1995). Behavioral precursors to accidents and resulting physical impairment. *Child Development, 66*, 1660-1679.

Pulkkinen, L. (1996). Proactive and reactive aggression in early adolescence as precursors to anti- and prosocial behavior in young adults. *Aggressive Behavior, 22*, 241-257.

Pulkkinen, L. (2001). Antisocial behavior in childhood and adolescence. In N. Smelser & P. Baltes (Eds.), *International Encyclopedia of the Social and Behavioral Sciences*, Vol. 1 (pp. 549-553). Oxford, UK: Pergamon.

Pulkkinen, L. (2002). *Mukavaa yhdessä, Sosiaalinen alkupääoma ja lapsen sosiaalinen kehitys*. [Nice together: Initial social capital and the child's socioemotional development.] PS-Kustannus: Jyväskylä.

PULKKINEN, L. (2004). A Longitudinal study on social development as an impetus for school reform towards an integrated school day. *European Psychologist, 9,* 125-141.

PULKKINEN, L., Nygren, H., & Kokko, K. (2002). Successful development: Childhood antecedents of adaptive psychosocial functioning in adulthood. *Journal of Adult Development, 9,* 251-265.

PULKKINEN, L., & PITKÄNEN, T. (1994). A prospective study of the precursors to problem drinking in young adulthood. *Journal of Studies on Alcohol, 55,* 578-587.

PULVER, A., ALLIK, J., PULKKINEN, L., & HÄMÄLÄINEN, M. (1995). A Big Five Personality Inventory in two non-Indo-European languages. *European Journal of Personality, 9,* 109-124.

RICHARDSON, J. L., RADZISZEWSKA, B., DENT, C.W., & FLAY, B. R. (1993). Relationship between after school care of adolescents and substance use, risk taking, depressed mood, and academic achievement. *Pediatrics, 92*, 32-38.

ROBERTS, B. W., & DELVECCHIO, W. F. (2000). The rank-order consistency of personality traits from childhood to old age: a quantitative review of longitudinal studies. *Psychological Bulletin, 126*, 3-25

ROSENBERG, M. (1965). *Society and the adolescent self-image*. Princeton (N.J).

ROSENFELD, L. B., RICHMAN, J. M., & BOWEN, G.B. (2000). Social support networks and school outcomes: The centrality of teacher. *Child and Adolescent Social Work Journal, 17*, 3, 2000.

ROTHBART, M., & BATES, J. (1998). Temperament. In W. Damon (Editor-in-Chief) & N. Eisenberg (Volume Editor), *Handbook of child psychology* (Vol. 3. pp. 105-176). New York: Wiley.

RUTTER, M. (1984). Continuities and discontinuities in socioemotional development: Empirical and conceptual perspectives. In R. Harmon & R. Emde (Eds.), *Continuities and discontinuities in development*. New York: Plenum.

RYFF, C. D. (1989). Happiness is everything, or is it? Explorations on the meaning of psychological well-being. *Journal of Personality and Social Psychology, 57*, 1069-11081.

RÖNKÄ, A., KINNUNEN, U., & PULKKINEN, L. (2000). The accumulation of problems of social functioning as a long-term process: women and men compared. *International Journal of Behavioral Development, 24*, 442-450.

SALMIVALLI, C. (1998). *Not only bullies and victims. Participation in harassment in school classes: some social and personality factors.* Annales Universitatis Turkuensis, ser. B/225: University of Turku, Finland.

SELZER, M. L. (1971) The Michigan Alcoholism Screening Test: The quest for a new diagnostic instrument. *American Journal of Psychiatry, 127*, 1653-1658.

SERBIN, L. A., PETERS, P. L., MCAFFER, V. J., & SCHWARTZMAN, A. E. (1991). Childhood aggression and withdrawal as predictors of adolescent pregnancy, early parenthood, and environmental risk for the next generation. *Canadian Journal of Behavioural Science, 23*, 318-331.

TREMBLAY, R. E., NAGIN, D. S., SÉGUIN, J. R., ZOCCOLILLO, M., ZELAZO, P. D., BOIVIN, M., PÉRUSSE, D., & JAPEL, C. (2004). Physical aggression during early childhood: trajectories and predictors. *Pediatrics, 114*, 43-50.

VAALAMO, I., PULKKINEN, L., KINNUNEN, T., KAPRIO, J., & ROSE, R. J. (2002). Interactive effects of internalizing and externalizing problem behaviors on recurrent pain in children. *Journal of Pediatric Psychology, 27*, 245-257.

VIERIKKO, E., PULKKINEN, L., KAPRIO, J., VIKEN, R., & ROSE, R. J. (2003). Sex differences in genetic and environmental effects on aggression. *Aggressive Behavior, 29*, 55-68.

ZOCCOLILLO, M. (1993). Gender and the development of conduct disorder. *Development and Psychopathology, 5*, 65-78.

YOUNISS, J., & YATES, M. (1997). *Community Service and Social Responsibility in Youth.* Chicago: The University of Chicago Press.

Evolução das delinquências juvenis em França:
Um olhar sociológico*

LAURENT MUCCHIELLI**
Centro de Pesquisas Sociológicas sobre o Direito e as Instituições Penais (CESDIP)
Centro Nacional de Investigação Científica (CNRS), França

INTRODUÇÃO

Os discursos sobre "a violência dos jovens" e a posição do sociólogo

Propor uma reflexão sociológica sobre a evolução das delinquências juvenis exige algumas considerações prévias quanto ao lugar que este tema ocupa no actual debate público em França e quanto à posição de quem nele participa. Neste debate, por detrás da confusão que o termo "insegurança" permite, o que fundamentalmente está em causa é "a violência dos jovens" e, sobretudo, dos "jovens das periferias". Todo o discurso sobre este tema está, assim, sobrecarregado de apostas e dificilmente

---

* Tradução de M. C. Taborda Simões

** Sociólogo e historiador, investigador no CNRS, professor associado na Universidade de Versailles Saint-Quentin en Yvelines, director do Centro de pesquisas sociológicas sobre o direito e as instituições penais (CESDIP), autor nomeadamente de *Violences et insécurité. Fantasmes et réalités dans le débat français,* Paris, La Découverte, 2001 (2.ª ed. aumentada, 2002) e co-director de *Crime et sécurité: l'état des savoirs,* Paris, La Découverte, 2002 (com Philippe Robert). Em português, publicou já "Monoparentalidade, divórcio e delinquência juvenil: uma relação empiricamente contestável", *in* A. C. Fonseca (Ed.), *Comportamento anti-social e família: uma abordagem científica* (pp. 213-243). Coimbra: Livraria Almedina, 2002.

escapa às lógicas de construção dos discursos político-mediáticos (dos quais se propôs uma análise crítica em Mucchielli, 2002a). Face a esses discursos, que impregnam profundamente os espíritos (inclusive no sector intelectual), a posição do sociólogo consiste, na nossa opinião, em lembrar a importância de pelo menos cinco princípios gerais de raciocínio: 1) recusar inserir o seu o discurso no plano da moral. A moralização do debate tem como efeito introduzir considerações prévias e orientar *a priori* a reflexão, portanto impedir, na realidade, o exercício livre da inteligência; 2) definir com precisão aquilo de que se fala e examinar as coisas caso a caso. O investigador é assim necessariamente levado a recusar o uso de categorias globais, tais como "a delinquência" ou "a violência" no seio das quais estão amalgamados comportamentos que, muitas vezes, pouco têm a ver uns com os outros. Por outro lado, torna-se necessário perguntar pelo significado da categoria "jovens"; 3) repor a reflexão no contexto histórico, por forma a ir além dos acontecimentos do dia a dia e a considerar as tendências de evolução; 4) repor cada tipo de comportamento no seu contexto específico de produção comportamental e institucional; 5) cruzar o máximo de indicadores e de fontes, tanto de fontes estatísticas como de estudos qualitativos.

Relembrados estes princípios de base, este capítulo tem como objectivo examinar rapidamente a evolução das delinquências juvenis, a sua génese e a sua prevenção em França. Para tanto, começaremos por levantar algumas questões metodológicas e históricas que parecem incontornáveis numa reflexão sociológica sobre este tema. De seguida, examinaremos rapidamente três dos principais tipos de delinquências juvenis (os roubos, as agressões interpessoais e algumas perturbações da ordem pública).

I. ALGUMAS CONSIDERAÇÕES PRÉVIAS DE CARÁCTER METODOLÓGICO E HISTÓRICO

A questão dos dados estatísticos

Existem três tipos de dados estatísticos muito diferentes e que não dizem respeito às mesmas "realidades". No debate público, uma única fonte é permanentemente utilizada: as estatísticas das forças policiais, qualificadas erradamente como "estatísticas da delinquência". Os dados policiais constituem, na verdade, o resultado do registo de uma parte da actividade dos serviços de polícia (Robert *et al.*, 1994). Esta produção estatística está ligada, por um lado, à maneira – variável (do tratamento simplesmente oral ao levantamento de um auto, passando pela anotação da ocorrência no respectivo no livro de registo diário, sendo certo que apenas o auto dá lugar a um registo estatístico) – como os serviços de polícia tratam as queixas das vítimas que se dão a conhecer e cujo comportamento varia, ele próprio, conforme as infracções (Zauberman, 2001). A produção estatística depende, por outro lado, daquilo que as forças da ordem "procuram e encontram por si próprias", se assim pode dizer-se. Em qualquer destes dois planos, elas estão permanentemente sujeitas a rápidas modificações nos seus modos de registo e são objecto de diversas pressões hierárquicas e políticas. De uma maneira geral, esses dados reflectem logicamente qualquer modificação que afecte os efectivos das forças da ordem, os seus modos de trabalho proactivos (as suas prioridades de acção) e reactivos (maneiras de lidar com as queixas apresentadas ou com os factos apurados). É, no entanto, esta estatística policial que serve de base, desde há vários anos, aos discursos recorrentes sobre o abaixamento da idade de entrada na delinquência ou ainda sobre "a explosão da delinquência dos menores". De facto, tal fonte estatística apresenta, a partir de 1993, um aumento brusco e muito acentuado do número de menores (rapazes) no conjunto das pessoas acusadas.

Como interpretar este dado? É uma questão particularmente complexa para quem queira analisá-la com rigor. Desde logo, trata-se de indivíduos acusados pelas autoridades policiais, portanto de casos por elas esclarecidos. Ora as percentagens de esclarecimento dos casos variam consideravelmente de acordo com os tipos de infracção (de 100% para os casos de estupefacientes a 7% para os casos de furto de viaturas e de motorizadas, em 2000), de modo que não é possível em caso algum considerar a população dos acusados como amostra representativa da população delinquente manifesta (o conjunto dos indivíduos que praticaram actos conhecidos da polícia), *a fortiori* da população delinquente real. Estas precisões são fundamentais na medida em que as mais fortes subidas por parte dos menores no conjunto das pessoas perseguidas pela polícia têm-se verificado, de uma forma geral, naquelas categorias em que é mais elevada a percentagem de casos esclarecidos. Por exemplo, a percentagem de menores acusados pela polícia por "Injúrias e violências contra pessoas depositárias da autoridade pública" foi multiplicada por seis entre 1993 e 2001, a de menores acusados por "Infracções à legislação contra estupefacientes" por sete entre 1993 e 1999. Dito de outra forma, este aumento por parte dos menores reside em boa medida nos tipos de infracções que os agentes policiais facilmente detectam. Poderá seriamente acreditar-se que os adolescentes, em tão curto espaço de tempo, tenham mudado os seus comportamentos de uma maneira assim tão acentuada? Na realidade, é claro que "o que se verifica é uma alteração da prática do registo que, sem dúvida, tem muito pouco a ver com a situação dos menores [...]. Pode pensar-se ou que os agentes policiais prendem mais sistematicamente os menores, ou que os menores presos constam mais sistematicamente dos processos enviados ao Ministério Público, ou ambas as coisas (Aubusson de Cavarlay, 1997, 24).

Além disso, vítimas da pregnância do senso comum, os comentadores negligenciam demasiadas vezes a questão da evolução legislativa (do ponto de vista do Estado, a delinquência é o que a lei penal considera como tal; se a lei é alterada, a delinquência necessariamente muda também) que, no entanto, é deveras importante neste caso. Os anos 1992-1994 foram palco de importantes alterações nas relações entre a polícia e os magistrados do Ministério Público, nomeadamente à volta da generalização progressiva dos procedimentos de "comparência imediata" e de "tratamento em tempo real", bem como da instauração progressiva de novas *Maisons du Droit et de la Justice* onde oficiam "delegados do Procurador" (magistrados não profissionais) que proferem "chamadas à ordem" e outras admoestações. Esta tendência foi reforçada ao longo dos anos 1990 e ainda ampliada durante o governo de Jospin (1997-2002). Neste contexto, os agentes das forças policiais têm manifestamente transmitido aos magistrados do Ministério Público grande número de casos insignificantes de menores que antes resolviam internamente e, a maior parte das vezes, arquivavam sem dar seguimento. Quando se trata de estatística, a mudança é considerável.

Fonte quase exclusiva dos números que circulam no debate público, a estatística policial é, pois, realmente muito frágil e deve ser confrontada com outros modos de contagem. Primeiro nos Estados Unidos da América e depois em outros países europeus, é já antiga a prática de ir além dos dados administrativos para procurar medir as delinquências interrogando directamente as suas vítimas e os seus autores. Em França, foi preciso esperar pelos anos 1980 para que fossem iniciadas no CESDIP os inquéritos de vitimação (Zauberman & Robert, 1995). Realizados directamente junto de amostras representativas das vítimas, tenham ou não estas apresentado queixa, estes inquéritos fornecem informações muito mais precisas sobre a realidade de algumas delinquências (aquelas que provocam vítimas individuais directas e conscientes, por contraste com delinquências como a fraude fiscal, a delinquência nos negócios, o desrespeito pelas normas legais de protecção do ambiente, etc.). Foi igualmente do outro lado do Atlântico que, desde os anos 1950, se iniciaram os inquéritos de delinquência autodeclarada *(self-reported)*, que os investigadores efectuam junto das populações interrogando os indivíduos sobre as suas eventuais práticas delinquentes (Jungar-Tas & Marshall, 1999). A primeira investigação (na região Rhône-Alpes) deste tipo é muito recente em França (Roché *et al.*, 2000).

Excurso histórico

Para reflectir sobre os actuais problemas da delinquência juvenil, é importante saber que, no decurso do século XX, a sociedade francesa conheceu três grandes momentos de pânico a este propósito. O primeiro período foi o dos anos 1900-1914, sendo os "Apaches" a representação simbólica dos jovens delinquentes dessa época. Este pânico organizava-se então à volta de três elementos indissociáveis: 1) um provável aumento do nível de alguns comportamentos delinquentes dos jovens em certas zonas urbanas; 2) uma instrumentalização do medo desta delinquência levada a cabo por uma imprensa popular no seu apogeu; 3) uma recuperação deste medo no debate político. A existência de bandos de jovens delinquentes considerados muito violentos constituía assim já o centro do debate político-mediático, a tal ponto que um jornalista de um diário da época *(La Petite République)* podia escrever em 1907: "A insegurança está na moda, é um facto" (citado por Kalifa, 1994, 71-72). O problema não é de ontem...

Detenhamo-nos com mais vagar no segundo momento desta história, mais próximo de nós. No decorrer do Verão de 1959, surgiu na imprensa a figura dos "Blusões negros". Estes bandos de jovens caracterizar-se-iam pelo sua dimensão, que seria fantástica (evoca-se a existência de grupos rivais que, por vezes, contavam perto de uma centena de elementos) e pela sua violência, que seria, ao mesmo tempo, fulgurante e "irracional", lia-se então na imprensa (Macaigne, 1964). Um comentador da época dá testemunho com ironia significativa do clima e das angústias daquele tempo:

"Como o anjo negro, anunciador de apocalipses celestes, o blusão negro inquieta. Será ele o sinal precursor de uma 'derrocada total dos valores ocidentais'? Uma materialização da 'crise moral' do mundo descristianizado? Um prenúncio da barbárie em que corremos o risco de a guerra atómica nos precipitar? Tantas e tão profundas questões que os "blusões negros" suscitam sem, no entanto, as explicar" (Copfermann, 2003 [1962], 33).

Que é que se censurava exactamente aos "Blusões negros"? As investigações que começaram por essa época, nomeadamente no Centro de Vaucresson[1], permitem que se faça uma ideia bastante precisa acerca disso. É interessante verificar que os quatro tipos de comportamentos que se lhes imputava estão ainda hoje no cerne do debate sobre o tema:

- Reprovava-se aos "Blusões negros", em primeiro lugar, os violentos confrontos entre bandos que lutavam nomeadamente a golpes de corrente de bicicleta e de barras de metal à volta de "territórios" e também os confrontos ocasionais com as forças da ordem (sobre a problemática dos "bandos de jovens", veja-se o balanço desigual de Robert & Lascoumes, 1974).
- A descoberta sem dúvida mais surpreendente, para quem se debruça sobre os documentos da época, é o facto destes jovens serem ainda acusados de perpetrar violações colectivas, fenómeno que os *media* e os políticos franceses redescobriram subitamente em 2001, no momento em que a campanha eleitoral atingia o seu auge (para um balanço dos conhecimentos sobre este fenómeno e uma análise crítica do seu lugar no debate público, veja-se Mucchielli, 2005).
- Censurava-se também a estes jovens roubos de um novo tipo, os

[1] Em 1958, no âmbito no Ministério da Justiça, foi criado o *Centre de Formation et de Recherche de l'Éducation Surveillée* (CFR-ES) em Vaucresson. A criação deste Centro ficou ligada à reorganização da justiça de menores pela *Ordonnance* de 1945. A partir de 1964, a direcção do serviço de pesquisa foi confiada ao psicólogo Jacques Sélosse. Vaucresson tornou-se rapidamente no mais importante centro francês de investigação criminológica, com uma equipa pluridisciplinar integrando uma vintena de investigadores e de técnicos que se debruçavam sobre a delinquência juvenil. Sobre a história da pesquisa acerca da delinquência em França, dos fins do século XIX aos nossos dias, veja-se Mucchielli (2004b).

roubos de uso imediato e ostensivo ligados aos novos bens de consumo (o automóvel, a motorizada) (Collectif, 1965).

– Censurava-se-lhes, por fim, os actos de vandalismo dirigidos contra instituições (escola, edifícios públicos) e já qualificados nessa época como "gratuitos", bem como os actos de vandalismo cometidos por grupos de jovens na altura de manifestações musicais, em particular os concertos de *rock 'n' roll* e dos ídolos da época. As crónicas referem um número impressionante de salas de concerto, de cinemas e de bailes populares que terminavam mal e eram saqueados; um número muito superior ao que hoje se verifica no que diz respeito a este tipo de manifestações (quanto a estes dois últimos tipos de comportamento delinquente, veja-se Michard & Sélosse, 1963, 159-176).

Este rápido excurso histórico ensina que é preciso evitar cair na crença de que a sociedade francesa está actualmente confrontada com fenómenos radicalmente novos e que seriam necessariamente dia a dia mais graves (uma "escalada de violências urbanas", para retomar uma expressão que alguns jornalistas e políticos repetem de modo estereotipado desde há anos). Alguns tipos de delinquência juvenil intensificaram-se no decurso dos últimos vinte e cinco anos mas, com poucas excepções (como o tráfico de drogas ou a moda actual dos automóveis incendiados), não é exacto afirmar que sejam de uma natureza fundamentalmente nova à escala histórica. Na realidade, a principal diferença que pode historicamente notar-se entre as duas épocas é antes a da resposta que o Estado deu à delinquência juvenil. No tempo dos "Blusões negros", a Justiça de menores foi reforçada (e não acusada) e foi a prevenção especializada (não a repressão policial) que se intensificou (Peyre & Tétard, 1985).

Idade e delinquência

No debate público actual, é corrente declarar-se com inquietação que já não se sabe quando começa a juventude. Por outro lado, a fórmula segundo a qual os delinquentes seriam "cada vez mais jovens e cada vez mais violentos" é uma das mais gastas no debate sobre a segurança. No entanto, esta evolução sociológica não está estabelecida por falta de dados quantitativos comparáveis a alguns anos de distância. Além disso, ela é mais complexa do que aquilo parece. É preciso, com efeito, distinguir quatro problemáticas: 1) a da natureza do processo delinquente (colocando aqui a questão da idade a partir da qual a delinquência começa a manifestar-se); 2) a da sua intensidade num dado momento, num determinado escalão etário; 3) a das lógicas de acção destes jovens delinquentes (logo dos seus alvos específicos); 4) a das lógicas de reacção por parte das instituições de controle social, o que introduz desde logo a questão da construção das *carreiras* delinquentes. Não podemos tratar aqui todas estas problemáticas mas assinalamos que a primeira destas questões, apesar de nova em França, é clássica na América do Norte onde a criminologia desde há muito lhe deu resposta: a (pequena) delinquência começa a partir da pré-adolescência (por volta dos 10-11 anos), acelera no começo da adolescência até atingir um pico cerca dos 15-16 anos, estagna de seguida e decresce muito fortemente no fim dos vinte anos e no decurso dos trinta (cf., por exemplo, LeBlanc, 1995). Importa referir que, embora o fenómeno seja estável por natureza, a sua intensidade pode variar consoante os contextos locais e as épocas. Assim sendo, esta questão da idade em que um jovem começa a delinquir não é a única importante para uma dada sociedade. É bem provável que seja tanto ou mais importante saber com que idade ele cessa o comportamento delinquente. A carreira delinquente tem certamente um início, mas tem também um fim. E é talvez aqui que, nas últimas décadas, se tenham verificado as mudanças mais significativas. Se, como escreve Galland (2002, 5), "a juventude só ganha alguma consistência social a partir do momento em que se prolongam estes tempos de passagem que definem uma posição social incerta", então nunca se foi jovem durante tanto tempo como na sociedade francesa destes vinte últimos anos, o que provavelmente tem como efeito tornar mais complicado, logo retardar, o abandono da carreira delinquente.

Depois desta primeira parte histórica e metodológica, podemos passar à observação das evoluções de alguns dos principais tipos de delinquências juvenis. Não podendo tratá-las todas neste capítulo, retivemos apenas três: os roubos, as agressões e as perturbações da ordem pública (para uma visão mais completa, veja-se Mucchielli, 2004a).

II. A QUESTÃO DOS ROUBOS NUMA SOCIEDADE DE CONSUMO

No debate público, os comentadores centram-se sistematicamente na "violência" mesmo quando as agressões físicas não constituem o ponto principal da delinquência dos jovens e da vitimação que ela provoca. Na realidade, em matéria de delinquência, o principal risco na nossa sociedade não é ser-se agredido fisicamente mas sim ser-se vítima de roubo. A violência física é notoriamente menos frequente que a fraude nos transportes colectivos, a compra de um objecto roubado, o roubo num supermercado ou o conjunto de destruições e danos diversos. Só as tradicionais brigas entre jovens elevam fortemente as percentagens dos crimes contra as pessoas. Voltaremos a este ponto.

De que roubos são os jovens geralmente culpados e com que idade? De acordo com a estatística judiciária, os jovens com menos de 13 anos representam apenas uma percentagem ínfima dos indivíduos condenados por roubo (0,5% em 2000) e, *a fortiori,* dos condenados por roubo grave. Em 1980, como em 1990 e ainda em 2000, não se encontra um só destes jovens entre os indivíduos condenados por roubo com utilização de arma de fogo. Durante este mesmo período, diminuiu a sua parte no conjunto dos autores de roubos com violência mas sem utilização de arma de fogo. De maneira geral, no referido período e contra todas as expectativas, as condenações destes jovens menores por crime de apropriação ilegítima de coisa alheia, têm, em percentagem, baixado muito mais fortemente que nas outras faixas etárias. Os jovens de 13-15 anos são já muito mais numerosos no conjunto dos ladrões condenados (cerca de 8% em 2000). Além disso, é nesta faixa etária que, durante o mesmo período, se observou, em todos os aspectos, a descida menos acentuada. Por outro lado, novidade é o facto de estes adolescentes aparecerem em 2000 entre os autores de roubos com utilização de arma de fogo. Será isto verdadeiramente o esboço de uma tendência ou apenas um surto passageiro devido à facilidade conjuntural de obter armas em algumas regiões? É ainda muito cedo para o dizer. E o fenómeno continua estatisticamente marginal (uma vintena de condenações no ano 2000). Em geral, a grande parte das condenações diz respeito a indivíduos com idades compreendidas entre os 16 e os 25 anos. Verifica-se igualmente que, depois dos 25 anos, a descida é menos acentuada em 1990 por comparação com 1980 e em 2000 por comparação com 1990, o que estaria de acordo com a hipótese do retardamento do abandono da carreira delinquente. A manutenção da percentagem de condenações na faixa etária dos 30-39 anos distingue-se também das demais evoluções.

Mas voltemos à questão da natureza dos processos em análise. Quando se fala de roubos, de que é que, em rigor, se fala? Em 2000, os indivíduos condenados por roubo com utilização de arma de fogo representaram 1 % do conjunto dos indivíduos condenados roubo. E 88% destas condenações dizem respeito a roubos simples. Quanto às 11% restantes, elas dizem respeito a "roubos com violência" cujo teor concreto é muito variável. É interessante notar, neste ponto, que a Prefeitura da Polícia de Paris assinala desde alguns anos que quase metade dos casos registados nesta categoria se relacionam com o roubo de telemóveis. De maneira geral, isto convida o sociólogo a interrogar-se quanto à importância dos bens de consumo em voga numa dada sociedade, num dado momento, para conjunto da sua juventude. Não é por acaso que estes roubos dizem sempre respeito fundamentalmente ao automóvel e às duas rodas (hoje as *scooters*), mas também ao material *hi-fi* (hoje os CDs e DVDs), às roupas desportivas de marca e aos telemóveis. Que é o telemóvel senão o último objecto de culto da sociedade de consumo, aquele que todos os adolescentes desejam? Eis um dos aspectos fundamentais desta delinquência, que se concentra logicamente nos lugares (nomeadamente nos centros comerciais) e em populações (nomeadamente os alunos do ensino secundário) que aumentam as oportunidades de roubo e constituem alvos privilegiados para os jovens delinquentes.

Mas, então, é preciso ir ao fundo da questão e interrogarmo-nos acerca do esquema social geral que se esconde por detrás da maior parte destes roubos. Jovens roubam outras pessoas ou estabelecimentos comerciais a fim de usufruir de bens que legalmente não têm meios para adquirir: isto assemelha-se muito ao mecanismo de frustração que Robert Merton tinha proposto de maneira geral desde o fim dos anos trinta e que os trabalhos de Albert Cohen e ainda de Richard Cloward e Lloyd Olhin prolongaram nos anos 1950-1960. Vivemos numa sociedade de consumo ostensivo que suscita no conjunto da juventude aspirações à fruição de bens de consumo. Esta sociedade enriquece-se globalmente mas desenvolve ao mesmo tempo no seu seio fortes desigualdades sociais. Em consequência, haverá sempre uma parte dos jovens pobres que roubarão para possuir e ostentar os mesmos bens. Isto convida a ver esta delinquência juvenil não como um fenómeno recente, que um acréscimo de severidade seria suficiente para estancar, mas como um fenómeno ligado de modo estrutural ao funcionamento da sociedade moderna – seguindo logicamente a evolução das suas modas de consumo, desde os anos 1950 – que realiza no seu seio uma espécie de redistribuição violenta.

III. A DIVERSIDADE DAS AGRESSÕES INTERPESSOAIS E O LUGAR RELATIVO DOS JOVENS

Eis-nos no centro das inquietações contemporâneas: a violência dos jovens. Façamos de novo rapidamente o ponto da situação quanto aos diferentes tipos de dados disponíveis. A acreditar nas estatísticas das forças policiais, as agressões não mortais cometidas por menores em 2001 foram cinco vezes superiores relativamente a 1993. Já dissemos, contudo, que não é rigoroso tomar à letra estes dados e as suas variações bruscas. Do lado das vítimas, os dados recolhidos sublinham, então, uma grande distância entre o número de crimes contra o património e o número de crimes contra as pessoas: em 1994-1995, uma em cada quatro pessoas foi vítima de roubo pelo menos uma vez e uma em vinte foi vítima pelo menos de uma agressão. Mas, a que é que chamamos "agressão" ou "violência"? No inquérito relativo à região parisiense, em 2001, 6,6% das famílias interrogadas declararam ter sofrido uma agressão no decurso dos três anos anteriores (Pottier, Robert & Zauberman, 2002). Contudo, em mais de metade dos casos, essas pessoas chamaram "agressões" às injúrias ou às ameaças verbais ou ainda aos olhares sem dúvida percebidos como ameaçadores. As vítimas de um verdadeiro choque físico são cerca de 3%.

Os inquéritos permitem de seguida tentar medir a gravidade desse choque que a maior parte das vezes é limitado: "as pancadas são mencionadas uma vez em cada cinco casos, os ferimentos uma vez em cada seis. E somente uma vez em cada quinze é que as pancadas causaram uma incapacidade para o trabalho de pelo menos oito dias" (Robert, 2002, 23). Em última análise, "mesmo na Île-de-France, onde os resultados são mais elevados que os relativos ao conjunto do território nacional, o inquérito revela que apenas 0,45% dos habitantes com mais de 14 anos sofreram, no decurso de 1998, 1999 ou 2000, uma agressão suficientemente grave para implicar pelo menos oito dias de incapacidade para o trabalho" (Robert, 2002, 25). As agressões físicas são assim, na realidade, muito raras na sociedade actual, apesar de alguns tipos de agressão terem conhecido aumentos ao longo das últimas décadas. Mas de que se trata exactamente?

Não certamente de homicídios. O número de menores condenados por este crime é menos elevado em 2000 que em 1984 e em 1990. Pode igualmente estimar-se que a percentagem de crimes de homicídio entre os menores de 16 anos é equivalente à dos praticados por indivíduos com mais de 60 anos. De modo geral, o homicídio é, na verdade, um crime de adultos (dos 20 aos 40 anos), cujo nível geral cresceu nos anos 1980, baixou nos anos 1990, para atingir em 2000 o nível que tinha em 1970 (Mucchielli, 2002b).

As violações apresentam uma evolução aparentemente muito diferente. De acordo com os dados policiais e judiciários, não param de aumentar desde há uma vintena de anos. A interpretação deste movimento é, contudo, complexa. Em primeiro lugar, verifica-se que este aumento diz respeito praticamente a todas as idades. Neste movimento ascendente, os menores de 13 anos, apesar de um aumento recente, continuam excepção. Pelo contrário, os indivíduos do escalão dos 13-20 anos são muito mais numerosos, são quase tantos como os do escalão dos 20-30 anos. Trata-se, no entanto, de comportamentos que surpreendentemente se mantêm com a idade. Em percentagem, o máximo de condenações é atingido no escalão dos 30-39 anos (em comparação, a percentagem de violações é, neste escalão, duas vezes superior à dos menores de 18 anos) e os condenados por violação são tão numerosos entre os homens de 40 a 59 anos como entre os menores de 18 anos. Importa ainda notar que, nos últimos vinte anos, as condenações por violação têm vindo a sofrer um forte aumento em quase todos os escalões etários, o que coloca um problema de interpretação.

Serão as agressões sexuais comportamentos em pleno recrudescimento na sociedade francesa, manifestando-se ao mesmo tempo em todos os escalões etários? Ou será este aumento nos dados policiais e judiciários consequência de uma evolução da atitude das vítimas que, em número cada vez maior, apresentam queixa? É preciso, com efeito, ter em conta o facto de se tratar de um tipo de agressões classicamente subdeclaradas pelas vítimas (menos de uma vez em cada cinco, em meados da década de 1980), as quais, a maior parte das vezes, conhecem muito bem o seu agressor. E muitos dos índices de evolução da situação francesa vão no sentido da hipótese principal de um crescente número de vítimas apresentar queixa.

Nos últimos vinte anos, a lei penal tornou-se muito mais severa (reforço da legislação sobre violação, criação de novos delitos como o "assédio sexual"), foram criadas associações de ajuda às vítimas, foram postos à disposição do público números de telefone gratuito, foram realizadas campanhas nas escolas e nos *media*, o acolhimento das vítimas foi melhorado nos comissariados e palácios de justiça, os profissionais da educação nacional têm sido muito sensibilizados, etc. (Tournier, 1998). É preciso avaliar a importância das transformações sociais que sustentam estas mudanças nas normas e nas práticas institucionais. Na verdade, a sociedade francesa conheceu uma evolução inédita à escala histórica, tanto no sentido de um reconhecimento simbólico, como de um mais adequado tratamento judiciário das violências de que as mulheres e as crianças são vítimas. O historiador Georges Vigarello (1998, 236) mostrou como "a imagem da violação tem actualmente oscilado em torno de três aspectos: o melhor seguimento das queixas apresentadas por mulheres adultas, a certeza e a tomada em consideração de um trauma, a hierarquia renovada das violências". De facto, ousa-se hoje enunciar e denunciar violações que antes eram dissimuladas. A pedofilia oferece disso um exemplo impressionante. Convém, por isso, permanecer muito prudente face ao aumento das violações e do conjunto das agressões sexuais nos dados administrativos. É muito provável que tal aumento traduza pelo menos tanto, senão mesmo muito mais, a evolução das representações do fenómeno como a frequência desses comportamentos na vida quotidiana.

Quanto à juventude, é muito limitada a sua participação nessas violências sexuais. A mediatização de certos comportamentos juvenis, como as violações colectivas, é inversamente proporcional ao seu verdadeiro peso social (Mucchielli, 2005). Na realidade, as violências sexuais acontecem principalmente no seio das famílias e são sobretudo actos de adultos.

Enfim, os dados policiais e judiciários confirmam uma evolução igualmente nítida: o aumento das pancadas e dos ferimentos não mortais provocados voluntariamente. No conjunto, o número de condenações duplicou entre 1980 e 2000. Trata-se de novo da mesma verificação que se retira da observação da estrutura por idades dos indivíduos condenados nos tribunais: os menores de 13 anos não representam senão 0,4% do total em 2000. O fenómeno aumenta fortemente entre os indivíduos maiores de 13 anos (em parte por razões jurídicas), para atingir o seu máximo no escalão dos 18-25 anos. De seguida decresce muito lentamente, o que quer dizer que não desaparece: é forte ainda entre os maiores de 30 e mesmo de 40 anos. Por exemplo, pode calcular-se que, em percentagem, os indivíduos do escalão 30-39 anos sofrem tantas condenações como os menores do escalão 13-18 anos. De maneira geral, também aí, esta subida nos dados administrativos diz respeito a todos os escalões de idade, mesmo os mais elevados. A análise dos dados disponíveis desmente pois a ideia de um aumento dos actos violentos que seria essencialmente imputável aos mais jovens. Assiste-se, certamente, desde a segunda metade dos anos 1980 e em certas zonas urbanas, a um recrudescimento das brigas entre jovens, as quais acontecem a maior parte das vezes na rua e nos transportes colectivos mas, por vezes, também nos pátios de recreio e à saída das escolas. Trata-se de conflitos que têm geralmente origem em tentativas de roubo ou em lógicas de honra e de território que sempre estruturaram as sociabilidades juvenis nos meios populares (Esterle-Hedibel, 1997; Lepoutre, 1997; Mauger, 1998). É assim entre os jovens que habitam nos grandes centros e com menos de 30 anos que se vai encontrar a percentagem de vitimação mais elevada para as agressões (Aubusson de Cavarlay *et al.*, 2002). Todavia, se há um aumento da violência, esse aumento diz respeito a todas as idades e atravessa toda a sociedade francesa, requerendo portanto outras análises para além das que incriminam somente a juventude, em particular a juventude "oriunda da imigração". Para dar apenas um exemplo, a análise em curso[2] dos processos relativos a "pancadas e ferimentos provocados voluntariamente e seguidos de incapacitação temporária para o trabalho", julgados por um tribunal correccional da região parisiense no decurso dos anos 2000 e 2001, sublinha o peso primordial não da violência juvenil mas antes da violência conjugal, corroborando sob diversos aspectos o recente inquérito de vitimação acerca da violência contra as mulheres (Jaspard *et al.*, 2003).

IV. OS JOVENS E A ORDEM PÚBLICA: O QUE SE ESCONDE POR DETRÁS DAS "VIOLÊNCIAS URBANAS"

Hoje como ontem, a juventude comporta uma dimensão rebelde, contestatária e insubmissa. Daí um conflito não menos tradicional com algumas dimensões da ordem pública e, em certos contextos urbanos e sociais, as tensões recorrentes com os representantes da autoridade. A aná-

---

[2] No quadro de uma investigação colectiva dirigida pelo autor deste texto no CESDIP.

lise dos dados policiais realça um fenómeno já evocado: os mais fortes crescimentos da delinquência registada de menores surgem abruptamente a partir de 1993-1994 e dizem respeito a certas categorias bem determinadas de infracções, em particular ao conjunto de danos e destruições, insultos e violências contra agentes da autoridade pública e consumos de drogas. Os inquéritos às vítimas não são aqui utilizáveis. Não se duvida, no entanto, que a relação da juventude com a ordem pública se tem degradado muito no decurso do último quarto de século. Enfim, o inquérito de delinquência auto-revelada já citado indica, por seu lado, que certos crimes contra a ordem pública estão bem no centro da delinquência juvenil. Por ordem decrescente de frequência, este inquérito mostra que 76% dos jovens interrogados tinham utilizado, nos dois anos anteriores, os transportes sem bilhete válido, 32% tinham comprado um objecto roubado, 24% tinham cometido um roubo numa grande superfície, 18% tinham provocado estragos em espaços verdes, 17% tinham participado em brigas, 13% tinham *graffitado* paredes, 9% tinham provocado destruições no *hall* de um imóvel, 6% tinham apedrejado um carro de polícia e 4,5% tinham batido em alguém estranho à sua família (Roché *et al.*, 2000, 13-14). A fraude, o vandalismo e os confrontos com a polícia estão pois bem referenciados. É preciso juntar o contencioso das drogas.

A questão do consumo e do tráfico de drogas

A este propósito, é preciso sublinhar em primeiro lugar que, nos bairros populares, é antiga a existência de receptação e de pequenos tráficos. Aí, onde a pobreza é maior, sempre se praticou o "sistema D" e os diversos modos de se desenrascar. A novidade reside no lugar ocupado pela droga nessas economias ilegais, lugar que se desenvolveu muito desde os anos 1980 (Duprez & Kokoreff, 2000). O desenvolvimento do tráfico de *cannabis* (é o essencial) é patente. Tal tráfico pode inquietar porque traz consigo uma circulação de dinheiro mais importante que os tráficos tradicionais (de peças de automóvel furtadas, por exemplo). Desde logo, é mais aliciante para os jovens.

A circulação monetária acarreta também maiores riscos para os revendedores, daí por vezes as armas para se protegerem, daí os conflitos e os ajustes de contas potencialmente mais graves. De seguida, à medida que se prolongam no tempo, estes tráficos levam alguns dos seus autores à "profissionalização", à organização das suas redes, à adaptação das suas práticas aos riscos e aos controles, até mesmo ao estabelecimento de pequenos circuitos de branqueamento de dinheiro. Há, portanto, para esses jovens adultos, riscos de serem apanhados na engrenagem e, ao mesmo tempo, ficarem presos a uma carreira delinquente; para os adolescentes, os riscos são os de treino e iniciação precoce na delinquência (Bordet, 1998). Sendo assim, é surpreendente ouvir alguns sindicalistas da polícia, pretensos "peritos" e numerosos responsáveis políticos afirmar que todos os bairros ditos "sensíveis" entraram num esquema criminal organizado do tipo daquele que acabámos de descrever e que, além disso, implicaria todas as gerações no seio das famílias. Há aqui uma extensão abusiva e uma maneira de criminalizar uma população da qual parece ignorar-se ao mesmo tempo a importância em termos numéricos e sociais e a complexidade das relações internas. Os consumidores de drogas, essencialmente consumidores de *cannabis,* contam-se por milhões em França, encontram-se em todos os meios sociais (em certas idades, mesmo mais nos meios favorecidos) e, no total, cerca de um jovem em cada três estaria relacionado com este consumo (Beck, Legleye & Peretti-Watel, 2000). Além disso, as investigações mostram que, na maior parte dos bairros populares, se encontram redes de tamanho muito modesto, constituídas por jovens não necessariamente poli-delinquentes que revendem exclusivamente *cannabis* no círculo dos seus conhecidos. Eles próprios são, geralmente, consumidores de um produto que conseguem também graças à organização desse pequeno circuito de venda local. Longe das imagens mediáticas de delinquentes "rolando em Mercedes", trata-se aí de uma maneira de se desenrascar que sustenta sobretudo aquilo a que os investigadores chamaram os "smicards du *bizness*" (Duprez & Kokoreff, 2000)[3]. Esse pequeno tráfico de *cannabis* é antes de tudo uma maneira de sobreviver e de tentar dar a volta à fatalidade de um destino social miserável.

O conflito entre alguns sectores da juventude e as instituições

Com o contencioso dos danos-destruições e os ataques a agentes da polícia, estamos no centro do que hoje se chama, no debate público, "as

[3] Em França, "SMIC" é a sigla que designa o salário mínimo.

violências urbanas". Todos os observadores estão de acordo quanto ao facto de, na última quinzena de anos, se ter verificado um agravamento daquilo que melhor se poderia chamar "violências contra as instituições" para designar simultaneamente todos os tipos de vandalismo contra bens públicos e as diferentes formas de irrespeito, de provocação e, às vezes, de agressão contra pessoas que simbolizam instituições públicas (essencialmente os agentes da polícia, muitas vezes também os condutores e controladores dos transportes colectivos e, por vezes, mesmo os bombeiros). Mas como explicar a evolução deste fenómeno? No debate público, tais violências são frequentemente relacionadas com uma "crise da autoridade" que teria origem na família, se prolongaria na relação com os professores e se estenderia depois a toda a vida social. A ideia é interessante em si, sem dúvida, mas não para compreender aquilo que importa. Que as relações com a autoridade tenham mudado ao longo dos últimos cinquenta anos é um facto incontestável. O caso da família é conhecido. A relação dos pais com a escola mudou igualmente em parte com a massificação do ensino. Mas será que isso explica os incêndios de automóveis e os confrontos com a polícia em certos bairros? Percebe-se bem a insuficiência desta argumentação.

Os resultados das investigações locais convidam a outras análises muito diferentes. Lagrange (2001) considera que, nos bairros pobres da periferia de Paris, uma parte da delinquência e das condutas rebeldes não decorre nem de problemas familiares, nem de maus exemplos, nem mesmo da ausência de alternativas económicas, mas sim "da dialéctica que se estabelece desde cedo, desde o fim do ensino básico, entre os jovens e as instituições, a polícia em primeiro lugar". Se é, pois, a própria dinâmica da relação com as instituições que se tem degradado numa parte da juventude, convém então restituir a esta relação a equivalência dos seus dois termos e interrogarmo-nos quer acerca do modo como é vivida essa relação com as instituições, quer acerca do modo como a acção destas últimas se manifesta. A crise da autoridade transmuta-se então numa crise da *legitimidade,* articulada ao mesmo tempo com um contexto sociopolítico geral e com as interacções entre as populações e as instituições na vida quotidiana. No plano geral, assiste-se, desde a segunda metade dos anos 1980, ao desenvolvimento contínuo de um triplo fenómeno: desaparecimento da crença na mudança social (em benefício do fatalismo), descrédito das *elites* políticas e não-representação política de uma parte da população. Esta situação proporciona, sem dúvida, o pano de fundo a sentimentos de abandono e de injustiça aos habitantes dos bairros degradados que vêm alimentar constantemente, na opinião dos jovens, a experiência pessoal ou colectiva da discriminação institucional. A relação com a polícia, vivida como particularmente discriminatória, é aqui central (Kokoreff, 2003). Pode igualmente falar-se de sentimentos de "vitimação colectiva" na análise das canções de *rap* dos grupos dos fins dos anos 1980 e princípios dos anos 1990 (Mucchielli, 2003b). Ora tais sentimentos encorajam fortemente não apenas a desconfiança e o evitamento das instituições, mas mesmo o desenvolvimento daquilo que poderíamos chamar, com Hérault e Lapeyronnie (1998), uma "cultura anti-institucional" que conduz à denigração sistemática das instituições "percebidas como instrumentos de marginalização social". Nas relações quotidianas, a questão relativa ao modo como decorrem os controles de identidade na via pública e, em menor medida, aos interrogatórios e eventualmente à detenção nos postos de polícias, é objecto de um conflito de legitimidade e de interpretação que não tem cessado de crescer ao longo dos últimos quinze anos, constituindo o cerne das relações conflituais entre os jovens e a polícia. Em certos bairros, podemos mesmo falar de um processo encadeado, de ciclos de contra-ataques e de represálias no quadro de um conflito e de uma relação de força entre dois beligerantes igualmente violentos.

Do mesmo modo, enfim, os sociólogos que se têm debruçado sobre o fenómeno dos "tumultos urbanos" mostraram que essas bruscas explosões de cólera cristalizam precisamente esses sentimentos de abandono, de injustiça e de vitimação colectiva (Bachmann & Leguennec, 1996; Beaud & Pialoux, 2002). Por detrás de grande número de condutas rebeldes e de actos qualificados geralmente como "vandalismo" é, pois, preciso reconhecer formas, certamente pouco estruturadas mas não menos significantes, de uma violência *política* que a sociedade francesa tem dificuldade em compreender, inclusivamente os intelectuais que, ao contrário, tendem por vezes a escamotear esta dimensão do problema (assim, no seu balanço sobre a delinquência, Roché [1998] não consagra a este aspecto sequer uma linha). Ora a questão é essencial para a juventude de hoje, em particular para aquela que está concentrada nos bairros pobres, isto é, a juventude nascida da imigração africana. Se é patente que esses jovens "blacks" e "beurs" estão sobre-representados nestas categorias de crimes (perturbações da ordem pública), parece que é precisamente por estas razões políticas (Mucchielli, 2003a).

CONCLUSÕES

A juventude tem comportamentos que atravessam as épocas porque ela corresponde, sem dúvida, precisamente a esse momento que precede o *assentar* em modelos normativos gerais. Desde há muito tempo que a sociabilidade juvenil, a afirmação de si, o desabrochar do corpo, a descoberta do sexo, o gosto pelo álcool e pelas condutas de risco, o estilo de vida nocturna, as provocações aos adultos e às instituições, a tentação do roubo caracterizam esta idade da vida, sobretudo nos rapazes. Por razões diversas (fragilidades familiares, insucessos escolares, influência de colegas, acontecimentos da história pessoal), alguns jovens farão mesmo uma mais ou menos longa carreira nas práticas delinquentes mais estruturadas (como o roubo organizado ou, mais recentemente, a revenda de *cannabis*). Por outro lado, é igualmente conhecido que algumas crianças, expostas precocemente à violência psicológica ou mesmo física no seio da sua família e do seu meio ambiente, tenham mais tendência, por sua vez, para usar a violência verbal e física para se exprimir. O período actual (os últimos vinte e cinco anos) perpetua esses esquemas antigos. Apresenta, no entanto, duas especificidades relativas, uma quase desconhecida no debate público, a outra conhecida bem de mais.

A primeira diz respeito à importância que tem assumido a competição pela posse de bens de consumo, com os roubos e as agressões que daí resultam. Já insistimos suficientemente neste aspecto ao longo do presente texto. Se voltamos a referi-lo agora é apenas para dizer que, sendo embora um aspecto central da delinquência juvenil, ele é paradoxalmente o menos estudado e o menos comentado. A segunda especificidade reside no facto de esta crise ser em grande parte territorializada, no sentido de que ela diz sobretudo respeito aos espaços que as políticas da cidade e as políticas de segurança têm assinalado, cada uma à sua maneira, desde há uma vintena de anos. Mesmo considerando que o carácter sobremediatizado desta localização ("os subúrbios", "os bairros suburbanos"), aliado à escolha discriminatória dos alvos da acção policial, tende muito abusivamente a reduzir os fenómenos de delinquência juvenil a estas zonas, não deixa de ser verdade que é aí que tais fenómenos são mais expressivos. Essas zonas concentram a pobreza e o desemprego, têm muitas vezes uma juventude pletórica (logo, uma delinquência juvenil mais forte que outros bairros, aqui pelo simples efeito de estrutura demográfica) que aí faz rapidamente a experiência da discriminação nas relações sociais correntes e na relação com as instituições e que, quanto a uma pequena parte dela, aí reage com um acréscimo de comportamentos desviantes. Por todas estas razões – e em ligação também com as políticas de habitação dos organismos públicos e dos eleitos locais –, concentra-se nestes bairros uma população as mais das vezes maioritariamente estrangeira e de origem estrangeira. Daí o debate acerca da "sobredelinquência" dos jovens oriundos da imigração (Mucchielli, 2003a).

Estas duas características parecem-nos reveladoras de uma dupla crise das estruturas de integração da juventude no mundo adulto. A primeira é económica: *o acesso a um estatuto social* tornou-se particularmente difícil para centenas de milhares de jovens que se consideram desqualificados em relação à vida profissional, de uma maneira tanto ou mais simbólica que real (na medida em que os empregos que existem para alguns dentre eles não conferem um estatuto). E já se sublinhou o peso desse estatuto em todo o processo de entrada na idade adulta, a sua incidência no conjunto das relações familiares e sociais dos indivíduos. A segunda crise é simbólica e política: *o acesso à cidadania* tornou-se particularmente difícil para esses jovens que se consideram globalmente desqualificados em relação ao modelo dominante na ordem política, que já não são solicitados nem representados pelas forças políticas tradicionais e que estão relativamente desprovidos de instrumentos para organizar acções colectivas autónomas, duráveis e não violentas – por oposição aos tumultos que, surgindo quase sempre em consequência de uma morte, são descargas emocionais passageiras.

Sendo assim, a análise dos dados disponíveis permite fazer ressaltar o facto de os comportamentos violentos estarem longe de ser apanágio da juventude, ao ponto de invalidar globalmente a tese de uma perigosidade especificamente juvenil. Em matéria de agressões físicas "comuns" ou sexuais, verifica-se uma evolução que diz respeito a todos os escalões de idade e que atravessa, na realidade, toda a sociedade francesa. Globalmente, a observação da evolução por escalões de idade das pessoas condenadas não confirmou a tese de um abaixamento da idade dos delinquentes. Realçou antes a concentração dos crimes e de outros comportamentos anti-sociais entre os 18 e os 25 anos e, em certos casos, mesmo a sua persistência em idades posteriores. Isto convida pois a concluir pela coabitação de três linhas de evolução relativamente independentes: 1) a manutenção do peso central da competição pela posse dos bens materiais (com os consequentes roubos por vezes acompanhados de violência física), 2) uma denúncia crescente da violência nas relações sociais que traduz, sem dúvida, mais a evolução das representações e das sensibilidades que a evolução dos comportamentos, 3) uma concentração de algumas perturbações da ordem pública nos bairros pobres e degradados da periferia.

BIBLIOGRAFIA

AUBUSSON DE CAVARLAY, B. (1997). La place des mineurs dans la délinquance enregistrée. *Les cahiers de la sécurité intérieure*, 29, 17-38.

AUBUSSON DE CAVARLAY, B. *et al.* (2002). Les statistiques de la délinquance. In INSEE, *France, portrait social* (pp. 141-157). Paris: INSEE.

BACHMANN, C. & LEGUENNEC, N. (1996). *Violences urbaines. Ascension et chute des classes moyennes à travers cinquante ans de politique de la ville*. Paris: Albin Michel.

BEAUD, S. & PIALOUX, M. (2002). Sur la genèse sociale des émeutes urbaines. *Sociétés contemporaines*, 45/46, 215-243.

BECK, F., LEGLEYE, S. & PERETTI-WATEL, P. (2000). *Regards sur la fin de l'adolescence*. Paris: Observatoire Français des Drogues et des Toxicomanies.

BORDET, J. (1998). *Les «jeunes de la cité»*. Paris: Presses Universitaires de France.

CALOGIROU, C. (1989). *Sauver son honneur. Rapports sociaux en milieu urbain défavorisé*. Paris: L'Harmattan.

COLLECTIF [Centre de Vaucresson] (1965). *Vols et voleurs de véhicules à moteur*. Paris: Cujas.

COPFERMANN, E. (2003 [1962]). *La génération des blousons noirs. Problèmes de la jeunesse actuelle*. Paris: La Découverte (prefácio de L. Mucchielli).

DUBET, F. & LAPEYRONNIE, D. (1992). *Les quartiers d'exil*. Paris: Seuil.

DUPREZ, D. & KOKOREFF, M. (2000). *Le monde des drogues. Usages et trafics dans les milieux populaires*. Paris: Odile Jacob.

ESTERLE-HEDIBEL, M. (1997). *La bande, le risque, l'accident*. Paris: L'Harmattan.

ESTERLE-HEDIBEL, M. (2001). Jeunes des cités, police et désordres urbains.

In L. Mucchielli & Ph. Robert (Dir.), *Crime et sécurité: l'état des savoirs* (pp. 376-385). Paris: La Découverte.

GALLAND, O. (1991). *Sociologie de la jeunesse. L'entrée dans la vie*. Paris: Armand Colin.

GALLAND, O. (2002). *Les jeunes*. Paris: La Découverte.

HÉRAULT, B. & LAPEYRONNIE, D. (1998). *Le statut et l'identité. Les conflits sociaux et la protestation collective*. In O. Galland & Y. Lemel (Dir.), *La nouvelle société française. Trente années de mutation* (pp. 181-212). Paris: Armand Colin.

JASPARD, M. *et al*. (2003). *Les violences envers les femmes en France. Une enquête nationale*. Paris: La Documentation française.

JUNGER-TAS, J. & MARSHALL, H. (1999). The self-report methodology in crime research. In M. Tonry (Ed.), *Crime and Justice. An Annual Review of Research* (vol. 25, pp. 291-367). Chicago: University of Chicago Press.

KALIFA, D. (1994). Insécurité et opinion publique au début du XXème siècle. *Les cahiers de la sécurité intérieure*, 17, 65-76.

KOKOREFF, M. (2003). *La force des quartiers. De la délinquance à l'engagement politique*. Paris: Payot.

LAGRANGE, H. (2001). *De l'affrontement à l'esquive. Violences, délinquances et usages de drogues*. Paris: Syros.

LEBLANC, M. (1995). Précocité, développement de l'activité délictueuse et de la personnalité anti-sociale. In Collectif, *Délinquance et précocité* (29ème Congrès de l'Association française de criminologie) (pp. 417-484). Beauvais: ACBOP.

LEPOUTRE, D. (1997). *Cœur de banlieue. Codes, rites et langage*. Paris: Odile Jacob.

MACAIGNE, PH. (1964). Quelques réflexions sur la présentation par la presse écrite des «Blousons noirs». *Annales de Vaucresson*, 2, 233-255.

MAUGER, G. (1998). Bandes et valeurs de virilité. *Regards sur l'actualité*, 243, 29-39.

MICHARD, H. & SÉLOSSE, J. (Ed.) (1963). *La délinquance des jeunes en groupe*. Paris: Cujas.

MUCCHIELLI, L. (2002a). *Violences et insécurité. Fantasmes et réalités dans le débat français*. Paris: La Découverte, 2.ª ed.

MUCCHIELLI, L. (2002b). Les homicides. In L. Mucchielli & Ph. Robert (Dir.), *Crime et sécurité: l'état des savoirs* (pp. 148-164). Paris:

La Découverte.

MUCCHIELLI, L. (2003a). Délinquance et immigration en France: un regard sociologique. *Criminologie*, 2, 27-55.

MUCCHIELLI, L. (2003b). Le rap de la jeunesse des quartiers relégués. Un univers de représentations structuré par des sentiments d'injustice et de victimation collective. In M. Boucher & A. Vulbeau (Eds.), *Émergences culturelles et jeunesse populaire. Turbulences ou médiations?* (pp. 325-355). Paris: L'Harmattan.

MUCCHIELLI, L. (2004a). L'évolution de la délinquance juvénile en France (1980-2000). *Sociétés contemporaines*, 53, 101-134.

MUCCHIELLI, L. (2004b). L'impossible constitution d'une discipline criminologique en France. Cadres institutionnels, enjeux normatifs et développements de la recherche des années 1880 à nos jours. *Criminologie*, 37 (1), 13-42.

MUCCHIELLI, L. (2005). *Le «scandale des tournantes». Dérives médiatiques et contre-enquête sociologique*. Paris: La Découverte.

PEYRE, V. & TÉTARD, F. (1985). Les débuts de la prévention spécialisée. In F. Bailleau, N. Lefaucheur & V. Peyre, *Lectures sociologiques du travail social*. Paris: Éditions Ouvrières.

POTTIER, M.- L., ROBERT, PH. & ZAUBERMAN, R. (2002). *Victimation et insécurité en Ile-de-France. Les résultats de la première enquête – 2001*. Paris-Guyancourt: IAURIF-CESDIP.

ROBERT, PH. (2002). *L'insécurité en France*. Paris: La Découverte.

ROBERT, PH., AUBUSSON DE CAVARLAY, B., POTTIER, M.- L. & TOURNIER, P. (1994). *Les comptes du crime. Les délinquance en France et leur mesure*. Paris: L'Harmattan.

ROBERT, PH. & LASCOUMES, P. (1974). *Les bandes de jeunes. Une théorie de la ségrégation*. Paris: Éditions Ouvrières.

ROBERT, PH., ZAUBERMAN, R., POTTIER, M.- L. & LAGRANGE, H. (1999). Mesurer le crime. Entre statistiques de police et enquêtes de victimation (1985-1995). *Revue française de sociologie*, 2, 275-277.

ROCHÉ, S. (1998). Déviances et délits. In O. Galland & Y. Lemel (Dir.), *La nouvelle société française* (pp. 245-275). Paris: Armand Colin.

ROCHÉ, S., ASTOR, S., IVALDI, G. & TOURNIER V. (2000). *Enquête sur la délinquance auto-déclarée des jeunes. Rapport final*. Grenoble: CERAT.

TOURNIER, P. (1998). Agressions sexuelles: du dépôt de plainte à l'exécution des peines. In E. Archer (Dir.), *Agressions sexuelles: victimes et auteurs* (pp. 27-56). Paris: L'Harmattan.

VIGARELLO, G. (1998). *Histoire du viol, XVIè-XXè siècle*. Paris: Seuil.

ZAUBERMAN, R. (2001). Les attitudes des victimes individuelles. In L. Mucchielli & Ph. Robert (Dir.), *Crime et sécurité: l'état des savoirs* (pp. 309-319). Paris: La Découverte.

ZAUBERMAN, R. & ROBERT PH. (1995). *Du côté des victimes. Un autre regard sur la délinquance*. Paris: L'Harmattan.

Trabalho infantil em Portugal: Controvérsias e realidades

MANUEL JACINTO SARMENTO
Instituto de Estudos da Criança
da Universidade do Minho, Portugal

INTRODUÇÃO

O trabalho infantil em Portugal é um problema social que tem merecido uma considerável atenção, desde há cerca de uma década, sobretudo pela acção conjugada da denúncia pública da exploração de crianças, promovida por organizações governamentais, em que é justo destacar a *Confederação Nacional Contra o Trabalho Infantil* (CNASTI), e da intervenção do Estado, especialmente a partir da criação do, então assim chamado, *Plano para a Erradicação da Exploração do Trabalho Infantil* (PEETI).

No decurso dos últimos anos, Portugal foi referenciado como um caso exemplar na Europa, pela coragem que teve de diagnosticar a situação de exploração de crianças, de estudar aprofundadamente a sua incidência e de promover um programa público de intervenção consistente.

Não obstante, a abolição do trabalho infantil tem-se inscrito, não sem ambiguidades, na agenda política e social de organismos públicos nacionais e internacionais e de organizações não governamentais. Algumas denúncias particularmente pungentes sobre a penosidade das condições de vida das crianças são especialmente mobilizadoras da opinião pública em torno das condições bárbaras da exploração das crianças, conduzindo ao reforço da consciência colectiva sobre esta forma específica de mau-trato e de exigência da sua erradicação.

Esta situação é especialmente visível no quadro internacional, sendo frequentes as notícias sobre o tráfico de crianças, conduzidas como escravas em novos navios negreiros em países como a Libéria ou a Nigéria, ou sobre a exploração sexual das crianças filipinas ou tailandesas, ou ainda sobre a exploração intensiva de crianças de Caxemira ou do Paquistão, que cosem as bolas com que se jogam os campeonatos oficiais de futebol que arrastam multidões no Ocidente. Isto sem esquecer também a mobilização massiva de crianças camponesas no plantio da planta da coca na América do Sul, ou dos jovens trabalhadores assalariados agrícolas de origem hispano-americana que trabalham nos campos de tabaco ou de amendoim dos estados da Califórnia e do Texas, nos Estados Unidos da América, ou ainda as multidões de "catadores" de produtos recicláveis nas lixeiras do México ou de outros países latino-americanos.

Mas estas situações também se reportam à Europa, com informações que nos chegam, por exemplo, sobre as crianças que recolhem garrafas para reciclar nos países do Leste da Europa, ou as meninas magrebinas utilizadas como empregadas domésticas nas casas da classe média de França ou de Espanha, ou ainda os meninos bengalis e libaneses mobilizados nas mais diversas actividades em Inglaterra e no Norte da Europa.

Em Portugal, o imaginário colectivo é alimentado por informações sobre crianças portuguesas que cosem sapatos no domicílio ou nas fábricas de vão-de-escada (Sarmento, Bandeira e Dores, 2000), e sobre os aprendizes de construção civil que trocaram a escola pelos estaleiros das obras, sem esquecer as crianças que vendem quase de graça a sua força de trabalho nas panificadoras, nas cerâmicas, nas fábricas têxteis, nas oficinas e nos campos (Pinto, 1998).

Todavia, se, nestes como em outros múltiplos casos, a exploração económica das crianças se inscreve decisivamente como um tipo de mau-trato, não é adequado considerar que todo o trabalho desempenhado por crianças constitui uma violação de direitos ou corresponde a condições de vida opressivas. Pelo contrário, o trabalho faz parte do quotidiano das crianças e, dado que não podemos a nenhum pretexto excluir as actividades de aprendizagem como uma forma específica de trabalho, de facto todas as crianças participam, de algum modo, do mundo do trabalho (Sarmento, 2000). Portanto, nem todo o trabalho é mau-trato, mas há trabalho desempenhado por crianças que é efectivamente maltratante.

O esclarecimento das condições, contextos, formas e conteúdos do trabalho infantil, constituindo uma questão envolta em controvérsia nos estudos dos mundos sociais da infância, reveste-se de uma importância crucial na análise dos maus-tratos às crianças e na adopção de medidas e propostas de solução efectivamente apostadas na garantia do "melhor interesse das crianças". Nesse sentido, contrariando alguns "adquiridos" no senso comum, a investigação sociológica sobre o trabalho infantil tem proposto uma tematização da questão em termos renovados, considerando, prioritariamente, a inserção das crianças como actores sociais, e desmontando os dispositivos e relações que transformam a relação entre as crianças e o trabalho em factores de exploração (*e.g.*, Sarmento, 2000; Qvortrup, 1991; Schlemmer, 2000). De modo similar, tem proposto considerar a intervenção social contra a exploração do trabalho infantil no quadro mais geral das políticas integradas para a infância, numa perspectiva de expansão da cidadania activa da infância (Sarmento, 2003).

Em Portugal, estas questões têm estado na agenda política e social. No nosso país desenvolveu-se o maior movimento de opinião pública na Europa contra o trabalho infantil, a partir da acção de organizações não governamentais, de organismos governamentais (*Inspecção-Geral do Trabalho* e PEETI) e de sectores académicos. No nosso país desenvolveu-se uma actividade pioneira, em termos europeus, de levantamento estatístico das realidades do trabalho infantil (a partir do *Sistema de Informação Estatística sobre o Trabalho Infantil* – SIETI). No nosso país ergueu-se aquele que é, reconhecidamente, o mais avançado programa público europeu de prevenção e combate ao trabalho infantil (PEETI). Também no nosso país, a investigação científica sobre trabalho infantil tem realizado progressos consideráveis nos últimos anos.

Este capítulo baseia-se no *Relatório de Avaliação* do PEETI[1] que perspectiva, numa orientação sociológica, o balanço da acção colectiva realizada no nosso país e enuncia perspectivas de futuro. O capítulo referencia algumas controvérsias contemporâneas sobre o conceito de trabalho infantil e as formas de o combater e detém-se, depois, na análise do fenómeno em Portugal, para finalmente referenciar o balanço efectuado e enunciar propostas de intervenção futura.

[1] O Relatório contou na sua elaboração, para além do autor, com Catarina Almeida Tomás, Ana Melro e Sónia Fernandes, todas investigadores do *Instituto de Estudos da Criança* da Universidade do Minho.

CONTROVÉRSIAS CONTEMPORÂNEAS SOBRE O TRABALHO INFANTIL

O trabalho infantil tem sido objecto de intensa teorização e de contínuo debate público. Esse debate envolve, quer no plano nacional, quer no plano internacional, parceiros sociais, corporações, organismos públicos e privados, agentes económicos, meios de comunicação social.

No plano da investigação em ciências sociais, também o tema do trabalho infantil tem merecido considerável atenção e é objecto de controvérsia (*cf.* Mizen *et al.*, 2001). De uma forma algo ligeira, poderemos dizer que as posições teóricas sobre trabalho infantil oscilam entre a sua condenação como patologia social e a consideração do trabalho das crianças como algo inerente à sua condição como actores sociais plenos e, portanto, não como uma imposição humilhante mas como um direito, que carece de ser devidamente protegido, contra a exploração.

Na consideração como patologia social, avulta o facto de se ter constituído um consenso social alargado em torno da priorização da frequência escolar pelas crianças. O "trabalho das crianças é na escola" – esta consideração levou a que na modernidade ocidental a separação das crianças do trabalho pago se instituísse como norma social. Daí que a participação das crianças em actividades laborais tenha sido rapidamente considerada como um desvio, que importa combater e como um sinal de anomia ou doença social. É, no entanto, necessário reconhecer que esta "patologia social" tem uma dimensão alargada em todo o mundo: cerca de 142 milhões de crianças, segundo dados da *Organização Internacional do Trabalho* (ILO, 2002), trabalham no mundo inteiro. Mais grave ainda: a deslocalização e transferência de sectores da indústria manufactureira para países e regiões (que têm como principal factor de competitividade os baixos custos da mão-de-obra assalariada) tem levado a que, em muitos desses países, a actividade agrícola tradicional, em que as crianças participam activamente, esteja a ser substituída pelo envolvimento activo de milhões de crianças em trabalho industrial intensivo, frequentemente sem condições de segurança nem protecção social.

Do lado dos que defendem o direito ao trabalho das crianças, invoca-se o facto de que as crianças na realidade sempre trabalharam e a recusa desse reconhecimento tem atirado gerações de jovens trabalhadores para situações de contratação precária e de submissão ao arbítrio de exploradores sem escrúpulos. Por outras palavras, a invisibilização e patologização do trabalho infantil, em vez de proteger a crianças, na realidade, tê-las-á atirado para os sectores informais e clandestinos da economia, na melhor das hipótese, fechando o acesso a um trabalho adequado aos níveis e factores favoráveis do desenvolvimento infantil, e, em situações piores, poderá ter arrastado criança para situações ignominiosas de exploração. Deste modo, não é o trabalho, mas as condições em que ele é praticado que promove (ou não) a exploração das crianças. Para esta perspectiva (*e.g.*, Schlemmer, 2000), as tensões internacionais entre países centrais e periféricos e a influência de organizações reguladoras internacionais influenciadas pelas potências dominantes explicam que a condenação do trabalho infantil se faça no âmbito da luta global pelo controlo do mercado, o que origina o paradoxo de serem os países que mais utilizam, na periferia, mão de obra infantil, através da sua empresas deslocalizadas, os que mais se batem, no plano da legislação internacional, pela abolição do trabalho infantil, numa estratégia proteccionista da sua indústria nacional.

Estas perspectivas apenas aparentemente são incompatíveis. Na verdade, elas resultam de uma apreciação genérica de um fenómeno – o trabalho – que é multidimensional e que têm uma infinidade de aspectos insusceptíveis de serem apreciados unidireccionalmente.

Com efeito, contrariamente ao que se sustenta no senso comum, *as crianças trabalham,* e a forma "normal" do seu trabalho nas sociedades contemporâneas é a realização das actividades de aprendizagem em contexto escolar. Porém, as crianças não trabalham apenas na escola. As actividades quotidianas domésticas (arrumar a casa, tratar dos irmãos ou dos familiares mais velhos, preparar as refeições, etc.) constituem tarefas que, apesar de serem realizadas no círculo familiar, não deixam de constituir igualmente um trabalho. Além disso, as actividades de natureza económica directa contam também com uma parte das crianças como sujeitos activos. Apenas neste último caso estamos perante aquilo que, no senso comum, é usualmente chamado de "trabalho infantil".

A apreciação da natureza complexa e variada do trabalho infantil também nos leva a considerar inadequada e redutora a dicotomia entre abolição e regulação do trabalho infantil. O primeiro termo refere-se ao movimento que pretende erradicar todas as formas de associação das crianças à esfera produtiva; o segundo termo, aceita como válida a inserção de crianças no mundo do trabalho e propõe-se defender os direitos dos trabalhadores, sustentando a regulação das suas condições laborais, incluindo a possibilidade da formação de sindicatos de crianças trabalhadoras. A menos que adoptemos a posição extrema de pugnar pela abolição ou pela regulação de *todas* as formas de trabalho infantil, estas posições são superáveis, através da defesa da abolição de algumas formas de trabalho infantil e da regulação de outras.

A abolição de determinadas formas de trabalho infantil, associado à exploração de crianças, decorre da constatação de que essa exploração – não apenas nas designadas "piores formas", mas em múltiplas outras actividades, incluindo entre elas o trabalho escolar, tantas vezes feito em condições de alienação e opressão, as actividades domésticas de ajuda familiar, que sobrecarregam por vezes de forma pesada os quotidianos de tantas crianças, sobretudo meninas, para além de actividades económicas directas – é uma realidade social indesmentível e um forte indicador do carácter desigualitário e desumano da sociedade contemporânea. A defesa da regulação decorre da constatação pragmática de que as actividades laborais das crianças não podem ser abolidas por decreto, e, pelo contrário, essa pretensão acaba frequentemente por conduzir à condenação da vítima, isto é, à criação de piores condições do que aquelas que, à partida, se pretendia evitar. A regulação é, nestas circunstâncias, a única possibilidade de as crianças verem respeitados direitos na sua actividade social.

A questão, no entanto, torna-se mais complexa, se procurarmos estabelecer critérios distintivos entre trabalho abolível e trabalho regulável. A diferenciação entre "emprego" e "trabalho" (entre *labour* e *work*, em inglês, onde os termos se diferenciam), proposta por alguns autores (Fyfe, 1989), parece insuficiente, exactamente porque uma parte importante das formas de exploração inaceitáveis e abolíveis se realizam em contexto familiar, sem vínculo de trabalho estabelecido nem interferência directa de outrém. Do mesmo modo, é insuficiente e insatisfatória a teoria do *continuum* (White, 1996), que se propõe medir os efeitos do trabalho na promoção ou no prejuízo do desenvolvimento infantil, pelo carácter casuístico, individualista e psicologizante que arrasta, tornando impossível estabelecer critérios generalizáveis de regulação, ou mesmo a teoria da "matriz", (Feinstein, 1998) que pretende ligar a aceitabilidade do trabalho infantil ao contexto sócio-cultural onde ocorre, buscando aí definir os pontos de equilíbrio e desequilíbrio entre a demanda social e as necessidades desenvolvimentais da criança, e conduzindo à aceitação do princípio do relativismo cultural na aplicação de direitos.

A percepção da natureza complexa do fenómeno do trabalho infantil exige que a análise das estruturas sociais e culturais preceda a prescrição jurídica. O trabalho das crianças constitui um sintoma de uma sociedade onde a divisão social do trabalho envolve a mobilização do esforço económico das crianças: "a extensão da economia de mercado é acompanhada por todo o lado da exploração das crianças" (Meillassoux, 1996, p. 57). A par da educação, do lazer e do jogo, o trabalho das crianças inscreve-se, ainda que de modo desigual e assimétrico, no seu quotidiano. Não é, portanto, de um fenómeno histórico aquele a que nos referimos, próprio dos primórdios da sociedade (Chassagne, 1998), mas da realidade contemporânea. O que nos impele a pensá-lo e a considerar o combate ao trabalho infantil no quadro mais geral da promoção dos direitos das crianças, numa estratégia que não pode deixar de ser, em simultâneo, preventiva da exploração, decididamente apostada na abolição das formas inaceitáveis de trabalho, empenhada na regulação das actividades que se compatibilizem com o usufruto dos demais direitos da criança. Esta posição exige, em suma, que o trabalho infantil seja considerado no âmbito das políticas integradas da infância.

A aplicação deste princípio, considerando as relações sociais que se actualizam sempre que a criança toma a seu cargo o desempenho de uma actividade social, directa ou indirectamente económica, implica a consideração dos seguintes indicadores[2]:

- O contributo da actividade para a saúde, o bem-estar e o equilíbrio da criança, o modo como ela afecta positiva ou negativamente a sua motricidade, a sua postura corporal e o seu desenvolvimento biopsicológico e motor;
- A relação entre a actividade desempenhada e o percurso escolar da criança: a relação entre trabalho, frequência e sucesso escolar;
- O tipo de actividade realizada e o modo como ela contribui para alimentar a curiosidade intelectual, o interesse pela descoberta, a capacidade de inovação, a originalidade e criatividade, ou, ao invés, a promoção de atitudes psitacitas, a alienação, o conformismo, a repetição e o embotamento dos sentidos;
- A intensidade e duração das actividades laborais e os laços que se estabelecem entre os diferentes tempos da criança: o tempo para

[2] Retomamos e aprofundamos aqui a proposta já formulada em Sarmento (2000).

estudar, o tempo para brincar, o tempo para dormir e descansar, o tempo para conviver e participar da vida da comunidade e o tempo de trabalho;

- A relação do trabalho com a estrutura social, os efeitos de reprodução ou de mudança social induzidos pela actividade desempenhada pela criança, nomeadamente através da construção das aspirações da indução de hábitos e comportamentos de conformidade social ou a promoção de um espírito crítico e participativo;
- A vontade da criança e a participação efectiva nas decisões que lhe dizem respeito;
- A adequação do contexto de trabalho às crianças e a sua subordinação a princípios de justiça nas relações laborais, remuneratórias e hierárquicas.

De acordo com princípios instituídos internacionalmente, estes indicadores, aplicando-se a todas as crianças e a todos os contextos (incluindo as escolas), são particularmente pertinentes para crianças de idade superior a 12 anos, sendo não aceitável a realização regular de actividades de trabalho antes deste nível etário.

A inserção da problemática do trabalho infantil no quadro de "novos termos e perspectivas" (Myers, 1999) com maior capacidade interpretativa, constitui, na verdade, uma questão teórica decisiva, mas não é isenta de importantes consequências políticas: passa por aqui o sentido da intervenção pública pela promoção dos direitos da criança.

DIMENSÕES DO TRABALHO INFANTIL EM PORTUGAL

Relativamente à caracterização da exploração do trabalho infantil no nosso País, são especialmente relevantes os valores apresentados nos inquéritos realizados pelo SIETI, com apoio da OIT, nos anos de 1998 e 2001 (*Ministério do Trabalho e da Solidariedade*, 2000 e *Ministério da Segurança Social e do Trabalho*, 2003).

Os dois inquéritos foram aplicados a agregados familiares com menores em idade escolar, em amostras representativas da população nacional, totalizando cerca de 25.000 agregados familiares inquiridos, numa semana de referência, em cada um dos anos do inquérito. Foram inquiridos, simultaneamente, os menores e um adulto responsável por família, de forma a apurar a convergência ou divergência dos valores obtidos. Assim, quanto à investigação de 1998, tendo em conta a opinião dos menores, 4% das crianças portuguesas entre os 7 e os 15 anos (43.213) exercem actividade económica, mas se tivermos em atenção a opinião dos adultos, apenas 1,7% (18.808) exerce essa mesma actividade.

No que concerne às principais conclusões extraídas do primeiro estudo, podemos retirar as seguintes: dos menores que exercem uma actividade económica, 79,1% (34.225) fazem-no na empresa ou exploração agrícola familiar e 20,9% (8.988) como trabalhadores por conta de outrem. Sendo a agricultura o sector que ocupa mais crianças e jovens no nosso País, 26,4% trabalham durante sete dias da semana, aparecendo o Sábado como o dia com mais trabalho infantil.

O fenómeno do trabalho infantil tem uma extensão relativamente elevada nas Regiões Norte e Centro e mais fraca no resto do País, mostrando-se ainda mais evidente no Norte, muito devido à existência de mais trabalho agrícola.

Tendo ainda em consideração a distinção entre os sexos, concluiu-se que a maior parte das crianças que trabalham são do sexo masculino (66% dos casos), mas as raparigas estão em maioria (71,2%), quando se observa o trabalho doméstico.

Os dados extraídos do segundo inquérito não diferem muito do anterior, mas pode constatar-se que houve um ligeiro acréscimo de 0,2% no trabalho infantil, de 1998 para 2001, diminuindo, porém, o número dos trabalhadores por conta de outrem, o que é o dado mais significativo e importante. Curiosamente, no segundo inquérito, os números totais declarados pelas crianças e pelos adultos responsáveis são praticamente convergentes (48.914 crianças trabalhadoras, declaradas pelas próprias e 48.103 declaradas pelos pais ou adultos responsáveis).

Diminuíram os cuidados das crianças com as actividades domésticas, aumentando, no entanto, o exercício de actividades económicas: no ano da realização do primeiro inquérito 43.213 menores declaravam realizar uma actividade económica, sendo que 34.225 eram trabalhadores familiares não remunerados (TFNR) e 8.988 eram trabalhadores por conta de outrem (TCO); esse valor aumentou em 2001 para 48.914, entre os quais 41.713 eram TFNR e 7.200 faziam parte da outra categoria.

Sem grande surpresa, constatamos que são os mais velhos (15 anos) que maioritariamente efectuam qualquer tipo de actividade remunerada, diminuindo significativamente este valor de 35,3% (1998) para 27,2% (2001), o que poderá implicar que houve uma inspecção mais acentuada por parte das entidades competentes.

Outro dado relevante é o número de horas de trabalho diário. Ainda que a maioria dos menores apenas realize tarefas entre a 1 e as 3 horas diárias (43,3%), há uma percentagem elevada de crianças (22,7%) que trabalham entre as 4 e as 6 horas diárias. Contudo, poder-se-á verificar, mais uma vez, uma diminuição dos valores quando comparamos com o ano de 2001, em que apenas 15,9% de menores exercem actividades entre as 4 e as 6 horas diárias, contra 57,0% de crianças e jovens que realizam 1 a 3 horas diárias de trabalho.

Face a estes dados, e perante a condenação nacional e internacional do trabalho infantil em Portugal, foi criado o *Plano para a Eliminação da Exploração do Trabalho Infantil* (PEETI), cuja natureza, estrutura e actividade se apresenta abreviadamente, de seguida.

O *PLANO PARA A ELIMINAÇÃO DA EXPLORAÇÃO DO TRABALHO INFANTIL* (PEETI)

O PEETI surgiu na sequência da *Comissão Nacional de Combate ao Trabalho Infantil*, criada por Despacho Conjunto de 10 de Setembro de 1996, publicado no DR, IIª série, n.° 225, de 27 de Setembro. Essa Comissão sucedeu a um Grupo de Trabalho Interministerial para o Combate ao Trabalho Infantil, conforme Despacho Conjunto de 13 de Março, publicado no DR, IIª série, 79, de 2 de Abril de 1996. O PEETI foi posteriormente criado por Resolução do Conselho de Ministros n.° 75/98 de 4 de Junho, publicada em DR, Iª série, n.° 150, de 2 de Julho.

Em Fevereiro de 1999, o PEETI entregou à Tutela um Relatório Preliminar sobre medidas conducentes à eliminação da exploração do trabalho infantil em Portugal, aprovado por unanimidade pelo *Conselho Nacional de Combate à Exploração do Trabalho Infantil* (CNCETI), iniciando-se, assim, um processo sistemático de estudo e combate à problemática do trabalho infantil.

O PEETI estabelece parcerias com instituições Particulares e Universidades, tem articulação com o *Ministério da Segurança Social e do Trabalho* e com algumas das suas entidades (IGT, IEFP, IDICT, SIETI, ISSS, Secretaria Geral do MSST) e ainda com organismos do Estado, entre os quais o *Ministério da Educação* e o *Ministério da Justiça*. Entre as relações internacionais constam a OIT/IPEC.

Das várias iniciativas e orientações que definem a acção do PEETI, destacam-se as medidas legislativas, medidas preventivas, medidas correctoras e medidas de reforço da regulamentação sobre trabalho de menores. Não sendo possível enumerar o que cada uma integra, serão apenas citadas algumas.

Medidas legislativas: Propor a aprovação para ratificação à *Assembleia da República* da Convenção da OIT n.° 182, relativa à proibição das piores formas de trabalho das crianças e à acção imediata com vista à sua eliminação; Articular o regime jurídico do trabalho de menores com o enquadramento normativo da escolaridade e da aprendizagem; Proceder à revisão da legislação sobre contra-ordenações laborais, de modo a harmonizá-la com a legislação sobre trabalho de menores, e estabelecer sanções acessórias de acordo com o previsto no regime geral das contra-ordenações.

Medidas preventivas: Prosseguir a acção desenvolvida, com a colaboração da OIT, com vista à obtenção de dados exactos sobre a dimensão e caracterização do trabalho infantil e sua evolução; Identificar, acompanhar e caracterizar a situação das crianças em risco de abandono escolar precoce; Criar um programa de férias escolares, em parceria, entre outros, com o *Gabinete Coordenador do Desporto Escolar* do *Ministério da Educação*, o *Instituto Português da Juventude* e Autarquias Locais.

Medidas correctoras: Promover a reabilitação e integração das crianças vítimas de exploração pelo trabalho; Desenvolver planos individuais de educação e formação, com recurso a estratégias flexíveis e diferenciadas.

Medidas de reforço da regulamentação sobre trabalho de menores: Aprofundar a articulação entre os diversos parceiros sociais e a sociedade civil; Promover a divulgação das normas que disciplinam o trabalho de menores.

A metodologia de intervenção processa-se através de 4 fases primordiais:

- *Sinalização* – "Informação, com identificação do menor, sobre situação concreta recebida no PEETI e proveniente de uma entidade identificada"[3]. As entidades podem ser várias (IGT, IDICT, EMM, TIL's, Tribunal, cidadãos, escolas, CPCJ, etc.).

- *Intervenção* – É a confirmação dos dados constantes da sinalização e da escolha de alternativas que os parceiros locais poderão oferecer aos menores e famílias para inserir os primeiros num percurso de educação e formação que será constantemente acompanhado.
- *Diagnóstico* – Aqui é feita a caracterização das diversas situações sinalizadas e opta-se por duas alternativas: ou se dá por terminada a intervenção e o menor encontra-se fora da alçada do PEETI ou se opta pelo encaminhamento.
- *Encaminhamento* – Esta fase só é realizada se os interessados estiverem dispostos a cumprir o que lhes é imposto e o caminho indicado. O encaminhamento pode dividir-se em duas direcções distintas: a prevenção e a remediação. Na primeira tenta-se evitar a entrada precoce no mundo do trabalho, na remediação trata-se de minorar os efeitos nocivos da incursão nesse mundo.

Há diversos encaminhamentos possíveis: regresso à escola, cursos de formação, PIEF's e outros. Normalmente, opta-se pelos PIEF's.

O PIEF foi criado pelo Despacho Conjunto n.° 882/99, DR n.° 241 IIª série do Ministério da Educação e do Ministério do Trabalho e da Solidariedade, com o objectivo fundador de facilitar o cumprimento e finalização da escolaridade mínima obrigatória (9.° ano), pelos menores de 16 anos em situação de exploração de trabalho infantil.

Esta metodologia é eficaz porque proporciona às crianças e jovens uma individualização da oferta de educação e formação, que pode ser realizada em qualquer altura do ano lectivo e certificação de competências e titularidade de graus, quando o educador considerar que a criança ou jovem já atingiu as aptidões exigidas.

Tem-se observado que o PIEF de facto funciona, também porque não analisa os seus objectivos apenas limitados a essa certificação, esforça-se, ao mesmo tempo, por fornecer reforços alimentares, transporte, bolsas de estudo, etc.

Após a obtenção do 2.° ciclo alcançada pelos alunos PIEF, eles partem para uma 3ª fase, que consiste na formação profissional qualificante, forne-

---

3 Relatório de Actividades do PEETI (2002).

cida ou pelo *Ministério da Educação* ou pelo *Instituto do Emprego e Formação Profissional* (IEFP) ou, quando necessário, pelos dois em conjunto.

Sobre este trabalho, realizou-se o Relatório de Investigação, assente na análise e cotejo de dados, em entrevistas a informantes-chave e na observação *in loco* da acção desenvolvida, cujas principais conclusões e recomendações se referem de seguida, sobre a forma de proposições associadas a um conjunto de corolários.

BALANÇO DA SITUAÇÃO DA INTERVENÇÃO SOBRE TRABALHO INFANTIL EM PORTUGAL E PERSPECTIVAS DE FUTURO

1. O trabalho infantil é um fenómeno social persistente, com raízes na estrutura sócio-económica da sociedade, que se sustenta simbolicamente de uma cultura favorável à utilização do trabalho de menores, associado normalmente às esferas informais da actividade económica e com uma causalidade multifactorial.

2. O trabalho infantil deve ser analisado tendo em conta as múltiplas relações em que ele se insere e as suas determinações sociais, nomeadamente, o modelo económico de desenvolvimento, as concepções dominantes e o estatuto social atribuído às crianças, como grupo geracional específico, o desempenho das políticas sociais e a sua incidência nas situações de exclusão social.

2.1. As crianças não estão fora da estrutura económica, quer como produtores, quer como consumidores. Algumas actividades regulares das crianças – nomeadamente, o estudo e aprendizagem, as actividades domésticas, a ajuda familiar em actividades económicas como o trabalho agrícola – não são geralmente consideradas trabalho, mas constituem de facto actividades com incidência directa ou indirecta no produto.

2.2. Algumas actividades das crianças são realizadas sob condições de exploração. São essas actividades, cuja dilucidação constitui um aspecto complexo e não consensual, que se integram no que se considera "exploração do trabalho infantil" e que motivam a intervenção pública.

2.3. A exploração do trabalho infantil associa-se quase sempre à exclusão social e em especial à pobreza dos agregados familiares (a excepção é constituída, em geral, pelas actividades na indústria dos espectáculos, da moda, da publicidade e do desporto profissional). Isto implica que o combate ao trabalho infantil se integre, em simultâneo, na vertente da luta contra a pobreza e no esforço pela promoção efectiva dos direitos da criança e pela inclusão social

3. Os indicadores disponíveis sobre trabalho infantil em Portugal mostram que este tem vindo a diminuir de forma muito marcante, sobretudo no decurso da última década, e nas formas de emprego por conta de outrem em unidade industrial ou dos serviços, em consequência da conjugação de múltiplas intervenções: da sociedade civil organizada, a partir, especialmente de ONG's como a CNASTI e o IAC, na mobilização colectiva contra a exploração e pelos direitos da criança; da acção do Estado, a partir da intensificação das inspecções às empresas, da melhoria do quadro legislativo e da mobilização de meios e recursos na prevenção de situações de risco infantil; do alargamento da escolaridade obrigatória, desde 1986 e do aumento das taxas de frequência escolar; da intervenção especializada do PEETI (actualmente PETI), com plano específico concebido para combater a exploração de crianças.

3.1. Os indicadores estatísticos disponíveis são consistentes, porque apontam todos no mesmo sentido: diminuição para taxas residuais do abandono escolar na escolaridade obrigatória, descida significativa do número de crianças encontradas a trabalhar em actividades por conta de outrem, apesar do aumento do número de inspecções, diminuição do número de crianças com actividade por conta de outrem, entre os inquéritos realizados aos agregados familiares com menores em idade escolar, em 1998 e 2001.

3.2. Não obstante, as actividades sazonais, as actividades domésticas e domiciliárias, a par da aprendizagem, ou ainda as actividades claramente clandestinas – onde se inserem as piores formas de trabalho infantil – não estão suficientemente estudadas, apesar de alguns indicadores (entre eles a sinalização pelas *Comissões de Protecção de Crianças e Jovens*) revelarem que é entre essas actividades que se encontram as situações mais críticas de exploração de crianças.

4. A informação disponível em Portugal sobre trabalho infantil, quer qualitativa, quer quantitativa, cresceu muito acentuadamente na última década, sabemos mais sobre o fenómeno do que nunca e não são mais possíveis as estimativas de natureza especulativa, por evidência da sua falta de bases científicas. Não obstante, há vários aspectos do fenó-

meno social que são ainda desconhecidos e exigem mais aprofundado conhecimento.

4.1. O conhecimento estatístico disponível permite caracterizar o trabalho infantil em Portugal, de forma consistente, em vários aspectos: dimensão; variação regional; categorias sociais como o género, o sub-grupo etário e a origem social das crianças trabalhadores; as formas que assume; tipo de actividade; relações do trabalho com a escolaridade e com os quotidianos das crianças, etc. A actualização periódica destes indicadores revela-se imprescindível.

4.2. Pela sua particular dificuldade, não existem valores fiáveis sobre as "piores formas de trabalho infantil" e desconhece-se quase tudo sobre as características desta forma de exploração de crianças em Portugal.

4.3. Para além das piores formas do trabalho infantil, não há estudos que permitem uma compreensão global de fenómenos e situações como a incidência da exploração de menores considerando as minorias étnicas e populações migrantes; as relações entre os ciclos económicos e a exploração de crianças; o trabalho infantil nas indústrias da moda, espectáculos, circo, desporto profissionalizado, etc; a relação entre actividades sazonais (agrícolas, industriais e nos serviços – turismo) e exploração de crianças.

5. A intervenção do PEETI corresponde a um significativo salto em frente no domínio das políticas públicas sobre o trabalho infantil e a sua acção caracteriza-se pela qualificação dos seus recursos, pela flexibilidade e agilidade organizacional, pela capacidade de mobilização colectiva demonstrada, pela inovação metodológica no processo de sinalização, intervenção e diagnóstico que conduz e ainda pela capacidade da medida que criou – o PIEF – para reconstituir o projecto de vida das crianças exploradas.

5.1. A criação do PEETI significa o reconhecimento pelo Estado da necessidade de uma intervenção específica e é objecto de reconhecimento internacional, sobretudo por Portugal ter sido o primeiro país europeu a adoptar a decisão de criar um programa público de combate à exploração do trabalho infantil.

5.2. O trabalho do PEETI é conhecido e reconhecido por todos os decisores e parceiros sociais.

5.3. O PEETI criou um sistema próprio de rastreio de situações de risco de trabalho infantil e constituiu equipas locais, actualmente com cobertura nacional, que se caracterizam pela flexibilidade, poder de iniciativa e capacidade de resposta.

5.4. O principal meio de intervenção – os PIEF's – revela ser uma resposta com potencialidades, no domínio da educação/formação de 2ª oportunidade, ao associarem a educação básica com a formação profissional e ao atribuírem uma bolsa de formação a crianças em situação real ou potencial de trabalho infantil. Não obstante, constituem uma situação extraordinária e alternativa, face à situação mais adequada – o reingresso na escolaridade regular dessas mesmas crianças e jovens.

5.5. O diagnóstico contínuo sobre a realidade portuguesa, realizado pelas EMM, e o trabalho de estudo realizado de modo sistemático, nomeadamente através de encomendas a equipas ou peritos universitários, configura o PEETI como entidade com competências de avaliação e regulação do fenómeno social do trabalho infantil.

6. Há uma desproporção significativa entre o número de crianças que abandonam a escola antes dos 16 anos de idade (17.874, em 2001), as situações sinalizadas pelo PEETI (a partir dos seus diversos parceiros institucionais) de crianças em risco de trabalho infantil (3.745, em 2002) e o número efectivo de crianças que tiveram um processo de intervenção (1.116, também em 2002). A relação entre o número de crianças objecto de intervenção e as que abandonaram a escola antes de perfazerem a idade legal de ingresso no trabalho é de 1 para 16, e entre as mesmas e as crianças sinalizadas é de 1 para 3.

6.1. A desproporção ainda se torna mais gritante se considerarmos os números apurados sobre incidência do trabalho infantil em Portugal (48.914), sendo de 1 para 43.

6.2. Se considerarmos que o trabalho infantil envolve ainda crianças que não abandonaram a escola (é o caso de algumas formas de trabalho domiciliário, de trabalho agrícola familiar e ainda de outras actividades, no âmbito de ajuda familiar não remunerada), constataremos que as actividades do PEETI se centram especialmente num certo tipo de crianças e jovens em risco ou com prática de trabalho infantil: os que abandonaram a escola e estão identificados pelos serviços públicos (especialmente escolas, *Segurança Social* e *Comissões de Protecção de Crianças e Jovens*).

7. Os principais pontos de bloqueamento identificados cifram-se na dificuldade de pôr a funcionar as parcerias institucionais, nomeadamente na intervenção local e no que respeita ao funcionamento dos PIEF's, em particular, as relações com as escolas e os organismos desconcentrados do

Ministério da Educação, e as delegações locais do *Instituto de Emprego e Formação Profissional*.

7.1. A criação de um programa alternativo e de formação de 2ª oportunidade para crianças e jovens que abandonaram a escola é, por vezes, objecto de rejeição por essa mesma escola. A oferta formativa do IEFP não prioriza e nem sempre é moldável à necessidade de implantação dos PIEF's. Este ponto leva a sublinhar a necessidade de mudanças a montante, isto é, na estrutura e oferta formativa do campo institucional da educação e da formação profissional.

7.2. O estabelecimento das parcerias realiza-se a nível nacional, regional e local, encontrando-se em todos esses níveis pontos críticos, ainda que de natureza e alcance diferenciados.

7.3. A condição da regulação das políticas exige uma coordenação geral e autonomia funcional das equipas locais de intervenção.

8. A intervenção estrutural face o trabalho infantil exige uma intervenção global, integrada, com articulação de todos os serviços públicos e solidários que actuam no terreno, numa base descentralizada e de promoção de capacidades locais, ainda que com coordenação nacional, no âmbito do combate contra a exclusão e pela promoção dos direitos das crianças, na medida em que a exploração de crianças se insere num âmbito alargado de promoção da coesão social e de constituição do Estado de Direito.

8.1. No âmbito das políticas integradas da infância, a escola assume um papel determinante pelo modo como se constitui (ou não) como um elo da política social, como uma instituição inclusiva e como um centro de difusão e promoção dos direitos da criança.

8.2. A intervenção por equipas de projecto, na base local, revela as suas insuficiências, dada a natureza integrada e estrutural dos problemas que enfrenta e dada a compartimentação administrativa que gera.

8.3. A acção em rede, nomeadamente no âmbito da *Rede Social*, revela-se a mais adequada para a intervenção nas comunidades, junto das famílias e com as instituições, para a prevenção do abandono escolar e da exploração do trabalho infantil e para o encaminhamento de crianças presas nas malhas da exploração.

9. O PEETI confronta-se com o dilema entre a institucionalização, como organismo competente para intervir de forma especializado perante um problema social, e a integração dos seus recursos e potencialidades na quadro de um organismo regulador da política para a infância – no âmbito

nacional – e na *Rede Social*, junto das *Comissões de Protecção de Crianças e Jovens* ou ainda no domínio da acção social promovida pela *Segurança Social* ou pelas autarquias, no âmbito local. A resolução deste dilema não pode, todavia, significar a desvinculação do Estado do combate à exploração económica das crianças e jovens.

9.1. A resolução do dilema é uma decisão política e articula-se com outras decisões relativas à condução das políticas para a infância e à organização administrativa do Estado.

9.2. A permanência da indefinição institucional do PEETI (enquanto programa com duração temporária) prejudica a acção local, sobretudo pelo *deficit* de legitimidade que acarreta perante outras instituições, sobretudo escolas e centros de formação e emprego.

9.3. Não obstante, e sem prejuízo da integração das políticas, revelase indispensável o trabalho especializado, através das equipas multidisciplinares.

10. A participação das crianças e jovens no domínio da reconstrução do seu projecto de vida revela-se absolutamente decisiva, não apenas por razões inerentes ao reconhecimento dos direitos participativos das crianças e jovens, o que já seria suficiente, em si mesmo, mas porque essa participação é a condição essencial da construção das bases cognitivas e sócio-afectivas que permitam a esses jovens o ingresso em percursos de inclusão social plena.

Como resultado das conclusões extraídas, formularam-se as seguintes propostas de medidas para o futuro do combate infantil em Portugal:

1. Medidas no âmbito das políticas integradas da infância:

1.1. O combate ao trabalho infantil em Portugal deve ser considerado no âmbito mais geral da acção integrada pela promoção dos direitos das crianças, devendo, para tanto, ser assumida como tarefa corrente das estruturas de acção social de base local, nomeadamente os organismos da *Rede Social*, as *Comissões de Protecção de Crianças e Jovens*, os organismos municipais de acção social.

1.2. A coordenação nacional deve competir ao órgão colectivo (*Comissão Nacional para os Direitos da Criança*) ou individual (*Provedor da Criança*), a constituir como condição de integração das políticas para a infância.

1.3. A coordenação nacional exige, outrossim, a acção especializada e direccionada de monitorização, formação e avaliação da intervenção local, através de um organismo ou de uma equipa específica para esse efeito.

1.4. Definição de um programa integrado de educação/formação de segunda oportunidade para crianças e jovens, que aproveite e generalize a experiência acumulada dos PIEF's, como modo de combate ao abandono escolar, à saída precoce na escola, à desqualificação profissional e ao ingresso precoce no mercado de trabalho.

1.5. Apoio resoluto à educação inclusiva, nomeadamente através da sua ponderação nos processos de (auto) avaliação institucional das escolas, no incentivo à mediação social e na criação de equipas multidisciplinares de apoio educativo nas escolas.

2. Medidas no âmbito da definição institucional do combate pela prevenção e erradicação da exploração do trabalho infantil:

2.1. Tomada de decisão política sobre o futuro institucional do PETI (ex-PEETI[4]):

Cenário 1: Criação do *Instituto pela Prevenção do Trabalho Infantil*, que, à semelhança de outros institutos públicos (*e. g.*, IDT), se especialize no seu campo específico de acção, face ao problema original que se propõe debelar.

Cenário 2: Integração dos serviços centrais no âmbito da coordenação das políticas sociais para a infância (ver medidas 1.2 e 1.3.) e das EMM nas estruturas locais da *Rede Social*.

2.2. Absoluta prioridade ao combate às piores formas de trabalho infantil, através, nomeadamente, de:

2.2.1. Constituição de um grupo de trabalho intersectorial (PEETI, CNPCJR, *Segurança Social, Educação, Associação Nacional de Municípios, Polícia Judiciária*), para o desenvolvimento de um plano nacional para erradicação das piores formas de trabalho infantil.

2.2.2. Acção conjugada dos serviços locais na detecção e intervenção preventiva (primária e secundária).

2.2.3. Lançamento de uma campanha de mobilização nacional contra a violência e a exploração de crianças.

2.3. Extinção do *Conselho Nacional de Combate à Exploração de Trabalho Infantil* (CNCETI) e constituição de uma estrutura de coordenação e parceria, no âmbito das estruturas a criar (ver medida 2.1).

---

[4] O PEETI deu lugar ao PETI, através da Resolução de Conselho de Ministros n.° 37/2004 (Diário da República – I Série-B, n.° 68 de 20 de Março de 2004).

2.4. Produção de legislação conducente à regulação normativa do trabalho de menores em actividades agrícolas.

3. Medidas no domínio da investigação.
3.1. Fusão dos serviços de investigação (*e.g.*, SIETI) e de intervenção (*e.g.*, PETI), no quadro da redefinição institucional proposta.
3.2. Criação do *Observatório da Criança*, capaz de promover o estudo das relações entre as crianças e a economia, seja no domínio da produção, seja no do consumo.
3.3. Promoção de estudos sobre aqueles que constituem os "pontos negros" no conhecimento disponível acerca da exploração de crianças, nomeadamente: as piores formas de trabalho infantil; trabalho infantil, minorias étnicas e populações migrantes; relações entre os ciclos económicos e a exploração de crianças; formas "urbanas" do trabalho infantil – moda, espectáculos, circo, desporto profissionalizado, etc; actividades sazonais e exploração de crianças.

CONCLUSÃO

Durante demasiado tempo, Portugal foi conhecido, entre outros aspectos, pelo facto de ser um (para muitos, o único...) país da Europa com trabalho infantil.

O reconhecimento da acção pública empreendida no sentido de estudar, compreender e combater o fenómeno da exploração das crianças é hoje feito, sobretudo por organismos internacionais. Essa é uma condição prévia ao reconhecimento colectivo.

A situação actual caracteriza-se por ser um ponto de encruzilhada: os êxitos (relativos) obtidos exigem o aprofundamento da acção exercida. Um país sem exploração das crianças não é apenas a possibilidade de um sonho colectivo – é a condição de uma modernidade renovada.

E, para as crianças exploradas, a possibilidade de voltar a acreditar:
E tudo se passava numa outra vida
E havia para as coisas sempre uma saída
(...)
Só sei que tinha o poder de uma criança
Entre as coisas e mim havia vizinhança
e tudo era possível era só querer
(*Ruy Belo*)

BIBLIOGRAFIA

CHASSAGNE, S. (1998). Le Travail des Enfants aux XVII° et XIX° siécles. *In* D'E. Becci e D. Julia (Org.), *Histoire de l'Enfance en Occident*, Vol II (pp. 224-272). Paris: Seuil.

DORMAN, P. (2001). *Child labour in the developed economies*. Geneva: ILO/IPEC.

FEINSTEIN, C. (1998). Una Proposta centrada en el niño para los niños trabajadores. *In* Comité Espanhol da UNICEF (Org.). *La Explotación de los Niños en el Trabajo. Situación Actual: Problemática y Plan de Acción* (pp. 47-57). Madrid: Ministério do Trabajo y Asuntos Sociales.

FYFE, A. (1989). *Child Labour.* Cambridge: Polity Press.

ILO (2002). *A Future Without Child Labour*. Genève: Organisation International du Travail.

MEILLASSOUX, C. (1996). Économie et travail des enfants. *In* B. Schlemmer (Org.), *L'enfant Expploité. Opression, Mise au Travail, Prolétarisation* (pp. 55-66). Paris: Karthala/l'Orstom.

MINISTÉRIO DA SEGURANÇA SOCIAL E DO TRABALHO (2003). *Trabalho Infantil em Portugal 2001. Caracterização Social dos Agregados Familiares Portugueses com Menores em Idade Escolar*. Lisboa: MSST/SIETI.

MINISTÉRIO DO TRABALHO E DA SOLIDARIEDADE (2000). *Trabalho Infantil em Portugal. Caracterização Social dos Menores em Idade Escolar e suas Famílias*. Lisboa: MTS/PEETI.

MITZEN,P., POLE, C. & BOLTON, A. (2001). *Hidden Hands: International Perspectives on Childre's Work and Labour.* London: Falmer/Routledge.

MYERS, W. E. (1999). Considering child labour. Changing terms, issues and actors at the international level. *Childhood* 5(1), 13-26.

PINTO, G. A. (1998). *O Trabalho das Crianças. De Pequenino é que se Torce o Pepino (e o Destino)*. Oeiras: Celta Editora.

PLANO PARA A ELIMINAÇÃO DA EXPLORAÇÃO DO TRABALHO INFANTIL E MINISTÉRIO DA SEGURANÇA SOCIAL E DO TRABALHO (2002). *Relatório Anual de Actividades 2002*. Lisboa: PEETI/MSST.

QVORTRUP, J. (1991). *Childhood as a social phenomenon – An introduction to a Series of National Reports*. Eurosocial – Report 36-1991. Viena: European Centre.

SARMENTO, M. J. (2000). A Infância e o Trabalho: A (Re)Construção Social dos "Ofícios da Criança". In *Fórum Sociológico*, (II Série): 33-48.

SARMENTO, M. J. (2003). "O que cabe na mão... Proposições sobre políticas integradas para a infância", *In* D. Rodrigues (Org.), *Perspectivas sobre a Inclusão: da Educação à Sociedade* (pp. 73-85). Porto: Porto Editora.

SARMENTO, M. J., BANDEIRA, A. & DORES, R. (2000). *Trabalho Domiciliário Infantil. Um Estudo de Caso no Vale do Ave*. Lisboa: PEETI.

SCHLEMMER, B. (ORG.) (1996). *L'Enfant Exploité. Opression, Mise au Travail, Prolétarisation*, Paris: Karthala/l'Orstom.

SCHLEMMER, B. (2000). *The Exploited Child*. London. ZED Books.

WHITE, B. (1996). Globalization and the child labour problem *Journal of International Development*, 8(6), 829-839.

Estratégias de intervenção para prevenir a toxicodependência juvenil

FERNANDO NEGRÃO*
Deputado à Assembleia da República, Portugal

Procuremos acender uma vela em vez de amaldiçoar a escuridão.
(Provérbio chinês)

ENQUADRAMENTO

Falar do fenómeno social "droga" é repetir aquilo que já vem sendo dito vezes sem conta: é um problema complexo no qual interferem múltiplos factores; o problema da droga é inseparável do problema da juventude; ele está na origem de nefastas consequências individuais, da distorção das relações familiares e sociais, de graves repercussões na saúde, da transgressão ao sistema jurídico-legal e da perversão da economia; a sua dimensão epidémica converte-o num motivo de preocupação nacional e internacional

Na tentativa de compreender este fenómeno e de travar o seu desenvolvimento, procuraram-se respostas, que foram variando ao longo dos tempos. Épocas houve em que se pensava que a melhor medida preventiva seria o combate ao tráfico de drogas, porque diminuindo a oferta, reduziria a procura. Mais recentemente, o acento tónico tem sido posto nas medidas de redução da procura, numa espécie de lógica invertida da anterior aposta preventiva, acreditando que a diminuição da procura, desincentivaria a oferta.

---

* Na altura em que elaborou este trabalho o autor era Presidente do *Instituto da Droga e da Toxicodependência*.

Embora possa parecer que estes conceitos de "redução da oferta e da procura de droga" existam há muito tempo, o certo é que a comunidade internacional, apenas há seis anos aprovou a *Declaração de Princípios Orientadores sobre a Redução da Procura,* na 20ª Sessão Especial da Assembleia das Nações Unidas sobre Drogas, realizada de 8 a 10 de Junho de 1998[1].

O próprio conceito de prevenção primária, nascido na Saúde Mental nos anos 60 do séc. XX (Negreiros, 1988), foi sendo construído ao longo destes últimos 40 anos. O tempo e as experiências passadas contribuíram para um melhor conhecimento do que deve ser feito para que a prevenção consiga atingir o seu objectivo, isto é, para evitar o aparecimento de novos casos de toxicodependência.

Mas o conceito de prevenção primária em toxicodependência não é uma ideia acabada, assente em definitivo, porque ele tem sobretudo que se ir adaptando às novas realidades e à dinâmica dos figurinos de consumo. Isto é, terá de fazer opções quanto a estratégias em função da evolução do fenómeno e aplicar os métodos e as técnicas mais adequadas à gravidade do problema.

Concretizando. Durante várias décadas o fenómeno da droga era equacionado como um consumo de drogas clássicas, como a heroína e cocaína. Actualmente, verifica-se um declínio no consumo daquelas drogas, para passar a haver um consumo de novas drogas sintéticas, como o ecstasy, conhecido por "club drug"[2], por o seu uso estar ligado a clubes nocturnos. Constata-se que o fenómeno mudou. Ele é agora caracterizado pela tendência de uso de substâncias "desenhadas" laboratorialmente (design drugs) e tem por referência um consumo feito com intuitos recreativos por jovens adultos socialmente integrados na sociedade.

O consumo contemporâneo, segundo as Nações Unidas[3], está vinculado aos "produtos dos estilos de vida" *(ou lifestyle products)* propensos

---

[1] Presidência do Conselho de Ministros – GPCCD (1998, 21). Luta Contra a Droga – Estratégias das Nações Unidas, *Declaração de Princípios Orientadores sobre a Redução da Procura.*

[2] "Club drug" é um termo vago que se refere a uma grande variedade de substâncias do tipo das anfetaminas, incluindo MDMA (Ecstasy), GHB, Rohypnol, ketamina, metanfetamina, e LSD. Fonte: *NIDA Community Drug Alert Bulletin* – Club Drugs (www.clubdrugs.org.).

[3] United Nations Office for Drug Control and Crime Prevention. (2001, 20 Box D). *Global Illicit Drug Trends 2001* (http:// www.undcp.org).

a consumos muito cómodos, sendo suficiente engolir os comprimidos. O mercado ilícito da droga vende agora "drogas limpas", isto é, de uso mais conveniente. Deixaram de lado o pó e os líquidos que eram fumados e injectados, o que trazia muita desvantagem, não só pela necessidade de uma grande parafernália, aquando da preparação clandestina da droga ilícita, mas também pelos danos físicos e sociais, identificados como estereótipos das vivências marginais. Agora, o consumo está mais facilitado e produz sensivelmente o mesmo efeito, havendo no mercado ilícito drogas para todos os gostos, sejam estimulantes ou relaxantes, drogas "up" ou "down", como antigamente. O que se regista hoje é um aperfeiçoamento do mercado que permite apresentar uma espiral de oferta de novos produtos.

Ainda de acordo com as Nações Unidas[4], muitas destas substâncias são tidas como "drogas espertas" *(os smart drugs),* por serem capazes de reforçar o desempenho mental, aumentar a concentração, a capacidade cognitiva ou a memória. Elas são feitas à base de vitaminas, minerais e amino-ácidos. Visavam ser misturas farmacêuticas destinadas a idosos com perda de memória, mas agora dão-lhe outro uso. Estes preparados actuam através de um aumento de fluxo sanguíneo no cérebro ou pela intensificação dos níveis de certos neurotransmissores que desempenham um papel nos processos de aprendizagem ou de memória. Para além dos seus efeitos estimulantes (como as bebidas estimulantes *energy drinks*), os "smart drugs" podem ter também um efeito relaxante. Estímulo e relaxamento são as duas faces sedutoras da droga.

Dito de outro modo, as drogas sintéticas são desenhadas laboratorialmente para atingir uma combinação de determinados efeitos farmacológicos e conseguiram, com isso, uma grande reputação devido à sua capacidade de estimular e aumentar o desempenho, bem como alterar a percepção sensorial, facilitando a socialização e a comunicação interpessoal. Ir ao encontro destas substâncias com o anseio de tirar delas proveito, a nível individual e social, tornou-as populares em determinados ambientes nocturnos, onde a procura começa a ser alarmante.

Torna-se difícil circunscrever o mercado das drogas, porque quando a procura de uma substância diminui, logo aparece um novo produto a chamar a atenção dos potenciais consumidores. Como se sabe, o mercado da

[4] United Nations Office for Drug Control and Crime Prevention. *Global Illicit Drug Trends 2001,* (pp 20, Box D) (http:// www.undcp.org).

droga ilícita é flexível e está sempre à espreita de boas oportunidades de negócio. A procura de *ecstasy* torna evidente o estabelecimento de uma nova rede de tráfico internacional, com os consequentes lucros de uma produção à escala global. Não admira que o comércio ilícito, sem escrúpulos e sem ética, vá ao encontro desta inclinação e não perca tempo para satisfazer o consumo de "pílulas" tidas como panaceia, para fazer frente a qualquer problema de "stress" da vida moderna[5].

Importa reconhecer que houve uma transferência da procura de drogas provenientes de plantas de cultivo para as drogas sintéticas de fabrico laboratorial[6]. Os comprimidos de *ecstasy* e de outras substâncias do tipo das anfetaminas dão uma imagem de drogas seguras e modernas, drogas limpas, de fácil consumo e com uma melhor representação social, bem diferente dos ambientes estigmatizados e de nefastas consequências das drogas duras, como a heroína e a cocaína. Esta imagem de "droga segura", de substância benigna, que não faz mal, pressupõe um risco acrescido a este tipo de consumos, porque se trata de uma ideia gerada em pressupostos errados, portanto, com atitudes e comportamentos menos avisados e mais arriscados.

Sem pretender simplificar a questão, afirmando que o consumo de qualquer substância que afecte o sistema nervoso central tem repercussões ao nível físico, importa sobretudo salientar que a cultura do consumo de drogas recreativas assenta em distorções, quanto à percepção da sociedade contemporânea.

No mundo moderno e capitalista, para contrapor ao tempo de trabalho social produtivo, foi criado o tempo de ócio e de lazer. Todavia, na sociedade pós-industrial, esta concepção de como utilizar os tempos de ócio e de lazer, ou seja, como encontrar formas de gratificação pessoal e social, exige uma nova aprendizagem do ser humano em geral, e dos jovens em particular, para redescobrir como, com dignidade e auto-respeito, se transforma o tempo de lazer em tempo para germinar uma narrativa de um futuro promissor, a nível individual e colectivo.

---

[5] Recentemente, em pesquisa conduzida pela NIDA *(National Institute on Drug Abuse)* constatou-se que o "stress pós-traumático", como viver/ participar em acontecimentos severamente traumáticos, como o 11 de Setembro, pode ser um factor de risco para o consumo ou recaída de consumo de tabaco ou drogas (NIDA – wwww.drugabuse.gov).

[6] United Nations Office for Drug Control and Crime Prevention. (1996). *Amphetamine-type stimulants – A global review,* UNDCP Technical Series n.° 3.

Há que prevenir o infortúnio evitável do consumo de drogas recreativas em tempos de lazer, já que o efeito exponencial da droga, derivado do ambiente de festa e convívio dos fins-de-semana, torna insuportáveis os dias da semana, porque depois da "viagem" eufórica vem a depressão. Estas incursões de festa em festa favorecem a génese de sentimentos de insatisfação pessoal e o risco de perder o norte dos princípios éticos socialmente estruturantes (Walder e Gunter, 1999).

A produção laboratorial de substâncias foi possível graças a novas pesquisas e avanços tecnológicos no domínio farmacêutico, que atingiram a capacidade e a sofisticação de produzir substâncias sintéticas, contendo os princípios activos das matérias naturais com propriedades terapêuticas.

Com um melhor controlo da produção lícita, o sector clandestino emergiu em meados dos anos 70, como fonte de abastecimento do mercado ilícito. Algumas características de produção deste tipo de substâncias parecem ter suportado o desenvolvimento desta indústria ilícita, nomeadamente, a maior flexibilidade do processo de produção, a facilidade de instalação de um laboratório secreto e a proximidade do mercado, com diminuição dos riscos do tráfico[7]. A produção encoberta e ilícita de drogas de desenho foi, seguramente, guiada pelo interesse de criar novas drogas com melhor desempenho e sem o inconveniente de figurar nas listas de substâncias sob controlo internacional[8].

Esta preferência por drogas recreativas suscita novas preocupações aos agentes educativos, à comunidade e, especialmente, aos profissionais desta área, que receiam para já a gravidade da repercussão deste consumo na saúde, produtividade e criminalidade associada ao tráfico ilícito, e ainda pela incógnita do que falta desvendar, quanto à verdadeira dimensão das sequelas e dos efeitos secundários destas novas drogas.

As acções de prevenção têm de estar voltadas para estas novas realidades do fenómeno da droga e acompanhar a evolução dos acontecimentos.

---

[7] United Nations Office for Drug Control and Crime Prevention. (1996, 44) *Amphetamine-type stimulants – A global review,* UNDCP Technical Series n.° 3.

[8] United Nations Office for Drug Control and Crime Prevention. (2001, 12) *Global Illicit Drug Trends-2001,* http:// www.undcp.org.

ESTRATÉGIAS DE PREVENÇÃO PRIMÁRIA

Os programas de prevenção primária devem ser planeados para drogas específicas em contextos delimitados. Assim, não existem programas de redução da procura que possam ser importados de outros países. Cada programa deve ser adaptado a necessidades locais e ao contexto social onde irá ser desenvolvido. Por isso, o *Instituto da Droga e da Toxicodependência* apoia os *Planos Municipais* e valoriza grandemente o empenhamento autárquico nesta luta contra a droga e a toxicodependência, porque melhor que ninguém conhecem os problemas e representam o sentir e a vontade das populações.

A prevenção para ser eficaz deve estar integrada numa estratégia global, para que o conjunto das intervenções consiga obter efeitos mutuamente reforçadores. Importa sobretudo que cada acção não seja apenas uma acção, mas que faça parte de um conjunto de iniciativas com objectivos precisos e grupos-alvo definidos. O sucesso resulta da combinação de múltiplas intervenções, de modo coordenado e adequado às características específicas da população-alvo.

Para reduzir a procura de drogas torna-se necessário ter em conta a existência de uma gama de factores que influenciam a tendência para usar drogas. Os programas para serem bem sucedidos devem dar atenção simultaneamente a todas as variáveis do problema.

As intervenções preventivas do futuro podem ter de utilizar técnicas capazes de contrariar as mensagens do mercado das drogas. Mesmo aqui jogamos com forças desiguais. Os traficantes de drogas não se preocupam com questões éticas. As grandes campanhas e com grande impacto na opinião pública levantam, por vezes, a questão ética do *marketing social*[9]. Isto é, será eticamente aceitável um controlo social e democraticamente admissível que o poder público interfira na opinião pública e na mudança de atitudes da sociedade, mesmo em matérias sociais delicadas e complexas? E, na perspectiva do interesse social, será que o mercado da droga não deverá ser combatido com as mesmas armas e conceitos de *marketing?*

---

[9] United Nations Office for Drug Control and Crime Prevention. (2001, 25 Box H). *Global Illicit Drug Trends – 2001*. http:// www.undcp.org.

Naturalmente que um instrumento útil, tendo em conta a força e potencialidades de intervenção social, como a dos meios de comunicação com as massas, não pode ser posto de lado. Mesmo assim, é essencial entender que a sua utilização tem limites e estes devem ser compatíveis com os princípios e valores de uma ética social de intervenção numa sociedade democrática.

Perante a complexidade da toxicodependência, os programas de prevenção recebem inúmeras influências e contributos de diversas ciências. Os conceitos, provenientes de apports de outras ciências, como os modelos médicos ou formulações multi-dimensionais, bem como as teorias da Psicologia e da Psicopatologia da adolescência, terão naturalmente, no futuro, de serem completados com novas técnicas de informação e de comunicação.

Acontece, porém, que os jovens são pouco sensíveis a mensagens dos mass media. Um programa de prevenção primária em toxicodependência orientada para o grupo juvenil geralmente procura outro tipo de abordagens, por exemplo, o desenvolvimento de projectos com a participação de grupos de pares.

A adolescência é um tempo de mudança. A extensa literatura sobre esta etapa da vida sublinha tanto a complexidade como a importância deste período. Este é um tempo em que o jovem, tal como a lagarta, se fecha no seu casulo, de onde espreita o mundo para, em segurança e gradualmente, poder assumir as suas múltiplas autonomias de amanhã. O crescente significado dos companheiros (porque é no seu seio que surgem novos modelos de identificação) e a relativa desvalorização da importância da família aumentam o potencial de discórdia familiar, sobretudo quando existe conflito entre os valores dos companheiros e os valores dos pais.

Este conflito de gerações, sempre presente na adolescência pela necessidade do jovem se emancipar, é superado uns anos mais tarde. Mas para que isso aconteça, sem sobressaltos, é importante, quase diria, é imprescindível que a crise seja superada pelo restabelecimento do equilíbrio das relações, do respeito e dos afectos. Cada pessoa contribui com um conjunto de qualidades e características em cada interacção social, e estes factores actuam como um filtro, dando colorido e significado às relações humanas. São as fragilidades das relações familiares e sociais que permitem que a droga se instale.

A ciência tem vindo a mostrar que se as crianças e os pais funcionarem melhor como indivíduos e como família pode-se reduzir a toxicodependência juvenil na população geral. A família, apesar de ser uma fortaleza na sólida prevenção do consumo de drogas, pode ela própria ser a fonte do problema, já que o consumo de drogas tem mais correlação com a desintegração familiar do que com a pobreza[10]. Com sentido preventivo, importa recriar ou reforçar as defesas naturais do grupo social, como por exemplo, da família e da escola, para que uma actuação colectiva da sociedade apoie os adolescentes e lhes dê força para dizerem que na sua vida não há espaço para a droga.

Outra linha de pesquisa americana identificou, nos últimos vinte e cinco anos, muitos factores que colocavam os jovens em risco de consumir droga, assim como havia outros que eram factores protectores. Velozmente, estes princípios foram incorporados em muitos dos programas de prevenção e encontram-se mencionados na nossa *Estratégia Nacional de Luta Contra Droga*[11]. Contudo, porque a sociedade muda, assim como mudam as situações, as crenças e os factores de risco, esta abordagem deverá ser brevemente reavaliada, para que a gradual acumulação de conhecimentos dê origem a novas perspectivas com soluções prometedoras.

Uma descoberta relativamente recente no domínio da pesquisa neurobiológica poderá aumentar a nossa compreensão quanto aos processos de decisão dos adolescentes e a nossa capacidade de ajudar os jovens a escolher, com sabedoria e prudência, caminhos que os afastem do consumo de drogas. Os cientistas há muito suspeitavam que o cérebro dos jovens adolescentes ainda se encontrava em formação física nestas idades. Agora, os investigadores demonstraram que novos tecidos e ligações cerebrais continuam em formação através dos anos de transição entre a infância e a idade adulta (Hanson, 2002). Investigações avançadas deste processo de crescimento conduzirão, sem dúvida, a importantes *insights,* isto é, ganharemos na compreensão mais precisa e profunda sobre algumas das matérias cognitivas que criam o fascínio da droga e a decisão de a consumir. O impacto desta descoberta na prevenção da droga poderá ser importante, especialmente pelo facto de a adolescência ser muitas vezes um período crítico para a iniciação ao consumo de droga.

---

[10] United Nations Office for Drug Control and Crime Prevention. (2002, 11). *Lessons Learned in Drug Abuse Prevention: A Global Review,* ODCCP Studies on Drugs and Crime, Mentor Foundation.

[11] Presidência do Conselho de Ministros (1999, 98). *Estratégia Nacional de Luta Contra a Droga,* Lisboa: Programa de Prevenção da Toxicodependência – Projecto VIDA

Embora existam poucos estudos a explorar a relação entre a idade de início dos consumos e a evolução dos estados da toxicodependência, a pesquisa evidencia que a idade do primeiro contacto com a droga parece ser uma variável crítica. Muitos dos consumos problemáticos de droga começaram as suas experiências com tóxicos na adolescência ou na juventude, e os estudos mostram que quem iniciou com menos de quinze anos desenvolve com mais facilidade estados mais graves de consumo/dependência (Robins e Przybeck, 1985).

Apesar de se constatar que o abuso de medicamentos por indivíduos adultos é hoje, igualmente, um sério problema nas nossas sociedades, continua a ser genericamente verdade que as pessoas que não abusaram de droga antes dos vinte e cinco anos, um dos anos decisivos e de referência, parecem não estar predispostas a desenvolver qualquer problema de droga no futuro (Hanson, 2002).

Forçosamente, a prevenção da toxicodependência juvenil, realizada através de qualquer modalidade de intervenção educativa, num contexto mais vasto, também é uma prevenção de todo e qualquer outro comportamento juvenil desviante.

A toxicodependência é capaz de destruir uma pluralidade de bens jurídicos: a vida, a saúde, a integridade física e a liberdade, sobretudo pela fragilização da sua autonomia na expressão da sua vontade. Por isso, a prevenção, acima de tudo, é um combate pela vida e pela dignidade humana, e, pelo seu alcance social, vai naturalmente muito para além da "guerra" contra a droga e seus conhecidos malefícios.

A prevenção primária é a chave da redução da procura, embora não seja, e não deva ser, a única forma de prevenir a toxicodependência. Estamos a pensar, naturalmente, na importância da prevenção secundária e terciária, no tratamento e na reinserção social, bem como nas medidas orientadas para a redução dos danos. Todas elas fornecem um contributo especializado, mas fazem parte de um sistema de respostas que interagem e se dirigem a uma mesma finalidade: a de reduzir o consumo de drogas.

É no conjunto de todas as diferentes formas de abordar a toxicodependência, sem esquecer os seus diversos ângulos e domínios, que a prevenção da droga pode mostrar algum impacto e resultados.

REFLEXÃO FINAL

A melodia da prevenção da droga nunca é tocada a solo. A droga é composta por diferentes partituras que vão do tráfico ilícito à toxicodependência, passando pelo mercado negro e pelo branqueamento de capitais, entre outras variantes do problema. Por isso, no seu conjunto, suscita um desafio tão grande que exige a articulação de um horizonte de diferentes respostas, tornando indispensável o empenhamento de toda a comunidade, nacional e internacional. Além disso, para compor uma estratégia abrangente de prevenção, importa acautelar a harmonia de meios, o equilíbrio de intervenções, a adequação de instrumentos e técnicas e a coordenação dos caminhos, para que a matéria seja atacada nas causas e as suas matizes sejam compreendidas pelo público-alvo. Só assim se obterá a adesão dos principais sujeitos e objectos de uma intervenção preventiva.

O grande desafio da prevenção da droga é ela ser capaz de antecipar o fenómeno, estar lá antes do acontecimento. Por isso, terá de se investir no desenvolvimento de uma educação preventiva adequada a uma preparação para a vida, uma vida plena de realizações e sem espaço para a droga. Para isso, todos nós e os principais educadores, pais e professores, teremos de assumir, em conjunto, esta responsabilidade de preparar os nossos jovens para saberem como lidar com as alegrias e as tristezas, os bons e os maus momentos da vida.

No contexto de prevenção da droga e da toxicodependência importa que os agentes educativos saibam acender uma luz para iluminar o caminho dos mais novos.

Tenhamos confiança nos educadores que saibam ensinar os jovens a compreender que o sentido da vida, como enuncia Popper (1992), "não é algo oculto, que podemos encontrar ou descobrir, na própria vida, mas algo que nós próprios podemos dar à nossa vida. Podemos conferir um sentido à nossa vida através das nossas acções, do nosso comportamento, da nossa atitude perante a vida, perante os outros e perante o mundo" (p. 126).

BIBLIOGRAFIA

Hanson, G. R. (2002). New Vistas in Drug Abuse Prevention. *Director 's Column NIDA Notes,* Volume 16, N.° 6, National Institute on Drug Abuse, US Department of Health and Human Resources.

MURRAY, D. M. & PERRY, C. L. (1985). The prevention of adolescent Drug Abuse: implications of etiological, Developmental, Behavioural, and Environmental Models. *NIDA Research Monograph 56. Etiology of Drug Abuse: Implications for Prevention.* National Institute on Drug Abuse, US Department of Health and Human Resources, 236-256.

NEGREIROS, J. (1988). *Prevenção e desenvolvimento psicológico: elaboração, aplicação e avaliação de um modelo relativo ao álcool e drogas.* Dissertação de Doutoramento, Faculdade de Psicologia e de Ciências de Educação da Universidade do Porto.

POPPER, K. R. (1992). *Em busca de um mundo melhor.* Lisboa: Colecção Problemas, Editorial Fragmentos.

PRESIDÊNCIA DO CONSELHO DE MINISTROS – GPCCD (1998). *Luta Contra a Droga – Estratégias das Nações Unidas.* Declaração de Princípios Orientadores sobre a Redução da Procura.

PRESIDÊNCIA DO CONSELHO DE MINISTROS (1999). *Estratégia Nacional de Luta Contra a Droga.*

ROBERTSON, E. B., DAVID, S. L. & RAO, S. A. (1997). *Preventing Drug Use among Children and Adolescents. A Research-Based Guide* – 2nd Edition. National Institute on Drug Abuse, US Department of Health and Human Resources.

ROBINS, N. & PRZYBECK, T. R. (1985). Age of Onset of Drug Use as a Factor in Drug and Other Disorders, *NIDA Research Monograph Series* 56, National Institute on Drug Abuse, US Department of Health and Human Resources.

UNITED NATIONS OFFICE FOR DRUG CONTROL AND CRIME PREVENTION. (1996). *Amphetamine-type stimulants – A global review,* UNDCP Technical Series n.° 3.

UNITED NATIONS OFFICE FOR DRUG CONTROL AND CRIME PREVENTION. (2001). *Global Illicit Drug Trends*- 2001. http:// www.undcp.org.

UNITED NATIONS OFFICE FOR DRUG CONTROL AND CRIME PREVENTION. (2002). *Lessons Learned in Drug Abuse Prevention: A Global Review.* ODCCP Studies on Drugs and Crime. Mentor Foundation.

WALDER, P. & GUNTER, A. (1999). *Ecstasy & Cª . Tudo sobre as drogas da diversão.* Campo das Letras Editores S.A.

Os valores como guias orientadores do comportamento: Diferenças entre os sexos e implicações para a educação*

CRISTINA MARIA COIMBRA VIEIRA
Faculdade de Psicologia e de Ciências da Educação da Universidade de Coimbra, Portugal

"Mas ao morrer, o sábio pai fez-lhes a seguinte confissão:
– O tesouro está na educação" (Delors *et al.*, 1996, p. 30).

INTRODUÇÃO

As investigações empíricas feitas ao longo dos anos sobre as supostas diferenças entre homens e mulheres têm permitido obter dados que apontam, de facto, para a existência real de algumas dissemelhanças, quer ao nível das características de personalidade, quer no que concerne ao comportamento social e à importância atribuída a certos princípios orientadores da conduta. Estas diferenças, apesar de salutares e desejáveis numa sociedade cada vez mais diversa e pluralista, podem, no entanto, estar na base de situações de desigualdade de oportunidades de desenvolvimento, de aprendizagem e de participação nas várias esferas da vida, nada respeitadoras das capacidades dos indivíduos.

---

* Trabalho elaborado com o apoio do *Centro de Psicopedagogia* da Universidade de Coimbra [FEDER/POCTI-SFA-160-490].

Nesta linha de ideias, este capítulo é dedicado, especificamente, às possíveis diferenças entre os sexos, no que concerne aos seus objectivos prioritários de vida e aos comportamentos considerados mais adequados para os alcançar, partindo dos resultados de uma investigação portuguesa alargada que envolveu pais e filhos adolescentes. As conclusões obtidas situam-se na linha de outros estudos internacionais congéneres e chamam a atenção para a necessidade de se reflectir, de forma crítica, sobre eventuais práticas educativas – de pais, de professores e de outros agentes educativos – fomentadoras dos tradicionais estereótipos de género, neste domínio particular. E, em nosso entender, esta questão ganha ainda maior relevância, se pensarmos que as expectativas sociais determinam ainda excessivamente os projectos de vida dos homens e das mulheres, já que veiculam mensagens de tal forma consistentes, que estas exercem uma inegável influência nos seus processos de tomada de decisão, mais importante, talvez, do que avaliação que os próprios indivíduos fazem das suas reais potencialidades.

1. ENQUADRAMENTO TEÓRICO

Em termos científicos, a curiosidade despertada em torno das diferenças associadas ao género pode ser aferida pelo volume de estudos desenvolvidos, até ao presente, por especialistas de variadas áreas do conhecimento. No que concerne, especificamente, à personalidade, vejamos os resultados de algumas meta-análises que envolveram amostras de indivíduos adultos. Eisenberg e Lennon (1983, citados por Feingold, 1994, p. 450), por exemplo, concluíram que as mulheres são muito mais empáticas do que os homens (d=.91)[1] e Feingold (1992, *op. cit.*) constatou que as mulheres tendem a considerar como mais importantes do que os homens certos traços de carácter, como a honestidade e a sinceridade (os valores de *d* variavam entre -.30 e -.35). Há cerca de 10 anos atrás, este último autor verificou[2], ainda, que os homens se mostravam mais asserti-

[1] Segundo Cohen, a extensão das diferenças entre os sexos é de 'pequena magnitude', quando *d*=|.20|, de 'magnitude moderada', quando *d*=|.50| e de 'grande magnitude', quando *d*=|.80| (Newton e Rudestam, 1999, p. 73).

[2] Estas meta-análises, conduzidas por Feingolg (1994), basearam-se nos resultados de investigações, sobre as diferenças de género na personalidade, publicadas entre

vos (os valores de *d* variavam entre .12 e .20) do que as mulheres, apresentando ainda uma melhor auto-estima (os valores de *d* variavam entre .10 e .16)[3] do que elas. As mulheres, por seu turno, entre outros aspectos, revelavam possuir maior sensibilidade (*tendermindedness*) (os valores de *d* variavam entre -.17 e -1.67) do que os homens. Na sequência do seu extenso trabalho, aquele autor referiu que "as características da personalidade que mais distinguem os sexos são a assertividade e a sensibilidade, as quais constituem, aproximadamente, medidas puras da 'agencidade' (*agency*) e da comunhão (*communion*), respectivamente" (Feingold, 1994, pp. 449-450). Ao comparar os resultados por si obtidos com os dados de outras revisões, efectuadas em diferentes domínios do comportamento (*e.g.*, desempenhos cognitivos), ele concluiu ainda que as diferenças de género na personalidade eram as que se mostravam mais consistentes, independentemente da idade dos sujeitos, do nível educacional destes, dos países a que pertenciam e do ano de publicação das investigações.

Quanto ao comportamento social de ambos os sexos, acredita-se que a socialização diferencial das crianças (*e.g.,* Lytton e Romney, 1991; Ruble e Martin, 1998; Vieira, 2004), observada desde os primeiros dias de vida, primeiro em casa e depois em outros contextos educativos, as impele a seguir veredas assimétricas. Por essa razão, as raparigas inclinam-se a desenvolver um *self* mais empático e a dar prioridade ao seu relacionamento com os outros, e os rapazes tendem a orientar as suas preocupações mais para as questões da carreira, e para a busca de uma posição activa e reconhecida no mundo do trabalho (Cosse, 1992).

São diversas as investigações que apontam, na realidade, para a maior promoção de comportamentos de dependência e de obediência nas raparigas, e para a estimulação da independência e da autonomia nos rapazes (*e.g.,* Matlin, 1996; Carter e Wojtkiewicz, 2000). De entre os aspectos que podem ser apontados para fundamentar tal asserção, podemos falar da capacidade para aprofundar amizades. A literatura tem mostrado que tanto

---

1958 e 1992, e nos dados normativos de inventários, amplamente conhecidos, destinados à avaliação de tal construto e que haviam sido elaborados entre 1940 e 1992.

[3] Esta tendência dos homens para apresentarem uma auto-estima superior à das mulheres foi corroborada pelos dados de outra meta-análise, posterior, que envolveu 82.569 sujeitos, pertencentes a 226 amostras independentes (Major *et al.*, 1999). Neste caso, o valor ponderado de *d* foi -.14, indicando uma diferença, ainda que de pequena magnitude, a favor dos indivíduos do sexo masculino.

no final da infância, como durante a adolescência, as raparigas desenvolvem, mais cedo do que os rapazes, a habilidade para estabelecer relações íntimas com os outros, o que pode justificar o facto de elas possuírem em média mais amigos (Fischer, 1981, citado por Richards *et al.*, 1991, p. 78). Além disso, mais do que os rapazes, as raparigas tendem a preferir interagir em díades, ao passo que aqueles se sentem mais gratificados com a sua pertença a grupos mais alargados. Como consequência desta tendência comportamental, os grupos formados pelos rapazes não são apenas maiores, como também tendem a ser mais coesos, na medida em que cada um dos seus elementos denota um forte sentido de identificação com o grupo e são criadas barreiras mais evidentes à entrada de adultos e de raparigas. É ainda de realçar que os grupos de interacção formados pelas raparigas se caracterizam pela existência de uma intimidade positiva extremamente valorizada, o que não acontece com os grupos dos rapazes, já que nestes é assinalável a forte competitividade (Maccoby, 2000).

A importância atribuída a certos princípios orientadores da conduta e a modos diversos de actuação para atingir as metas da existência definidas por cada indivíduo, também já foi alvo de atenção empírica (*e.g.*, Rokeach, 1979; Feather, 1984; Dio, 1996). Na linha dos trabalhos de Rokeach (1973), os valores instrumentais, que têm a ver com modos de conduta, podem ser agrupados em duas categorias: os valores morais, que fazem referência a tipos de comportamento interpessoal (*e.g.*, ser honesto), e os valores relativos à competência pessoal, que retratam o funcionamento intra-pessoal (*e.g.*, ser ambicioso). Por sua vez, os valores terminais, relativos aos 'estados finais' desejáveis da existência humana, também podem ser organizados em duas categorias: os valores pessoais (*e.g.*, salvação), centrados no indivíduo, e os valores sociais (*e.g.*, igualdade), centrados na sociedade (Minton e Schneider, 1985, p. 247). Seguindo estes pressupostos teóricos, Ryker e colegas (1992), com uma amostra de 237 sujeitos (com uma média de idades de 30 anos), concluíram pela existência de diferenças entre os sexos em oito valores terminais e em seis valores instrumentais[4]. No que concerne ao primeiro tipo, os homens atribuíram maior importância à vida confortável, à vida emocionante, ao prazer

[4] Nesta investigação foi utilizado o *Questionário de valores de Rokeach* (*Rokeach Value Survey)* (1967). Como veremos mais à frente, cada uma das listas que compõem este instrumento é formada por 18 valores, que o sujeito deverá ordenar por ordem decrescente de prioridade para si.

e ao reconhecimento social. Por seu turno, as mulheres valorizaram mais a paz, a igualdade, a harmonia interior e o respeito próprio. Quanto aos valores instrumentais, a amostra masculina concedeu maior relevo ao ser educado, obediente e ao ter autodomínio, atribuindo a amostra feminina mais importância ao ser tolerante, independente e amorosa.

Com efeito, é provável que as diferenças apontadas a nível dos valores, considerados como mais importantes por ambos os sexos, sejam o reflexo de uma socialização diferencial, a qual também modelou, quer o desenvolvimento da personalidade de cada indivíduo, quer a forma como homens e mulheres internalizam e põem em prática padrões de conduta (*scripts*) associados ao género.

2. DESCRIÇÃO E PERTINÊNCIA DA INVESTIGAÇÃO EMPÍRICA CONDUZIDA

Partindo das constatações empíricas atrás expostas, pretende-se apresentar, neste trabalho, os resultados parciais de uma investigação portuguesa alargada, que foi conduzida no âmbito da preparação da dissertação de doutoramento em Ciências da Educação da autora, concluída recentemente (Vieira, 2003). O objectivo principal deste estudo não experimental consistiu em analisar quais as variáveis demográficas e psicológicas que estavam mais directamente correlacionadas com as opiniões emitidas pelos sujeitos, a respeito da educação em função do género, em contexto familiar. De entre essas variáveis citemos, a título de exemplo: (a) certas características de personalidade, como a instrumentalidade, a expressividade e a abertura à experiência; (b) as atitudes para com a mulher, as quais têm subjacente uma certa forma de sexismo; (c) os comportamento de género; e (d) os valores individuais, seguindo as orientações teóricas de Rokeach (1973), atrás explicitadas.

Dada a abrangência do trabalho desenvolvido, neste capítulo debruçar-nos-emos, especificamente, sobre os principais resultados relativos à última variável mencionada, comparando as respostas dadas por cada um dos sexos e assinalando as correlações mais significativas entre alguns dos construtos estudados. Neste sentido, colocámos duas hipóteses:

Hipótese 1: Existem diferenças entre os sexos a nível da ordenação dos valores instrumentais e dos valores terminais.

Hipótese 2: Existe uma correlação significativa entre a importância atribuída pelos homens e pelas mulheres a determinados valores, quer instrumentais, quer terminais, e: (a) as características de personalidade associadas à instrumentalidade e à expressividade; e (b) as opiniões emitidas acerca da educação em função do género.

De facto, de acordo com Rokeach (*op. cit.*), "um valor consiste numa crença duradoura de que um modo de conduta, ou um 'estado final de existência' (*end-state of existence*) é, pessoal ou socialmente, preferível a outro modo de conduta, ou a outro 'estado final de existência', oposto ou contrário" (p. 5). Neste sentido, ao abranger, não só princípios de conduta, mas também objectivos gerais de vida, os valores "transcendem situações específicas" (Braithwaite e Law, 1985, p. 250) e são objecto de preferência pessoal, por parte de cada indivíduo. Ora, é possível considerar os valores como entidades organizadoras que orientam os interesses, as atitudes, as opiniões e os comportamentos das pessoas. Acreditamos, por isso, que os valores defendidos pelos sujeitos de ambos os sexos influenciam, indiscutivelmente, os pais, nas práticas educativas que fomentam junto dos filhos (Kohn, 1969, citado por Mc-Gillicuddy-De Lisi e Sigel, 1995, p. 334), e os próprios filhos, na formação das suas convicções acerca de como devem comportar-se o homem e a mulher.

Estas ideias desempenham uma importante função na regulação do comportamento dos sujeitos, na medida em que oferecem suporte para o estabelecimento das suas prioridades de vida, ajudando-os, simultaneamente, a avaliar o seu sucesso no desempenho de diversos papéis familiares e profissionais. Porém, a esta função claramente positiva dos valores, poderá acrescentar-se, em nossa perspectiva, a possibilidade de eles constituírem, em si mesmos, obstáculos ao desenvolvimento pessoal e social, na medida em que poderão limitar as opções tomadas por mulheres e homens em diversos domínios (*e.g.*, educacional, profissional), criando, assim, uma desigualdade de poder e de recursos nas várias arenas e ao longo do ciclo de vida. Daqui se depreende, em nosso entender, o interesse e a actualidade deste trabalho.

3. METODOLOGIA

3.1. **Amostra**

No sentido de se obter uma amostra o mais representativa possível das famílias do concelho de Coimbra, optou-se pela utilização de técnicas de amostragem aleatória. Dado que pretendíamos estudar pais e filhos adolescentes[5], foram seleccionadas, ao acaso, 4 das 7 escolas secundárias que existiam, em 1999, dentro do perímetro urbano da cidade. Em cada escola considerada, o número de turmas escolhidas também aleatoriamente foi pensado, de forma a representar o universo das mesmas, isto é, as escolas com maior número de turmas contribuíram com mais alunos para a amostra do que as escolas mais pequenas. Assim, os alunos que fizeram parte do estudo pertenciam a 22 turmas, provenientes das quatro escolas seleccionadas. Na sequência da selecção aleatória das turmas, passaram a fazer parte da amostra inicial todos os agregados familiares representados pelos 548 alunos que as compunham. Pelo exposto, pode dizer-se que o conjunto final de sujeitos estudados resultou de um processo de amostragem em várias fases (Vogt, 1993, p. 146).

Em síntese, a amostra final desta investigação foi, então, composta por 227 (41.4%) famílias das 548 escolhidas aleatoriamente na região de Coimbra. Devido à exclusão de alguns casos, por respostas omissas ou incorrecto preenchimento dos instrumentos, o conjunto global de sujeitos que serviu de base à análise estatística dos resultados era composto por 565 indivíduos. Destes, 324 (57.3%) eram do sexo feminino e 241 (42.7%) do sexo masculino, tal como pode constatar-se no Quadro 1.

Para a análise dos resultados subjacentes à redacção deste trabalho considerámos, apenas, a variável sexo dos sujeitos e não foi efectuada uma análise parcelar dos resultados, em separado, no grupo dos pais e no dos filhos, em virtude da extensão da informação que daí derivaria. No

---

[5] Para efeitos de controlo de variáveis como a idade e o nível de escolaridade dos adolescentes, optámos por estudar apenas aqueles que frequentavam o 10.° ano e seus respectivos progenitores (pai e mãe, sempre que possível).

QUADRO 1
Distribuição da amostra, por sexos

		Nº de sujeitos	%
Sexo			
	Masculino	241	42.7
	Feminino	324	57.3
	Total	*565*	*100*

estudo mais alargado, no qual este se insere (ver Vieira, 2003) foram, no entanto, tidos em conta outros factores, como a idade, o nível socio-económico, a zona de residência, as qualificações académicas, o tipo de família, etc., que aqui não nos pareceu relevante explanar, dado o objectivo deste capítulo.

Refira-se, a título meramente informativo, que a idade dos sujeitos variava entre os 15 e os 62 anos, sendo a média de 33.7 anos, e que a sua pertença aos quatro níveis socio-económicos considerados era muito equivalente nas diferentes categorias: inferior-baixo=150 (26.5%); inferior-alto=165 (29.3%); médio=132 (23.3%); superior=118 (20.9%). A proveniência urbana e não urbana dos mesmos também era muito aproximada: 303 (53.6%) e 262 (46.4%), respectivamente.

3.2. **Instrumentos**

Com o objectivo de operacionalizar as variáveis referidas atrás recorreu-se a alguns instrumentos amplamente conhecidos na literatura, em relação aos quais se obteve a necessária autorização dos seus autores para o efeito, e foi construído um questionário para medir as opiniões a respeito da educação em função do género. Pelo facto de estarem em causa variáveis fortemente influenciadas pelas normas sociais vigentes e pelas crenças dos indivíduos acerca do que é 'culturalmente adequado' para o homem e para a mulher, a desiderabilidade social das respostas dadas foi controlada através da administração de uma versão reduzida da

Escala de desiderabilidade social[6] (*Social Desirability Scale*) de Crowne e Marlowe (1960).

3.2.1. *RVS*. Questionário de Valores *de Rokeach (1967)*

O questionário de valores, construído por Rokeach em 1967, é um instrumento que mede a importância, para os indivíduos, dos valores humanos. Neste trabalho recorreu-se à *Forma E* do questionário, que é composta por duas listas de dezoito valores cada uma: os *valores instrumentais*, que têm a ver com modos de conduta (*e.g.*, tolerante), e os *valores terminais*, que traduzem os 'estados finais' desejáveis da existência humana (*end states*), ou metas da vida (*e.g.*, segurança familiar) (Rokeach, 1973). É de referir que os valores instrumentais são conceptualizados como as estratégias, os mecanismos, ou os meios que o indivíduo escolhe para atingir os objectivos ou metas (valores terminais), que estabeleceu para a sua vida (Mahoney, Heetick e Katz, 1979).

Em cada uma das duas listas, os valores são apresentados por ordem alfabética[7] e é pedido aos sujeitos que os ordenem, do mais importante (1.° lugar) ao menos importante (18.° lugar), de acordo com o facto de estes constituírem princípios orientadores do seu comportamento. Cada valor é acompanhado de uma frase que clarifica o seu sentido exacto (*e.g.*, o valor

---

[6] Esta escala permite avaliar a tendência dos indivíduos para responderem, de um modo socialmente aceitável, aos itens de um questionário. A forma completa deste instrumento, tal como foi apresentado por Crowne e Marlowe, em 1960, é composta por 33 afirmações, às quais os sujeitos poderão responder, de maneira dicotómica (verdadeiro ou falso). A uma pontuação elevada nesta escala corresponde uma grande tendência para emitir respostas socialmente desejáveis (Belk e Snell, 1987, p. 405).

[7] A disposição final dos valores, por ordem alfabética, na versão portuguesa, não é igual à da versão americana, por razões óbvias de tradução. Embora não tenhamos lido na literatura qualquer referência a este pormenor, parece-nos que o mesmo deverá ser levado em conta, aquando da comparação dos resultados entre os estudos de língua inglesa e, neste caso, o nosso estudo português. Isto, porque os valores que ocupam os primeiros lugares, na lista ordenada alfabeticamente (que são diferentes em cada caso), poderão exercer maior impacto nos indivíduos do que os valores colocados em posições intermédias, sendo, por conseguinte, tendencialmente indicados nos patamares superiores da hierarquia.

terminal *capaz* é acompanhado dos adjectivos, *competente* e *eficaz*), evitando que diferentes indivíduos atribuam significados distintos ao mesmo valor (conceito/substantivo).

Em termos psicométricos, este instrumento apenas permite medir as respostas numa escala ordinal, pois trata-se de uma medida ipsativa[8] (*ipsative*) (Miethe, 1985). Tais características limitam as análises estatísticas a procedimentos não paramétricos, já que não é respeitado o postulado da total independência dos resultados da amostra. Apesar de ter sido construído no final da década de 60 do séc. XX, para a população americana, este questionário continua a ser muito utilizado na investigação internacional sobre os valores, já que Rokeach teve o mérito de elaborar um instrumento que reúne valores específicos, capazes de "diferenciar vários grupos económicos, religiosos, políticos, geracionais e culturais" (Braithwaite e Law, 1985, p. 250).

3.2.2. *EPAQ-I ou INPAQ.* Questionário alargado de atributos pessoais/Versão intermédia *de Spence, Helmreich e Holahan (1979)*

O instrumento utilizado para avaliar os atributos de personalidade associados ao género foi a versão intermédia do *Questionário alargado de atributos pessoais (EPAQ*-I ou *INPAQ*) de Spence, Helmreich e Holahan (1979), que é composto por 40 itens, com o formato de uma escala de Likert (cotação de 0 a 4, de discordo completamente a concordo completamente), ao longo da qual o sujeito se auto-avalia em diversos aspectos relacionados com a sua maneira de ser habitual (*e.g.*, Sou prestável para com as outras pessoas; Não choro com facilidade).

Os itens encontram-se organizados em seis subescalas: I^+ (8 itens), relativa às características instrumentais ou "agênticas" (*agentic*) (Azevedo, 1991, p. 25), socialmente aceitáveis nos dois sexos, mas mais comuns no homem; E^+ (8 itens), a qual reúne as características ditas expressivas ou relativas à comunhão, socialmente aceitáveis nos dois sexos, mas mais típicas da mulher; $I\text{-}E^+$ (8 itens), que contém itens, cuja

---

[8] Tendo em conta que cada uma das dezoito ordens só pode ser indicada uma vez, nas duas listas de valores que compõem este instrumento, a média, a mediana e o desvio-padrão teriam resultados iguais em todos os sujeitos (Vogt, 1993).

desiderabilidade social em relação a cada um dos sexos é diferente, isto é, o 'homem ideal' e a 'mulher ideal' situam-se em pólos opostos da distribuição; I^- (8 itens), a qual engloba características instrumentais exacerbadas, socialmente indesejáveis em ambos os sexos, mas mais presentes no homem; F_{VA-} (4 itens), que inclui as características relativas à agressividade passiva (verbal), socialmente indesejáveis em ambos os sexos, mas mais presentes na mulher; e F_{C-} (4 itens), contendo características de comunhão exacerbadas, socialmente indesejáveis em ambos os sexos, mas mais presentes na mulher.

Na sequência da revisão da literatura e em virtude de valores pouco aceitáveis de consistência interna de algumas das dimensões avaliadas por este instrumento, neste trabalho foram apenas utilizadas as subescalas E^+ (expressividade positiva) e I^+ (instrumentalidade positiva) deste instrumento. O valor do alfa de Cronbach por nós obtido para cada uma delas foi de .74 e de .70, respectivamente.

3.2.3. *QOPFE.* **Questionário de opiniões de pais e filhos acerca da educação em função do género** *de Vieira (2003)*

No sentido de conhecermos as opiniões dos sujeitos, a respeito do modo como concebiam uma educação 'adequada' para cada um dos sexos, construiu-se um questionário que abrange diversos domínios: educação geral, educação física, disciplina, desenvolvimento cognitivo, desenvolvimento pessoal, social e moral, educação sexual e desenvolvimento vocacional e profissional. Após a fase de estudo piloto, dos 293 itens que compunham a primeira versão do *Questionário de opiniões de pais e filhos sobre a educação em função do género* (QOPFE), e se encontravam divididos pelas nove sub-escalas atrás referidas, revelaram-se satisfatórios 80, os quais compõem a versão definitiva do instrumento. Estes itens (*e.g.*, *Parece-me menos condenável um deslize sexual no homem do que na mulher*; *Na minha opinião, profissões que têm a ver com o 'cuidar dos outros' são mais indicadas para a rapariga do que para o rapaz*) são cotados, segundo uma escala de tipo Likert, em 5 pontos, que vai de 1 (concordo totalmente) a 5 (discordo totalmente). À pontuação mais elevada (5) correspondem as opiniões que traduzem uma visão menos estereotipada e tradicional da educação. As características psicométricas do instrumento, que revelou uma consistência interna global de .98, na fase de estudo piloto, não nos permitiram fazer uma análise das respostas por sub-escalas, dadas as elevadas correlações entre elas. Por esta razão, para cada sujeito foi apenas considerado o resultado global obtido. O alfa de Cronbach para a versão final do instrumento foi de .97.

3.3. **Procedimento**

Depois de as famílias serem contactadas por carta e de se terem disponibilizado a participar na investigação, assinando o encarregado de educação de cada aluno seleccionado, para o efeito, uma autorização, estas foram visitadas nas suas próprias residências, em data previamente combinada. Em cada família, era solicitado que três elementos da mesma – pai, mãe e filho ou filha – respondessem, individualmente, aos instrumentos de recolha de dados. A cada indivíduo foi entregue um envelope com os questionários e com uma folha de dados pessoais, que os encimava. Para evitar o efeito da ordem, a colocação dos instrumentos, dentro do envelope, era completamente fortuita. Em virtude de encontrarmos muitas famílias monoparentais, em que os pais estavam separados ou divorciados (e, em alguns casos, um dos progenitores já ter falecido), nem sempre nos foi possível recolher dados de todos os elementos.

Dada a extensão do trabalho de reflexão que era pedido aos sujeitos, e no sentido de os motivar a responder, optámos por utilizar papel colorido, tal como é sugerido por Borg e Gall (1983). Assim, na reprodução dos questionários, fizemos corresponder uma cor específica a cada um deles.

4. RESULTADOS

Após a apresentação das medidas de tendência central relativas à variável valores, os resultados são organizados por hipóteses. No Quadro 2 encontram-se descritas, para cada valor terminal e instrumental, a mediana e a moda das ordens que lhes foram atribuídas. Uma leitura atenta deste quadro torna possível a averiguação, por sexos, da importância atribuída pelos sujeitos a cada um dos 36 valores, integrantes das duas listas que compõem o questionário utilizado.

QUADRO 2

Estatísticas descritivas referentes à variável ordinal 'valores individuais', por sexos

	Sexo feminino (n=324)		*Sexo masculino (n=241)*	
Valores terminais	*Mediana*	*Moda*	*Mediana*	*Moda*
Amizade genuína	5.0	2.0	5.0	3.0
Amor maduro	10.0	6.0	8.0	10.0
Felicidade	4.0	1.0	4.0	1.0
Harmonia interior	7.0	2.0	7.0	6.0
Igualdade	6.0	3.0	6.0	2.0
Liberdade	5.0	2.0	4.0	2.0
Prazer	12.0	14.0	10.0	10.0
Reconhecimento social	13.0	17.0	13.0	18.0
Respeito próprio	6.0	1.0	8.0	8.0
Sabedoria	9.0	10.0	9.0	9.0
Salvação	16.0	18.0	16.0	18.0
Segurança nacional	15.0	17.0	15.0	17.0
Segurança familiar	7.0	6.0	7.0	4.0
Um mundo belo	14.0	14.0	14.0	17.0
Um mundo de paz	6.0	1.0	7.0	1.0
Um sentido de realização pessoal	12.0	12.0[a]	12.0	11.0[a]
Uma vida confortável	13.0	16.0	12.0	15.0
Uma vida emocionante	14.0	15.0	14.0	17.0

	Sexo feminino (n=315)		*Sexo masculino (n=232)*	
Valores instrumentais	*Mediana*	*Moda*	*Mediana*	*Moda*
Ambicioso(a)	14.0	18.0	11.0	18.0
Amoroso(a)	6.0	2.0	8.0	3.0
Bem-disposto(a)	7.0	2.0	8.0	4.0
Capaz	8.0	10.0	6.0	4.0
Com auto-domínio	11.0	14.0	11.0	16.0
Corajoso(a)	8.0	6.0	7.5	5.0
Educado(a)	7.0	2.0	6.0	2.0
Honesto(a)	3.0	1.0	2.0	1.0
Imaginativo(a)	14.0	16.0	12.0	13.0[a]
Independente	10.0	8.0[a]	9.0	9.0
Intelectual	12.0	17.0	11.0	17.0
Limpo(a)	9.0	9.0	11.0	9.0
Lógico(a)	13.0	16.0	12.0	11.0[a]
Obediente	16.0	18.0	14.0	18.0
Indulgente	12.0	16.0	13.0	17.0
Prestável	9.0	7.0	10.0	12.0
Responsável	5.0	2.0	5.0	2.0
Tolerante	8.0	8.0	10.0	11.0[a]

[a] Existiam modas múltiplas. O valor indicado é o mais baixo.

Nota: As diferenças no tamanho das amostras masculina e feminina explicam-se por casos omissos.

Devido à existência de valores omissos, não substituídos[9], pelo facto de se tratar de uma variável ordinal, o número de elementos em cada uma das amostras apresenta pequenas variações. Além disso, a lista dos valores instrumentais – a segunda a ser apresentada ao sujeito – foi aquela onde se verificaram mais respostas omissas, havendo mesmo quem tenha respondido somente à primeira parte do RVS, referente aos valores terminais. Por este motivo, de acordo com o que é possível apurar pela observação do Quadro 2, o tamanho da amostra sofre uma ligeira redução, dos valores terminais (n=565; 324♀ +241♂) para os valores instrumentais (n=547; 315♀ + 232♂).

Em termos globais, considerando as duas listas de valores em questão, os resultados mostram que os sexos são bastante mais concordantes nos valores terminais (em virtude da coincidência das medianas), que têm a ver com os fins desejáveis da existência humana, do que nos valores instrumentais, que se referem a modos de conduta. No primeiro tipo de valores, as medianas de cada um dos sexos coincidem, estatisticamente, em 12 deles [*e.g.*, amizade genuína (M_d=5.0), felicidade (M_d=4.0), salvação (M_d=16.0)], e no segundo tipo, apenas em 2 [auto-domínio (M_d=11.0), e responsável (M_d=5.0)]. É ainda de salientar que as medianas do valor instrumental 'corajoso(a)', nas duas amostras, são muito aproximadas: M_d=8.0, para as mulheres, e M_d=7.5, para os homens.

Note-se que quanto mais baixa for a mediana, maior é a importância atribuída pelo conjunto dos sujeitos ao valor a que ela se refere, já que se pedia uma organização por ordem decrescente de importância de cada uma das listas de dezoito valores. Neste contexto, pode constatar-se que, tanto no que concerne aos valores terminais, como no que aos valores instrumentais diz respeito, houve uma grande semelhança entre a amostra masculina e a feminina, a propósito de quais os valores que deveriam ocupar os lugares cimeiros da hierarquia, sendo, por isso, os mais importantes para os sujeitos.

---

[9] Chegou a considerar-se a possibilidade de substituir os valores omissos desta variável pela mediana da distribuição, que é o melhor indicador estatístico, neste caso, em virtude de estarmos perante uma variável ordinal. Todavia, observámos que tal procedimento alterava, substancialmente, a configuração dos dados originais, pelo que não foi feita qualquer substituição. Da análise estatística dos resultados foram, por isso, excluídos os casos com respostas omissas.

Para sermos mais precisa, e atendendo à mediana de cada um dos valores, podemos averiguar que, entre os valores terminais, ordenados pelos homens nos primeiros patamares[10] (os mais importantes para eles), se encontram a felicidade, a liberdade, a amizade genuína, a igualdade, a harmonia interior, a segurança familiar e o mundo de paz, entre outros. No caso das mulheres, tais valores englobam todos os que acabámos de referir, aos quais se junta, ainda, o respeito próprio. Quanto aos valores instrumentais, a amostra masculina revelou atribuir maior importância ao ser honesto, responsável, capaz, educado, independente, amoroso, bem-disposto e corajoso. Por seu turno, a amostra feminina, no seu todo, valorizou, sobretudo, características como o ser honesta, responsável, amorosa, bem-disposta e educada.

4.1. **Primeira hipótese**

Tendo em mente o teste da primeira hipótese referida anteriormente, foi efectuada uma comparação entre os sexos, quanto à importância atribuída a cada um dos 36 valores, tendo por base os respectivos postos médios. Pelo facto de a variável valores, nesta investigação, assumir uma natureza ordinal, recorremos, para o efeito, ao teste não paramétrico U de Mann-Whitney, equivalente ao *t* de *student* para amostras independentes (Vogt, 1993), seguindo o que já havia sido levado a efeito, para o teste da mesma hipótese, por autores como Ryker e colaboradores (1992). Os resultados encontram-se sumariados nos Quadros 3 (valores terminais) e 4 (valores instrumentais).

---

[10] Para estas interpretações, foram tidas em conta as quatro medianas mais baixas, em cada uma das duas listas de valores, tanto no grupo dos homens como no das mulheres. É de referir que, nas duas amostras, alguns dos valores listados, acima, apresentam medianas iguais (*e.g.*, na amostra masculina, os valores relativos à liberdade e à amizade genuína obtiveram uma mediana de 5.0; na amostra feminina, a mediana dos valores concernentes à igualdade e ao respeito próprio foi igual a 6.0), pelo que os exemplos indicados se referem aos valores a que os sujeitos atribuíram, globalmente, maior importância, sendo que a coincidência das medianas não nos permite estabelecer uma verdadeira hierarquia dos mesmos.

QUADRO 3

Comparação entre os sexos quanto à importância atribuída a cada um dos 18 valores terminais (Teste U de Mann-Withney)

	Amostra global (n=565; 324 ♀ + 241 ♂)				
Valores terminais	*Posto médio* (mulheres)	*Posto médio* (homens)	*U*	*Z*	*Prob.*
Amizade genuína	278.86	289.76	37653.50	-.788	.431
Amor maduro	299.63	259.55	33389.50	-2.90	**.004**
Felicidade	284.30	281.26	38622.00	-.220	.826
Harmonia interior	269.95	300.54	34814.50	-2.21	**.027**
Igualdade	288.19	276.02	37359.50	-.880	.379
Liberdade	294.11	268.06	35442.50	-1.88	.060
Prazer	295.39	266.34	35026.50	-2.10	**.036**
Reconhecimento social	282.27	283.99	38804.00	-.124	.901
Respeito próprio	261.87	311.41	32195.50	-3.05	**.000**
Sabedoria	280.94	285.76	38376.00	-.348	.728
Salvação	282.62	283.51	38918.00	-.066	.948
Segurança nacional	279.71	287.42	37977.50	-.559	.576
Segurança familiar	289.94	273.67	36792.50	-1.18	.240
Um mundo belo	284.17	281.43	38664.50	-.197	.843
Um mundo de paz	268.03	303.13	34191.00	-2.54	**.011**
Um sentido de realiz. pessoal	277.22	290.77	37168.50	-.979	.328
Uma vida confortável	296.44	264.93	34686.00	-2.28	**.023**
Uma vida emocionante	288.02	276.25	37416.00	-.851	.395

Nota: Os valores a negro são significativos a $p<.05$ (bidir.).

A partir da análise dos Quadros 3 e 4, podemos constatar a existência de diferenças significativas entre os sexos, na importância atribuída a seis valores terminais e a sete valores instrumentais. Convém não esquecer, tendo em mente a importância decrescente por que foram ordenados os valores, em cada uma das listas, que quanto menor for o posto médio encontrado, maior é a relevância atribuída pelo grupo de sujeitos ao valor terminal, ou instrumental, em questão. Em conformidade com tal raciocínio, e no que diz respeito ao primeiro tipo de valores, os terminais, que tem a ver com as finalidades ambicionadas da vida, os homens atribuíram maior importância:

– Ao *amor maduro* [(*i.e.*, intimidade sexual); posto médio=299.63, para as mulheres e posto médio=259.55, para os homens; p=.004].

QUADRO 4

Comparação entre os sexos quanto à importância atribuída a cada um dos 18 valores instrumentais (Teste U de Mann-Withney)

	Amostra global (n=547; 315♀ + 232♂)				
	Posto médio	*Posto médio*			
Valores instrumentais	(mulheres)	(homens)	*U*	*Z*	*Prob.*
Ambicioso(a)	291.12	250.76	31148.00	-2.97	**.003**
Amoroso(a)	257.20	296.81	31248.00	-2.90	**.004**
Bem-disposto(a)	256.38	297.92	30985.50	-3.05	**.002**
Capaz	293.40	247.67	30430.50	-3.35	**.001**
Com auto-domínio	278.12	268.41	35243.00	-.711	.477
Corajoso(a)	276.17	271.06	35858.00	-.374	.708
Educado(a)	283.36	261.30	33592.50	-1.62	.105
Honesto(a)	276.30	270.88	35817.00	-.409	.682
Imaginativo(a)	291.33	250.48	31082.50	-2.99	**.003**
Independente	273.83	274.23	36486.50	-.029	.977
Intelectual	277.25	269.59	35516.00	-.562	.574
Limpo(a)	259.17	294.14	31867.50	-2.56	**.010**
Lógico(a)	284.43	259.84	33254.50	-1.80	.071
Obediente	283.88	259.35	33113.50	-1.82	.069
Indulgente	263.73	287.95	33304.00	-1.78	.076
Prestável	269.08	280.67	34991.50	-.849	.396
Responsável	275.54	271.91	36054.50	-.267	.790
Tolerante	259.58	293.58	31996.50	-2.49	**.013**

Nota: Os valores a negro são significativos a p<.05 (bidir.).

- Ao *prazer* [(*i.e.*, vida agradável); posto médio=295.39, para as mulheres e posto médio=266.34, para os homens; p=.036].
- A uma *vida confortável* [(*i.e.*, vida com prosperidade); posto médio=296.44, para as mulheres e posto médio=264.93, para os homens; p=.023].

Por seu turno, as mulheres valorizaram mais:

- A *harmonia interior* [(*i.e.*, ausência de conflitos internos); posto médio=269.95, para as mulheres e posto médio=300.54, para os homens; p=.027].
- O *respeito próprio* [(*i.e.*, estima por si próprias); posto médio=261.87, para as mulheres e posto médio=311.41, para os homens; p<.001].
- Um *mundo de paz* [(*i.e.*, livre de guerras e de contendas); posto médio=268.03, para as mulheres e posto médio=303.13, para os homens; p=.011].

No que concerne aos valores instrumentais, ou seja, aos modos de conduta, ou aos meios para atingir os fins desejados, os homens concederam maior importância:

- Ao ser *ambicioso* [(*i.e.*, trabalhar muito, ter aspirações); posto médio=291.12, para as mulheres e posto médio=250.76, para os homens; p=.003].
- Ao ser *capaz* [(*i.e.*, competente); posto médio=293.40, para as mulheres e posto médio=247.67, para os homens; p=.001].
- Ao ser *imaginativo* [(*i.e.*, ousado, criativo); posto médio=291.33, para as mulheres e posto médio=250.48, para os homens; p=.003].

Já as mulheres valorizaram, mais significativamente:

- O ser *amorosa* [(*i.e.*, afectuosa); posto médio=257.20, para as mulheres e posto médio=296.81, para os homens; p=.004].
- O ser *bem-disposta* [(*i.e.*, alegre); posto médio=256.38, para as mulheres e posto médio=297.92, para os homens; p=.002].
- O ser *limpa* [(*i.e.*, asseada); posto médio=259.17, para as mulheres e posto médio=294.14, para os homens; p=.010].
- O ser *tolerante* [(*i.e.*, ter abertura de espírito); posto médio=259.58, para as mulheres e posto médio=293.58, para os homens; p=.013].

Como advertimos anteriormente, a apresentação, por ordem alfabética, dos 18 valores de cada uma das duas listas do RVS, coloca algumas dificuldades a eventuais comparações entre resultados de estudos efectuados em diferentes países. Por motivos óbvios de tradução para a língua portuguesa, a organização final de cada uma das listas de valores é diferente da original, em inglês. Na nossa opinião, o problema reside não no significado que cada valor possa ter para os sujeitos de diferentes culturas, mas sim na hierarquia por que são apresentados, na medida em que os valores colocados nos primeiros patamares (*e.g.*, posição de 1 a 3) talvez criem maior impacto – sendo, provavelmente, considerados como mais importantes – do que aqueles situados no final da lista. Para citar um exemplo concreto, o valor 'vida confortável' (*a comfortable life*) é o primeiro da lista (de 18 valores terminais) construída por Rokeach (1973), ocupando, no entanto, a penúltima posição (17ª), na sequência da tradução do instrumento para português. Não obstante estes problemas metodológicos e as diferenças culturais, entre a população americana e a portuguesa, os resultados por nós obtidos correspondem, parcialmente, às conclusões a que chegaram Ryker e colegas (1992), com uma amostra de adultos, bastante mais pequena e não aleatória. Como se disse atrás, estes autores concluíram pela existência de diferenças entre os sexos em 14 dos 36 valores que integram o RVS. A relativa coincidência de resultados é, no entanto, mais evidente, entre as amostras (americana e portuguesa) do sexo feminino.

4.2. **Segunda hipótese**

No sentido de tornar possível o teste da segunda hipótese formulada e de indagar a influência da desiderabilidade social nas respostas dos indivíduos ao RVS, lançou-se mão, novamente, de uma técnica estatística não paramétrica, para averiguar a magnitude da associação linear entre as variáveis em questão. Tratou-se do coeficiente de correlação *rho* de Spearman, que serve para determinar o grau de associação entre duas variáveis medidas numa escala ordinal (Vogt, 1993). É certo que estamos consciente da perda de alguma informação, na medida em que todas as variáveis com as quais correlacionámos os valores medidos pelo RVS (variável ordinal) eram, inicialmente, intervalares e foram reduzidas, com a utilização desta técnica, a medições de tipo ordinal. No entanto, depois de consultados dois especialistas em estatística, entendemos ser esta uma alternativa perfeitamente exequível, para a averiguação das associações pretendidas.

Nos Quadros 5 e 6 encontram-se indicadas as correlações obtidas entre a posição atribuída aos diferentes valores terminais e instrumentais, respectivamente, e algumas das variáveis que entraram na investigação, por sexos. Tais medidas de associação devem ser interpretadas, levando em linha de conta que a uma pontuação mais elevada em cada valor corresponde um grau menor de importância, uma vez que era pedido aos sujeitos que ordenassem os valores da seguinte maneira: de 1 (mais importante) a 18 (menos importante). Com base nesta lógica, uma correlação negativa entre, por exemplo, a variável I^+ e qualquer um dos valores, como é o caso da segurança familiar, na amostra masculina ($r=-.155$; $p<.05$; *cf.* Quadro 5), permite-nos concluir que este valor terminal tende a ser mais valorizado pelos homens menos instrumentais. O mesmo tipo de raciocínio deve ser aplicado à análise das correlações positivas. A correlação de .137, significativa a $p<.05$, entre E^+ e o valor instrumental capaz (*cf.* Quadro 6), na amostra feminina, mostra-nos que quanto mais expressivas as mulheres do nosso estudo, mais elevada foi a ordem atribuída por elas a tal valor e, por conseguinte, menor a importância concedida ao mesmo.

QUADRO 5

Correlação entre a posição atribuída a cada um dos 18 valores terminais e as variáveis opiniões sobre a educação em função do género, instrumentalidade positiva e expressividade positiva, por sexos.

	Variáveis					
	QOPFE		*I+*		*E+*	
Valores terminais	Mas	Fem	Mas	Fem	Mas	Fem
1. Amizade genuína	-.084	-.164**	.081	-.002	.055	-.127*
2. Amor maduro	.062	-.142*	.021	-.079	.068	.010
3. Felicidade	.070	.082	.081	-.048	-.026	-.082
4. Harmonia interior	-.141*	-.157**	.027	-.081	-.134*	-.052
5. Igualdade	-.175**	.029	.145*	.103	.036	-.021
6. Liberdade	-.053	-.077	.052	-.152**	.089	-.047
7. Prazer	.153*	.119*	.061	-.022	.058	-.041
8. Reconhecimento social	.061	.100	-.016	.129*	.009	.034
9. Respeito próprio	-.063	-.253**	-.178**	-.155**	-.066	.011
10. Sabedoria	.003	-.086	-.008	-.045	-.021	-.001
11. Salvação	.123	.172**	.072	.147**	.087	.049
12. Segurança nacional	.154*	.119*	.124	.134*	.040	.161**
13. Segurança familiar	-.117	.056	-.155*	.065	-.073	.043
14. Um mundo belo	-.117	-.083	.045	-.011	-.109	.020
15. Um mundo de paz	.026	.174**	.096	.168**	-.027	.048
16. Um sentido de realização pessoal	-.092	-.109	-.150*	-.115*	-.042	-.072
17. Uma vida confortável	.156*	.218**	-.105	-.029	.089	.058
18. Uma vida emocionante	.059	-.039	-.092	-.088	.034	-.047

Legenda: QOPFE (Opiniões sobre a educação em função do género); I+ (Instrumentalidade positiva); E+ (Expressividade positiva).

Nota: Para a realização dos cálculos recorreu-se ao coeficiente *rho* de Spearman. As correlações estatisticamente significativas entre cada um dos valores e as diferentes variáveis devem ser interpretadas, tendo em mente que a uma pontuação mais elevada corresponde um grau menor de importância, uma vez que os valores foram ordenados de maneira decrescente, quanto ao significado que tinham para o indivíduo. A amostra do sexo masculino era composta por 241 elementos e a do sexo feminino era composta por 324 elementos, em virtude dos casos omissos.

* Correlação significativa a $p<.05$ (*bidir.*).

** Correlação significativa a $p<.01$ (*bidir.*).

Em virtude da complexidade da informação disponibilizada nestes quadros, passamos somente a descrever de forma pormenorizada as relações entre a ordenação das duas listas de valores e as opiniões sobre a educação em função do género (medidas pelo QOPFE). As associações mais relevantes entre as características de personalidade dos sujeitos (E^+ e I^+) e os valores terminais e instrumentais serão destacadas na secção seguinte, relativa à discussão dos resultados.

Como pode verificar-se pela análise dos Quadros 5 e 6, são os valores terminais que aparecem mais significativamente associados às opiniões emitidas (especialmente pelas mulheres), em detrimento dos valores instrumentais. Na amostra feminina contabilizam-se nove correlações significativas (cinco delas com $p<.05$) entre a posição atribuída aos valores terminais e o resultado no QOPFE, baixando esse número para cinco (três delas com $p<.05$), na amostra masculina. No que aos valores instrumentais diz respeito, encontramos sete associações estatisticamente relevantes (duas delas com $p<.05$) na amostra das mulheres e, apenas, duas (uma delas com $p<.05$) na amostra dos homens.

De entre os dezoito valores que fazem parte do conjunto dos valores terminais, surgem, como dignos de destaque, a 'amizade genuína' ($r=-.164$, $p<.01$; para as mulheres), o 'amor maduro' ($r=-.142$, $p<.05$, para as mulheres), a 'harmonia interior' ($r=-.141$, $p<.05$, para os homens; $r=-.157$, $p<.01$, para as mulheres), a 'igualdade' ($r=-.175$, $p<.01$, para os homens), o 'respeito próprio' ($r=-.253$, $p<.01$, para as mulheres). Como pode observar-se, a posição atribuída a cada um destes valores varia na razão inversa dos escores no QOPFE, pelo que, é possível concluir que os indivíduos mais liberais, nas suas percepções sobre a educação em função do género, atribuem maior importância às referidas 'metas desejáveis da existência humana' (Rokeach, 1973). Passa-se o oposto com os valores 'prazer' ($r=.153$, $p<.05$, para os homens; $r=.119$, $p<.05$, para as mulheres), 'salvação' ($r=.172$, $p<.01$, para as mulheres), 'segurança nacional' ($r=.154$, $p<.05$, para os homens; $r=.119$, $p<.05$, para as mulheres), 'um mundo de paz' ($r=.174$, $p<.01$, para as mulheres) e 'uma vida confortável' ($r=.156$, $p<.05$, para os homens; $r=.218$, $p<.01$, para as mulheres), uma vez que os resultados sugerem que eles são tendencialmente mais valorizados pelos indivíduos detentores de uma visão mais conservadora, ou tradicional, a respeito da educação em função do género.

Os dados do Quadro 6, referentes aos valores instrumentais, mostram que a associação destes com os resultados no QOPFE é claramente

QUADRO 6

Correlação entre a posição atribuída a cada um dos 18 valores instrumentais e as variáveis opiniões sobre a educação em função do género, instrumentalidade positiva e expressividade positiva, por sexos.

	Variáveis					
	QOPFE		*I+*		*E+*	
Valores instrumentais	Mas	Fem	Mas	Fem	Mas	Fem
1. Ambicioso(a)	.101	-.018	-.183**	-.324**	.052	-.013
2. Amoroso(a)	.121	.046	.080	.113*	-.134*	-.249**
3. Bem-disposto(a)	-.036	.005	.006	.030	-.114	-.127*
4. Capaz	-.023	-.057	-.123*	-.107	.155**	.137*
5. Com auto-domínio	-.065	-.091	-.123	-.075	.036	.076
6. Corajoso(a)	.054	-.090	-.018	-.166**	.210**	.024
7. Educado(a)	.082	.207**	.086	.119*	.048	.025
8. Honesto(a)	-.124	-.011	-.003	.092	-.067	-.006
9. Imaginativo(a)	-.123	-.110	-.047	-.023	.062	.003
10. Independente	-.109	-.175**	-.106	-.242**	.082	-.040
11. Intelectual	-.098	-.130*	-.012	-.089	.074	.002
12. Limpo(a)	.140*	.253**	.063	.066	-.043	-.051
13. Lógico(a)	-.122	-.129*	.071	-.024	.151*	.121*
14. Obediente	.211**	.388**	.191**	.262**	-.095	.054
15. Perdoador(a)	.045	.039	.094	.262**	-.249**	.007
16. Prestável	.030	.082	.012	.160**	-.098	.007
17. Responsável	-.084	.005	.048	-.062	.052	.039
18. Tolerante	-.111	-.205**	.011	.014	.060	.054

Legenda: QOPFE (Opiniões sobre a educação em função do género); I+ (Instrumentalidade positiva); E+ (Expressividade positiva).

Nota: Para a realização dos cálculos recorreu-se ao coeficiente *rho* de Spearman. As correlações estatisticamente significativas entre cada um dos valores e as diferentes variáveis devem ser interpretadas, tendo em mente que a uma pontuação mais elevada corresponde um grau menor de importância, uma vez que os valores eram ordenados de maneira decrescente, quanto ao significado que tinham para o indivíduo. A amostra do sexo masculino era composta por 232 elementos e a do sexo feminino era composta por 315 elementos, em virtude dos casos omissos.

* Correlação significativa a $p<.05$ (*bidir.*).

**Correlação significativa a $p<.01$ (*bidir.*).

mais evidente na amostra feminina do que na amostra masculina, em virtude do número de correlações estatisticamente significativas encontradas, assunto a que já aludimos, atrás. Nesta amostra, a correlação mais elevada surge ao nível do ser 'obediente' ($r=.211$, $p<.01$). Com efeito, quanto mais os homens valorizam este modo de conduta individual, menos liberais se mostram acerca da educação que deve ser ministrada a cada um dos sexos. Acontece o mesmo com o valor limpo(a), que tem a ver com o andar asseado e com boa aparência ($r=.140$, $p<.05$). Tais características parecem ser mais valorizadas pelos indivíduos do sexo masculino mais conservadores.

No caso da amostra feminina, os valores instrumentais 'independente' ($r=-.175$, $p<.01$), 'intelectual' ($r=-.130$, $p<.05$), 'lógico(a)' ($r=-.129$, $p<.05$) e 'tolerante' ($r=-.205$, $p<.01$) surgem, como seria de esperar, significativamente associados a uma visão mais liberal acerca da educação que deve ser ministrada ao rapaz e à rapariga. Pelo contrário, os valores 'educado(a)' ($r=.207$, $p<.01$), que pode traduzir-se pela necessidade de se ser cortês e de ter boas maneiras, 'limpo(a)' ($r=.253$, $p<.01$) e 'obediente' ($r=.388$, $p<.01$) são mais defendidos pelas mães e filhas com opiniões mais conservadoras. Na sequência dos resultados esperados, a relação entre os princípios orientadores do comportamento (valores instrumentais) e as opiniões emitidas, a propósito de como deve a educação ser delineada para cada um dos sexos, revela-se mais robusta no grupo feminino.

É de referir que as correlações obtidas entre as respostas ao questionário que operacionalizava a desiderabilidade social (SDS) e cada uma das variáveis em análise foram praticamente irrelevantes, sendo pouco provável que tenha constituído um factor de distorção das respostas dos sujeitos.

5. DISCUSSÃO DOS RESULTADOS

Em sintonia com as nossas previsões explicitadas na primeira hipótese, verificámos, efectivamente, que nesta amostra portuguesa os sexos diferiam entre si em seis valores terminais e em sete valores instrumentais. Na realidade, não foram descobertas diferenças entre homens e mulheres na ordenação de todos os valores terminais e de todos os valores instrumentais. Mas, tal também não aconteceu, noutros trabalhos sobre o assunto (*e.g.*, Feather, 1984; Ryker *et al.*, 1992; Dio *et al.*, 1996).

Partindo da ideia de que os valores que as pessoas defendem constituem uma importante componente da identidade de género (Dio *et al.*, 1996) e que alguns dos valores das duas listas de Rokeach (1973) podem ser classificados como agênticos/assertivos, e outros, como expressivos/ interpessoais (Feather, 1984), consideramos que os dados que obtivemos (*cf.* Quadros 5 e 6) se situam na linha destes pressupostos teóricos. Na realidade, em relação aos valores terminais (finalidades desejáveis da vida), os homens da nossa amostra atribuíram maior importância ($p<.05$) ao amor maduro (intimidade sexual), ao prazer (vida agradável) e a uma vida confortável (vida com prosperidade). As mulheres valorizaram mais ($p<.05$) a harmonia interior (ausência de conflitos internos), o respeito próprio (estima por si próprias) e um mundo de paz (livre de guerras e de contendas).

Examinando, agora, as diferenças, ao nível da ordenação dos valores instrumentais, que se referem aos modos de conduta para alcançar os fins almejados, e tendo, ainda, presente a distinção entre os valores, proposta por Feather (*op. cit.*), atrás referida, note-se o seguinte: os homens concederam maior importância ($p<.05$) a ser ambicioso (trabalhar muito, ter aspirações), a ser capaz (competente) e a ser imaginativo (ousado, criativo); por sua vez, as mulheres conferiram maior significado ($p<.05$) a ser amorosa (afectuosa), bem-disposta (alegre), limpa (asseada) e tolerante (ter abertura de espírito). Ora, mais do que na ordenação dos valores terminais, é notório, nesta segunda lista, que as diferenças observadas entre os sexos correspondem, em certa medida, à habitual distinção entre os comportamentos mais associados à instrumentalidade ou à expressividade, respectivamente.

Concentremo-nos, agora, na possível distinção teórica proposta por Minton e Schneider (1985, pp. 246-247), segundo a qual os valores terminais se subdividiriam em valores morais[11] (comportamento interpessoal) e em valores de competência pessoal (comportamento intrapessoal), e os valores instrumentais se classificariam em valores pessoais (centrados no indivíduo) e em valores sociais (centrados na sociedade). Atendendo a esta classificação e observando os nossos resultados, constatamos que, em rela-

---

[11] De acordo com Minton e Schneider (*op. cit.*), a violação dos valores morais originaria, no indivíduo, uma sensação de culpa e a violação dos valores de competência pessoal geraria, sobretudo, sentimentos de incompetência e de inadequação.

ção aos valores terminais, todos os fins desejáveis da vida (valores terminais) mais apreciados pelos homens podem considerar-se valores centrados no indivíduo. Tal asserção não parece aplicar-se, em igual medida, às mulheres que, entre as suas finalidades prioritárias, destacam pelo menos um valor centrado na sociedade: o mundo de paz.

Em relação aos modos de conduta mais valorizados (valores instrumentais) pelos sujeitos da nossa amostra, também nos parece relevante a referida distinção teórica. Verificou-se que os homens diferiram significativamente ($p<.05$) das mulheres na importância concedida a três valores relativos à sua competência pessoal, ou seja, ao seu comportamento individual. Já as mulheres valorizaram mais ($p<.05$) do que eles comportamentos ligados, sobretudo, às relações interpessoais.

Passemos agora aos resultados que nos permitem averiguar a plausibilidade da segunda hipótese. Como é possível observar, em ambas as amostras, as associações estatisticamente significativas encontradas entre a importância atribuída a cada valor e as variáveis referidas na hipótese, são mais evidentes (em maior número) para o QOPFE do que para as subescalas I^+ e E^+. É ainda de salientar que, quer no grupo das mulheres, quer no dos homens, os valores terminais estão mais relacionados com as respostas dos indivíduos ao QOPFE, e os valores instrumentais exibem um maior número de correlações estatisticamente significativas com as características de personalidade, medidas pelas subescalas I^+ e E^+. Ora, entendemos que tal conclusão é perfeitamente justificável, à luz da natureza das próprias variáveis. Por um lado, temos o primeiro tipo de valores (terminais), que tem a ver com metas traçadas pelos indivíduos e que eles desejam alcançar. Quanto às respostas ao QOPFE, é suposto que as opiniões emitidas sobre a educação tenham subjacente uma visão global acerca de quais os objectivos que os homens e as mulheres devem prosseguir, ao longo da existência. Trata-se, na nossa perspectiva, de concepções amplas sobre 'o sentido ideal a dar à vida' (e o que fazer para alcançá-lo), que os pais tentam transmitir aos filhos, através da educação. Daqui, a associação entre as variáveis.

Por outro lado, os valores instrumentais referem-se a modos de conduta exibidos pelo sujeito, que são orientados pela necessidade de alcançar as metas por si estabelecidas. Parece-nos, pois, que a maior associação entre a importância atribuída a este tipo de valores e as características da personalidade, operacionalizadas pelas subescalas I^+ e E^+ do EPAQ-I, resulta do facto de, em ambos os casos, estarem a ser medidos comportamentos. Atendendo ao exposto, e embora acreditássemos poder encontrar associações mais robustas entre as variáveis em questão, parece-nos que os dados, agora analisados, nos fornecem um razoável suporte empírico para a hipótese em apreço.

As relações entre o tipo de valores considerados prioritários pelos indivíduos e, respectivamente, as suas concepções sobre a educação em função do género e as suas características de personalidade, já mereceram a atenção de outros investigadores. Ex e Jenssens (1998, pp. 173-174), por exemplo, defenderam que os pais mais inclinados a valorizar a obediência, a conformidade e as 'boas maneiras' tendem a educar os filhos de um modo pouco fomentador da sua independência, liberdade e autonomia. Na nossa amostra (*cf.* Quadros 5 e 6), tendo em consideração os resultados relativos ao grupo feminino, o liberalismo das opiniões emitidas mostrou-se positivamente associado à importância atribuída a valores como o respeito próprio, a independência ou a tolerância, para citar alguns deles. No caso dos homens, os menos conservadores, na sua visão sobre a educação, tenderam a valorizar mais a igualdade e a harmonia interior. Como seria de esperar, tanto os homens como as mulheres, que mais importância concederam à obediência, tenderam também a emitir opiniões mais conservadoras sobre a educação do rapaz e da rapariga.

Numa outra investigação por nós consultada, Willetts-Bloom e Nock (1994, p. 371) concluíram que os indivíduos com valores prioritários ligados à religião, como a salvação da alma, tendem a emitir ideias sobre a educação dos filhos mais consonantes com os estereótipos de género. Com os resultados que obtivemos, tal constatação só foi possível no grupo feminino (correlação entre o QOPFE e o valor terminal salvação: $r=.172$; $p<.01$; *cf.* Quadro 5).

Como vimos, anteriormente, o interesse pela relação entre a ordenação dos valores, medidos pelo questionário de Rokeach (1973), e os atributos de personalidade avaliados pelo EPAQ-I, também já foi evidenciado por investigadores como Feather (1984). Em dois estudos diferentes, com amostras de pais e filhos adolescentes e jovens adultos, este autor verificou que, independentemente do sexo dos sujeitos, a pontuação na subescala que operacionaliza a instrumentalidade positiva (I^+) estava positivamente associada à importância atribuída a valores, como ter uma vida emocionante, obter reconhecimento social, ser ambicioso e ser independente, revelando, no entanto, uma relação inversa com valores como ser prestável, ser indulgente, ser feliz e sentir harmonia interior. Por seu turno, a pontuação na subescala relativa à expressividade positiva (E^+) mostrava-se positivamente associada à importância conferida a certas condutas (valores instrumentais), como ser indulgente, ser educado(a), ser honesto(a), ser prestável, exibindo, todavia, uma associação inversa com a importância concedida a comportamentos como o ser ambicioso(a) ou, ainda, a finalidades desejáveis da existência, como a obtenção de prazer ou o desfrutar de uma vida emocionante.

Tendo em atenção estas conclusões de Feather (*op. cit.*), examinemos os resultados por nós obtidos. Mais uma vez, observando os dados expostos nos Quadros 5 e 6, observa-se que os escores em I^+ estão positivamente relacionados com a importância conferida pelos indivíduos a valores como a liberdade (na amostra feminina), o respeito próprio, a realização pessoal e o ser ambicioso(a) (em ambas as amostras), o ser capaz (na amostra masculina), o ser corajoso(a) e o ser independente (na amostra feminina). Tais escores mostram-se, ainda, inversamente associados à prioridade atribuída a valores, como, por exemplo, a igualdade (na amostra masculina), a salvação (na amostra feminina), o ser obediente (em ambas as amostras), o ser indulgente (na amostra feminina), ou o ser prestável (na amostra feminina). Verifica-se, também, que os escores em E^+ se relacionam positivamente com a importância atribuída a valores, como a amizade genuína (na amostra feminina), a harmonia interior (na amostra masculina), o ser amoroso(a) (em ambas as amostra) ou o ser indulgente (na amostra masculina). A pontuação nesta escala revela, ainda, a existência de uma associação inversa entre as autodescrições dos sujeitos de ambos os sexos a este nível (E^+) e a prioridade, para eles, de determinados valores, como o ser capaz (em ambas as amostras), o ser corajoso(a) (amostra masculina) ou o ser lógico(a) (em ambas as amostras).

Ora, da análise dos resultados que acabámos de expor ressalta uma relativa coincidência entre as nossas constatações e as do autor anteriormente citado, pelo que, ainda em favor da hipótese em apreço, somos compelida a concordar com ele, quando afirma: "alguns dos valores das listas de Rokeach podem ser classificados, de acordo com uma dimensão que se assemelha à agencidade *versus* comunhão ou à instrumentalidade *versus* expressividade" (Feather, 1984, p. 606).

CONCLUSÃO

Embora a amostra estudada não seja representativa de toda a população portuguesa, as conclusões obtidas com o presente estudo levam-nos a admitir que, de uma maneira geral, ainda é possível encontrar, nos dias de hoje, diferenças entre os sexos ao nível dos seus objectivos prioritários de vida e dos meios instrumentais para os alcançar. Ora, tendo em mente que os valores poderão ser encarados como uma força – uma vontade ou motivação intrínseca – que impele os indivíduos a enfrentar desafios, a estabelecer as suas metas e a orientar os seus comportatos, não será certamente de desprezar o seu papel na discussão em torno da visibilidade desigual de homens e mulheres na sociedade actual, sobretudo ao nível da sua participação na vida pública e nos centros de decisão.

Na busca de explicações para a continuação destas diferenças, parece-nos indiscutível considerar a influência da socialização diferencial das crianças, desde os primeiros momentos de vida, em função da respectiva categoria biológica de pertença. Esta actuação desigual para com os meninos e as meninas, nos mais diversos contextos educativos, tende a acentuar-se com a idade, reflectindo-se, já durante a vida adulta, em aspectos tão diversos como a escolha das actividades de ocupação dos tempos livres, a selecção das áreas profissionais (Vieira, 2002) ou mesmo a capacidade de liderança e a auto-confiança na resolução de problemas. Daqui que tenhamos comparado, nesta investigação, as opiniões dos sujeitos (pais e filhos) sobre a educação em função do género com a importância por eles atribuída a certos valores. Foi ainda importante trazer para o debate, as características de personalidade associadas à instrumentalidade e à expressividade.

Em geral, é normal pensar-se nos materiais de aprendizagem como sendo textos escritos, através dos quais as pessoas aprendem. Porém, qualquer contexto social deve ser, igualmente, encarado como um influente 'texto', que impele o indivíduo a assimilar importantes lições sobre si próprio e sobre as relações que estabelece com os outros (Hayes, 2000). Portanto, no que diz respeito aos papéis esperados de cada um dos sexos, serão, sem dúvida, particularmente poderosas as mensagens veiculadas no espaço privilegiado de desenvolvimento que é a família, sendo provável que se repercutam no modo como cada criança vai urdindo a complexa teia de pensamentos e de emoções, quer a respeito da sua própria conduta, enquanto ser sexuado, quer a propósito dos actos que observa nas pessoas que a rodeiam. Isto porque, para além dos comportamentos explícitos, susceptíveis de uma aprendizagem por mecanismos psicológicos como a modelação, a própria família partilha um currículo oculto, através do qual são transmitidas mensagens sobre os valores defendidos, as expectativas mútuas e as normas de conduta pessoais e sociais.

Assim sendo, se a rapariga é mais estimulada do que o rapaz a acreditar que valores como a obediência, a docilidade ou a preocupação para com os outros, são os mais 'adequados' para o sexo feminino, esta actuação poderá colocá-la em desvantagem, quando se trata de competir pelo desempenho de cargos de chefia, ou pelo alcance de patamares de excelência profissional, para citar duas das possibilidades. Nesta linha de ideias, Baudelot e Establet (1992) consideram mesmo que, já na escola, as raparigas tendem, de facto, a optar por matérias e áreas de estudo que prolongam, de certo modo, as funções tradicionalmente atribuídas às mulheres, como o ensino, a educação, os cuidados de saúde, etc. Por este motivo, à luz de uma interpretação sociológica deste problema, elas parecem concordar com o facto de o seu destino mais provável incluir, para além dos papéis de esposa e de mãe, uma profissão de estatuto secundário, em comparação com as que são desempenhadas pelos homens (Marry, 2000).

Por seu turno, se aos rapazes é ensinado que se espera que eles sejam ousados, competentes, assertivos, independentes, etc., é provável que quando adultos se percepcionem como menos capazes desempenhar certas profissões ligadas à prestação de cuidados, se sintam mais inibidos na expressão das suas emoções e se inclinem a defender como prioridades de vida valores sobretudo instrumentais (*e.g.*, ser ambicioso, ser capaz) e centrados em si próprios (*e.g.*, ter prazer, ter uma vida confortável), como vimos atrás, em prejuízo de outros mais de natureza relacional (*e.g.*, altruísmo, tolerância) e salutares para a convivência mútua.

Para que as práticas educativas na família e em outros contextos deixem de contribuir para a perpetuação destas diferenças, em nada favoráveis a homens e a mulheres, consideramos importante promover nos diversos agentes educativos uma profunda reflexão em torno da sua intervenção a este nível. O texto final da *IV Conferência Mundial sobre a Mulher* (ONU, 1995) deixou algumas pistas de actuação, referindo, por exemplo, a necessidade de desenvolvimento da capacidade de liderança nas mulheres e a criação de condições para o seu exercício, para que, quer como estudantes, quer como adultas, elas possam participar juntamente com os homens na sociedade civil. Outra possibilidade é ainda atender à forma como são veiculados os estereótipos de género nos materiais pedagógicos (Correia e Ramos, 2002) e nos meios de comunicação social. Se se pretende que os efeitos destas mensagens não continuem a ter um poder negativo nas relações entre os sexos e nas respectivas oportunidades de sucesso, torna-se imperioso que todos os educadores considerem de fundamental importância o desenvolvimento do juízo crítico e da capacidade analítica dos rapazes e das raparigas.

Sabemos que as mudanças esperadas nas diversas arenas de poder marcado pelo género apelam a uma actuação sistémica e a esforços conjuntos e continuados de várias instâncias. Todavia, se tomarmos como ponto de partida a certeza de que a "educação não discriminatória beneficia tanto os rapazes como as raparigas" (ONU, 1995, p. 33), conduzindo, dessa maneira, a relações mais igualitárias entre mulheres e homens, poderemos convidar os pais, os professores e todos os restantes educadores a assumir a sua tarefa central na construção de alicerces verdadeiramente robustos, para a edificação de uma sociedade que se quer mais justa e feliz.

BIBLIOGRAFIA

AZEVEDO, M. (1991). A orientação de papéis sexuais e sua medida: inventários de feminilidade, masculinidade e androginia. *Revista de Educação*, II, *1*, 16-33.

BAUDELOT, C. & ESTABLET, R. (1992). *Allez les filles!* Paris: Éditions du Seuil.

BELK, S. & SNELL, W. E. (1986). Beliefs about women: components and correlates. *Personality and Social Psychology Bulletin*, 12, *4*, 403--413.

BORG, W. R. & GALL, M. D. (1983). *Educational research. An introduction*. New York: Longman.

BRAITHWAITE, V. A. & LAW, H. G. (1985). Structure of human values: Testing the adequacy of the Rokeach Value Survey. *Journal of Psychology and Social Psychology*, 49, *1*, 250-263.

CARTER, R. S. & WOJTKIEWICZ, R. A. (2000). Parental involvement with adolescents' education: Do daughters or sons get more help? *Ado-*

lescence, 35, *137*, 29-44.

CORREIA, A. F. & RAMOS, M. A. (2002). *Representações de género em manuais escolares. Língua portuguesa e matemática: 1.° ciclo*. Lisboa: CIDM.

COSSE, W. J. (1992). Who's who and what's what? The effects of gender on development in adolescence. In B. R. Wainrib (Ed.). *Gender Issues Across Life Span (*pp. 5-16). New York: Springer Publishing Company.

CROWNE, D. P. & MARLOWE, D. (1960). A new scale of social desirability independent of psychopathology. *Journal of Consulting Psychology*, 24, *4*, 349-354.

DELORS, J. *et al.* (1996). *Educação: um tesouro a descobrir (Relatório para a UNESCO da Comissão Internacional sobre Educação para o século XXI)*. Porto: Edições ASA.

DIO, L. D., SARAGOVI, C., KOESTNER, R. & AUBÉ, J. (1996). Linking personal values to gender. *Sex Roles*, 34, *9/10*, 621-636.

EX, C. T. G. M. & JENSSENS, J. M. A. M. (1998). Maternal influences on daughters's gender role attitudes. *Sex Roles*, 38, *3/4*, 171-186.

FEATHER, N. T. (1984). Masculinity, femininity, psychological androgyny, and the structure of values. *Journal of Personality and Social Psychology*, 47, *3*, 604-620.

FEINGOLD, A. (1994). Gender differences in personality: A meta-analysis. *Psychological Bulletin*, 116, *3*, 429-456.

HAYES, E. (2000). Social contexts. In E. Hayes *et al.* (Eds.). *Women as learners. The significance of gender in adult learning* (pp. 23-52). San Francisco: Jossey-Bass Publishers.

LYTTON, H. & ROMNEY, D. M. (1991). Parents' differential socialization of boys and girls: A meta-analysis. *Psychological Bulletin*, 109, *2*, 267-296.

MACCOBY, E. E. (2000). Perspectives on gender development. *International Journal of Behavioral Development*, 24, *4*, 398-406.

MAHONEY, J., HEETICK, D. M. L. & KATZ, G. M. (1979). Gender specificity in value structure. *Sex Roles*, 5, *3*, 311-318.

MAJOR, B. *et al.* (1999). Gender and self-esteem: A meta-analysis. In W. B. Swann, J. H. Langlois & L. A. Gilbert (Eds.). *Sexism and stereotypes in modern society. The gender science of Janet Taylor Spence* (pp. 223-253). Washington: American Psychological Association.

MARRY, C. (2000). Filles et garçons à l'école. In A. Zanten (dir.). *L'école.*

L'état des savoirs (pp. 283-292). Paris: Éditions la Découverte.

MATLIN, M. W. (1996). *The psychology of women* (3rd ed.). Fort Worth: Harcourt Brace College Publishers.

MCGILLICUDDY-DE LISI, A. V. & SIGEL, I. E. (1995). Parental beliefs. In M. H. Bornstein (Ed.). *Handbook of Parenting*. Vol. 3*: Status and Social Conditions of Parenting* (pp. 333-358). New Jersey: Lawrence Erlbaum Associates, Publishers.

MIETHE, T. D. (1985). The validity and reliability of value measurements. *The Journal of Psychology*, 119, *5*, 441-453.

MINTON, H. L. & Schneider, F. W. (1985). *Differential Psychology*. Illinois: Waveland Press.

NEWTON, R. R. & RUDESTAM, K. E. (1999). *Your statistical consultant. Answers to your data analysis questions*. Thousand Oaks: Sage.

ORGANIZAÇÃO DAS NAÇÕES UNIDAS (ONU). (1995). *Informe de la Cuarta Conferencia Mundial sobre la Mujer* (Beijing, 4 a 15 de septiembre de 1995).

RICHARDS, M. H., GITELSON, I. B., PETERSEN, A. C. & HURTIG, A. L. (1991). Adolescent personality in girls and boys. The role of mothers and fathers. *Psychology of Women Quarterly*, *15*, 65-81.

ROKEACH, M. (1967). *Value survey*. Sunnyvale, California: Halgren Tests.

ROKEACH, M. (1973). *The nature of human values*. New York: The Free Press.

RUBLE, D. N. & MARTIN, C. L. (1998). Gender development. In W. Damon (series ed.) & N. Eisenberg (vol. ed.). *Handbook of Child Psychology, Vol. 3: Social, emotional and personality development* (5th ed.) (pp. 933-1016). New York: Wiley.

RYKER, J. A., MAYTON, D. M. & GRANBY, C. D. (1992). *Value priority differences between males and females*. Comunicação apresentada no Annual Meeting of the Western Psychological Association. Portland, Oregon.

SPENCE, J. T., HELMREICH, R. L. & HOLAHAN, C. K. (1979). Negative and positive components of psychological masculinity and femininity and their relationships to neurotic behaviors. *Journal of Personality and Social Psychology, 37*, 1673-1682.

VIEIRA, C. C. (2002). A escola e a promoção da igualdade de oportunidades entre homens e mulheres: a importância dos profissionais de orientação escolar e profissional. *Psychologica*, *30*, 461-468.

VIEIRA, C. C. (2003). *Educação e desenvolvimento do género. Os trilhos percorridos na família*. Tese de doutoramento não publicada apresentada à Faculdade de Psicologia e de Ciências da Educação da Universidade de Coimbra.

VIEIRA, C. C. (2004). Educação familiar e desenvolvimento do género: Reflexões em torno de algumas práticas diferenciais em função do sexo da criança. *Revista Portuguesa de Pedagogia*, 38, 1/2/3, 49-84.

VOGT, W. P. (1993). *Dictionary of statistics and methodology. A nontechnical guide for the social sciences*. London: Sage Publications.

WILLETTS-BLOOM, M. C. & NOCK, S. L. (1994). The influence of maternal employment on gender role attitudes of men and women. *Sex Roles*, 30, *5/6*, 371-389.

Converter a televisão num cúmplice educativo*

ARMANDA PINTO DA MOTA MATOS
Faculdade de Psicologia e de Ciências da Educação
da Universidade de Coimbra, Portugal

TELEVISÃO E FAMÍLIA: ALVOS EM MOVIMENTO

No cenário comunicativo actual, o ritmo fascinante de desenvolvimento da tecnologia e de generalização de novos *media* chama a atenção do público e suscita novas questões. Com efeito, a preocupação histórica em torno do impacto social e individual de cada novo *medium* associou-se, sucessivamente, à mais recente novidade no domínio da comunicação, do cinema à rádio, da rádio à televisão, da televisão aos jogos de vídeo e à *internet*.

No entanto, a introdução de cada novo *medium* não anulou os que lhe antecederam tendo, aliás, as novas tecnologias da comunicação possibilitado aos diferentes *mass media* já existentes um desenvolvimento e uma renovação constantes. Com efeito, os *media* que actualmente ainda ocupam grande parte do nosso tempo, apesar de relativamente jovens, são muito diferentes do que eram quando surgiram. Este é o caso da televisão, que os números indicam como sendo um meio de comunicação que continua omnipresente na vida quotidiana das pessoas. A sua ubiquidade é crescente face à disponibilização de múltiplos canais, de novos serviços e ao acesso progressivo das pessoas à televisão por cabo/satélite. É o que evi-

---

* Trabalho elaborado com o apoio do *Centro de Psicopedagogia* da Universidade de Coimbra [FEDER/POCTI-SFA-160-490].

denciam os dados do *European Audiovisual Observatory*[1], relativos a 2001, segundo os quais, em Portugal, o tempo médio de exposição à televisão foi de 192 minutos por dia. De acordo com os dados da *Eurodata TV World Wide*, o tempo médio diário de exposição à televisão em Portugal subiu 37 minutos entre 1993 e 2003, para 3:27 (Público na Escola, Maio de 2004).

Uma investigação levada a cabo pela autora no distrito de Coimbra[2] (Matos, 2004) revelou, da mesma forma, dados ilustrativos do importante espaço que a televisão continua a ocupar no quotidiano das gerações mais novas. Com efeito, 32.6% dos participantes no estudo disseram assistir a mais de duas horas de televisão nos dias de escola, sendo que nos dias sem escola 41.2% afirmaram, mesmo, assistir a mais de quatro horas de televisão por dia. Constatou-se, ainda, que o número médio de televisores por casa era de 2.79, sendo que 42% dos participantes no estudo referiram ter acesso à TV por cabo/parabólica.

Esta facilitação do acesso à televisão, bem como a diversificação da oferta, receberam um grande ímpeto, em Portugal, na década de 90, que constituiu uma fase particularmente rica em mudanças no cenário audiovisual, com o início de funcionamento das televisões privadas, bem como com a exploração de redes de distribuição de televisão por cabo. Aquilo que se seguiu não difere muito do cenário encontrado noutros países europeus, fenómeno que Cortés (1999) designa de neotelevisão, "entendendo tal fenómeno como a oferta em competição da programação, pelas televisões públicas e privadas" (p. 12).

Com a liberalização do mercado e a consequente diversificação da oferta, não apenas em programas, mas também em tempos de emissão, a

---

[1] Hargrave (2003), disponível em www.coe.int.

[2] Esta investigação foi desenvolvida no âmbito da preparação da dissertação de doutoramento da autora em Ciências da Educação (Matos, 2004). Tratou-se de um estudo não experimental orientado por dois grandes objectivos. Em primeiro lugar, contribuir para o conhecimento dos hábitos televisivos de crianças e de adolescentes, 820 alunos dos 4.°, 6.° e 8.° anos do ensino básico, ou seja, conhecer um pouco mais acerca do modo como utilizam a televisão. A par da caracterização dos hábitos televisivos dos participantes pretendeu-se, ainda, compreender de que modo, e em que circunstâncias, a exposição à violência televisiva pode influenciar o seu comportamento agressivo, pelo que a nossa atenção centrou-se no papel de alguns factores que podem funcionar como potenciais intervenientes ou moderadores desta influência, tais como certas variáveis televisivas, psicológicas ou familiares.

discussão acerca da qualidade da programação e a preocupação em torno do seu impacto sobre a audiência, em particular sobre os espectadores mais novos, assumiram nova relevância, aliada às alterações de hábitos daí decorrentes. Com efeito, é natural, por exemplo, que o único televisor à volta do qual a família se reunia para assistir à televisão pública, passe a ser insuficiente quando a diversidade da oferta faz surgir preferências e opções, criando e fidelizando segmentos da audiência[3]. Assim se compreende que, no período de 1998-2001, 70.3% dos lares portugueses possuíssem já dois televisores[4], bem como o expectável aumento de crianças e adolescentes com televisão no quarto.

Este carácter permanentemente evolutivo da televisão e de outros *media* conduz a que estes sejam considerados, como objecto de estudo, um "alvo em movimento" (*moving target*) (Huston, Zillmann e Bryant, 1994).

No entanto, apesar das transformações, podemos afirmar que o contexto por excelência de exposição à televisão continua a ser o familiar. É, na verdade, em família, que o primeiro contacto com outros agentes socializadores ocorre, sejam eles a família alargada, os amigos ou os *mass media.*

O facto de a televisão ser um *medium* que actua no contexto familiar, conduz a que alguns autores considerem, mesmo, que o sistema familiar inclui, actualmente, a televisão (*e.g.*, Goodman, 1983). Mas a relação entre família e televisão não é, nem foi sempre a mesma, até porque a família, como a televisão, tem sofrido diversas alterações ao longo do tempo. De facto, no que se refere à família, a imagem de *moving target* não se ajusta menos.

Durante muito tempo, a família exerceu o seu papel sem grande intervenção de outras instituições externas, para além da Igreja e da própria comunidade em que estava inserida. A Revolução Industrial provocou mudanças, conduzindo a que outras instituições, como a escola, passassem a exercer um importante papel no domínio da educação. Verificou-se, também, uma progressiva mudança das famílias para as cidades, onde a pre-

---

[3] Referindo-se às transformações e à diversidade de oferta no mundo televisivo, Iglesias (1990) afirma que o espectador "abandonou o grande circuito em que todos faziam tudo em comum; serviam-se do mesmo prato televisivo à mesma hora: eram todos como espectadores de um grande circo coberto por uma imensa lona. Agora não, agora cada um pode criar o seu próprio circo, procurar o seu próprio entretenimento e diversão" (p. 91).

[4] Dados do *European Audiovisual Observatory* (2002), disponíveis em www.coe.int.

sença da comunidade envolvente perdeu relevância, bem como o próprio espaço físico foi alterado, o que se reflecte, por exemplo, na ausência dos quintais nos blocos de apartamentos. A constante reorganização do trabalho e dos modos de produção, por sua vez, proporcionou um aumento do tempo livre, de lazer e conduziu a mudanças na vida familiar. Actualmente, temos famílias mais pequenas, frequentemente reduzidas à família nuclear, onde o papel educativo da comunidade se esvanece e as famílias ficam mais voltadas para si próprias, em espaços mais reduzidos e com mais tempo livre. É neste contexto que a televisão opera, enquanto actividade de lazer e importante agente de socialização das crianças, bem como principal fonte de informação e apoio familiar.

Esta evolução vivida pela televisão, pela família e reflectida na relação estabelecida entre ambas, constitui justificação suficiente para que, qualquer tentativa de melhorar a compreensão da relação que crianças e adolescentes estabelecem com a televisão e do papel desempenhado por este *medium*, ao nível do seu desenvolvimento pessoal e social, não descure a atenção a dedicar ao contexto em que o primeiro contacto com a televisão se estabelece, o ambiente familiar. Neste, o papel dos pais é, em nossa opinião, fundamental e só a compreensão da sua dimensão e especificidade nos permite retirar conclusões sobre a influência da televisão e, consequentemente, sobre formas de intervir para mediar essa influência, no sentido de rentabilizar os benefícios que a televisão encerra e reduzir os potenciais riscos a ela associados.

Com este trabalho é nosso objectivo, precisamente, promover a reflexão em torno do papel dos pais, enquanto mediadores na relação que os filhos estabelecem com a televisão e apresentar algumas sugestões exemplificativas do enorme potencial que detêm para converter a televisão num cúmplice educativo.

TELEVISÃO: FONTE DE APRENDIZAGENS

A discussão que desde sempre se gerou em torno da influência da televisão tem oscilado, ao longo do tempo, entre atitudes mais catastróficas, baseadas no grande poder deste *medium*, de que a teoria das balas mágicas é representativa e que durante algum tempo inspiraram os estudos sobre os efeitos dos *mass media* (Matos, 1997) e a perspectiva daqueles que enfatizam a competência da criança para lidar com os *media* e a sua capacidade para construir significados. Face a esta dualidade, Buckingham (2000) adverte que "existe um perigo significativo em, simplesmente, substituir uma visão das crianças como facilmente impressionáveis e vulneráveis à influência, por uma visão oposta das mesmas como, de alguma forma, naturalmente autónomas e competentes – como espontaneamente 'educadas para os *media*'" (p. 22).

É pertinente aqui lembrar que, muito antes da existência da televisão ou de qualquer forma de *media* electrónicos, Platão em "A República" distinguia, entre as funções da educação, a formação do bom cidadão, como a *descoberta* e a *convivência* com as obras-primas que ilustram o génio humano, bem como a *aprendizagem* da vida em sociedade (o sublinhado é nosso). Ora o papel privilegiado da família na formação da criança confere-lhe um enorme potencial de intervenção na criação de um ambiente favorável ao seu desenvolvimento individual e à aprendizagem da vida em sociedade e na promoção de uma *descoberta* mais lúcida e uma *convivência* mais profícua com um dos protagonistas desse ambiente, a televisão.

A par da família e da escola, a televisão constitui, actualmente, uma importante instituição socializadora, proporcionando desde cedo às crianças um amplo leque de estímulos e modelos de comportamento, atitudes e opiniões, conduzindo a uma aprendizagem nem sempre consciente. Como defende Vala (1999[5]), "aprendemos quando ouvimos a rádio, lemos os jornais ou vemos televisão. Mas não aprendemos apenas 'informação', aprendemos também atitudes, opiniões e formas de comportamento apenas indirectamente relacionadas com o conteúdo das mensagens difundidas".

A pesquisa orientada para a compreensão da influência da televisão fez já um percurso considerável em termos de temáticas estudadas, público-alvo abrangido e resultados disponibilizados. Uma das questões que mais tem suscitado atenção diz respeito ao impacto que a violência apresentada na televisão poderá ter sobre os espectadores, tendo a pesquisa proporcionado resultados que se organizam em torno de três áreas de influência fundamentais: (1) a aprendizagem e a desinibição de comportamentos agressivos (Bandura e Walters, 1963; Bandura, 1986, 1994; Berkowitz, 1993; Jo e Berkowitz, 1994; Huesmann, 1986; Huesmann e

---

[5] Disponível em www.aacs.pt/violencia_tv.

Miller, 1994; Matos, 2004). A este propósito, um relatório da *American Psychological Association* (APA, cf. Smith e Donnerstein, 1998) alerta para as consequências negativas de longo prazo da violência dos *media* que, contribuindo para os hábitos agressivos, pode formar os alicerces do comportamento anti-social posterior; (2) a dessensibilização perante a violência e as vítimas da violência, como resultado da exposição repetida à violência nos *media*. Em consequência, os espectadores podem tornar-se menos sensíveis à agressão contra outras pessoas e menos susceptíveis de socorrer as vítimas da violência (Linz, Donnerstein e Penrod, 1984, 1988; Donnerstein, Slaby e Eron, 1994; Drabman e Thomas, 1974, cf. Rule e Ferguson, 1986; Molitor e Hirsch, 1994; Bruggemann e Barry, 2002) e (3) o aumento do medo entre os espectadores, relativamente à possibilidade de virem a tornar-se vítimas da violência. Como consequência, os espectadores podem desenvolver crenças sobre o mundo, consonantes com as representações proporcionadas pela televisão (Gerbner e Gross, 1981; Gerbner *et al*., 1986, 1994; Monteiro, 1999).

Mas, para além da violência televisiva, outros estudos têm sido realizados no intuito de compreender a relação entre exposição à televisão e variáveis tais como o rendimento escolar, a criatividade e a imaginação, ou mesmo o seu impacto ao nível do envolvimento noutras actividades de lazer (MacBeth, 1996).

Embora a influência da televisão sobre os espectadores mais novos tenha sido pensada, mais frequentemente, enfatizando os seus efeitos negativos ao nível da promoção de comportamentos socialmente indesejáveis, a verdade é que a televisão, enquanto agente de socialização, constituirá uma fonte de aprendizagens diversas, desde padrões comportamentais agressivos e estereótipos sociais, a competências académicas, valores socialmente desejáveis e comportamentos pró-sociais[6]. É tendo isto em consideração que alguns autores assinalam o contributo da televisão para o desenvolvimento de competências necessárias ao bom rendimento escolar (Rice *et al*., 1990) ou para o desenvolvimento da capacidade de empatia, de uma melhor compreensão das relações interpessoais e da aceitação de diferentes perspectivas no domínio social, mediante a apresentação de modelos cooperativos e empáticos nas suas interacções sociais (Feshbach e Feshbach, 1997).

---

[6] Para uma reflexão mais aprofundada sobre esta matéria leia-se Matos (1998).

No entanto, é de salientar a chamada de atenção de Feshbach e Feshbach (1997), para o facto de ser necessário que a influência positiva da televisão seja reforçada por outras forças socializadoras, para que efeitos pró-sociais ocorram. De facto, a aprendizagem da criança faz-se a partir de muitas fontes de influência que actuam em simultâneo, pelo que cada uma delas interage com as outras. É assim que a família, a comunidade, a escola, a televisão, não apenas fornecem à criança informação sobre o mundo, mas também ajudam a criança a desenvolver esquemas cognitivos que lhe permitem relacionar-se com o mesmo. A televisão é uma fonte importante de informação e de modelos, mas a sua influência depende da relação que a criança estabelece com outras fontes de influência, tais como a família.

Face à evolução no mundo dos *media*, com a multiplicidade de meios disponíveis e, no caso da televisão, de canais e tecnologias associadas, tornando cada vez mais fácil o acesso aos mais diversos conteúdos, a importância da mediação parental da exposição à televisão é salientada por diversos autores, e investigada em múltiplos trabalhos, que demonstram a sua influência ao nível das consequências da exposição da criança à televisão (*e.g.*, Desmond *et al.*, 1987, 1990; Kotler *et al.*, 2001; Wright *et al.*, 1990; St. Peters *et al.*, 1991).

Podendo assumir uma multiplicidade de formas, podemos dizer que os pais funcionam como mediadores quando intervêm na relação que os filhos estabelecem com a televisão, ajudando-os a compreender e a interpretar os conteúdos televisivos e o próprio *medium* e a desenvolver competências críticas de utilização do mesmo. Podem fazê-lo quando estabelecem regras de utilização da televisão, quando funcionam como modelos de utilização da televisão, quando vêem televisão com os filhos, quando conversam com eles sobre os conteúdos televisivos ou mesmo, e de forma mais indirecta, mediante os processos de comunicação na família, que proporcionam condições diversificadas para que a criança desenvolva esquemas cognitivos que lhe permitam lidar com a realidade social, incluindo a realidade televisiva.

Relativamente a esta última forma, mais indirecta, de mediação parental, num trabalho anterior tivemos já oportunidade de salientar a sua importância (Matos, 2002), reflectindo sobre o modo como o ambiente comunicacional familiar, constituindo o contexto em que a criança aprende a interpretar o que a cerca, incluindo a televisão, contribui para mediar a influência da mesma sobre as crianças. Assim, revela-se-nos pertinente, neste trabalho, focar a nossa atenção em formas mais directas de mediação parental, que a literatura aponta como excelentes oportunidades de rentabilizar os benefícios da televisão em ordem ao desenvolvimento integral da criança (Buerkel-Rothfuss e Buerkel, 2001).

PAIS MEDIADORES

O consenso encontrado relativamente aos benefícios do papel mediador dos pais não se verifica no que diz respeito ao conceito de mediação e às formas que esta pode assumir. Com efeito, encontramos diferentes definições de mediação, umas mais gerais, outras mais restritas (*e.g.*, Brown e Linné, 1976; Bybee, Robinson e Turow, 1982; Desmond *et al.*, 1985; Dorr e Rabin, 1995; Gunter e McAleer, 1997). Alguns autores centram-se no papel dos pais como reguladores da exposição dos filhos à televisão. Outros enfatizam as conversas que os pais fomentam, relativamente aos conteúdos televisivos. Alguns autores chamam ainda a atenção para formas mais indirectas de mediação familiar, como os padrões de comunicação na família. A verdade é que a mediação pode assumir várias formas.

Uma sistematização possível é apresentada por Buerkel-Rothfuss e Buerkel (2001), que consideram que a mediação parental da televisão pode assumir três modalidades diferentes: (1) a co-exposição, que constitui uma oportunidade privilegiada para que a interacção relacionada com a televisão ocorra; (2) a mediação restritiva, que consiste no estabelecimento de regras e no controlo daquilo que é observado e (3) a mediação activa, estratégica ou não estratégica, que consiste em fazer avaliações deliberadas sobre a televisão (estratégica) ou comentários casuais sobre a televisão em geral, ou sobre acontecimentos ou programas específicos (não estratégica).

1. **Co-exposição**

A co-exposição está relacionada com uma reorganização do espaço, provocada pela televisão. Com efeito, o televisor principal situa-se normalmente na sala, sendo este o local onde a família se reúne em frente ao ecrã. Nos anos cinquenta, pensava-se que a televisão unia as famílias.

Como referem Kotler, Wright e Huston (2001) "era vista por alguns como uma espécie de centro electrónico da casa" (p. 38). Se nessa altura a televisão era um ponto de paragem e completa absorção, hoje em dia a televisão transformou-se numa actividade rotineira, e é mais um ponto de encontro, por onde passam os membros da família, podendo ficar e assistir em conjunto à televisão ou, simplesmente, passar de vez em quando ou entregar-se a outras actividades, com a televisão como *ruído de fundo* (Lull, 1980, 1990). O que parece expectável, a partir da pesquisa (Kotler, Wright e Huston, 2001), é que, apesar de continuar a existir um televisor principal e um local privilegiado de exposição à televisão, a multiplicação do número de televisores por casa conduza a que aumente a exposição solitária e diminua a co-exposição.

Na investigação que realizámos com alunos do ensino básico, já referida (Matos, 2004), constatámos, precisamente, que 44.4% das crianças e dos adolescentes da nossa amostra tinham televisão no quarto, diminuindo, desta forma, as possibilidades de co-exposição, de mediação avaliativa que daí poderia decorrer, bem como de regulação da exposição pelos pais. Por todas estas razões, somos de opinião que a colocação de uma televisão no quarto dos filhos apresenta mais desvantagens do que vantagens. Aliás, no mesmo estudo pudemos constatar que são as crianças e os adolescentes que têm televisão no quarto que apresentam maior exposição à violência televisiva, que dizem assistir menos frequentemente à televisão em companhia dos pais e ainda ser alvo de menor regulação por parte dos pais, no que se refere à sua exposição à televisão.

Verificámos, ainda, que a co-exposição, embora referida por um número considerável de participantes, tende a diminuir de forma assinalável durante os programas preferidos dos filhos. Ou seja, quando os participantes assistem aos seus programas favoritos, os pais, na sua maior parte, estão presentes poucas vezes ou nunca.

Estes resultados sugerem que é durante o tempo que os pais se sentam em frente à televisão, a assistir aos programas que desejam ver, que a co-exposição ocorre. Faz sentido aqui lembrar Kotler e colaboradores (2001), quando afirmam que a co-exposição não é necessariamente educativa, se ocorre durante os programas destinados à audiência em geral ou aos adultos, sem que resulte da necessidade dos pais de mediarem a experiência de exposição. Estes resultados vêm contradizer a ideia do senso comum, de que as crianças vêem programas para adultos, devido à ausência de supervisão parental.

Ora a co-exposição constitui uma oportunidade para os pais exercerem a sua função mediadora da televisão, para os pais fazerem comentários críticos, avaliações e complementarem ou contextualizarem a informação proporcionada pelos conteúdos televisivos. Diversas investigações realizadas nos últimos vinte anos são referidas por Buerkel-Rothfuss e Buerkel (2001), investigações essas que enfatizam os resultados positivos da co-exposição ao nível da aprendizagem a partir da televisão, da diminuição do medo face a conteúdos assustadores, das atitudes face à violência, da compreensão das personagens e dos temas abordados nos programas.

Parece-nos, pois, fundamental que os pais conheçam os programas preferidos dos filhos, que assistam, pelo menos, a um episódio desses programas, de modo a conhecer os temas neles abordados e a forma como são tratados. Simplesmente ignorar ou contrariar as preferências das crianças e dos adolescentes poderá conduzir a que fiquemos isolados de uma parte importante do seu mundo, o mundo televisivo.

Simultaneamente, ao assistirem à televisão com os filhos, os pais têm a oportunidade de conhecer os seus gostos, as suas preferências, os seus heróis preferidos, o que os filhos admiram nesses heróis, que capacidades têm para compreender os conteúdos dos programas, qual a sua percepção do nível de realismo dos vários géneros televisivos ou da plausibilidade dos acontecimentos televisivos.

No que se refere à questão da influência da violência televisiva, as potencialidades associadas à partilha da actividade de assistir à televisão são diversas. Durante a exposição a programas violentos, os pais têm oportunidade de ajudar os filhos a compreender os enredos, as personagens, com os seus motivos, os seus desejos e as consequências dos seus comportamentos. Os pais podem explorar, com os filhos, outras formas de agir e de resolver os problemas; podem questionar a possibilidade ou a plausibilidade de ocorrência de situações ou de comportamentos semelhantes na vida real; podem explorar os sentimentos e a perspectiva das vítimas de violência, bem como as consequências reais, se determinados comportamentos violentos ocorressem.

No entanto, quando se fala de co-exposição, é necessário considerar que estar na mesma sala a ver televisão não significa que a interacção ocorra. Como referem Buerkel-Rothfuss e Buerkel (2001), "a co-exposição pode ser uma actividade interactiva, como quando os pais e os filhos discutem o que está a acontecer na televisão (uma forma de mediação activa), ou pode ser uma actividade passiva em que todas as partes se sentam juntas em silêncio, na mesma sala, olhos focados no ecrã" (p. 360).

Aliás, alguns estudos indicam que a co-exposição está mais relacionada com uma exposição elevada do que com a interacção familiar. Num estudo de McLeod e colaboradores (1982), verificou-se que os pais, quando acompanhados pelos filhos, fazem menos comentários e interpretações do que quando assistem à televisão sozinhos. Isto parece indicar que, apesar de vários estudos sublinharem o potencial da interacção familiar para mediar o impacto da exposição aos *media*, estas oportunidades não são, necessariamente, aproveitadas pelos pais.

Por outro lado, quando ocorre, a co-exposição não tem obrigatoriamente uma influência positiva. Como refere Van Evra (1998), a co-exposição pode aumentar a vulnerabilidade à influência da televisão, porque a mera presença dos pais pode implicar uma aprovação das mensagens televisivas que não são apropriadas para os mais novos. Esta perspectiva é exemplificada por Nathanson (1998), quando chama a atenção para o facto de, durante a exposição a conteúdos violentos ou sexuais, certos comentários não dirigidos dos pais (como por exemplo "uau!!!, "Olha para aquilo!!!) poderem reforçar aspectos das cenas televisivas.

Estas considerações levam-nos a sublinhar que, tal como defendem diversos autores (Dorr e Rabin,1995; Desmond *et al.*, 1987, 1990), a co-exposição não é suficiente e que as intervenções dos pais, para que resultem vantajosas, devem ser intencionais e dirigidas, rentabilizando, desta forma, a co-exposição para fins positivos.

2. **Mediação restritiva**

É necessário ter em consideração, quando falamos de mediação parental da televisão, que esta é o resultado da atitude da família em relação a este *medium* e do grau de preocupação daquela, relativamente à sua influência sobre os filhos. É a preocupação dos pais com a televisão, normalmente no que se refere ao tempo que os filhos lhe dedicam ou a certos conteúdos televisivos particulares como a violência, o sexo, ou conteúdos assustadores, que está na origem das regras que os pais estabelecem para o uso da televisão. De acordo com Kotler e colaboradores (2001), a forma mais directa de intervenção dos pais no uso da televisão pelos filhos consiste, precisamente, em regular o quê, quando e quanto os filhos vêem.

Os resultados da pesquisa sobre esta matéria revelam, no entanto, que raramente os pais controlam e estabelecem regras de uso da televisão. Quando existem regras, estas referem-se normalmente à hora de deitar, ao tempo de exposição ou a tarefas que os filhos devem executar antes de se sentarem a ver televisão, como por exemplo, concluir os trabalhos escolares (Alexander, 1990; Matos, 1996). Os dados de diversos estudos revelam ainda que o controlo tende a diminuir com a idade e é superior no caso das raparigas (Dorr e Rabin, 1995; Kotler *et al.*, 2001; Matos, 1996, 2004).

No entanto, há que ter em atenção que o controlo da família pode não ser explícito, nem consciente para os seus membros. Como sistematiza Lull (1980), as regras podem ser habituais (quando se verificam padrões regulares de comportamento que não são questionados), paramétricas (quando estabelecem um leque de comportamentos que são permitidos, como por exemplo, os programas a que é permitido assistir) e tácticas (quando usadas estrategicamente para atingir certos objectivos pessoais, como por exemplo, a facilitação da comunicação).

O interesse em torno da regulação parental da exposição à televisão resulta da sua influência ao nível da relação que os filhos estabelecem com a mesma. Dados de diferentes estudos revelam que os filhos de pais que controlam o tempo de exposição e os programas observados pelos filhos, vêem menos televisão, vêem programas mais apropriados e são espectadores mais discriminativos do que os filhos que não têm quaisquer restrições (Wright, St. Peters e Huston, 1990; Desmond, Singer e Singer, 1990; Atkin, Greenberg e Baldwin, 1991; St. Peters *et al.*, 1991). A percepção dos conteúdos violentos revela-se, da mesma forma, associada à regulação pelos pais da exposição à televisão, estando o controlo parental do tempo de exposição à televisão associado a menos prazer dos filhos em assistir à violência televisiva e a uma percepção desta como menos semelhante à realidade (Matos, 2004).

Convém aqui lembrar que o controlo parental da exposição à televisão não pode ser dissociado do estilo educativo e disciplinar dos pais, pelo que, podendo identificar-se diferentes estilos disciplinares, é também possível distinguir diversas formas de exercer a mediação restritiva. Em relação a estas, a pesquisa (Desmond *et al.*, 1987, 1990; Abelman, 1990) aponta como mais eficazes um estilo disciplinar e um controlo baseados na discussão e na explicação (estilo disciplinar indutivo), em detrimento do exercício do poder ou da punição. Nas famílias caracterizadas por um estilo disciplinar indutivo, os filhos apresentam maior consciência acerca dos temas televisivos pró-sociais, melhor compreensão da televisão, menor agressividade e menos medo de se tornarem vítimas de violência (Singer *et al.*, 1984; Abelman, 1990; Desmond *et al.*, 1987, 1990).

Trata-se, assim, em nossa opinião, de regular e não, simplesmente, de proibir. A simples proibição, para além de difícil implementação, apenas privaria a criança da experiência televisiva, com todos os valores que ela comporta, deixando-a, ainda, em situação de desvantagem perante os pares, na medida em que a televisão é, actualmente, um importante pólo de referências e motivo de conversas.

Em nossa opinião, é importante lembrar que esta forma de mediação, a mediação restritiva, pode ser exercida numa *perspectiva de encorajamento*. Quando os pais propõem programas que julgam adequados pelo seu conteúdo pró-social ou quando estimulam o confronto das mensagens televisivas com as de outros *media*, regulam, simultaneamente, o uso da televisão. Quando a família organiza, sistematicamente, actividades fora de casa durante as manhãs de fim-de-semana, condiciona, também, a exposição dos filhos à televisão, sem que explicite regras de utilização da mesma para esses períodos e constrói, desta forma, oportunidades para observar e conhecer modelos de conduta alternativos, outras formas de fazer face aos problemas da vida em sociedade.

Brown (1986) efectua um paralelismo interessante entre o papel dos pais e o de um bom chefe de cozinha, defendendo que os pais devem proporcionar o contacto com a diversidade de géneros e personagens televisivas: "Exponha-os à ficção, tal como o faria com comida, nem só vegetais nem apenas sobremesas. Apresente-lhes uma amostra de vários géneros (...). Prepare a refeição de *media* bem equilibrada" (p. 136).

Esta diversidade pode ser incrementada, em nossa perspectiva, quando se propõe um livro sobre o mesmo tema abordado na televisão ou a versão em livro do filme a que assistiram[7], ou quando se aproveita a

---

[7] É conhecido, por exemplo, o êxito da saga Harry Potter e da concomitante venda das versões em livro em que a mesma se baseia, o que demonstra o potencial apelativo dos meios audiovisuais. Estes, se aproveitados, poderão trazer benefícios paralelos, por exemplo, ao nível da promoção da leitura, da sensibilização para diferentes temas, ou mesmo, despertar a curiosidade e o interesse pela procura de informação, conducente ao desenvolvimento de espectadores mais críticos, mais informados e, portanto, mais capazes de lidar com as imagens, violentas ou de outro tipo.

capacidade motivadora das imagens para interessar os filhos por realidades às quais não têm acesso directo[8].

No entanto, esta forma de mediar a experiência televisiva implica, antes de tudo, informação. Para mediarem, os pais precisam de estar informados. Para substituir, diversificar, aconselhar ou reforçar, os pais precisam de conhecer o que a televisão oferece. É claro que este tipo de acção não se apresenta fácil, pois implica, necessariamente, uma mudança de hábitos. Mas a verdade é que a utilização deste *medium* será mais responsável, se os pais conhecerem a oferta televisiva semanal e a partir desta gerirem a exposição à mesma, quer deles próprios (importantes modelos, também na utilização da televisão), quer dos filhos.

Se nos debruçarmos sobre a vida quotidiana das famílias, é fácil concluirmos que o mundo envolvente (mundo físico, social, emocional) vai sendo apresentado às crianças de modo progressivo. Não é prática corrente que os pais levem as crianças à discoteca, que as acompanhem numa visita à sala de autópsias de um hospital ou numa excursão pelas valas comuns encontradas nos países em guerra. Não é também habitual que estas assistam às práticas sexuais dos adultos. No entanto, as crianças frequentam, diariamente, todos estes contextos, através da televisão.

Mais uma vez, estamos a falar sobre o papel intermediário dos pais no contacto que os filhos têm com o ambiente social em que se desenvolvem. Como já referimos anteriormente, desse mundo faz parte integrante a televisão. Em relação a esta, os pais não deverão ter os mesmos cuidados?

Ainda relativamente à mediação restritiva e às várias formas que pode assumir, a elaboração de um diário semanal onde, no final de cada

[8] Apelando aqui à chamada de atenção de Bourdieu (1997) acerca da pressão do tempo, da urgência, que caracteriza as mensagens dos *media*, em virtude da concorrência pelos níveis de audiência, e o consequente perigo de superficialidade que a sua abordagem da realidade encerra, julgamos que os educadores em geral podem desempenhar um papel fundamental. A título de exemplo, a cobertura intensiva, nos últimos anos, dos conflitos no Iraque e das denominadas novas formas de terrorismo, associadas ao Islamismo, não justificará, por exemplo, que se proporcionem às crianças e aos adolescentes informação sobre a religião Islâmica, sobre os costumes e os rituais a ela associados, para que aqueles adquiram uma visão mais global e mais completa da mesma, que ultrapasse a imagem estereotipada que pode chegar aos espectadores, mediante a cobertura noticiosa dos conflitos? Se assim o fizerem, os pais rentabilizam uma excelente oportunidade para abordar a diversidade cultural e religiosa.

dia, cada membro da família registe o tempo que dedicou à televisão, pode ser uma estratégia muito útil para a auto-percepção do tempo dedicado a este *medium*, assumindo, simultaneamente, um cariz lúdico. Se, antes de começar o registo, cada indivíduo fizer uma estimativa do tempo que geralmente ocupa com a televisão, no final da semana, o confronto da estimativa com o diário efectuado enriquecerá a reflexão e poderá mesmo, se for feito em conjunto, constituir um momento de interacção, onde cada um faz, espontaneamente, a sua apreciação. Poderá constituir uma oportunidade para um pai ouvir, por exemplo: - pois, tu nunca queres passear, sempre em frente à televisão... Ou uma mãe dizer ao filho: - passas muito tempo a ver televisão, não achas? E se a partir de agora tentássemos...

Uma experiência que aconselhamos vivamente é a organização de um fim-de-semana sem televisão, pela reflexão e pelo auto-conhecimento que pode proporcionar e pela consciencialização acerca do espaço e da importância que a televisão adquiriu nas nossas vidas.

Pensamos ser o momento de lembrar que todas estas iniciativas não partem de uma visão negativa relativamente à televisão. Com efeito, a verdade é que, tal como afirmam Huston e Wright (1994), "a televisão pode ser uma parte positiva da vida familiar, se for cuidadosamente planeada e seleccionada" (p. 81). E uma oportunidade de a rentabilizar como parte da vida familiar corresponde, na nossa perspectiva, ao exercício da mediação avaliativa, de que falaremos a seguir.

3. **Mediação avaliativa**

Os pais podem exercer uma importante função de mediação, quando discutem com os filhos os programas televisivos e oferecem avaliações e comentários críticos, relativamente aos conteúdos observados.

Esta última forma de mediação pode desenvolver-se antes, durante ou após a exposição. Aliás, Desmond e colaboradores (1990) afirmam que as discussões mais eficazes sobre a televisão provavelmente ocorrem no carro, à hora de deitar ou noutros períodos em que a exposição à televisão não é a actividade principal.

De acordo com Austin e colaboradores (1999), a mediação parental envolve três tarefas. A categorização, que consiste em demonstrar se e como a televisão reflecte o mundo real. A validação, que envolve a aprovação ou condenação daquilo que é apresentado na televisão. Finalmente, envolve ainda a tarefa de proporcionar um suplemento, isto é, de dar indicações sobre a utilidade da informação televisiva, oferecendo informação adicional ou envolvendo-se em actividades relacionadas com a mesma. Estas tarefas podem refutar ou reforçar o conteúdo televisivo, na medida em que sugerem que as mensagens televisivas são reais ou não, correctas ou não e aplicáveis ou não ao mundo real.

Na verdade, as intervenções dos pais podem assumir diversos contornos. Os pais podem, simplesmente, comentar o que vêem na televisão, demonstrando aprovação ou desaprovação. Podem interpretar os conteúdos, ajudando os filhos a compreenderem melhor o que é apresentado. São capazes de ajudar a decifrar e a compreender as técnicas de produção e os artifícios utilizados, como por exemplo, as diferenças entre ficção e realidade, o papel dos duplos, os efeitos especiais, os desenhos animados ou as estratégias publicitárias e ainda o dinheiro envolvido nas produções. Têm oportunidade, também, de complementar ou contestar, mediante explicações adicionais, as informações oferecidas pela televisão[9].

O que nos merece atenção no que diz respeito à intervenção dos pais, é que as observações, as discussões e os comentários sobre os programas televisivos têm consequências positivas na relação que os filhos estabelecem com a televisão. Com efeito, são diversos os estudos que evidenciam os benefícios da mediação avaliativa dos pais ao nível da compreensão, da aprendizagem ou do desenvolvimento de competências críticas de utilização da televisão.

No que se refere à violência televisiva, Dominick e Greenberg (1972) constataram que, quando os pais expressam fortes opiniões contra a violência, os filhos reagem menos à violência televisiva do que os filhos de pais que não manifestam opiniões sobre esta temática. Outros autores realçam que, quando filhos e pais discutem questões de valores levantadas pela televisão, como por exemplo, a justificação da violência, os filhos tenderão a ser menos influenciados pelos conteúdos televisivos negativos (Linné, 1971, cf. Brown e Linné, 1976; Desmond, Singer e Singer, 1990; Wright, St. Peters e Huston, 1990).

---

[9] É interessante verificar que a exposição à televisão constitui, desta forma, uma oportunidade para os filhos perceberem aquilo com que podem contar dos seus pais, inclusivamente, o apoio informativo que os pais constituem. Verificamos, assim, que a interacção sobre a televisão acaba por ser uma extensão da interacção familiar em geral e um indicador da vida familiar.

Através do exercício da *mediação avaliativa*, os pais podem discutir com os filhos o realismo da violência televisiva, questioná-los acerca da plausibilidade do comportamento das personagens televisivas, bem como das consequências reais, em termos de danos e de sofrimento, de determinado comportamento agressivo. Podem promover a reflexão em torno dos motivos subjacentes às acções dos protagonistas, evidenciar contradições das personagens ou das situações e discutir sobre qual a melhor forma de resolver uma situação semelhante e sobre soluções alternativas.

Este tipo de interacção, ao possibilitar uma reapreciação dos programas ou das personagens, poderá promover a identificação com heróis menos violentos, diminuir o prazer em ver cenas de violência ou perceber o irrealismo de muitas cenas apresentadas (Matos, 2004). Contribuirá, certamente, para que os mais novos percebam que a realidade é muito mais complexa do que a moral transmitida em muitos programas violentos: a de que, na expressão de Ígado (1997) "os bons matam. Os maus devem morrer" (p. 38).

Os resultados positivos da mediação parental não se limitam, no entanto, à questão da violência televisiva. A mediação dos pais surge na pesquisa como tendo, em geral, efeitos positivos ao nível da influência da televisão sobre os filhos. Os comentários dos pais ajudam os filhos a compreender o conteúdo dos programas (Collins, Sobol e Westby, 1981; Watkins, Calvert, Huston-Stein e Wright, 1980), a desenvolver competências críticas de exposição à televisão (Corder-Bolz e O'Bryant, 1978) e aumentam a informação que é recordada de programas educativos e as aprendizagens efectuadas (Salomon, 1977; Singer e Singer, 1976, cf. Buerkel-Rothfuss e Buerkel, 2001; Lemish, 1986; Wright *et al.*, 1990).

No que se refere a mensagens pró-sociais, Friedrich e Stein (1975) verificaram que a sua compreensão melhora, quando os pais proporcionam interacção verbal sobre as mesmas, após a exposição. Tratando-se de programas informativos, a mediação surge, na pesquisa, positivamente associada à atenção à televisão demonstrada por crianças de 3 a 7 anos, bem como ao uso da imprensa (St. Peters, Huston e Wright, 1989, cf. Dorr e Rabin, 1995). Corder-Bolz (1980) constatou um aumento geral dos conhecimentos de geografia e de política, como resultado da mediação parental dos conteúdos televisivos. Outros autores concluíram que se verifica uma diminuição do medo e uma melhor apreciação do humor, como resultado de programas de intervenção que visam promover a mediação (Messaris e Sarret, 1981; Reid e Frazer, 1980). Noutros estudos, referidos por Desmond e colaboradores (1990), promoveu-se uma melhoria da consciência das crianças relativamente aos intuitos persuasivos e às estratégias de *marketing* da publicidade, através da mediação de adultos (Prasad, Rao e Sheikh, 1978, Robertson, 1979, Williams, Smart e Epstein, 1979). Esta pode influenciar, ainda, os julgamentos que as crianças fazem das minorias e de certas dimensões da ética (Roberts, 1981; Robertson, 1979).

Uma das questões a que a pesquisa devotou atenção diz respeito à distinção entre ficção e realidade, considerada associada à menor susceptibilidade das crianças à influência televisiva. As potencialidades de mediação dos pais a este nível são realçadas por Austin e colaboradores (1990) quando defendem que, no que se refere à percepção da realidade, as crianças tendem a atribuir maior ênfase às experiências na sua família, do que aos *media*. Os pais, mediante comentários e interpretações, podem ajudar a desenvolver uma melhor compreensão das técnicas e das formas de produção, dos efeitos especiais, aspectos que ajudam as crianças a distinguir aquilo que é real do que é ficção, aquilo que é possível do que é impossível ocorrer na vida real, aumentando, assim, a sua capacidade de distanciamento crítico em relação à televisão. Wilson, Hoffner e Cantor (1987) constataram, por exemplo, que as reacções de medo das crianças à televisão diminuíram, mediante a explicação do seu carácter fictício.

A televisão oferece, pois, múltiplas oportunidades para se discutirem valores, atitudes e sentimentos. É que, simultaneamente ao desenvolvimento técnico da televisão, a diversidade de oferta também aumentou. Sendo assim, uma gestão atenta da programação possibilita a reflexão em torno dos mais variados temas, seja a diversidade cultural, o problema da xenofobia, da violência e das consequências das guerras, de questões de saúde, de toxicodependência, muitas vezes de temas menos fáceis de abordar sem um contexto facilitador. Os pais têm, assim, a possibilidade de recorrer à capacidade motivadora das imagens, para suscitar o interesse por temas e questões sociais.

Mas, não falamos apenas de programas de cariz cultural ou de canais temáticos. Com efeito, todos os géneros televisivos são susceptíveis de despoletar a discussão e a reflexão, sejam os conflitos familiares nas telenovelas ou os confrontos de rua nas notícias do dia. Como assinala Brown (1986), "a exposição a quaisquer histórias dos *media*, requer que a criança treine a interpretação da linguagem, das imagens, da música, ou outros símbolos. A ficção também oferece à criança conhecimentos sobre as relações sociais e a psicologia humana" (p. 137).

Diversos estudos (*e.g.*, Singer e Singer, 1994) demonstram, de facto, que a exposição a certos programas pode ter consequências positivas ao nível da abordagem de múltiplas problemáticas. Mas revelam, também, que quando essa exposição ocorre seguida de discussão, as mudanças atitudinais ou comportamentais desejadas são mais pronunciadas. Quando a família pede que as crianças desenhem as personagens da narrativa televisiva, escrevam um final diferente para o filme visionado ou simplesmente falem sobre o que sentiram enquanto assistiam, enriquece a experiência dos filhos como telespectadores. Os pais têm, desta forma, a oportunidade de reforçar as atitudes, os comportamentos, as perspectivas sobre o melhor modo de resolver os problemas, que sejam mais consentâneos com os seus próprios valores e que contribuam para uma cidadania responsável.

Falar de mediação avaliativa é, assim, ajudar a *questionar a realidade a partir da televisão e a questionar a televisão a partir da realidade*. Mas, para que isto seja possível, é necessário promover o contacto directo com a realidade, equilibrar o tempo dedicado à televisão com a experiência directa, diversificando actividades (*e.g.*, culturais ou desportivas) e proporcionando o contacto com múltiplos modelos de comportamento, reais ou simbólicos, o que ajudará a avaliar a credibilidade das histórias dos *media*.

CONCLUSÃO

Gostaríamos de concluir esta reflexão sobre o papel mediador dos pais, começando por salientar três ideias que consideramos fundamentais. Em primeiro lugar, não queremos, quando fazemos sugestões aos pais de como lidar com a televisão, transmitir a ideia de que as crianças e os jovens são meros receptáculos e alvo da nossa acção, que devem ser educados para uma utilização criteriosa e consciente dos *mass media* pelos adultos, que já possuem as competências necessárias a esta tarefa. Com efeito, julgamos fundamental a advertência de Buckingham (2000) para a necessidade de começar onde as crianças estão, com o que elas sabem. E quando se trata de *mass media*, será ingénuo acreditar que elas sabem pouco.

Assim, partir do que as crianças e os adolescentes sabem, das suas preferências e dos seus gostos, dos seus conhecimentos (e porque não aprender com eles?), deverá ser, em nossa opinião, uma premissa subjacente a qualquer acção que vise promover uma relação saudável e positiva com os *mass media* e com a televisão em particular.

É, pois, fundamental não esquecermos que os principais alvos da mediação, os filhos, são sujeitos activos na utilização dos diferentes *media*, incluindo a televisão, têm preferências em termos de programas, heróis favoritos e, sem dúvida, uma mestria "inata" no contacto com as tecnologias dos *media*. Então, os adultos, se não quiserem adquirir uma imagem moralista, repressiva ou ultrapassada deverão, antes de mais, estar disponíveis para ouvir, para ver, estar atentos.

Em segundo lugar, considerámos importante salvaguardar, em toda a reflexão que aqui fazemos sobre formas de mediar a televisão na família, a unicidade do sistema familiar, os seus padrões de interacção habituais, as suas regras, os seus rituais e os seus hábitos, a sua estrutura e a sua organização. Julgamos, com efeito, que a melhor forma de utilizar a televisão, de mediar a televisão e de educar para os *media* deverá ser encontrada dentro de cada (e por cada) família, no contexto do estilo de interacção que lhe é característico e dos estilos disciplinares que lhe são habituais. Por este motivo, as ideias aqui avançadas constituem apenas sugestões, passíveis de serem adoptadas/adaptadas ao modo característico de interacção, regulação e funcionamento de cada sistema familiar.

Finalmente, queremos salientar a necessidade de educação de pais, pois não são apenas os espectadores mais novos que carecem de formação. O exercício da mediação exige reflexão, compreensão da linguagem televisiva e uma utilização consciente da TV. Com efeito, os primeiros a aprender a ver televisão devem ser os adultos: "há que ensinar a vê-la, e também...a apagá-la" (Galindo, 1997, p. 83).

Na verdade, a perspectiva de Postman (1982) segundo a qual "não existe um ABC para as imagens. Para aprender a interpretar o seu significado não precisamos de lições de gramática ou de soletração ou de lógica ou de vocabulário" (p.79) e daí que ainda não tenhamos ouvido falar em *television viewing disability*, parece-nos simplificadora. A opinião de Gómez (1997), de que "existe uma linguagem televisiva, que como qualquer outro código, se aprende e se aperfeiçoa, no seu duplo processo de leitura e de escrita " (p. 254) parece-nos, simultaneamente, mais acertada e fecunda.

Neste sentido, o desenvolvimento de acções de formação de pais neste domínio revela-se essencial. Estas podem concretizar-se, por exemplo, mediante a colaboração entre escolas, pais e especialistas nessa temática, parcerias que o novo *Regime Jurídico de Autonomia, de Administração e Gestão dos Estabelecimentos de Educação* (D-L 115-A/98), ao promover a colaboração entre a escola e a comunidade em que esta se insere, pode, em nossa opinião, facilitar.

Pensamos ser vantajoso, ainda, considerar que o domínio da educação de adultos pode constituir-se como um espaço privilegiado de formação de cidadãos educados para os *media* e, consequentemente, de pais capazes de mediar a experiência dos mais novos no contacto com os mesmos. Em nossa perspectiva, é o próprio conceito de literacia, enquanto capacidade de ler e de escrever, que deve ser discutido. Numa época em que lidamos com uma enorme diversidade de textos, para além dos textos escritos, sejam eles textos televisivos ou textos virtuais, entender a literacia ou o alfabetismo como a capacidade de leitura de variados textos e de expressão através dos mesmos suscita à inclusão, na educação de adultos, de uma componente de educação para os *media*.

Tendo em consideração os três aspectos anteriormente focados, a reflexão efectuada ao longo deste trabalho, em torno da mediação parental da televisão, leva-nos a concluir que todo o cuidado dos pais em mediarem o ambiente em que a criança cresce, seja mediante os livros a que tem acesso, a escola de línguas que frequenta, ou os amigos com quem sai ao fim-de-semana, não deverá esquecer uma das presenças mais constantes nesse mundo, que continua a ser a televisão.

Na verdade, a televisão constitui, em nossa opinião, um mundo paralelo, povoado de gentes, de vidas, de exemplos, de heróis e de vítimas, de alegria e de sofrimento, de estabilidade e de revoluções. Assim, em nossa opinião, os pais têm um papel insubstituível na promoção de uma relação com a televisão e com as suas mensagens, que seja a melhor para o desenvolvimento pessoal e social, por outras palavras, na conversão da televisão num cúmplice educativo.

Este acompanhamento da relação que as crianças e os adolescentes estabelecem com a televisão, aconselhável aos pais, não constitui, no entanto, tarefa simples. Na verdade, a curiosidade natural dos mais novos, em relação às questões mais imprevisíveis ou inusitadas, pode facilmente colocar-nos à prova, relativamente ao domínio de determinados assuntos. Mas é por isto que a partilha da experiência televisiva pode ser enriquecedora, não apenas para as crianças e os adolescentes, mas também para nós, adultos que, cansados no fim do dia, aceitaríamos talvez facilmente a informação incompleta ou circunscrita, veiculada num determinado programa, mas que somos agitados na nossa passividade, pela necessidade dos mais novos saberem mais. Criam-se, assim, oportunidades para a procura da informação, recorrendo, por exemplo, a fontes alternativas, hábito imprescindível na formação de pessoas educadas para os *media*.

Não é nossa intenção, na apresentação que efectuámos de algumas linhas de acção, transmitir aos pais uma imagem do seu papel de mediadores, como algo apenas associado ao dever, uma obrigação adicional inerente à sua função de educadores. Na verdade, acreditamos que, por exemplo, quando os pais usufruem daquilo que consideramos como uma das grandes potencialidades educativas da televisão, que é a apresentação do *making off* dos filmes e programas em geral (e, mais recentemente, do cinema, quando esta rubrica está disponível em suporte DVD), têm a oportunidade de experienciar momentos muito interessantes, lúdicos e surpreendentes, na companhia dos filhos.

Mas converter a televisão num cúmplice educativo implica que os pais estejam informados acerca da oferta televisiva disponível, quer para eles, quer para os mais novos. A procura de informação, a selecção e a planificação da exposição surgem-nos, pois, como fundamentais. E se os pais constituem, inevitavelmente, modelos de comportamento para os filhos, serão, desta forma, também modelos de como gerir o uso da televisão.

Esperamos que as sugestões até aqui apresentadas sejam capazes de exemplificar a amplitude daquilo que se pode fazer para promover *a melhor relação possível* com a televisão e com os seus conteúdos. Como afirma Rodríguez (2001), "devemos admitir que o nosso futuro se escreverá num pequeno ecrã. Portanto, aproveitemos para ganhar a batalha (...). E convivamos com esta invenção mágica e insubstituível, recorrendo ao caminho do ócio, do entretenimento e da pedagogia, juntos e na mesma direcção" (p. 192).

De facto, não nos parece possível nem desejável qualquer caminho, que não o do convívio e da interacção com este *medium*. Impossível, porque acreditamos que a televisão vai continuar a ser, ainda que com características continuamente renovadas, um importante e próximo meio de comunicação na vida das pessoas em geral e das crianças e dos adolescentes em particular. Indesejável, porque gostamos da televisão e acreditamos nos incríveis benefícios que pode trazer à sociedade, se soubermos dela usufruir.

BIBLIOGRAFIA

ABELMAN, R. (1990). Determinants of parental mediation of children's television viewing. In J. Bryant (Ed.), *Television and the American Family* (pp. 311-326) New Jersey: Lawrence Erlbaum Associates Publishers.

ALEXANDER, A. (1990). Television and family interaction. In J. Bryant (Ed.), *Television and the American Family* (pp. 211-225). New Jersey: Lawrence Erlbaum Associates Publishers.

ATKIN, D. J. (2001). Home ecology and children's television viewing in the new media environment. In J. Bryant & J. A. Bryant (Eds.), *Television and the American Family* (2nd ed.) (pp. 49-74). New Jersey: Lawrence Erlbaum Associates Publishers.

ATKIN, D. J., Greenberg, B. S. & Baldwin, T. F. (1991). The home ecology of children's television viewing: Parental mediation and the new video environment. *Journal of Communication, 41, 3*, 40-52.

AUSTIN, E. W., Bolls, P., Fujioka, Y. & Engelbertson, J. (1999). How and why parents take on the tube. *Journal of Broadcasting and Electronic Media*, 43, *2*, 175-192.

AUSTIN, E. W., Roberts, D. F. & Nass, C. I. (1990). Influences of family communication on children's television-interpretation processes. *Communication Research, 17*, 545-564.

BANDURA, A. (1986). *Social foundations of thought and action: A social cognitive theory*. Englewood Cliffs, NJ: Prentice-Hall.

BANDURA, A. (1994). Social cognitive theory of mass communication. In J. Bryant & D. Zillmann (Eds.), *Media Effects: Advances in Theory and Research* (pp. 61-90). New Jersey: Lawrence Erlbaum Associates.

BANDURA, A. & Walters, R. (1963). *Social learning and personality development*. NY: Holt.

BERKOWITZ, L. (1993). *Aggression: Its causes, consequences and control*. Madison: McGraw-Hill.

BOURDIEU, P. (1997). *Sobre a televisão*. Oeiras: Celta.

BROWN, L. K. (1986). *Taking advantage of MEDIA: A manual for parents and teachers*. London: Routledge e Kegan.

BROWN, J. R. & Linné, O. (1976). The family as a mediator of television's effects. In R. Brown (Ed.), *Children and television*. Beverly Hills, CA: Sage.

BRUGGEMANN, J. M. & Barry, R. J. (2002). Eysenck´s P as a moderator of affective and electrodermal responses to violent and comic film. *Personality and Individual Differences*, 32, *6*, 1029-1048.

BUCKINGHAM, D. (2000). Studying children's media cultures: A new agenda for cultural studies. In E. Coquet (Coord.). *Os mundos sociais e culturais da infância. Actas do Congresso Internacional* (Vol. 1, pp. 19-32). Braga: CESC e IEC da Universidade do Minho.

BUERKEL-ROTHFUSS, N. L. & Buerkel, R. A. (2001). Family mediation. In J. Bryant & J. A. Bryant (Eds.), *Television and the American Family* (2nd ed.) (pp. 355-376). New Jersey: Lawrence Erlbaum Associates, Publishers.

BYBEE, C., ROBINSON, D. & TUROW, J. (1982). Determinants of parental guidance of children's television viewing for a special subgroup: Mass media scholars. *Journal of Broadcasting, 26*, 697-710.

COLLINS, W. A., Sobol, B. L. & Westby, S. (1981). Effects of adult commentary on children's comprehension and inferences about a televised aggressive portrayal. *Child Development, 52*, 158-163.

CORDER-BOLZ, C. R. (1980). Critical television viewing skills for elementary schools. *Television and Children,* 3, *2*, 34-39.

Corder-Bolz, C. R. & O'Bryant, S. (1978). Teacher *vs* program: Can people affect television? *Journal of Communication,* 28, *1*, 97-103.

CORTÉS, J. Á. (1999). *La estrategia de la seducción. La programación en la neotelevisión.* Navarra: EUNSA.

DESMOND, R. J., HIRSCH, B., SINGER, D. G. & SINGER, J. L. (1987). Gender differences, mediation and disciplinary styles in children's responses to television. *Sex Roles, 16*, 375-389.

DESMOND, R. J., SINGER, J. L. & SINGER, D. G. (1990). Family mediation: Parental communication patterns and the influences of television on children. In J. Bryant (Ed.), *Television and the American Family* (pp. 293-309). New Jersey: Lawrence Erlbaum Associates Publishers.

DESMOND, R. J., SINGER, J. L., SINGER, D. G., CALAM, R. & COLIMORE, K. (1985). Family mediation patterns and television viewing: Young children's use and grasp of the medium. *Human Communication Research, 11*, 459-460.

DOMINICK, J. R. & GREENBERG, B. S. (1972). Attitudes toward violence: The interaction of television exposure, family attitudes, and social class. In G. A. Comstock & E. A. Rubinstein (Eds.), *Television and social behavior. Vol. 3: Television and adolescent aggressiveness.* Washington, DC: US Government Printing Office.

DONNERSTEIN, E., SLABY, R. G. & ERON, L. D. (1994). The mass media and youth aggression. In L. D. Eron, J. H. Gentry & P. Schlegel (Eds.), *Reason to hope: A psychological perspective on violence and youth* (pp. 219-250). Washington, DC: American Psychological Association.

DORR, A. & RABIN, B. E. (1995). Parents, Children, and Television. In M. H. Bornstein, (Ed.), *Handbook of parenting, Vol. 4: Applied and practical parenting* (pp. 323-351). New Jersey: Lawrence Erlbaum Associates.

FESHBACH, N. D. & FESHBACH, S. (1997). Children's Empathy and the Media: Realizing the Potential of Television. In S. Kirschner & D. A. Kirschner (Eds.), *Perspectives on Psychology and the Media* (pp. 3--27). Washington, DC: American Psychological Association.

FRIEDRICH, L. K. & STEIN, A. H. (1975). Prosocial television and young children: The effects of verbal labelling and role playing on learning and behavior. *Child Development, 46*, 27-38.

GALINDO, J. A. G. (1997). Espectadores y audiencias ante el consumo de televisión. In J. I. A. Gómez (Dir.), *La otra Mirada a la tele. Pistas para un consumo inteligente de la televisión* (pp. 79-86). Huelva: Junta de Andalucia. Consejería de Trabajo e Industria. Dirección General de Comercio, Consumo y Coop. Económica.

GERBNER, G. & GROSS, L. (1981). The violent face of television and its lessons. In E. L. Palmer & A. Dorr. (Eds.), *Children and the faces of television: Teaching, violence and selling*. New York: Academic Press.

GERBNER, G., GROSS, L., MORGAN, M. & SIGNORIELLI, N. (1986). Living with television: the dynamics of the cultivation process. In J. Bryant & D. Zillmann (Eds.), *Perspectives on Media Effects* (pp. 17-40). New Jersey: Lawrence Erlbaum Associates.

GERBNER, G., GROSS, L., MORGAN, M. & SIGNORIELLI, N. (1994). Growing up with television: the cultivation perspective. In J. Bryant & D. Zillmann (Eds.), *Media Effects: Advances in Theory and Research* (pp. 17-41). New Jersey: Lawrence Erlbaum Associates.

GÓMEZ, J. I. A. (Dir.). (1997). *La otra Mirada a la tele. Pistas para un consumo inteligente de la televisión* (pp. 35-45). Huelva: Junta de Andalucia. Consejería de Trabajo e Industria. Dirección General de Comercio, Consumo y Coop. Económica.

GOODMAN, I. (1983). Television's role in family interaction: A family systems perspective. *Journal of Family Issues*, June.

GUNTER, B. & MCALEER, J. (1997). *Children & television* (2nd ed.). London: Routledge.

HUESMANN, L. R. (1986). Psychological processes promoting the relation between exposure to media violence and aggressive behavior by the viewer. *Journal of Social Issues, 42*, 125-140.

HUESMANN, L. R. & MILLER, L. S. (1994). Long term effects of repeated exposure to media violence in childhood. In L. R. Huesmann (Ed.), *Aggressive Behavior: Current perspectives* (pp. 153-186). NY: Plenum Press.

HUSTON, A. C. & WRIGHT J. C. (1994). Educating children with television: The forms of the medium. In D. Zillmann, J. Bryant & A. C. Huston (Eds.) (1994). *Media, children, and the family: Social scientific, psychodynamic, and clinical perspectives* (pp. 73-84). New Jersey: Lawrence Erlbaum Associates Publishers.

HUSTON, A. C., ZILLMANN, D. & BRYANT, J. (1994). Media influence, public policy, and the family. In D. Zillmann, J. Bryant & A. C. Huston (Eds.), *Media, children, and the family: Social scientific, psychodynamic, and clinical perspectives* (pp. 3-18). New Jersey: Lawrence Erlbaum Associates Publishers.

ÍGADO, M. F. (1997). Que te(le) aproveche. In J. I. A. Gómez (Dir.), *La otra Mirada a la tele. Pistas para un consumo inteligente de la televisión* (pp. 35-45). Huelva: Junta de Andalucia. Consejería de Trabajo e Industria. Dirección General de Comercio, Consumo y Coop. Económica.

IGLESIAS, F. (1990). *La television dominada*. Madrid: Rialp.

JO, E. & BERKOWITZ, L. (1994). A priming effect analysis of media influences: an update. In J. Bryant & D. Zillmann (Eds.), *Media Effects: Advances in Theory and Research* (pp. 43-60). New Jersey: Lawrence Erlbaum Associates.

KOTLER, J. A., WRIGHT, J. C. & HUSTON, A. C. (2001). Television use in families with children. In J. Bryant & J. A. Bryant (Eds.), *Television and the American Family* (2nd ed.) (pp. 33-48). New Jersey: Lawrence Erlbaum Associates Publishers.

LEMISH, D. (1986). Viewers in diapers. In T. Lindolf (Ed.), *Natural audiences: Qualitative research of media uses and effects*. Norwood, NJ: Ablex.

LINZ, D. G. DONNERSTEIN, E. & PENROD, S. (1984). The effects of multiple exposures to filmed violence against women. *Journal of Communication*, 34, *4*, 130-147.

LINZ, D. G. DONNERSTEIN, E. & PENROD, S. (1988). Effects of long-term exposure to violent and sexually degrading depictions of women. *Journal of Personality and Social Psychology*, *55*, 758-768.

LULL, J. (1980). The social uses of television. *Human Communication Research*, *6*, 197-209.

LULL, J. (1990). Family's social uses of television as extensions of the household. In J. Bryant (Ed.), *Television and the American Family* (pp. 59-72). New Jersey: Lawrence Erlbaum Associates.

MACBETH, T. M. (Ed.) (1996). *Tuning in to young viewers: Social science perspectives on television.* California: Sage Publications.

MATOS, A. P. M. (1996). *Televisão e agressividade: contributo para o estudo da relação entre exposição a programas televisivos violentos e agressividade dos adolescentes.* Tese de Mestrado apresentada à Faculdade de Psicologia e de Ciências da Educação da Universidade de Coimbra.

MATOS, A. P. M. (2002). Mediação da televisão na família: A importância da comunicação familiar. *Revista Portuguesa de Pedagogia*, 36, *1*, *2* e *3*, 337-353.

MATOS, A. P. M. (2004). *Televisão e violência. (Para) Novas formas de olhar*. Tese de doutoramento não publicada apresentada à Faculdade de Psicologia e de Ciências da Educação da Universidade de Coimbra.

MATOS, A. P. M. & FERREIRA, J. A. (1997). Estudo dos Hábitos Televisivos de Alunos do Terceiro Ciclo do Ensino Básico. In *Actas do 1.° Congresso Luso-Espanhol de Psicologia da Educação*. Coimbra: APPORT.

MATOS, A. P. M. & FERREIRA, J. A. (1998). Televisão e desenvolvimento pessoal. *Psicologia, Educação e Cultura*, Vol. II, *2*.

MCLEOD, J. M., FITZPATRICK, M. A., GLYNN, C. J. & FALIS, S. F. (1982). Television and social relations: Family influences and consequences for interpersonal behavior. In D. Pearl, L. Bouthilet & J. Lazar (Eds.), *Television and behavior: Ten years of scientific progress and implications for the eighties*. (Vol.2, pp. 272-286). Washington DC: US Government Printing Office.

MESSARIS, P. & SARETT, C. (1981). On the consequences of television-

-related parent-child interaction. *Human Communication Research, 7, 3*, 226-244.

MOLITOR, F. & HIRSCH, K. W. (1994). Children's toleration of real-life aggression after exposure to media violence: A replication of the Drabman and Thomas studies. *Child Study Journal, 3*, 191-203.

MONTEIRO, M. B. (1999). Meios de comunicação social e construção da realidade social. Crescer com a violência televisiva em Portugal. *Psicologia*, Vol. XII (*2*), 321-339.

NATHANSON, A. I. (1998). Identifying and explaining the relationship between parental mediation and children's aggression. *Communication Research, 26*, 124-143.

POSTMAN, N. (1982). *The disappearance of childhood.* New York: Vintage Books.

PRASAD, V. K., RAO, T. R. & SHEIK, A. (1978). *Mother vs. commercial. Journal of Communication*, 28, *1*, 92-96.

REID, L. N. & FRAZER, C. (1980). Children's use of television commercials to initiate social interaction in family viewing situations. *Journal of Broadcasting, 24*, 149-158.

ROBERTS, C. (1981). Children's' and parents' television viewing and perceptions of violence. *Journalism Quaterly, 58*, 556-564.

ROBERTSON, T. S. (1979). Parental mediation of television advertising effects. *Journal of Communication,* 29, *1*, 12-25.

RODRÍGUEZ, A. R. (2001). La televisión: ocio, entretenimiento o pedagogía? En el centro de la vida. In T. F. García & A. G. Rico (Coord.), *Medios de comunicación, sociedad y educación.* Cuenca: Ediciones de la Universidad de Castilla-La Mancha.

RULE, B. G. & FERGUSON, T. J. (1986). The effects of media violence on attitudes, emotions and cognitions. *Journal of Social Issues*, 42, *3*, 29-50.

SALOMON, G. (1977). Effects of encouraging Israeli mothers to co-observe 'Sesame Street' with their five-year olds. *Child Development, 48*, 1146-1151.

SINGER, D. G. & SINGER, J. L. (1994). Evaluating the classroom viewing of a television series: "Degrassi Junior High". In D. Zillmann, J. Bryant & A. C. Huston (Eds.) (1994). *Media, children, and the family: Social scientific, psychodynamic, and clinical perspectives* (pp. 97-115). New Jersey: Lawrence Erlbaum Associates Publishers.

SINGER, J. L., SINGER, D. G. & RAPACZYNSKI, W. S. (1984). Family patterns and television viewing as predictors of children's beliefs and aggression. *Journal of Communication, Spring*, 73-89.

SMITH, R. G. & DONNERSTEIN, E. (1998). Harmful effects of exposure to media violence: Learning of aggression, emotional desensitization, and fear. In R. G. Geen & E. Donnerstein (Eds.), *Human Aggression: Theories, research, and implications for social policy* (pp. 167-202). California: Academic Press.

ST. PETERS, M., FITCH, M., HUSTON, A. C., WRIGHT, J. C. & EAKINS, D. J. (1991). Television and families: What do young children watch with their parents? *Child Development, 62*, 1409-1423.

VAN EVRA, J. (1998). *Television and child development* (2nd Ed.). New Jersey: Lawrence Erlbaum Associates.

WATKINS, B. A., CALVERT, S. L., HUSTON-STEIN, A. & WRIGHT, J. C. (1980). Children's recall of television material: Effects of presentation mode and adult labelling. *Developmental Psychology, 16*, 672-674.

WILLIAMS, F., SMART, M. & EPSTEIN, R. (1979). Use of Commercial Television in parent and child interaction, *Journal of Broadcasting, 23*, 229-241.

WILSON, B. J., HOFFNER, C. & CANTOR, J. (1987). Children's perceptions of the effectiveness of techniques to reduce fear from mass media. *Journal of Applied Developmental Psychology, 8*, 39-52.

WRIGHT, J. C., ST. PETERS & HUSTON, A. C. (1990). Family television use and its relation to children's cognitive skills and social behavior. In J. BRYANT (Ed.), *Television and the American Family* (pp. 227-251). New Jersey: Lawrence Erlbaum Associates Publishers.

Famílias em situação de risco psicossocial no Brasil: Pesquisa, ética e intervenção

ZÉLIA MARIA MENDES BIASOLI-ALVES[1]
MARINA REZENDE BAZON
Departamento de Psicologia e Educação
Faculdade de Filosofia, Ciências e Letras de Ribeirão Preto,
Universidade de São Paulo, Brasil

Pesquisa e *ética* de um lado, *famílias em situação de risco psicossocial* e *intervenção* de outro. São estes os temas propostos neste capítulo, segundo uma interrelação estreita, visando falar em promoção do desenvolvimento e em fatores de risco, sobretudo nas áreas da educação e da psicologia, e em focalizar a 'família' e o processo de 'socialização' que acontece no seu interior, segundo o contexto sócio-histórico-cultural em que ela se encontra inserida (Áries, 1981).

O tema família toca em assuntos particularmente próximos à experiência de cada um, o que o torna propício a representações particulares e muitas vezes a uma noção subjetiva, mas ele tem atraído a atenção de pesquisadores de diferentes domínios, quer por interesse em conhecer e compreender, a fundo, sua estrutura, características, funções e desempenho, quer com o objetivo de propor estratégias que possam lhe fornecer apoio para a superação de problemas que esteja enfrentando; nesse sentido, a intervenção voltada para determinadas comunidades aparece como um foco de atenção nas últimas décadas do século XX e início do XXI, porque questões ligadas à melhora na qualidade de vida de populações,

---

[1] Coordenadora do Grupo de Pesquisa *Família e Socialização – Processos, Modelos e Momentos no contato entre gerações.*

submetidas a condições de sofrimento e de insuficiência de recursos para superar suas dificuldades, ganham destaque (Alves, 2002; Bazon, 2000).

Assim, a problemática do risco psicossocial têm hoje um forte apelo, o que é mais sério ainda nos países que não fazem parte do 'Primeiro Mundo', dentre os quais se coloca o Brasil, que tem uma realidade multifacetada, assemelha-se a um continente, possui grande diversidade no desenvolvimento de suas regiões e sofreu uma evolução, depois das primeiras décadas do século XVIII, que o transformou de sociedade agrícola em predominantemente urbana, e, com um processo de migração intensa, decorrente, sobretudo, do aumento da industrialização, em meados do século XX, o que colaborou para que muitas de suas cidades crescessem 400% a 800% em cerca de 50 anos, sem a devida infra-estrutura, expandindo-se as periferias com condições precárias; outrossim, o país é definido como uma Federação, tem o poder submetido a amplos interesses, e, não possui uma distribuição justa dos recursos, mantendo uma desigualdade social extrema (Aptekar, 1996).

O que se observa, de modo bem generalizado em boa parte das cidades brasileiras de porte médio ou grande, são as más condições de habitação em muitos de seus bairros periféricos e até em alguns espaços centrais, em que predomina a superpopulação; cresceu bastante a dificuldade para que as famílias tenham uma alimentação apropriada; há um índice baixo de escolaridade e ausência de empregos, para homens ou mulheres, que ofereçam salário suficiente para uma sobrevivência digna, e aí as mulheres mantêm um trabalho como domésticas em casas de famílias de camada média e alta; por outro lado, a criança, sem muita supervisão e tendo dificuldades para estar na Escola, permanece na rua para mendigar ou realizar algum trabalho menor. E, nesse sentido, pode-se dizer que são muitas as famílias que se encontram em situação de risco para o desenvolvimento das crianças, adolescentes e adultos que dela fazem parte, porque como um sistema, uma unidade inserida em um contexto social mais amplo, sua evolução irá ocorrer sob a influência dessas macro variáveis, como as condições da urbanização, da industrialização, da individualização do trabalho (Bringiotti, 1999; 2002; Szymanski, 1992).

Por outro lado, a Família não é uma entidade estática, mas um organismo social mutante, cooperador, que se adapta, mas também atua, mantendo-se num processo constante de interação com os diferentes níveis do ambiente social em que se insere.

Então, torna-se imprescindível pensar a família segundo um modelo bi-direcional, que confirma que ela é transformada por variáveis amplas do social, pelo momento histórico, mas, ao mesmo tempo, afirma que, ao assimilar o que 'vem de fora', ela modifica o que recebe, devolve ao social um produto novo, num ciclo que se repete e recria indefinidamente.

Assim, visualizar a família segundo esse modelo irá implicar em considerar os muitos fatores de impacto que atuam sobre ela, como a pobreza/miséria, os meios de comunicação de massa, o número cada vez maior do contingente feminino que assume trabalhar fora de casa, mas também verificar como ela costuma reagir, os diferentes tipos de estrutura que apresenta, o vínculo entre seus membros, os recursos que busca para sobreviver.

A pergunta que se faz é: *Quais seriam os focos importantes para levar a efeito uma análise do núcleo familiar?*

Scabini (1992) fala em dois: a) as funções que exerce; b) o êxito que obtém. Pode-se dizer que como funções, cabe à família ser o agente principal da socialização primária, a mantenedora da convivência e do cuidado intergeracional, determinando como vão se dimensionar as práticas de educação de sua prole, como fica o ambiente em que a criança vai viver, quais as formas e limites para as relações entre as gerações mais velhas e a mais nova (Biasoli-Alves, 1997); quanto à medida de seu sucesso, ela está em não falir e solucionar com êxito o tipo de vínculo requerido nas várias idades da vida pelas gerações co-presentes.

Daqui decorrem questões importantes ao se falar de pesquisa e intervenção, porque é importante que se pense: *O que é ser criança/jovem hoje? O que as gerações mais novas esperam dos adultos? Estes, como vêem seu papel frente aos filhos? Quais os problemas com que se defrontam? O que seriam condições adversas ou riscos para o desenvolvimento?*

Antes de responder, é preciso, primeiramente, enfatizar que épocas e culturas diversas tiveram *Zeitgeists* ou 'o espírito dos tempos', também diversos (Mercier, 1998, p. 310) e, com base nisto, assinala-se que a evolução do pensamento sobre o desenvolvimento passa por três momentos: 1) O primeiro de normatização – quando são criados instrumentos para medir e dizer o que está ou não de acordo com a norma, a média, a mediana ou a moda; 2) O segundo, de busca de compreensão e atribuição de causalidade a determinadas variáveis, de acordo com sistemas diferentes de interpretação do comportamento humano; 3) Mais recentemente, a identificação e atuação sobre Fatores de Risco, depois Fatores de Proteção, e a discussão do fenômeno da Resiliência[2] (Rutter, 1998).

Portanto, as mudanças na maneira de estudar o desenvolvimento humano vão do foco na descrição e normatização para chegar a prioritariamente buscar o processo e a explicação. Nesse sentido, a Abordagem Bio-Ecológica de Bronfenbrenner (1999) traz uma contribuição fundamental ao indicar os muitos aspectos que devem ser analisados para se discutir desenvolvimento: Tempo, Pessoa, Processo e Contexto (neste incluídos o Micro, Meso, Exo e Macro Sistemas; Alves, 2002; Tudge, 2001)[3], identificando-se, a partir deste referencial teórico, os focos para se discutir desenvolvimento e intervenção.

Inicialmente, focaliza-se a *pessoa*; neste aspecto, quando existe algum desvio, por exemplo, a criança que nasce com determinadas características que denotam, desde o início, que ela será diferente da maioria e que precisará de um trabalho específico para que adquira habilidades e comportamentos socialmente desejáveis, é considerado que ela estará em situação de risco para o desenvolvimento, sobretudo se desde o nascimento ela apresenta dificuldades, o que pode acabar se refletindo também em adversidades para todos os membros da família, atrasando ou impedindo que se cumpram tarefas próprias de cada fase.

Mas, nesse trabalho interessa focalizar mais a atenção na análise do *contexto*, incluindo seus quatro sistemas, Micro, Meso, Exo e Macro (Tudge, Gray & Hogan, 1997).

O estudo do Micro contexto destina-se a avaliar as interações adulto x criança, as práticas de cuidado e educação utilizadas, as atitudes dos adultos, os padrões de reação da criança, e os sentimentos expressos; a literatura (Herbert, 1987; 2003) mostra que práticas educativas diversas têm efeitos diferentes: assim, a punição física tem conseqüências que não são as mesmas da punição verbal, que, por sua vez, divergem das da indução e da prevenção. Baumrind (1965) faz uma análise extensa sobre composições das dimensões das práticas de cuidado e educação, e elabora um

---

[2] Tendo como referência, na Física, a resistência de certos materiais.

[3] A autora propõe quatro estilos: O Restritivo e Hostil, cujas consequências seriam o isolamento social e a timidez; O Restritivo e Caloroso, que geraria a submissão, obediência, dependência, falta de criatividade e amizade; O Permissivo e Hostil, favorecendo o aparecimento da delinqüência; O Permissivo e Caloroso, a criatividade, independência e amabilidade.

modelo que fala de Estilos Parentais e dos efeitos de cada um no comportamento da criança[4].

Pesquisas sobre os padrões atuais adotados por famílias brasileiras para educarem seus filhos (Biasoli-Alves, 1995, 2001; Bruschini, 1993; Figueira, 1987; Szymanski, 1992) permitem afirmar primeiramente o predomínio de um conjunto grande de alterações nas práticas educativas nas últimas décadas, bem como nos valores que os adultos assumem; segundo, que a tendência é cuidar muito, expressar afetividade com freqüência, condenando a punição física, mas adotando outras formas de correção do inadequado, que também têm conotação punitiva.

Por outro lado, é preciso assinalar que há situações que dizem mais respeito aos adultos, que afetam grandemente não só a sua relação com a criança, mas todo o ambiente doméstico, gerando uma sistemática de tensão e ansiedade, como problemas de saúde física dos pais, uso de drogas e álcool por eles, presença de doença mental, depressão, stress e, em especial, atitudes de abuso, violência e negligência frente à criança. E, como outras tantas sociedades, também a brasileira apresenta micro contextos plenos de dificuldades, como o comprovam os estudos de Azevedo e Guerra (1989, 1994, 1997), enfatizando-se que Maus Tratos não são apenas os que deixam marcas físicas evidentes, pois a ausência ou falha de atenção cria situações extremamente adversas para o desenvolvimento (Lacharité, 1999a; Bringiotti, 2002); apenas, quando existe o Abuso[5] físico ou sexual, é mais fácil indicar os seus efeitos nefastos para a criança, a má qualidade de vida que decorre da quebra de seus direitos fundamentais e as conseqüências que acabam por atingir a todos os membros do núcleo familiar. Mas, ao falar de vitimização, inclui-se, além da física e sexual[6], também a psicológica, que alguns equiparam à "tortura", englo-

---

[4] Costuma-se adotar a denominação de vítima para os que são sujeitos de maus-tratos – abuso e negligência – passando-se a chamar o processo de vitimização.

[5] A primeira incluindo os castigos corporais extremos ou inapropriados; a segunda os atos, jogos ou interações que têm por finalidade a estimulação sexual do abusador, de terceiros e/ou do próprio abusado.

[6] É importante que se saliente que o fenômeno da violência doméstica esteve presente ao longo de toda história do homem, porém, apenas no século XX é que foram realizados estudos relevantes para o conhecimento do assunto e que certos avanços, como os da Medicina, permitiram (após a invenção dos raios X), distinguir entre os casos de lesões geradas por sevícias e as conseqüências de acidentes; também os maus tratos aparecem em igual proporção em famílias pobres como nas ricas.

bando os gestos de depreciação, ameaças, ataques verbais, assim como o confinamento, e a negligência afetiva, caracterizada pela ausência de manifestações de cuidado, interesse e calor humano.

Depois da análise do Micro sistema, parte-se para o foco no Exo e no Macro sistemas, buscando avaliar relações entre Cuidado e Negligência e condições sócio-econômicas, e a questão das políticas públicas, os valores subjacentes a determinadas práticas. Nesse sentido, é importante anotar que na sociedade brasileira predomina ainda, de um modo geral, uma atribuição de responsabilidade aos homens pelo status social da família, pelo suporte econômico, e pela disciplina e que a não possibilidade de cumprir este papel pode acarretar problemas (Amato, 1998).

Na seqüência, pontua-se que as camadas médias dispõem de um conjunto grande de recursos que permitem a elas contar com diferentes tipos de ajuda para criar e educar sua prole, o que não garante a não existência de condições adversas na interação dos adultos com suas crianças, mas isto não decorreria de fatores externos; por outro lado, nas chamadas camadas populares em que predomina a pobreza, e até a miséria, a rede de apoio social existe, mas é de natureza diversa da observada para as famílias com melhor situação econômica e são muitos os aspectos que se originam pela falta de recursos para a sobrevivência, e que podem interferir na qualidade das relações e nas possibilidades de desenvolvimento oferecidas, sobretudo às crianças e jovens, dada a dificuldade maior dos homens na manutenção de seu papel de provedores. Assim, esperar-se-ia encontrar mais problemas nas camadas populares do que nas médias e alta, ainda que a literatura enfatize que o abuso e os maus-tratos não são apanágio de uma determinada classe social[7].

Por outro lado, estudos sobre as razões que levam os adultos a praticarem a violência contra seus filhos tem trazido à luz diferentes modelos explicativos (Guerra, 1993). Inicialmente é colocado que elas tenderiam a se alterar de acordo com o contexto cultural e o momento histórico; mas, o primeiro modelo registrado é o Psicopatológico, que atribui a causa do problema ao agressor, que seria doente, e, portanto o responsável pelo quadro de violência; contudo, atualmente, a tendência está em adotar a visão Sócio-psicológica, que procura explicar o fenômeno dos maus tratos de

[7] Órgãos criados depois da promulgação do ECA, que tem em sua composição, pessoas eleitas pela comunidade.

acordo com sua complexidade, considerando-o fruto da interação de diversos fatores, com ênfase nas condições ambientais ligadas à presença da pobreza, uma vez que o abandono de crianças é muito mais freqüente nas populações que atingem o nível da miséria.

À medida em que esses problemas começaram a ter maior visibilidade, surgiram instituições e programas, e as famílias identificadas com uma ou mais dificuldades passaram a ser alvo de vários tipos de intervenção.

Nesse ponto, torna-se importante assinalar a evolução das idéias sobre Direitos Humanos, que se consolidaram na busca da Liberdade Igualitária do século XVIII, e se firmaram após a Segunda Guerra Mundial, em 1948, com a Declaração Universal dos Direitos Humanos, passando a vigorar na forma de leis, elaboradas a partir de Convenções. No Brasil, é após a Constituição de 1988 e sob a influência de um movimento que engajou diferentes setores da sociedade, preocupados com as más condições sociais de um grande número de pessoas, sobretudo de crianças (neste momento, já presentes nas ruas das grandes cidades), que, em 1991, após dez anos de discussões com a Comunidade, a Academia e o Judiciário, foi promulgado *o Estatuto da Criança e do Adolescente – ECA*, um conjunto de normas com o objetivo de colocar 'A Infância e a Juventude ao abrigo da negligência, da Discriminação, da Violência, da Crueldade, da Exploração, da Opressão' e que, segundo o UNICEF, faz o Brasil se des-tacar, porque se trata de uma lei avançada na defesa dos direitos da criança/adolescente, colocando-os como pessoas a serem respeitadas, sujeitos de cuidados prioritários por estarem em condição peculiar de desenvolvimento.

E, dentre os direitos juridicamente garantidos às crianças e adolescentes, destaca-se o do convívio familiar e comunitário, reconhecendo que a família é um local privilegiado de proteção, desenvolvimento e, também, de responsabilidade pela atualização dos outros direitos, cabendo aos Conselhos Tutelares[8] a aplicação das medidas que possam favorecer o cum

[8] Há grande variação, de uma cidade para outra, quanto aos Programas que são instalados para atender às famílias em situação de risco psicossocial. No caso deste trabalho, a referência é a cidade de Ribeirão Preto, interior do estado de São Paulo, cerca de 500 mil habitantes, zona de plantio de cana de açúcar e produção de álcool como combustível.

primento desta medida e de acordo com o que oferecem Programas de Políticas Públicas.

No decorrer dos últimos 12 anos, a Municipalidade[9] e Organizações não-Governamentais foram estruturando programas, visando atender às necessidades das famílias, segundo diferentes perspectivas (Azevedo & Guerra, 1989; Monteiro, 2001):

- *Programas de Auxílio Financeiro.* Incluem-se nesta categoria todos os que propiciam recursos materiais: Programa Municipal de Garantia de Renda Familiar Mínima, Programa de Apoio Alimentar – Cesta Básica e Viva Leite, Programa Cidade Limpa.
- *Programas de Auxílio Psicológico.* Inserem-se nesta categoria os que disponibilizam atendimentos psicológicos, grupos de orientação: Grupo de Mães no CACAV[10], Atendimento Individual a Crianças e Adolescentes no CACAV e em Postos de Saúde, Núcleo de Apoio Psicológico, Grupo de Orientação no Centro de Referência da Criança e do Adolescente;
- *Programas de Auxílio Educacional.* Compreende os programas que têm como objetivo proporcionar Educação; No nível básico tem-se as Escolas, Creches, EMEI's. Em atividades complementares, que podem visar desenvolver aptidões extras, denominados Equipamentos, englobando APAE[11], Pedagogia de Rua, Programa Ribeirão Criança, Núcleos de Atendimento à Criança e ao Adolescente, Centro Social Pau D'Alho, Centro de Referência da Criança e do Adolescente.
- *Medidas Extremas.* Constituídas pelos Abrigos: CACAV; Creche D. Mielli; Centro de Adoção – CARIB I, 1ª fase; CARIB II, 2ª fase; SOBERP – Nosso Clubinho.

---

[9] CACAV – *Centro de Atendimento à Criança e ao Adolescente Vitimizados.*

[10] APAE – *Associação dos pais e amigos dos excepcionais.*

[11] São pesquisas realizadas, em especial, pela Universidade, e que se constituem em trabalhos de Conclusão de Curso de Graduação, dissertações de Mestrado e Teses de Doutorado, em área como Psicologia, Educação, Serviço Social e afins.

Os objetivos deste trabalho são, pois, apresentar e discutir[12]**:**

I – Metodologias que vêm sendo empregadas para se pesquisar o fenômeno do risco psicossocial a que se acham submetidas famílias, crianças, adolescentes e para avaliar as possibilidades de intervenção psicossocial com estas populações;

II – Analisar como funcionam e reagem as famílias assinaladas por violência doméstica, sobretudo diante dos programas/serviços que lhes são oferecidos pela Comunidade e de que se tornam usuárias;

III – Avaliar o que pensam crianças e adolescentes sobre sua família e as práticas de educação por ela utilizadas, após sua colocação temporária em uma casa abrigo;

IV – Verificar questões relativas às práticas de cuidado e educação de filhos em famílias sinalizadas para o Conselho Tutelar;

V – Discutir Ética e Intervenção com populações em situação de risco psicossocial.

VI – Por em questão o papel da Universidade.

ESTRATÉGIAS DE INVESTIGAÇÃO

As estratégias de coleta e análise de dados utilizadas nas pesquisas voltadas para a temática das famílias em situação de risco psicossocial são diversificadas, cada uma permitindo o cumprimento de objetivos específicos, de acordo com parâmetros que lhes são próprios; assim, há as que visam trazer informações que permitam descrever de forma detalhada as situações e o comportamento; outras pretendem investigar as crenças, valores e expectativas; existem as que tentam a comparação de grupos e de determinadas variáveis, de tal modo a favorecer a compreensão do fenômeno; e, por fim, as que têm como objetivo propor e executar programas de intervenção, cuja finalidade pode tanto ser a de remediar situações

---

[12] A Faculdade possui um Centro de Psicologia Aplicada, que tem psicólogos e estagiários.

inadequadas presentes quanto prevenir seu aparecimento. Mais comumente tem-se feito:

1 – *Pesquisa Observacional*, tanto com foco na interação adulto x criança em situações de rotina diária na família ou na instituição, quanto nas condições oferecidas pelo espaço físico no qual a criança transita – Inventário Ambiental – com registros numa abordagem molecular ou molar (Biasoli-Alves, 1996; Dessen & Borges 1998).

2 – *Relato Oral A*, na forma de entrevistas estruturadas ou semiestruturadas, com adultos (Biasoli-Alves, 1989/1993); quando profissionais, com a finalidade de obter dados sobre o funcionamento da instituição, características da clientela atendida e formas de encaminhamento a programas específicos; se pais e mães, visando saber as razões de sua procura pelos serviços, a percepção que têm do atendimento recebido e dos programas de que participam, suas expectativas. *Relato Oral B*, Jogos de Sentenças Incompletas (Alves, 2002; Córdoba & Jimenez, 2001) ou conjunto de Pinturas e Desenhos seguidos de perguntas, usados com crianças e adolescentes, para facilitar sua verbalização sobre temas como família, relacionamento com os pais e pares, programas da Municipalidade ou de ONGs freqüentados.

3 – *Relato Escrito – Questionários* – destinados sobretudo aos profissionais das instituições ou ligados a programas, para levantamento de aspectos específicos, com um número maior de participantes.

4 – *Pesquisa Documental* – que permite avaliar quais são os mandatos das instituições, como elas funcionam no atendimento às populações que delas necessitam, coletando-se os dados dos documentos de que dispõem – Regulamento e Prontuários/Formulários – focalizando-se tanto os itens referentes a objetivos e normas, quanto à clientela atendida.

Quanto aos procedimentos de *Análise*, dependendo do tipo de dado coletado, utiliza-se o sistema Quantitativo/Descritivo, ou o Qualitativo (Biasoli-Alves & Dias da Silva, 1992; Ludke & André, 1986); depois, a Triangulação Metodológica (Biasoli-Alves, 1998; Carvalho da Silva, 1998). O foco das investigações varia, e três abordagens conceituais predominam: 1 – A da Psico Educação; 2 – A Bio-Ecológica de Bronfenbrenner; 3 – A do Desenvolvimento ao Longo da Vida.

Com base nestas estratégias de coleta e analise de dados, três grandes blocos de pesquisa são realizados: 1 – As que compõem a Fase do Diagnóstico, que devem contribuir com a descrição detalhada das famílias, das situações por ela vivenciadas, o levantamento de suas crenças, valores, reais necessidades, expectativas, rede de apoio social e recursos de que dispõem. 2 – As direcionadas à Intervenção, com as famílias, crianças e adolescentes, escolares e/ou participantes de ações de instituições, e que comportam tanto uma fase de diagnóstico, feita individualmente, quanto uma de intervenção, sempre realizada em grupo (Bazon, 1999; Colnago, 2000). 3 – As que se destinam a avaliar os programas e projetos executados pelas instituições, sob a perspectiva dos seus usuários, pais, mães, crianças e adolescentes (Augusto, 2002).

CUIDADOS ÉTICOS

As questões ligadas à Ética são tratadas segundo três procedimentos: 1 – Cada projeto de pesquisa, antes de iniciar o contato com as instituições, famílias ou profissionais é encaminhado a um Comitê de Ética em Pesquisa com seres Humanos, para avaliação; 2 – Após aprovação, os pesquisadores elaboram o Termo de Consentimento Esclarecido, que é apresentado aos participantes (quando são crianças ou adolescentes, os pais devem dar o consentimento), para serem assinados, depois de explicada a pesquisa e no que consistirá a sua participação, garantindo-se que todas as informações recolhidas serão mantidas em sigilo; tem-se o cuidado de permitir que as pessoas escolham dia, horário das observações e o local para as entrevistas, esclarecendo-se que podem interromper sua participação no momento em que o desejarem; 3 – Quando necessário, coloca-se à disposição, serviço de orientação ou atendimento[13].

---

[13] 1.° Cada indivíduo é *um* – único – e compõe, em interação com o ambiente, a *sua* linha de desenvolvimento. Assim, a criança nasce com um potencial que irá ou não se expressar, de acordo com o que o ambiente lhe proporcionar. 2.° A finalidade do desenvolvimento está na realização do indivíduo, no atingir a maturidade tendo tido a oportunidade de desenvolver as suas potencialidades. Assim, o papel adequado do ambiente fica muito mais como o de promover as condições para que as características, as capacidades e tendências do indivíduo se expressem, e não o de ser juiz.

PESQUISAS VOLTADAS À FASE DE DIAGNÓSTICO E AVALIAÇÃO DE PROGRAMAS DE ONGS E MUNICIPALIDADE

I – Famílias sinalizadas aos Conselhos Tutelares, cujas crianças/adolescentes foram encaminhados a uma Instituição de Abrigo; três estudos foram realizados: a) Os profissionais que neles atuam, responsáveis por ações específicas – um assistente social, um terapeuta ocupacional e um psicólogo – foram entrevistados, obtendo-se dados sobre uma amostra de 13 crianças/adolescentes, em acompanhamento naquele momento; b) Foi feito um levantamento sobre os problemas determinantes do abrigamento de crianças e características das famílias, a partir da consulta aos prontuários (n=40); c) Observação de intervenções em andamento – crianças abrigadas e suas famílias, participando-se de uma sessão de grupo de caráter profissionalizante com os adolescentes e acompanhando seis visitas domiciliares, sendo o registro, na forma de relato, feito a posteriori.

II – Outra investigação foi realizada com dois grupos, cada um com 17 crianças e adolescentes, com idades entre 10 e 16 anos, que responderam a Jogos de Sentenças Incompletas, sobre família, relacionamento com pais, abrigamento; o grupo 1 ficou composto por crianças e adolescentes (10 meninos e 7 meninas, idade média de 14 anos) que, devido à vitimização, foram retirados da guarda de seus pais e/ou responsáveis e encontravam-se, no momento da pesquisa, sob medida de proteção, acolhidos em instituições de abrigo, todos freqüentando escola; o grupo 2 foi composto de forma parecida ao 1, à exceção da história anterior de vitimização.

III – Pesquisa feita com famílias (n=10) que tiveram seus filhos abrigados, por questões de maus-tratos, incluindo violência física e negligência; foram entrevistados os adultos, maioria mães, responsáveis pelos abrigados e os adolescentes egressos da instituição (Augusto, 2002). Os objetivos desta investigação foram conhecer as características e as necessidades de famílias identificadas como tendo cometido violência física e/ou negligência contra seus filhos, focalizando especialmente suas percepções a respeito da própria problemática, suas opiniões e expectativas acerca dos programas/serviços destinados à sua resolução, visando, através dos dados coletados, ter subsídios para o planejamento de programas para atendimento desta clientela.

IV – Estudo, através de análise documental, das queixas apresentadas a um dos Conselhos Tutelares da cidade, durante o ano de 2003, com base nos dados de cada família, constantes do livro de registro de casos, que fornece o motivo pelo qual o assinalamento foi feito, a data deste, o nome, endereço e data de nascimento da vítima da agressão. Esta coleta tinha por objetivos obter a freqüência total de casos atendidos no Conselho Tutelar em 2003, verificar os tipos de maus-tratos registrados, sua freqüência e o encaminhamento dado, para subsidiar projetos futuros de intervenção.

V – Pesquisa com adolescentes sob medida de proteção, acolhidos em instituições de abrigo, que responderam a questionários e Jogos de Sentenças Incompletas, salientando-se que desde seu surgimento em 1995, até Junho de 2000, foram encaminhados ao Programa um total de 127 adolescentes que tiveram envolvimento com atos infracionais (Pereira & Mestriner, 1999).

RESULTADOS

I – *Caracterização das famílias investigadas, agrupando as amostras dos vários estudos.*

a) Estrutura familiar – Há 49% de famílias monoparentais (mãe sozinha com os filhos), 29% de famílias bi-parentais naturais (pai e mãe biológicos), 18% de famílias bi-parentais reconstituídas (mãe biológica e padrasto), 2% de famílias bi-parentais adotivas e 1,9% de famílias monoparetais centradas no pai (pai sozinho ou viúvo com filhos).

1 – De acordo com a análise dos documentos no Estudo Ib, o Abrigo visa "atender e abrigar provisoriamente crianças e adolescentes vitimizados", incluindo "atender adequada e criteriosamente a família do abrigado, acionando e mobilizando recursos necessários", além de "valorizar e facilitar a manutenção ou a recuperação dos vínculos familiares, desde que isto seja viável". Os Maus-tratos registrados (somando-se as freqüências em todos os estudos realizados), foram os seguintes: Negligência, 33,3%; Abandono, 12%; Violência física, 22%; Negligência e Violência física 8%; Negligência, Violência física e Mendicância 3,9%; Negligência, Violência física e Violência Psicológica, 3,9%; Violência sexual, 8%; Sem

definição, 9%. Portanto, as categorias mais freqüentes são negligência, violência física e abandono. Aparecem também, de forma constante, os problemas identificados nos adultos, ou na família: em 44% há o relato de violência conjugal, em 40,8% o de uso de drogas/álcool, em 6,6% há referência a adultos envolvidos com criminalidade, em 10,5% a problemas de prostituição, em 7,9% de saúde mental, e em 2,6% de doença física grave. Em alguns casos, o pai, com problemas de alcoolismo ou drogadição, é "expulso" de sua casa por ser violento com os filhos, e a mãe decide assumir a sua criação e educação, responsabilizando-se inteiramente pelos cuidados para com eles.

2 – Na caracterização, pois, das famílias e dos tipos de maus tratos, de acordo com o relato dos profissionais, Estudo Ic, são destacados apenas os aspectos negativos, adotando-se o *prisma das dificuldades*, sem referência a pontos positivos, a potencialidades ou a recursos que estas famílias teriam.

3 – Por outro lado, as demandas para o abrigamento dos jovens partem de várias instâncias: do Conselho Tutelar, do Poder Judiciário e até da própria família. Além da violência física e da negligência contra os filhos, como causa do abrigamento, notam-se algumas especificações bem diferentes de violação, tais como Miserabilidade, Inadequação na Convivência Familiar, Abandono e Evasão do Lar (Estudo IV). Neste último caso vem se juntar a hipótese explicativa que fala da incapacidade de alguns pais para cuidarem de seus filhos, e a solicitação de apoio externo para impor limites ao seu comportamento. O que se pergunta, diante desses dados, é se é justificável abrigar uma criança ou adolescente, retirando-a do seio de sua família, por motivos tais como Miserabilidade ou Inadequação do Convívio Familiar, sobretudo se se levar em conta que as crianças e adolescentes, usuários diretos destes abrigos, em sua maioria dão a eles uma avaliação negativa (85%). Essas críticas se embasam em denúncias constantes de seus relatos, tais como: maus tratos dos monitores; assédio sexual perpetrado pelas crianças mais velhas, também abrigadas; uso escondido de cigarro dentro do abrigo; fugas; brigas com crianças maiores; maus cuidados com a higiene pessoal.

4 – As famílias investigadas participam de diferentes programas oferecidos pela Municipalidade ou ONGs, em média de cinco a seis. O tempo

de abrigo varia de: uma semana a 60 meses, com uma média de 12 meses. Quanto aos tipos de programa de que são usuárias, os de auxílio financeiro correspondem a 1,4 por família, de auxílio psicológico 1,2, de auxílio educacional 2,8. Outra informação relevante é que nove em dez famílias recebem o auxílio financeiro, ou seja, em primeiro lugar vem a busca pela sobrevivência, sobretudo garantir a alimentação.

5 – Quanto ao agente violador, 70% se assume como tal, ou tem ciência dos motivos do abrigamento. E a distribuição evidencia que em 55% dos casos trata-se da Mãe, em 9,8% do Pai, em 23% Pai e Mãe, em 7,8% do Padrasto, 2% outro parente, e o mesmo para a Mãe adotiva. Por outro lado, a aprovação do abrigo é alta (60%), porém não no mesmo nível dos Programas de Auxílio Financeiro, que atingem os 100%. Há satisfação também com os Programas de Auxílio Psicológico, mas não de forma isenta de críticas e sugestões.

6 – Os resultados referentes ao PSC indicam desconforto em relação ao trabalho que devem realizar, mas a ocupação do tempo é vista como algo positivo, além de perceberem que há uma lição, porque existe um aprendizado; e a reação das famílias ora é positiva, ora negativa. Destaca-se, entretanto que não há critérios que definam quem é o adolescente que pode se beneficiar com essa medida, verificando-se perfis bastante diversificados, apesar de certa predominância de encaminhamento dos que praticaram infrações leves.

7 – O levantamento (Estudo III) indicou que, durante o ano de 2003, o Conselho Tutelar I recebeu 618 denúncias de maltrato infantil, sendo essas agressões classificadas, segundo os próprios conselheiros, em: *Violência Física, Violência Sexual, Violência Psicológica, Negligência, Miserabilidade, Abandono, Problemas de Comportamento, Evasão Escolar, Drogadição, Maus tratos, Conflito Familiar, Fuga do Lar, Abrigo, Problemas de Saúde, Sem Responsável Legal, Entrega para o Responsável, Vaga em Escola, Vaga em Creche, Registro Civil, Recâmbio.*

Esses dados do Conselho Tutelar I, referentes a 2003, indicam que a maior parte das famílias que procura o serviço vai pedir auxílio e encaminhamento a programas sociais, uma vez que a queixa mais freqüente, neste ano, refere-se a sua situação de *Miserabilidade* (99 casos em 618). A segunda causa de busca pelo Conselho deve-se a formas de lidar com *Pro-*

blemas de Comportamento (75 casos), em especial de adolescentes. Além destas duas categorias, destaca-se a procura por *Vagas*, em *Escolas* e em *Creches* (92), e necessidade de obter o *Registro de Civil* para os filhos (35 casos), ou seja, há muitas famílias que, cientes de seus problemas, vão atrás de quem possa auxiliá-las, o que dá ao Conselho Tutelar outras atribuições, não previstas no seu mandato.

8 – Quanto às famílias que foram assinaladas, 69 denúncias tiveram como motivo *Negligência*, 19 a *Violência Física, 29 a Sexual e 7 a Psicológica*. As outras categorias, como *Drogadição, Conflito Familiar, Evasão Escolar* e *Recâmbio* ficaram responsáveis por 15 a 20 casos cada.

9 – Os dados obtidos referentes à história dos contextos familiares, no Estudo IV, inseridos na dinâmica da violência doméstica, podem ser melhor observados segundo os dados: Das violações cometidas, a Negligência e Violência sozinhas e somadas uma a outra, são responsáveis por 90% dos casos de abrigamento, restando a Miserabilidade=10%; por outro lado, o agente agressor é a mãe em 80% das vezes, e em 10% o pai.

Nesta mesma direcção, chama atenção o número muito elevado de casos (37,7%) em que não há informações concretas sobre o mal perpetrado. Isto talvez expresse as dificuldades de se trabalhar com o conceito e as tipificações da "violência doméstica", uma área, conforme apontamentos da literatura (Guerra, 1993; Bruschini, 1993; Azevedo & Guerra, 1994), ainda sem critérios ou indicadores bem definidos e de aceitação geral pela comunidade. Há mais um caso importante, relacionado à falta de precisão no emprego de indicadores de violência intra-familiar e que diz respeito à tipificação de "negligência" (30,2%), caracterizada por uma omissão ou insuficiência de cuidados essenciais, nem sempre intencionais, o quê impõe a necessidade de reflectir sobre as acções de intervenção visto que, certamente, não podem ser na mesma linha das adoptadas nos outros casos de violência. Também o abandono, categoria que aparece como definidora do abrigamento em certa porcentagem de casos, pode ter outras interpretações quando se analisa a situação de certas famílias, em que não houve a intenção de deixar as crianças, mas aconteceu a detenção policial dos pais, internação por problemas de saúde mental e mesmo a procura por um trabalho que permita a manutenção da família, ainda que em outra cidade ou região (Bazon, 2000; Marcílio, 1998). A isto viriam se juntar categorias como "criança sozinha em casa" e "situação de rua", que denotam circunstâncias de vida da crianças/adolescentes, e não propriamente uma violência perpetrada intencional ou impulsivamente.

Na continuidade, verificaram-se, nas informações obtidas através de entrevistas, vários pontos que pedem uma discussão; 1) Primeiro, existe superposição e pouca consistência na definição dos motivos assinalados pelos profissionais para indicar o abrigamento. Parece, então, necessário que pesquisas se dediquem a avaliar as definições utilizadas, suas conseqüências, de tal forma a permitir estabelecer uma que seja operacional; 2) Chama atenção também a ausência de registro de recursos de que estas famílias dispõem e de como poderiam ser usados na promoção de seu desenvolvimento. 3) Foram observados alguns fatos tais como: a) Boa parte das crianças obtém abrigo na família extensa, antes de medidas tomadas pelas instituições competentes; b) Em muitas situações, as mulheres estão sozinhas e responsáveis por um número elevado de filhos, vivendo com baixo orçamento doméstico e, embora assinaladas como negligentes, queixam-se de dificuldades no manejo do comportamento deles, e usam a punição física, mesmo severa, como forma de educar, para que não se tornem 'bandidos'; c) Há famílias que trabalham pelo retorno das crianças/adolescentes ao seu convívio, mas enfrentam problemas nesta volta, sentindo-se desautorizadas; d) Os adolescentes investigados têm, na sua maioria, um conceito positivo da família e manifestam o desejo de retornar a ela.

No Estudo V, partiu-se da consideração da Lei Federal, que concebe o jovem infrator, antes de tudo, como uma pessoa em desenvolvimento, sendo que as medidas sócio-educativas previstas devem ser de ressocialização e não de retribuição, ou seja, precisam propiciar a oportunidade de que o curso do desenvolvimento seja reassumido, atualizadas as potencialidades e superadas as dificuldades.

Quando ocorre o abrigamento, segundo o relato tanto dos jovens quanto das famílias, a separação resultante é dolorosa para ambas as partes. Por outro lado, quanto às conseqüências psicológicas, refletidas na educação e "bons modos" da criança e/ou adolescente, verificou-se menor disponibilidade sua para obedecer, gerando, sobretudo para as mães, dificuldades em lidar com seus filhos, depois que retornam ao lar; parece que a família perde a autoridade, e até seu papel acolhedor, pois a criança não mais a vê como garantia de segurança, já que vivenciou experiências ruins, e por medidas externas, teve que se privar da convivência familiar. Então, parece que o significado de família e relações familiares para essas crianças/adolescentes é, num primeiro momento, positivo. Porém, diante de vivências negativas, o número de respostas evasivas é considerável, o que suscita a idéia de que crianças que passaram por tais experiências têm certa resistência em entrar em contato com o tema, verificando-se, contudo, seu desejo de uma dinâmica familiar positiva.

DISCUSSÃO

Dentre os pontos enfatizados pelo ECA, destaca-se o direito da criança "de ser criada e educada no seio de sua família e, excepcionalmente, em família substituta...". E a família, por sua vez, tem a obrigação de efetivar os "(outros) direitos referentes à vida, à saúde, à alimentação, à educação, ao esporte, ao lazer, à profissionalização, à cultura, à dignidade, ao respeito, à liberdade" (Szymanski, 1992).

O não cumprimento dessa lei possibilita a intervenção jurídica e social, sendo que na primeira, através da avaliação dos órgãos competentes do Estado, pode-se chegar à decisão extrema da retirada do pátrio poder, ou seja, "(...) o Estado pode confiscar o pátrio poder sob diversas circunstâncias, principalmente ao serem constatadas ameaças à integridade física da criança, pelos seus próprios pais" (Guerra, 1985). Além da separação da criança dos pais, que pode se dar pela via de institucionalização, pela guarda por terceiros ou pela adoção, os agressores podem ser legalmente punidos, resultando em conseqüências criminais garantidas pelo ECA, e pelo Código Penal.

Adotar estas medidas implica em ter Programas de Políticas Públicas, cuja função, segundo o ECA, é oferecer assistência social, serviços especiais de prevenção, atendimento médico e psicossocial às vítimas de negligência, maus-tratos, exploração, abuso, crueldade e opressão, numa assistência multidisciplinar, através de uma rede de interações entre os serviços/programas (Junqueira, 1989; Guerra, Santoro & Azevedo, 1992; Takashima, 1994).

A questão que se coloca é: como entender a retirada da criança da guarda da família, eventualmente com destituição do pátrio poder e até com colocação para adoção, como a melhor solução?

Ponderar é possível e necessário, bem como buscar um conhecimento mais aprofundado sobre quem são e como funcionam estas famílias, pois há dados que contradizem esta orientação. Um deles é aquele de que boa parte das crianças já se encontra com pessoas da família extensa, antes que sejam tomadas medidas pelas instituições competentes; pergunta-se então se houve verdadeiramente um abandono ou negligência. Também, em muitas situações, as mulheres estão sozinhas e responsáveis por um número elevado de filhos, vivendo com baixo orçamento doméstico e, embora assinaladas como negligentes, queixam-se de dificuldades no manejo do comportamento deles e usam a punição física, mesmo severa, como forma de educar, segundo elas, para evitar que se tornem bandidos. Nesse sentido, a pesquisa realizada no Conselho Tutelar comprova que há uma diversidade de meios empregados pelos adultos para a salvaguarda, ainda que precária, do cuidado dos filhos, incluindo a busca por ajuda material/financeira e até por abrigamento, que então é percebido positivamente, porque propicia às crianças aquilo que não podem dar (Dacanal, 2000; Bazon, 2000).

Portanto, a medida de proteção "abrigo em entidade", embora caracterizada como provisória e excepcional, é sem dúvida a mais radical de todas, e a que menos coaduna com a manutenção e fortalecimento dos vínculos familiares e comunitários; parece importante que se mantenham as perguntas: quando e por quê retirar uma criança do seio de sua família, colocando-a numa instituição de abrigo, é a ação mais adequada? E, quê preocupações devem acompanhar sua efetivação, de modo a, de fato, garantir a proteção infantil?

É certo que não se pode ainda prescindir deste dispositivo, mas, dado o relativo consenso em torno do impacto nocivo da institucionalização, precisa-se melhor definir os critérios para recorrer a esta medida; outro ponto importante a ser trabalhado diz respeito à qualidade dos abrigos, que tiveram sim avanços organizacionais evidentes, mas compõem-se de práticas cotidianas de cuidado e educação infantil muito frágeis, pouco refletidas ou apoiadas em parâmetros do desenvolvimento humano, reproduzindo, paradoxalmente, alguns dos gestos familiares que constituíram a base das alegações relativas à necessidade de seu afastamento.

Também se coloca em questão qual a condição de mães sozinhas assumirem o compromisso de criação e educação dos filhos sem a presença do pai, dada a necessidade que estas famílias têm de auxílios externos, principalmente o financeiro. Os resultados obtidos nesses estudos evidenciam diversidade de meios empregados pelos adultos para a salvaguarda, ainda que precária, do cuidado dos filhos, bem como a existência de sentimentos conflitantes frente ao abrigamento, além de crenças e uso de práticas de educação que se aproximam dos maus tratos e da violência, mas que parecem assumir, nas camadas pobres, um significado diverso que, mesmo diferentes das desejáveis, ainda assim mostram preocupação com o vir-a-ser da criança.

Discute-se, então: 1) a intervenção com famílias em situação de risco psicossocial de tal modo a que se preste um serviço que favoreça o seu desenvolvimento e de cada um de seus membros, acrescentando a preocupação com o fato de que muitos pais estão enfrentando outro tipo de dificuldade, qual seja, a de exercerem controle sobre o comportamento de suas crianças/adolescentes. 2) Esta constatação encaminha para a análise de outro tema: Partindo do pressuposto que o desligamento das famílias em relação aos Programas, bem como ao Conselho Tutelar, se dá quando as mesmas apresentam melhores condições físicas e estruturais para suas crianças e adolescentes, tendo cessado a violação cometida no passado, há que pensar no tempo e nas condições de atendimento oferecidos a estas famílias. A primeira pergunta que se faz é com relação à eficácia dos Programas oferecidos pela Municipalidade e ONGs naquilo que objetivam. A segunda traz para o centro da discussão as contribuições possíveis da Universidade.

I – Quando analisados *os resultados acerca dos Programas Educacionais oferecidos pela Municipalidade*, percebe-se a alta satisfação (100%) das famílias com esses Equipamentos, ou seja, programas que agregam habilidades ou aqueles em que a criança e o adolescente aprendem conteúdos que vão além dos assimilados na escola de Primeiro e Segundo Graus. De acordo com as entrevistas, as famílias, especialmente as mães, estão preocupadas com o futuro de seus filhos e têm a visão de que estes Equipamentos sejam de cunho profissionalizante, garantindo assim, melhores bases para seus filhos no momento da entrada no mercado de trabalho. Estas idéias expressas acima apontam para uma reflexão acerca do papel que a educação básica tem na visão destas famílias, que parece ser grande. Também é fato que as famílias ao serem solicitadas a alterarem determinadas situações para terem seus filhos de volta em casa (depois do abrigo) fazem todo um esforço para mudarem, o que demonstra a força existente nas relações mãe x filhos.

II – *Outras Estratégias de Intervenção/Parecerias Comunidade x Universidade*

Assumindo como princípio que '*A Universidade é devedora à comunidade do conhecimento que nela é gerado*', o natural é que ela estabeleça parcerias e busque estruturar estratégias que possam favorecer bem-estar e desenvolvimento dela. Trabalha-se segundo a abordagem bio-ecológica de Bronfenbrenner (1994), que fundamenta teórica e metodologicamente as pesquisas, abre perspectivas para que os princípios éticos sejam discutidos e esclarecidos, além de colocar expressamente que a responsabilidade maior do mundo adulto é a criança, ao dizer que a medida do sucesso de uma nação deveria estar no cuidado que a geração mais velha tem para com a mais nova (Bronfenbrenner, 1999; 2000).

Os desdobramentos desta visão vão implicar em alterar a forma de conceber a educação, dando prioridade nela, não à correção do errado, mas à ajuda para que a criança se desenvolva, aprenda, realize as suas potencialidades. E, conseqüentemente ter-se-ia, sem dúvida, também o desenvolvimento dos adultos como pessoas e socializadores, capazes de rever padrões e normas de conduta, adaptando-os para suprir as necessidades da criação e educação de seus filhos.

Para intervir de acordo com esta perspectiva, há que ter por base um conhecimento tanto da realidade vivida pelas famílias a quem os programas se destinam, quanto de como se processa o desenvolvimento na Infância, na Adolescência, na vida Adulta, na Velhice, que condições o promovem, o que lhe é adverso e representa risco, quais fatores agem protegendo.

O aperfeiçoamento, pois, dos programas de intervenção, visando gerar modelos, impõe uma análise das formas de atuação em vigor, passando pelo delineamento do perfil dos beneficiários e das intervenções levadas a cabo. Para alguns autores, o sucesso de uma intervenção passa, antes de tudo, por uma ação que se ajusta às características e necessidades de cada uma das famílias a serem atendidas (Lacharité, 1999a).

Impõe-se a necessidade de se conhecer mais profundamente, por exemplo, as características de famílias que vitimizam seus filhos, para se obter dados concretos, condizentes com a realidade vivida por elas, visando ajudá-las de modo efetivo. É importante revisar as interpretações geralmente simplificadoras das relações estabelecidas dentro da dinâmica familiar, ou seja, o primeiro passo seria olhar estas relações de um outro ponto de vista, buscando entender as particularidades das famílias e os significados de cada comportamento observado no seu interior, sem julgá-los com base nos modelos tidos como ideais e aceitos socialmente como de melhor qualidade (Szymanski, 1992; Bruschini, 1993).

Para além do conhecimento a que se pretende chegar, este posicionamento baseia-se em princípios éticos que envolvem pesquisas deste tipo, englobado o respeito pelo direito e pela dignidade dos sujeitos e a preocupação com o seu bem-estar (Dessen, Avelar & Dias, 1999). O pesquisador deve se posicionar face à família como um investigador, relacionando-se com seus colaboradores enquanto sujeitos, e não objetos de sua pesquisa.

A PROPOSTA DE INTERVENÇÃO

A proposta que se faz, já devidamente testada em alguns estudos (Colnago, 2000; Biasoli-Alves, 2004), tem como pontos fundamentais:

1 – Trabalhar com os pais em grupo;
2 – Apresentar e discutir uma visão do desenvolvimento social, afetivo e moral ao longo da vida, enfatizando o Natural e o Saudável (Lerner & Busch-Rossnagel, 1981; Magnusson & Allen, 1983);
3 – Identificar, nas práticas de cuidado e educação da criança na família, desde o nascimento, os valores subjacentes, sua forma de interferir no desenvolvimento de sentimentos e comportamentos;
4 – Utilizar a observação das situações cotidianas pelos pais, com foco na interação adulto x criança, as atitudes e ações de cada um, como meio para identificar possibilidades de mudança.

Estruturado o grupo de pais, o passo seguinte consiste em consultá-los sobre os temas que gostariam de discutir, trazendo, ao mesmo tempo, sugestões para se falar em: a) Mudanças nas práticas de cuidado e educação da criança e do adolescente, nos dois últimos séculos; b) O certo e o errado em gerações diferentes; c) O que era ser pai/mãe negligente antigamente; como isto é compreendido hoje; d) O que são os maus tratos de hoje comparados às surras de antigamente; e) O desenvolvimento natural e em condições adversas[14]; f) As famílias enquanto detentoras de um 'saber'; g) O valor dos recursos próprios de que os pais dispõem para poderem lidar com seus filhos; h) A importância da informação/busca de recursos na Comunidade.

Justifica-se a necessidade de discutir as práticas de educação, as formas de conduzir os chamados 'encontros disciplinares' com a criança, tendo em vista as suas implicações; os dados evidenciam que na tentativa de controlar o comportamento dos filhos, os pais lançam mão das mais variadas técnicas, a maioria considerada como punitiva, provavelmente por entender que *educar* é corrigir o *que está errado*, o que os coloca como fiscais, sempre atentos e preocupados com o que a criança faz de errado, para poder corrigir. Isto significa criar uma expectativa de que o inadequado aconteça para poder agir como educador. E, se a ação dos pais visa eliminar do comportamento do filho o que é considerado indesejável, a estratégia de que eles dispõem é a punição, e a partir daí eles estabelecem o controle pelo castigo, pela surra, pela retirada de privilégios. Nesse ponto colocam-se as questões: E o bater, ficar bravo, castigar tem funcionado? Sempre? A criança tornou-se mais obediente, estudiosa, comportada?

O trabalho em grupo tem prosseguimento, encaminhando a discussão para esclarecer as formas de punição, com suas conseqüências diversas. Neste âmbito são identificados os dois grupos:

1 – *Da punição física*, caracterizada por bater, empurrar, beliscar, dar coque, puxar a orelha, morder, chegando, às vezes, a formas mais sérias como queimar, quebrar o braço, produzir hematomas na cabeça e em outras partes do corpo; é enfatizado que, como técnica de controle, a punição física é pobre e inadequada, pela supressão temporária do comportamento (Herbert, 1987), a acomodação a ela, exigindo sempre maior intensidade, além de seu efeito colateral, gerando raiva e expondo a criança a atos de violência por parte do socializador, que se torna também um modelo de agressividade. É dito que bater não funciona como controle da

[14] Os exemplos dessa classe de punição são muitos, variados e frequentes: "Eu não gosto mais de você, porque você me desobedeceu"; "Se você continuar assim eu não vou mais querer você"; "Você me põe doente. Você me mata"; "Você é burro; não aprende nada e nunca vai ser nada na vida".

maneira pretendida pelos adultos, mas prejudica, pelo fato de os adultos abusarem de seu poder e condição, impondo à criança maus tratos, cujos efeitos far-se-ão sentir até bem mais tarde na sua vida, podendo inclusive ser o motivo de uma repetição, quando ela estiver no papel de mãe ou pai.

2 – *Da punição verbal*, também dita psicológica, composta por falas que significam a retirada de afeição/ou ameaça de retirada; a produção de remorso e/ou culpa; a diminuição do auto-conceito[15]; é exposto que esta é uma técnica de controle de comportamento eficaz, mas que, se usada sistematicamente, traz danos para a criança no seu desenvolvimento emocional, intelectual, social e acadêmico.

O momento seguinte do trabalho em grupo deverá permitir que apareçam sugestões de outras maneiras de lidar com a educação dos filhos, encaminhando a discussão para mostrar o valor da comunicação, do recurso insubstituível que é o explicar e tornar a explicar o que está certo e o que está errado, expondo às crianças e adolescentes as normas e valores em que os adultos se baseiam para educá-los, podendo desta forma induzi-los ao comportamento adequado, ao mesmo tempo que favorecendo o desenvolvimento de seu auto-controle. São discutidas as Dimensões da Prática de Educação:

Autoridade	Permissividade
Afeição	Frieza – rejeição
Exigência	Condescendência
Consistência	Inconsistência
Comunicação	Ausência de comunicação

Sendo que num extremo tem-se a autoridade absoluta dos pais sobre os filhos a exigência extrema, muito afeto, normas imutáveis e tendo que ser cumpridas, comunicação exacerbada e forte imposição sobre a criança de como deve ser o seu dia-a dia, sem qualquer possibilidade de questionamento; à medida que se muda da esquerda para a direita, nesse contínuo,

[15] Os exemplos dessa classe de punição são muitos, variados e frequentes: "Eu não gosto mais de você, porque você me desobedeceu"; "Se você continuar assim eu não vou mais querer você"; "Você me põe doente. Você me mata"; "Você é burro; não aprende nada e nunca vai ser nada na vida".

diminui a autoridade dos pais, passando pelo meio termo em que a vontade da criança é, algumas vezes, levada em conta, até chegar no outro lado, à permissividade, à ausência de consistência nas normas (ora pode, ora não), do pouco afeto dado e expresso para com a criança, do deixá-la por sua própria conta, sem exigir que faça para o que tem competência e tendo no ambiente familiar a falta da conversa e da explicação.

O encerramento das sessões do grupo prevê:

1) A integração dos conceitos apresentados, enfatizando que a manutenção de condições propícias para o desenvolvimento, ao longo da infância e adolescência, implica na existência de uma relação afetiva com os filhos, na expressão verbal e física de carinho, sem que isto signifique serem os pais indulgentes, porque deles é a tarefa de orientar a geração mais nova, impondo limites e exigindo que sejam respeitados, ao mesmo tempo em que permitindo sua independência, ensinando as responsabilidades do mundo adulto. É reafirmado que a criança não precisa apanhar para aprender, e que há estratégias não punitivas que a educam bem.

2) Levar as famílias à identificação do conhecimento de que são detentoras, das muitas habilidades que têm, das competências no desempenhar suas tarefas, inclusive em situações adversas. Há que enfatizar todos os direitos que possuem, bem como seu valor e importância na educação dos filhos. De acordo com Lacharité (2004), esta forma de proceder, identificando aspectos positivos em uma família ou em seus membros de modo a aplicar medidas pertinentes, além de aumentar as chances em termos de eficiência da intervenção, é uma atitude mais ética, pois, dentro do possível, favorece a manutenção dos vínculos familiares, estando mais compatível com os direitos da criança e do adolescente.

Nas conclusões de um estudo anterior, Biasoli-Alves e Bazon (2003) dizem que provavelmente o papel essencial das investigações realizadas pela Universidade, quando ela está em interação com instituições da comunidade, deva ser o de discutir o diagnóstico com os profissionais que trabalham diretamente com as crianças, adolescentes e pais em programas de intervenção, cujo objetivo é ajudar as famílias a funcionarem de maneira mais efetiva, lembrando que os adultos são modelos para as crianças e que a família, enquanto 'nicho de desenvolvimento', oferece as oportunidades dos primeiros vínculos afetivos e, portanto, da base da socialização.

Dentro desta perspectiva é que se questiona o esquema de atendimento, centrado no abrigamento de crianças e adolescentes. Trata-se de uma alternativa importante e necessária para os casos em que a violência praticada é muito grave e há um risco eminente de se repetir. Porém, essa medida tomada sempre como solução pode representar uma visão estanque e estática do trabalho, mais facilmente adotável quando o olhar se dá pelo prisma dos aspectos negativos da família.

O CAMINHO DA REMEDIAÇÃO À PROMOÇÃO DO CERTO E À PREVENÇÃO

Diz-se, com freqüência, que na família nascem os cidadãos. E, se se reconhece como Postman (1982) que "as crianças são mensagens vivas que enviamos para um tempo que não teremos oportunidade de ver" (p. 19), torna-se preciso cuidar cada vez mais das novas gerações, verificando suas condições sociais, e, sobretudo, responsabilizando os serviços públicos por prover condições mínimas de bem-estar. Para tanto, há que colocar a família como centro da atenção e do apoio. Esta se constitui na proposta para se pensar também promoção do certo e a prevenção, desviando das interpretações que enfatizam o conflito intergeracional como gerador de vitimização, bem como fragilidade e/ou escassez de recursos educacionais dos adultos frente às características e demandas impostas por filhos.

É de essencial importância que estas famílias sejam vistas como necessitadas de políticas públicas que atendam seus direitos básicos, de uma forma não assistencialista, pois a carência frequentemente não é somente de recursos matérias, mas sim de apoio e compreensão de suas necessidades, de respeito a sua forma de se relacionar com o mundo e, em especial, de suas competências (Lacharité, 1999b).

Para concluir, explicitam-se algumas proposições, frente ao que a Universidade deve oferecer, sintetizadas em: Confiança; Congruência; Consideração; Disponibilidade; Empatia; Segurança para com as famílias.

I – Os objetivos dos Programas/Serviços devem ser embasados nas necessidades reais de seus usuários.

II – Existe necessidade de se ampliar a conceituação de risco para o desenvolvimento para outras camadas da população que não as populares, uma vez que vários fatores, diferentes das condições sócio-econômicas, determinam adversidades para o desenvolvimento.

III – É preciso diminuir a crítica às maneiras de as camadas populares criarem e educarem seus filhos, porque isto tem tido como conseqüência culpabilização e resultados negativos, além da possibilidade de ações inadequadas por parte das instituições.

IV – O objetivo é educar para a responsabilidade social, levando os jovens a uma participação mais ativa, que lhes atribua tarefas de acordo com suas potencialidades e capacidades.

V – O adequado é gerar e efetivar projetos de intervenção com base em um conhecimento da realidade em que vivem as populações a que eles se destinam, diminuindo a atuação autoritária do profissional, que, de antemão, assume que sabe o que é melhor para os outros e desconsidera as competências das pessoas.

VI – Há que respeitar a condição que as pessoas têm de aprendizes, dando-lhes a oportunidade de compartilharem de um conhecimento gerado na Academia, e que eles vêm, sistematicamente, contribuindo para a sua construção.

BIBLIOGRAFIA

ALVES, P. B. (2002). *Infância, Tempo e Atividades Cotidianas de crianças em situação de rua: a contribuição da teoria dos Sistemas Ecológicos*. Tese de Doutorado. Porto Alegre: UFRGS.

AMATO, P. R. (1998). More than Money? Men's Contributions to their Children's Lives. In A. Booth & A. C. Crouter (Eds.), *Men in Families – When do they get involved? What difference does it make?* (pp. 241-278). Mahwah: Lawrence Erlbaum Associates.

APTEKAR, L. (1996). Crianças de rua nos países em desenvolvimento: uma revisão de suas condições. *Psicologia: Reflexão e Crítica, 9*, n.° 1, 153-184.

ARIÈS, P. (1981). *História social da criança e da família*. Rio de Janeiro: Zahar.

AUGUSTO, A. P. R. (2002). *Conhecendo famílias de crianças e adolescentes vitimizados: subsídios para propostas de intervenção com base numa análise de necessidades*. Monografia de conclusão de Bacharelado. Ribeirão Preto: FFCLRP/USP.

Azevedo, M. A.& Guerra, V. N. (1989). *Crianças vitimizadas: a Síndrome do Pequeno Poder*. São Paulo: Iglu.

Azevedo, M. A. & Guerra, V. N. (1994). *Infância e Violência Doméstica*. São Paulo: Laboratório de Estudos da Criança.

Azevedo, M. A. & Guerra, V. N. (1997). *Infância e Violência Doméstica: fronteiras do conhecimento* (2ª ed.). São Paulo: Cortez.

Bazon, M. R. (1999). *Implementação e avaliação de uma proposta de intervenção junto a crianças e adolescentes em situação de risco psicossocial*. Tese de Doutoramento. Ribeirão Preto: FFCLRP/USP.

Bazon, M.R. (2000). Dinâmica e sociabilidade em famílias de classes populares: histórias de vida. *Cadernos de psicologia e Educação Paidéia, 10*, 18, 40-50.

Baurind, D. (1965). Parental control and parental love. *Children*, 12, *6*, 230-234.

Biasoli-Alves, Z. M. M. (1989/1993). *Entrevistas – Formatos, Modelos e Análises*. Texto didático (pp. 22). Ribeirão Preto: FFCLRP/USP.

Biasoli-Alves, Z. M. M. (1995). *Família e Socialização: as práticas de educação da criança*. Tese de Livre Docência, Ribeirão Preto: FFCLRP/USP.

Biasoli-Alves, Z. M. M. (1996). *Problemas e soluções do método de observação no estudo da interação mãe criança*. Texto didático, p. 54. Ribeirão Preto: FFCL RP USP.

Biasoli-Alves, Z. M. M. (1997). Famílias brasileiras do século XX: os valores e as práticas da educação da criança. *Temas em Psicologia,* n. 3, 33-49.

Biasoli-Alves, Z. M. M (1998). A Pesquisa em Psicologia – análise de métodos e estratégias na construção de um conhecimento que se pretende científico. In G. Romanelli & Z. M. M. Biasoli-Alves (Orgs), *Diálogos Metodológicos sobre Prática de Pesquisa* (pp. 135-157). Ribeirão Preto: Editora Legis Summa.

Biasoli-Alves, Z. M. M. (2001). Crianças e Adolescentes: A questão da tolerância na socialização das gerações mais novas. In Z. M. M. Biasoli-Alves & R. Fischmann (Eds.), *Crianças e Adolescentes: construindo uma cultura da tolerância* (pp. 79-93). São Paulo: Edusp.

Biasoli-Alves, Z. M. M. (2004). Pesquisando e intervindo com famílias de camadas sociais diversificadas. In C. R. Althoff, I. Elsen & R. G. Nitschke (Orgs.), *Pesquisando a Família. Olhares contemporâneos* (pp. 91-106). Florianópolis: Editora Papa-Livro.

Biasoli-Alves, Z. M. M. & Bazon, M. R. (2003). Projets d´intervention auprès des familles exposées à des problèmes psychosociaux. *Révue Eletronique de l´Organization pour la sauvegarde des droits des enfants, 1*, 10-21.

Biasoli-Alves, Z. M. M. & Dias da Silva, M. H. G. F. (1992). Análise qualitativa de dados de entrevista: uma proposta. *Paidéia*, 2, Fev/ /Julho, pp. 61-69.

Bringiotti, M. I. (1999). *Maltrato infantil – Fatores de riesgo para el maltrato físico en la problación infantil que concurre a las escuelas dependientes del Gobierno en la ciudad de Buenos Aires*. Buenos Aires: Editora Niño y Dávila

Bringiotti, M. I. (2002). *Famílias de riesgo para el desarrollo de conductas violentas hacia sus hijos*. Ribeirão Preto: PPGP.

Bronfenbrenner, U. (1994). Ecological models of human development. *International Encyclopedia of Education* (Vol. 3, pp. 1643-1647). Oxford: Elsevier Sciences.

Bronfenbrenner, U. (1999). Environments in Developmental Perspective: Theoretical and Operational Models. In S. L. Friedman & T. D. Wacks (Eds.), *Conceptualization and Assessment of Environment across the Life Span* (pp. 3-30). Washington D. C.: American Psychological Association.

Bronfenbrenner, U. (2000). Developmental science in the 21th Century: Emerging questions, theoretical models, research designs and empirical findings. *Social Development, 9*, 115-125.

Bruschini, C. (1993). Teoria Crítica da Família. In M. A. Azevedo & V. N. A. Guerra (Orgs), *Infância e Violência Doméstica: fronteiras do conhecimento* (pp. 50-79). São Paulo: Cortez.

Carvalho da Silva, R. (1998). A Falsa Dicotomia Qualitativo-Quantitativo: Paradigmas que informam nossas práticas de pesquisa. In G. Romnelli & Z. M. M. Biasoli-Alves (Orgs.), *Diálogos Metodológicos sobre Prática de Pesquisa* (pp.159-174). Ribeirão Preto: Editora Legis Summa.

Colnago, N. A. (2000). *Orientação para pais de crianças com Síndrome de Down: elaborando e testando um programa de intervenção*. Tese de Doutorado. Ribeirão Preto: FFCLRP/USP.

Dacanal, J. N. (2000). *Intervenções junto a famílias acometidas pela problemática da violência doméstica: descrição análise de um programa de atendimento na cidade de Ribeirão Preto*. Monografia de conclusão de Bacharelado. Ribeirão Preto: FFCLRP/USP

Dessen, M. A; Avelar, L. P. & Dias, R. L. S. (1998). Questões éticas na pesquisa com famílias. *Cadernos de Psicologia e Educação Paidéia, 9*, n. 14/15 Fev/Ago pp. 169-180.

DESSEN, M. A. & BORGES, L. M. (1998). Estratégias de Observação do Comportamento. In G. Romanelli & Z. M. M. Biasoli-Alves (Orgs.), *Diálogos Metodológicos sobre Prática de Pesquisa* (pp. 31-50). Ribeirão Preto: Editora Legis Summa.

ECA (1991). *Estatuto da Criança e do Adolescente*, Lei n.° 8.069, de 13 de Julho de 1990.

FIGUEIRA, S. A. (1987). O moderno e o arcaico na nova família brasileira: notas sobre a dimensão invisível da mudança social. In S. A. Figueira (Org). *Uma nova família?* (pp. 35-48). Rio de Janeiro: Zahar Editores.

GUERRA, V. N. A. (1985). *Violência de pais contra filhos: procuram-se vítimas*. São Paulo: Cortez.

GUERRA, V. N. A. (1993). Violência física doméstica contra crianças e adolescentes: os difíceis caminhos do conhecimento científico. *Temas em Psicologia 3*, 137-153.

GUERRA, V. N. A., SANTORO JR., M. & AZEVEDO, M. A. (1992). Violência doméstica contra crianças e adolescentes e políticas de atendimento: Do silêncio ao compromisso. *Revista Brasileira de Crescimento e Desenvolvimento Humano, II* , n. 1.

HERBERT, M. (1987). *Conduct Disorders of Childhood and Adolescence – A Social Learning Perspective*. Chichester: John Wiley & Sons.

HERBERT, M. (2003). *Typical and Atypical Development- From conception to Adolescence*. Maden: BPS Blackwell Book.

JUNQUEIRA, L. (1989). Aspectos sócio-jurídicos na intervenção. In M. A. Azevedo & V. N. Guerra (Orgs.), *Crianças vitimizadas: a Síndrome do Pequeno Poder* (pp. 171-173). São Paulo: Iglu.

LACHARITÉ, C. (1999a). A construção solidária de caminhos para a prevenção e enfretamento da violência na família e sociedade: experiência canadense. *Texto e Contexto* – 8, n.° 2, 133-138.

LACHARITÉ, C. (1999b). L´intervention en négligence: Repères cliniques. *Cadernos de Psicologia e Educação Paidéia, 9*, n.° 16, 23-30.

LERNER, R. M. & BUSCH-ROSSNAGEL, N. A. (1981). Individuals as producers of their development: conceptual and empirical bases. In R. M. Lerner & N. A. Busch-Rossnagel (Ogs.). *Individuals as producers of their development: life-span perspective* (pp. 1-36). New-York: Academic Press.

LÜDKE, M. A. & ANDRÉ, M. E. D. A. (1986). *Pesquisa em Educação: abordagens qualitativas*. São Paulo: EPU.

MAGNUSSON, D. & ALLEN, V. L. (1983). *Human development. An International Perspective*. New York: Academic Press.

MARCÍLIO, M. L. (1998). *História social da criança abandonada*. São Paulo: Hucitec.

MERCIER, J. (1998). *Infant Development: A Multidisciplinary Introduction*. Pacific Grove: Brooks/Cole Publishing Company.

MONTEIRO, L. P.(2001). Do objeto da violência: A infância. In S. M. G. Souza (Org.), *Infância, Adolescência e Família* (pp. 133-154). Goiânia: Cânone Editorial.

PEREIRA, L. & MESTRINER, M. L. (1999). *Liberdade Assistida e prestação de serviços à comunidade: medidas de inclusão social voltadas a adolescentes autores de ato infracional*. São Paulo: IEE/PUC-SP.

POSTMAN, N. (1982). *The disappearance of childhood*. New York: Dell Publishing.

RUTTER, M. (1998). Intergeneracional continuities and discontinuities in serious parenting difficulties. In D. Cicchetti & V. Carlson (Orgs.), *Child Maltreatment: Theory and research on the causes and consequences of child abuse and neglect* (pp. 317-348). Cambridge: Cambridge University Press.

SCABINI, E. (1992). *Ciclo de vida familiar e ciclo de saúde familiar* (material didático). São Paulo: IPUSP.

SZYMANSKI, H. (1992). *Cadernos de Ação no. 1: Trabalhando com Famílias*. São Paulo: CBI, IEE- PUC/SP.

TAKASHIMA, G. M. K. (1994). O desafio da política de atendimento à família: dar vida às leis – uma questão de postura. In S. M. Kaloustian (Org), *Família brasileira a base de tudo* (pp. 38-53). São Paulo: Cortez.

TUDGE, J. (2001). Estudando a criança e a família em seu contexto: para uma abordagem cultural da tolerância. In Z. M. M. Biasoli-Alves & R. Fischmann (Orgs.), *Crianças e adolescentes construindo uma cultura da tolerância*. São Paulo: EDUSP.

TUDGE, J.; GRAY, J. T. & HOGAN, D. M. (1997). Ecological perspectives in Human Development: A comparison of Gibson and Bronfenbrenner. In J. Tudge, M. J. Shanahan & J. Valsiner (Eds.), *Comparisons in Human Development- Understanding Time and Context* (pp. 72--105). New York: Cambridge University Press.

Inserción sociolaboral da mocidade en risco de inadaptación social

ELISA JATO SEIJAS
Universidade de Santiago de Compostela, Espanha

I. INTRODUCCIÓN

A mocidade é o tema deste traballo. ¿Pero que mozos e mozas?. Nas páxinas deste capítulo ímonos a referir a aqueles que están nun contexto de risco de inadaptación e que se enfrontan a unha situación onde as traxectorias ideais no paso da xuventude ó mundo adulto son alleas ás súas realidades e posibilidades. Desde a perspectiva disciplinar da orientación profesional, comezaremos por situar a nosa mirada sobre o significado do concepto de inadaptación social como punto de partida cara á complexidade da comprensión dun proceso de intervención educativa que ten como obxectivo o apoio para unha inserción activa e autónoma no medio. A intervención no marco da prevención inclúe, actualmente, como elemento central, o desenvolvemento de programas e accións proactivos dirixidos especificamente á inserción sociolaboral. O uso do programa, como modelo de acción-intervención, supón un intento de dar resposta a problemas prácticos mediante o emprego dun recurso instrumental que pode ser deseñado e aplicado en función da súa utilidade para satisfacer determinados obxectivos (Caride, 2003). Esta función metodolóxica dos programas confírelle á práctica profesional unha necesaria e desexable sistematicidade, organización e leximitimidade tecnolóxica, que ven a reforzar o sentido integral de todo programa social. Pero, ademais da dimensión técnica, a intervención por programas implica a asunción dunha perspectiva social que propicie os cambios e as transformacións dese "*humus* nutricio" onde se cultivan os procesos de inadaptación e onde a inserción laboral é un núcleo poderoso dentro da configuración dun entorno que favoreza ou degrade a construcción da persoa.

II. REFERENTES PARA UNHA DEFINICIÓN DE INADAPTACIÓN SOCIAL

Dar unha definición do termo inadaptación social é unha tarefa complexa e comprometida por varias razóns. En primeiro lugar, estamos ante un vocablo negativo, marcado pola radicalidade do prefixo "in", que nos remite necesariamente á acepción positiva do termo adaptación. Desde un nivel de aproximación interactivo, o concepto de adaptación fai referencia fundamentalmente a un proceso de intercambio relacional entre a persoa e o seu entorno. A adaptación así entendida non é unha simple acomodación senón sobre todo unha transformación dinámica enmarcada nunha interrelación dialéctica que responde ó obxectivo central da educación como apoio para a inserción activa no medio (Vega, 1989).

Outro segundo aspecto a ter en consideración, para a aproximación conceptual á inadaptación, son as diferentes aportacións e explicacións con que os distintos enfoques teóricos intentan comprender e sustentar a intervención. Os actuais esquemas interpretativos ordénanse principalmente en cinco grandes bloques: As teorías sociolóxicas, as teorías centradas no individuo, as teorías da reacción social, as teorías da aprendizaxe social e o que poderíamos denominar a postura ecléctica (Guasch & Ponce, 2002). Cada unha destas perspectivas contempla a inadaptación desde un determinado enfoque resaltando diferentes factores que inciden nos procesos educativos e que axudan a priorizar determinados principios e prácticas (Ayerbe, 2000).

Finalmente, un terceiro elemento para a reflexión conceptual garda relación coa orden social que sitúa e recoñece á inadaptación dentro dunha determinada perspectiva social. A inadaptación é un término relativo que implica necesariamente unha comparación respecto a algo, unha relación de "oposto" ou "contrario en relación a", polo que se fai preciso a referencia a unha norma, a unha situación ou a un grupo (Orte & March, 2001).

Coa finalidade de poder converter o concepto de inadaptación nun elemento operativo para abordar a problemática da inserción sociolaboral da mocidade en risco de inadaptación social entendemos prioritario, dentro da necesaria contextualización do fenómeno, destacar os seguintes referentes (Ayerbe, 2000; Guasch & Ponce, 2002; Valverde, 1988; Tap & Malewska, 1993):

a) A inadaptación é un proceso dinámico de relación entre a persoa e o medio. Isto supón de cara á intervención a conveniencia de adoptar un modelo interactivo e global que teña en conta á persoa e o medio, pero sobre todo á interacción entre ambos elementos como proceso idiosincrásico.
b) A inadaptación reflicte unha situación pero tamén unha historia e un proceso. Toda inadaptación ten que ser considerada, non como un momento illado e independente localizado no tempo, senón como unha realidade en evolución enmarcada nun contexto histórico, social e persoal determinado.
c) A inadaptación, entendida desde a perspectiva da interacción, supón fundamentalmente un conflicto relacional, un desequilibrio ou rotura na comunicación-relación entre a persoa e o seu medio, primeiro de tipo social e máis tarde institucional.
d) A inadaptación prodúcese, na maioría dos casos, nun entorno carencial ou de marxinación, nunha situación de necesidade social aguda, de déficit ou de degradación dos elementos materiais e inmateriais necesarios para que sexa posible unha participación social aceptable.

Considerados en conxunto, destes referentes despréndese que o perfil conceptual da inadaptación, entendido desde unha comprensión interactiva, conleva partir dunha determinada concepción da persoa como polo activo nas relacións entre o individuo e o medio. A persoa é un suxeito de proxectos, un axente intencional activo con capacidade para construír e desenvolver proxectos (persoais, profesionais, relacionais...) que testemuñan o modo en que se inserta no seu entorno. Esta maneira de entender á persoa implica segundo Ayerbe (2000: 17-18) dúas importantes consecuencias para a intervención:

– Non se pode admitir como fundamentación válida dun proxecto de intervención educativa as interpretacións nas que as persoas implicadas están ausentes como suxeitos de experiencia, significación, cognición ou proxección.

– A persoa non pode ser asimilada a un obxecto. O suposto básico de toda intervención é a posibilidade de que as persoas e os grupos, mediante a axuda social e educativa, poidan resistir e transcender circunstancias desfavorecedoras e poidan desenvolver proxectos. A reducción das persoas a obxectos forma parte da circunstancia social, do "*suelo nutricio*" no que agroman as conductas inadaptadas.

III. MARCO XERAL DA INTERVENCIÓN EDUCATIVA NA INADAPTACIÓN SOCIAL COA MOCIDADE

O desenvolvemento da acción educativa destinada á mocidade, nomeadamente menores en situación de risco social, abarca os tres ámbitos básicos da intervención: o ámbito da acción social, o ámbito escolar e o ámbito xudicial. Nestes tres marcos, a atención educativa exerce a súa influencia tanto na resposta a problemáticas e situacións inmediatas, mediante accións terapéuticas e recuperadoras, como na implementación de accións con marcado carácter preventivo que abranguen á persoa e ó entorno social configurador da situación de inadaptación. Isto supón que a intervención educativa ten que deseñarse e implementarse desde actuacións globais e integradas reguladas por principios de orientación educativa. Dun modo amplío podemos destacar cinco principios xerais de acción educativa como eixes sobre os cales se desenvolven os modelos de intervención con menores (Panchón, 1998; Del Campo & Panchón, 2000; Guasch & Ponce, 2002):

- Principio de normalización: Establece a necesidade de utilizar os recursos normalizados, así como non manter, sempre que sexa posible, intervencións diferenciadas que perpetúen as distincións.
- Principio de integración: Fai referencia ó desenvolvemento humano integral desde unha perspectiva de actuación global no eido biolóxico, psicolóxico e social.
- Principio de individualización-diferenciación: Postula a aceptación e valoración das diferencias e a adaptación da acción educativa ás características individuais de cada persoa e ó medio socio-cultural.
- Principio de globalización: Atinxe á necesidade de establecer plans globais de actuación que inclúan a intervención dentro da realidade

familiar e social da que forma parte o menor, así como a mobilización e coordinación xeral de recursos.

- Principio de participación: Establece que o proceso educativo debe estar fundamentado na implicación persoal dos menores, establecendo canles e fomentando a participación nos procesos de toma de decisións.

Desde unha óptica educativa, a intervención coa mocidade en situación de inadaptación sitúase, pois, nunha intersección entre dúas prácticas, a atención individual e a dimensión comunitaria. Os profesionais que actúan neste campo teñen que incidir de forma preventiva – prevención primaria, secundaria e terciaria- naquelas variables e factores que producen e manteñen a problemática da inadaptación e iso non só desde a atención a situacións inmediatas, diferenciais e persoais – tradicionalmente con maior presencia nas actuacións profesionais – senón tamén potenciando e reforzando os programas grupais destinados a comunidades. (Guasch & Ponce, 2002).

IV. OS PROGRAMAS DE INSERCIÓN SOCIOLABORAL PARA A MOCIDADE EN RISCO SOCIAL

Nun contexto e nunha época onde o emprego condiciona amplamente a inserción social das persoas, situamos a necesidade de conceptuar unha aproximación ó termo de inserción como un punto de partida que nos permita enmarcar a análise dos programas de inserción sociolaboral para a mocidade. Neste senso, e mesmo sendo un término que debe ser explicado desde diferentes aproximacións sociolóxicas, económicas, psicolóxicas e educativas, en xeral podemos entender con Liénard (2001) que a inserción constitúe fundamentalmente un constructo social complexo que abarca tres dimensións interdependentes: a distribución desigual das persoas entre as distintas situacións de emprego e non-emprego; os diferentes status e roles sociais asociados ós modos de inserción e non-inserción; e as diversas formas de identidade psicosocial e variadas estratexias que se poden poñer en práctica ante estas situacións. Do conxunto destas tres dimensións, compre destacar a importancia que ten para a acción sociolaboral coa mocidade o proceso de construcción da identidade psicosocial debido, por unha parte, a que as posicións sociais que unha persoa vai ocupando ó longo da traxectoria vital configuran a súa identidade, roles e status; pero tamén e simultaneamente a identidade exerce a súa influencia sobre a traxectoria e actúa intensamente sobre determinadas variables mediadoras, como por exemplo, os comportamentos cognitivos, as representacións, os esquemas e estratexias de acción, etc., fundamentais para a construcción e desenvolvemento de proxectos.

A propósito destas consideracións iniciais sobre os programas de inserción sociolaboral, creemos igualmente moi relevante a concepción que se teña dos programas sociais e que en liñas xerais, coincidimos en observar "*como a creación e explicitación sistemática e planificada dun conxunto de compoñentes e/ou accións integradas, dirixidos a acadar certos obxectivos prefixados a partir dunha teoría, modelo ou experiencia previas, concretado en problemas, realidades, contextos, etc. que lle serven de referencia*" (Caride, 2003: 145). Neste marco, os programas desenvolvidos en relación á inserción sociolaboral da mocidade en risco social sitúanse claramente na perspectiva da transición á vida adulta e activa, tendo como caracterización prioritaria a articulación de procesos de formación e de inserción profesional dirixidos á emancipación e ó logro de traxectorias de transición estructuradas. Para lograr esta finalidade, no fundamental, as accións dos programas concrétanse en tres ámbitos: acadar a autonomía persoal, a independencia e o acceso a un status normalizado; desenvolver relacións sociais e de integración participando na vida da comunidade e en actividades de lecer, a fin de que os mozos e mozas poidan satisfacer as necesidades e motivacións persoais; e acceder a unha actividade preprofesional e/ou profesional retribuída.

Dentro do ámbito dos contidos destes programas, entendemos especialmente suxestivo destacar a importancia que teñen nos procesos de inserción da mocidade os denominados "espacios de intermediación" – *espaces intermédiaires* – que conteñen unha diversidade de formas de intercambio laborais ou non, legais ou ilegais que se superpoñen e mesturan e que constitúen espacios privilexiados de "socialización transicional" e de adquisición de competencias. Estas competencias poñen de manifesto elementos clave para a construcción do proceso de inserción podendo chegar a ser integradoras e servir de trampolín cara a integración no seo do mundo do traballo, – mediante o paso dunha socialización transicional a unha socialización profesional –; ou pola contra, converterse en elementos de afastamento da persoa do mundo do traballo e tamén consecuentemente de desafiliación social (Roulleau-Berger, 1997).

Finalmente, no marco da diversidade de programas existentes para a inserción sociolaboral da mocidade cremos relevante poñer de manifesto aqueles elementos clave necesarios para configurar unha intervención procesual e sistemática que, baseada na integración e na normalización, posibiliten a transición á vida activa e adulta dos menores en situación de risco social. Entre o conxunto de características configuradoras que acadan un elevado grado de acordo compre concretar as seguintes (Ballester & Figuera, 2000; Generalitat de Catalunya, 1995):

- *Inmediato*: A intervención no proceso de inserción sociolaboral debe iniciarse tan pronto como se detecte que a persoa presenta dificultades de inserción e haberá de ser reforzado ó longo dos momentos críticos do proceso.
- *Individualizado*: Canto maior é a dificultade de inserción maior é tamén a necesidade de deseñar espacios nos programas para a realización de adaptacións individualizadas, a fin de asegurar o desenvolvemento persoal e social e a adquisición de habilidades.
- *Viable*: Os diversos momentos do proceso de inserción (formación, prácticas en empresa, etc.) teñen que ser útiles e funcionais para a persoa, tomando como referencia para o seu deseño o mercado laboral actual e futuro e de forma particular as posibilidades laborais que oferta a comunidade.
- *Currículum estructurado e sistemático*: O currículum como expresión e sistematización das finalidades educativas constitúe un elemento primordial de todo proceso socioeducativo. A clave para a construcción dun currículum estructurado e sistemático radica na precisión dos obxectivos e na especificación da metodoloxía, así como na utilización de materiais curriculares apropiados para as circunstancias de cada menor (historia formativa, familiar, etc.). Neste senso, as interaccións con outros suxeitos deben ser representativas das propias de calquera outra persoa cunha idade cronolóxica similar, evitando cualificativos, obxectivos e materiais que os infantilicen ou identifiquen como persoas en situacións especiais. O currículum ten que reflectir ademais as habilidades requiridas nunha situación de emprego real e en espacios determinados.
- *Centrado na comunidade*: O entrenamento en habilidades prelaborais e laborais, como por exemplo, facer xestións administrativas, utilizar servicios do entorno, etc., deben realizarse no contexto

real onde estas actividades se producen. Isto supón a progresiva e irreversíbel transición desde os modelos formativos baseados unicamente na aula a modelos ou perspectivas de inserción situados en espacios non formais.

- *Interacción con persoas en situacións normalizadas*: Nos programas de inserción para menores en risco social é prioritaria a presencia de diferentes niveis e formas de interacción – por exemplo, ir ás oficinas de emprego, participar en actividades deportivas, integrarse en organizacións do barrio, etc. – que supoñan unha proximidade e intercambio con persoas e ambientes normalizados a fin de promover relacións de reciprocidade e potenciar as capacidades de relación co entorno.

V. PRESENTACIÓN DE EXPERIENCIAS

En Galiza, ó longo das últimas décadas, véñense poñendo en acción diferentes programas, relacionados cos procesos de inserción sociolaboral da mocidade, que teñen como finalidade o desenvolvemento de traxectorias formativas e laborais adecuadas. Do conxunto de accións compre destacar dúas: os Programas de Garantía Social, por situarse no plano das competencias do sistema educativo, e o Programa Mentor que corresponde ó ámbito da institucionalización de menores.

5.1. **Programas de Garantía Social**

Os Programas de Garantía Social xorden ó abeiro da Lei Orgánica de Ordenación Xeral do Sistema Educativo (LOGSE) de 1990, e inclúense entre os dispositivos de formación que nas últimas décadas se están a establecer na Unión Europea contra o fracaso escolar e a exclusión social. A súa finalidade é dobre: completar as áreas do currículum básico (función de recuperación) e asemade preparar ós rapaces e rapazas menores de vinteún anos e maiores de dezaseis para participar como axentes activos da sociedade a través do traballo e da vida socio-comunitaria (función profesionalizadora).

As características das persoas acollidas nestes programas xustifican a necesidade de desenvolver unha acción formativa de carácter integral, na que as diferentes áreas non se consideren de forma illada, e onde o enfoque da formación se estableza tendo en conta os centros de interese como aglutinadores da motivación e da participación do alumnado. Do mesmo xeito, a metodoloxía didáctica sobre a que se debe estructurar a intervención pedagóxica ha de estar orientada cara tres elementos básicos (Xunta de Galicia, 1998):

- *Atención á diversidade*: Fai referencia a necesidade de partir do diagnóstico inicial para o deseño e selección das accións educativas que permitan superar as dificultades e/ou carencias de aprendizaxe. É esencial respectar os diferentes ritmos de traballo e de aprendizaxe por medio dunha ampla flexibilidade curricular.
- *Funcionalidade e significatividade das actividades*: Supón considerar a planificación da intervención educativa desde o tratamento funcional dos contidos instrumentais, facendo fincapé nos conceptos nucleares a través de actividades que permitan a experiencia con soportes concretos.
- *Transversalidade*: Mediante este principio didáctico preténdese acadar unha maior funcionalidade inmediata da aprendizaxe conectando as actividades co campo profesional e evitando, asemade, a parcelación dos compoñentes da formación básica.

O desenvolvemento normativo-organizativo dos Programas de Garantía Social en Galicia (Orde de 5 de Maio de 1997) deu como resultado o establecemento de dúas modalidades: os Programas de Formación Educativa e Profesional que teñen como obxectivo central a formación para a continuación de estudios, e os Programas de Iniciación Profesional que consideran de forma prioritaria a orientación e a formación para a inserción laboral, sendo esta modalidade a que propicia unha maior presencia dos destinatarios do noso tema. Os Programas de Iniciación Profesional lévanse a cabo en colaboración con empresarios e axentes sociais e abranguen tres espacios e secuencias educativas (Xunta de Galicia, 1998):

- *Formación no centro educativo*. Esta fase ten unha finalidade orientadora particularmente naqueles aspectos relativos ó desenvolvemento persoal como a autoestima, a madurez e a diversificación de intereses profesionais. Inclúe tamén os compoñentes máis teóricos das diversas áreas formativas. A súa duración, con carácter orientativo, é de 210 horas.

- *Formación práctica.* Desenvólvese como formación específica en obradoiros no centro educativo, en empresas ou na formación ocupacional. Os obxectivos desta fase están englobados na formación de iniciación profesional nun ámbito laboral concreto. A duración pode oscilar entre 400 e 800 horas.
- *Formación en centros de traballo.* Ten un carácter complementario e o seu obxectivo básico é facilitar a inserción laboral inmediata do alumnado incidindo asemade na formación específica.

A modo indicativo, no seguinte cadro (Cadro 1) preséntase o deseño formativo xeral arredor dunha serie de áreas recollidas en cinco compoñentes formativos (Xunta de Galicia, 1998; Ballester & Figuera, 2000; Sánchez, 2004):

Cadro 1
Deseño formativo dos Programas de Garantía Social

COMPOÑENTES FORMATIVOS	FINALIDADE	CONTIDOS
Formación Profesional Específica	Preparar para o desempeño dun posto de traballo a través da adquisición de coñecementos teórico-prácticos específicos.	Coñecementos tecnolóxicos e actividades prácticas dun perfil profesional.
Formación Básica	Recuperación e consolidación de coñecementos instrumentais e de habilidades e estratexias básicas.	Matemática básica, lingua e habilidades de comunicación e coñecemento do entorno social.
Formación e Orientación Laboral	Coñecer o entorno de traballo e do perfil profesional específico para facilitar a inserción. Construír estratexias persoais para a busca de emprego.	Contexto económico e mercado laboral: marco legal, condicións de traballo, relacións laborais. Técnicas de busca e recursos de emprego.
Titoría	Realizar o seguimento do alumnado individualmente e en grupo. Axudar ó alumnado a deseñar e planificar o seu proxecto persoal e laboral, afianzar a súa madurez profesional e favorecer o desenvolvemento integral.	Proxecto profesional e persoal, a autoestima e motivación, as habilidades sociais e de autocontrol, e a integración e implicación social.
Actividades Complementarias	Favorecer a adquisición de actitudes e hábitos positivos en relación ó lecer e tempo libre e á inserción social e cultural.	Actividades deportivas e culturais.

Coa publicación da Lei Orgánica 10/2002, de 23 de decembro, de Calidade da Educación (LOCE), aparece unha nova regulación dos Programas de Garantía Social, pasando a denominarse Programas de Iniciación Profesional. Máis aló das diferencias e peculiaridades que adopta cada un deles é imprescindible que o desenvolvemento dos novos programas sexa soportado pola lóxica dun enfoque integral – un dos puntos negros da nova lei é a ruptura da comprensividade introducida pola LOGSE – mediante unha secuencia educativa que priorice, en primeiro lugar, a dimensión orientadora onde o alumno sexa capaz de realizar autonomamente un balance da súa situación, relacionalo co seu entorno e planificar un proxecto de profesionalización centrado na elección consciente e motivada dun perfil profesional; para, posteriormente, afrontar a súa cualificación profesional e a concreción das estratexias persoais de formación e de inserción.

5.2. **Programa Mentor**

O Programa Mentor, programa de incorporación laboral de menores tutelados pola Administración Autonómica de Galicia, nace no ano 1998 como acción experimental para inserir laboralmente ós mozos e mozas que ían abandonando os programas de educación regrada. Os obxectivos que se propón o programa para posibilitar a transición ó traballo están dirixidos a dúas áreas (Xunta de Galicia, 2000):

1. Xerar estructuras adecuadas para a formación, emprego e seguimento dos menores en situación de institucionalización.
2. Deseñar distintos itinerarios para a inserción laboral en función das características propias dos grupos de menores (nivel de estudios, situación familiar, habilidades de busca de emprego, etc.) a fin de acadar unha inserción graduada e positiva.

De modo amplío, a poboación obxecto do programa está integrada polos mozos e mozas de quince a vinte anos en situación de desprotección social, non obstante o colectivo de intervención prioritaria corresponde esencialmente ós menores institucionalizados de idades comprendidas entre os dezaseis e os dezaoito anos. Do conxunto de características que enmarcan o perfil dos destinatarios do programa en relación á inserción sociolaboral compre subliñar os seguintes elementos configuradores:

- Son mozos e mozas que na súa maioría levan anos vivindo en institucións de acollida.
- Necesitan desenvolver unha vida autónoma, independente da súa propia familia, ben por ausencia desta ou por resultar inadecuada para a súa reintegración.
- Presentan unha traxectoria escolar complexa e conflictiva, asociada a un rexeitamento xeral cara ás institucións educativas.
- A súa rede de relacións queda moi restrinxida ó centro de acollida presentando dificultades para establecer relacións externas.
- Carencia de habilidades sociais e dificultades para manexar as situacións conflictivas e a resolución de problemas.
- Adoitan ter un baixo autoconcepto e autoestima expresados en sentimentos de inseguridade e inutilidade. Sofren carencias afectivas notables.
- Tendencia á resignación persoal, á depauperación das aspiracións persoais, e o escepticismo sobre o seu futuro.
- Ausencia de referentes e modelos sólidos do mundo laboral e do traballo como valor.
- Carencia de información sobre as posibilidades formativas e o mercado laboral.

En concordancia co obxectivo de crear estructuras para a inserción sociolaboral dos menores institucionalizados, o programa dótase dunha serie de recursos materiais e humanos. Destacan pola súa relevancia a creación de varias vivendas tuteladas – sete inicialmente, con capacidade para seis ou oito persoas – nas que se acolle a mozos e mozas próximos á maioría de idade para preparalos para unha vida independente e autónoma. Entre os requisitos para acceder á vivenda está a firma do denominado contrato pedagóxico. Polo que atinxe ós recursos profesionais hai que sinalar os educadores – dous ou tres por cada vivenda – e a creación por primeira vez dunha pequena rede de técnicos de inserción.

O deseño base do programa establece unha dobre liña de intervención:

a) Aspectos relacionados coa vida cotiá. Utilízanse os momentos da vida cotiá con unha finalidade estructúrante, e a través dela trátase de promover fundamentalmente habilidades e valores que lles permitan ós mozos e mozas desenvolverse na vida. Os ámbitos de acción son:

- As habilidades sociais e os valores relacionados coa convivencia, o respecto, a responsabilidade persoal, a honradez, a solidariedade e a comunicación.
- As habilidades escolares/prelaborais encamiñadas a recalcar o tema do traballo e da laboriosidade, entendida no senso de que colaboren en actividades como a limpeza, pasar o ferro, facer a comida, etc.
- A socialización no entorno e a construcción de redes sociais.

b) Aspectos que teñen que ver coa inserción laboral. No que atinxe á inserción laboral esta función corresponde máis especificamente ó técnico de inserción aínda que coa colaboración dos educadores. O proceso iníciase coa elaboración do proxecto educativo-laboral individual (PELI) como base para traballar, nunha segunda etapa, as habilidades sociais e de busca de emprego. Posteriormente, nun terceiro momento, o labor do técnico de inserción céntrase no acompañamento do menor no proceso real de busca de emprego. Este acompañamento será máis ou menos activo dependendo das características e a situación do menor utilizando en determinados casos a figura de "empresas colaboradoras".

Co conxunto destas accións o Programa Mentor pretende establecer unha alternativa laboral adecuada ás capacidades e situación de cada menor construíndo unha rede social básica que lles facilite a súa inserción sociolaboral, reforzándoos psicopedagoxicamente e dotándoos dunha capacitación profesional mínima. No escenario dos avances que introduce o programa fronte a experiencias anteriores sitúase, sen embargo, a necesidade de levar a cabo unha profunda avaliación pedagóxica da experiencia a fin de derivar accións que fortalezan a inserción sociolaboral como un proceso integral, sistemático e coordinado que contribúa realmente ó desenvolvemento das persoas e das súas realidades sociais. A modo de breve análise, entre as accións a emprender acada un especial significado as relativas á orientación profesional, nomeadamente a promoción da "competencia persoal" e a toma de decisións profesionais – co que implica de coñecemento de si mesmo, do mundo laboral e de elaboración dun proxecto realista –, así como a busca efectiva de situacións o mais normalizadas e integradas posibles na comunidade. Pero, sen dúbida, os aspectos con máis sombras do programa e que suxiren liñas futuras a emprender son os que fan referencia a catro ámbitos básicos: a formación específica en orientación profesional dos "insertores laborais"; a escaseza de recursos institucionais e profesionais; o corte brusco no proceso de transición que supón para os mozos a saída das institucións e o escaso seguimento posterior – unha posible alternativa podería ser a creación de pisos asistidos como paso seguinte a vivenda tutelada –; e a redefinición do deseño e posta en funcionamento do propio programa. Unha tarefa que só será posible se o programa é entendido como un coidadoso plano de actuación e de transformación no cal se definan sistematicamente e con detalle as intencionalidades, a metodoloxía e os recursos da intervención, e se concrete unha capacidade de previsión e anticipación baseada no diagnóstico e na avaliación procesual e nos principios de prevención, integración e normalización que deben fundamentar toda acción de inserción sociolaboral coa mocidade.

BIBLIOGRAFÍA

ÁLVAREZ ROJO, V. *et al.* (2002). *Diseño y evaluación de programas.* Madrid: EOS Universitaria.

ARZA, N. & JATO, E. (1999). A orientación profesional nos procesos de inserción/reinserción laboral: institucionalización, accións e recursos. *Revista Galego-Portuguesa de Psicoloxía e Educación*, 3 (4), 171-186.

AYERBE, P. (2000). Concepto de inadaptación social. In P. Amorós & P. Ayerbe (Eds.), *Intervención Educativa en inadaptación social.* (pp. 15-54). Madrid: Editorial Síntesis.

BALLESTER, L. & FIGUERA, P. (2000). Exclusión e inserción social. In P. Amorós & P. Ayerbe (Eds.), *Intervención Educativa en inadaptación social* (pp. 289-330). Madrid: Editorial Síntesis.

BECKER. H. S. (1974). Labelling theory reconsidered. In P. Rock & M. Macintosh (Ed.), *Deviance and Social Control.* Londres: Tavistock.

BUEDO, J. A. (1999). Jóvenes sin empleo. In J. F. Tezanos (Ed.), *Tenden-*

cias en desigualdad y exclusión social (pp. 321-350). Madrid: Editorial Sistema.

CAMPO, J. & DEL PANCHÓN, C. (2000). La intervención socioeducativa en un contexto institucional. In P. Amorós & P. Ayerbe (Eds.), *Intervención Educativa en inadaptación social.* (pp. 197-226). Madrid: Editorial Síntesis.

CARIDE, A. (2003). A avaliación como mediación: enfoques e prespectivas teórico-metodolóxicas. In E. Jato & L. Iglesias, (Coods.). *Xénero e Educación Social* (pp. 139-164). Santiago de Compostela: Laiovento.

FERNÁNDEZ, A. M. *et al.* (2003). *La intervención socioeducativa como proceso de investigación. Una experiencia de reflexión-acción en Centros de Menores*. Valencia: Nau Llibres.

GENERALITAT DE CATALUNYA, DEPARTAMENT D' ENSENYAMENT. (1995). *El Pla de Transició al Treball. Una modalitat de programa de garantia social*. Barcelona: Autor.

GENERALITAT VALENCIANA. (1993). *La inserción sociolaboral a debate. ¿Del paro a la exclusión?*. Madrid: Generalitat Valenciana/Editorial Popular.

GOVERN DE LES ILLES BALEARS; UNIVERSITAT DE LES ILLES BALEARS; SERVEI D' OCUPACIÓ. (2002) *Estudi sobre la inserció laboral dels joves amb baix nivell educatiu a Balears*. Illes Balears: Autor.

GUASCH, M. & PONCE, C. (2002). *¿Qué significa intervenir educativamente en desadaptación social*?. Barcelona: ICE Universitat de Barcelona/Horsori.

LEBLANC, M. *et al.* (2002). *Intervenir autrement: un modèle différentiel pour les adolescents en difficulté*. Quebec: Gaetan Morin Éditeur.

LIÉNARD, G. (Ed.) (2001). *L' insertion: défi pour l' analyse, enjeu pour l' action*. Sprimont (Belgique): Mardaga Éditeur.

MONDRAGÓN, J. & TRIGUEROS, I. (2002). *Intervención con menores. Acción socioeducativa*. Madrid: Narcea.

ORTE, C. & MARCH, M. (2001). *Pedagogía de la inadaptación social.* Valencia: Nau Llibres.

PANCHÓN, C. (1998). *Manual de Pedagogía de la Inadaptación Social.* Barcelona: Dulac.

PIECK, E. (Coord.) (2001). *Los jóvenes y el trabajo. La educación frente a la exclusión social.* México: Universidad Iberoamericana/ /Unicef.

ROULLEAU-BERGER, L. (1997). L' expérience de la précarite juvénile dans les espaces intermédiaires. *Formation Emploi*, 57, 3-13.

SÁNCHEZ, A. (2004). *De los Programas de Garantía Social a los Programas de Iniciación Profesional*. Barcelona: Laertes.

TAP, P. & MALEWSKA, H. (Dirs.) (1993). *Marginalités et troubles de la socialisation*. Paris: PUF.

VALVERDE, J. (1988). *El proceso de inadaptación social*. Madrid: Editorial Polular.

VEGA, A. (1989). *Pedagogía de inadaptados sociales. La educación del menor inadaptado*. Madrid: Narcea.

VERNIÈRES, M. (Coord.) (1997). *L' insertion professionnelle. Analyses et débats*. Paris: Economica.

XUNTA DE GALICIA. (1998). *Programas de Garantía Social*. Santiago de Compostela: Autor.

XUNTA DE GALICIA (2000). *Inserción sociolaboral da mocidade. Programa Mentor*. Santiago de Compostela: Autor.

Contextos de risco durante a adolescência e comportamentos problemáticos na transição para a adultez: Diferenças de género*

KARINA WEICHOLD E RAINER SILBEREISEN
Universidade de Jena, Alemanha

INTRODUÇÃO

A adolescência pode ser caracterizada como um período de exploração e de preparação para a adultez. A resolução de tarefas desenvolvimentais, tais como o estabelecimento de relações maduras com os pares, a conquista de autonomia relativamente aos pais, a formação da identidade e o desenvolvimento académico (Havighurst, 1972), está intimamente associada a um funcionamento bem sucedido e à adaptação psicossocial na vida posterior. Consequentemente, as decisões que os adolescentes tomam nestes domínios podem ter fortes implicações no trajecto de vida subsequente (Crockett & Crouter, 1995). Por exemplo, a opção por um estilo de vida que envolve o uso regular de drogas ou a violência física, na companhia de pares desviantes, pode conduzir a problemas sérios de adaptação de longo termo (Elliott, 1993). Por outras palavras, o empenho na conquista de maior autonomia, que é típico da adolescência, pode associar-se a ganhos e perdas no que concerne a um desenvolvimento bem sucedido, de tal modo que a adolescência pode ser entendida como um ponto de viragem (Crockett & Petersen, 1993).

---

* Tradução de Armanda Matos, Maria do Rosário Pinheiro e Cristina Vieira.

Para além das mudanças físicas e cognitivas, os adolescentes são confrontados com novos papéis na escola e no trabalho e com transformações fundamentais nas relações interpessoais, que no seu conjunto podem formar a base de novos padrões de comportamento (Crockett & Crouter, 1995). As influências contextuais durante a adolescência constituem determinantes importantes de percursos desenvolvimentais caracterizados por comportamentos problemáticos. Os contextos-chave em que os adolescentes se desenvolvem, tais como a família, o grupo de pares e a escola moldam trajectórias individuais de adaptação psicossocial, mediante as actividades que encorajam e as normas que promovem. A pesquisa efectuada até ao momento permitiu identificar diversos factores contextuais de risco para a externalização de comportamentos problemáticos (*e.g.*, uso de substâncias ou comportamentos desviantes) durante a adolescência, que constituem exemplos de influências contextuais nas trajectórias individuais.

Os factores de risco foram identificados na família dos adolescentes, no grupo de pares e em contexto escolar. Em primeiro lugar, relativamente à vida familiar, um clima familiar desarmonioso, comportamentos inconsistentes dos pais, negligência ou elevados níveis de conflito familiar foram identificados como factores de risco para os comportamentos problemáticos externalizantes na adolescência e na adultez (*e.g.*, Patterson *et al.*, 1992; Rutter, 1995; Werner, 1993; Masten & Garmezy, 1985). O terem que enfrentar níveis elevados de risco na família (*e.g.*, clima familiar negativo, pais hostis) pode encorajar os adolescentes a envolverem-se em contactos com pares desviantes e em comportamentos problemáticos.

Em segundo lugar, no que diz respeito ao contacto com o grupo de pares, a associação aos que partilham atitudes favoráveis ao comportamento desviante (*e.g.*, uso de drogas, violência) foi associada a problemas persistentes de comportamento e à inadaptação psicossocial ao longo da adolescência (Ferguson, Lynskey & Horwood, 1996; Pulkkinen, 1983; Caspi & Silva, 1995). Os pares desviantes encorajam actividades desviantes, tais como o uso de drogas e o comportamento criminoso. Neste processo, o estatuto elevado do grupo de pares e o *feedback* positivo constituem reforços daquele tipo de comportamentos.

Finalmente, no que concerne aos factores de risco de inadaptação localizados no ambiente escolar (um local onde os adolescentes adquirem conhecimentos fundamentais acerca de regras e de valores convencionais), constatou-se que uma ligação frágil à escola e um rendimento escolar baixo estavam associados ao envolvimento elevado em contactos com pares desviantes (Kandel, Davies & Baydar, 1990) e a baixo controlo social (Elliott *et al.*, 1989). Ambas as condições referidas atrás são consideradas promotoras de comportamentos problemáticos na adolescência e na adultez, tais como o uso de substâncias e a delinquência, mediante o encorajamento de actos desviantes e a promoção de atitudes e de normas desviantes (Jessor *et al.*, 1998; Steinberg & Avenevoli, 1998; Stipek, 1997). Consideradas em conjunto, as pesquisas relatadas sugerem que as influências contextuais localizadas na família, na escola e no grupo de pares podem criar um nível elevado de risco individual em relação à externalização de problemas na, e para além da adolescência.

Durante a adolescência, a média de prevalência de comportamentos problemáticos, tais como a delinquência e o uso de substâncias, tende a aumentar fortemente (*e.g.*, Moffitt, 1993; Fillmore *et al.*, 1991; Muthén & Muthén, 2000). No entanto, os adolescentes que revelam comportamentos problemáticos externalizantes numa amostra populacional normal, não representam um grupo homogéneo no que se refere à sua adaptação a diversos contextos desenvolvimentais, aos factores de risco na infância, aos comportamentos problemáticos e ao ajustamento na vida adulta (Moffitt, 1993). Em vez disso, diferentes percursos desenvolvimentais foram conceptualizados e empiricamente identificados, tais como o aparecimento precoce de comportamentos problemáticos persistentes, o início tardio de comportamentos problemáticos ou problemas de comportamento limitados à adolescência (Moffitt, 1993; Loeber, Loeber & Stouthammer, 1998; Patterson & Yoerger, 1993; Magnusson *et al.*, 1983).

Os adolescentes com início precoce de comportamentos problemáticos apresentam comportamentos disfuncionais que persistem ao longo da adolescência e inadaptação em múltiplos contextos desenvolvimentais ao longo da vida. Em comparação, os indivíduos que apresentam comportamentos problemáticos apenas na adolescência não apresentam problemas múltiplos de adaptação aos seus contextos desenvolvimentais, e parecem recorrer a comportamentos problemáticos, unicamente com o objectivo de adquirir um estatuto social de pseudo-maturidade (Moffitt, 1993). Em suma, estes grupos envolvem-se em níveis similares de comportamentos problemáticos durante a adolescência, mas diferem em relação ao momento de aparecimento e à persistência destes comportamentos na idade adulta, bem como à multidimensionalidade dos problemas de adaptação em diversos contextos (*e.g.*, nível de risco na família, na escola e no grupo de pares).

Nos últimos anos, os investigadores têm discutido a aplicabilidade dos modelos explicativos dos percursos desenvolvimentais, no que se refere às diferenças de género. Relativamente a este assunto, a questão central é a de saber se os diferentes modelos de trajectórias dos comportamentos problemáticos são igualmente válidos para ambos os sexos ou se existem modelos de trajectórias específicos para os rapazes e para as raparigas.

Existe consenso relativamente à legitimidade do início precoce, e durante a adolescência, de trajectórias de comportamentos problemáticos nos rapazes (*e.g.*, Nagin & Tremblay, 1999; Silverthorn, 2001; Fergusson & Horwood, 2002; Moffitt & Caspi, 2001). Já no que se refere ao sexo feminino, Silversthorn & Frick (1999) sintetizaram a limitada pesquisa existente, acerca das trajectórias desenvolvimentais dos comportamentos problemáticos externalizantes e argumentam que as raparigas em risco apresentam, normalmente, um percurso de início tardio. Nestas, os défices pessoais ou interpessoais (*e.g.*, estilo de interacção problemático, ambiente familiar disfuncional, défices individuais) na infância são evidentes, mas não conduzem a comportamentos anti-sociais graves e manifestos antes da adolescência. Esta situação pode ficar a dever-se a um maior impacto nas raparigas de factores protectores associados à escola, quando comparadas com os rapazes (*e.g.*, mais reforços dos comportamentos passivo/ /dependentes, melhores classificações; Keenan & Shaw, 1997) e a um menor número de reacções negativas das raparigas, em comparação com os rapazes, face a acontecimentos adversos na infância (*e.g.*, divórcio, discórdia familiar; Eme & Kavanagh, 1995). A externalização de comportamentos problemáticos começa com a puberdade, que constitui, para as raparigas, um período particularmente vulnerável, devido a mudanças biológicas e contextuais massivas (*e.g.*, mudanças no sistema escolar, contactos com pares do sexo masculino; Caspi, 1995).

Outros estudos negam apoio à existência, nas raparigas, de um único percurso desenvolvimental, associado a uma história, anterior à adolescência, de problemas encobertos de adaptação (Silverthorn & Frick, 1999; Cote *et al.*, 2001) e explicam os comportamentos problemáticos com base no seu início precoce, e durante a adolescência (sem ocorrência de problemas na infância), em ambos os sexos. No entanto, em ambos os tipos de trajectórias – início tardio e durante a adolescência (ou comportamentos problemáticos limitados à adolescência) – são realçadas as influências masculinas e as respostas das raparigas aos contextos sociais em mutação, que conduzem a mudanças na manifestação de comportamentos (Moffitt & Caspi, 2001; Silverthorn & Frick, 1999).

Na medida em que a adolescência se caracteriza pela reestruturação de relações em todos os domínios da vida social, parece necessário considerar as mudanças (ou a continuidade) nos riscos contextuais que os adolescentes têm que enfrentar durante todo este período. A pesquisa sugere, por exemplo, que as relações sociais negativas e os conflitos familiares podem limitar-se à fase intermédia da adolescência, em que os adolescentes procuram tornar-se autónomos em relação aos pais (*e.g.*, Laursen, 1995), ou podem constituir uma dimensão contínua das interacções familiares. Ambas as condições (estabilidade ou mudança nos riscos contextuais) podem ter implicações diferentes, ao nível das trajectórias de desenvolvimento de uso de substâncias ou de delinquência, na e para além da adolescência de rapazes e raparigas.

A presente investigação teve como objectivo responder à seguinte questão: nos contextos-chave de desenvolvimento das raparigas e dos rapazes ao longo do tempo, qual é o padrão do nível de risco que está associado a comportamentos problemáticos persistentes, e que padrões estão associados a problemas temporários de comportamento, durante a adolescência? Mais especificamente, quisemos identificar grupos de indivíduos com níveis altos/baixos de risco em diferentes contextos desenvolvimentais (*e.g.*, escola, família, grupo de pares) que sejam estáveis (altos/baixos) ou instáveis (crescentes/decrescentes) ao longo da adolescência (dos 14 aos 18 anos). A este propósito, um nível de risco elevado e estável deverá estar relacionado com o início precoce de comportamentos problemáticos (trajectória persistente de vida; Moffitt, 1993), um nível de risco elevado e estável apenas durante a fase intermédia da adolescência deverá estar associado a uma trajectória limitada à adolescência (Moffitt, 1993) e um nível de risco elevado no final da adolescência deverá associar-se ao aparecimento tardio de uma trajectória (Silverthorn & Frick, 1999).

Para além disto, pretendemos verificar se estes padrões estão associados a comportamentos problemáticos externalizantes de forma diferenciada no sexo masculino e no sexo feminino, de forma a testar a validade dos modelos explicativos das trajectórias, em ambos os sexos. Finalmente, foi nosso objectivo analisar as diferenças nos padrões comportamentais (*e.g.*, delinquência, criminalidade, uso de substâncias, comportamentos de risco para a saúde) entre as diferentes trajectórias aos 18 anos, separadamente por género.

1. METODOLOGIA

1.1. Amostra

Na presente investigação, utilizámos dados do estudo "Leipzig Schueler-Interval" (a cohort mais nova do estudo de 1986-1995), que integra uma amostra representativa da cidade de Leipzig, na Alemanha Oriental. Deste estudo, analisámos os dados de 1991 e de 1995, quando os participantes tinham, respectivamente, 14 e 18 anos de idade. Os critérios em que se baseou a selecção da subamostra foram, em primeiro lugar, a participação nas recolhas de dados efectuadas em 1991 e em 1995 e, em segundo lugar, um número de valores omissos não superior a três, em todas as variáveis que integraram as análises. Obtivemos uma amostra total de 434 participantes, utilizada nas análises que apresentamos a seguir.

1.1.1. *Descrição da amostra*

Dos participantes que constituíram a amostra, 42% eram do sexo masculino e 58% do sexo feminino. Em 1991, a idade média da amostra era cerca de 14 anos de idade. A maior parte dos participantes tinha um irmão e era proveniente de famílias constituídas por quatro pessoas (Quadro 1).

QUADRO 1
Variáveis sociodemográficas em 1991 (aos 14 anos)

Variável	n (%)	M (DP)
Género		
1. Masculino	180 (41.5)	-
2. Feminino	254 (58.5)	-
Idade	-	13.96 (.99)
Nº de pessoas em casa	-	4.09 (1.40)
Número de irmãos	-	1.34 (.77)

1.1.2. *Selectividade da amostra*

Com o objectivo de testar a selectividade, comparámos a amostra seleccionada (participante em 1991 e em 1995) com a amostra de sujeitos que participaram no estudo em 1991, mas não em 1995. Recorremos ao teste *t* de *student* e ao teste X^2, a fim de comparar os grupos em relação às variáveis sociodemográficas (1991). Os resultados revelaram que a amostra seleccionada integrava mais raparigas, e adolescentes com menos irmãos, do que a amostra utilizada em 1991. Em relação à idade, ao rendimento líquido da família e às qualificações profissionais do pai e da mãe, não foram encontradas diferenças entre as duas amostras.

1.2. Medidas

1.2.1. *Adaptação em três contextos de desenvolvimento aos 14 (t1) e aos 18 anos (t2)*

Com o objectivo de identificar um nível de risco baixo ou elevado, em diversos contextos dos adolescentes aos 14 e aos 18 anos, utilizámos dados da família, dos pares, bem como relativos à adaptação escolar. Todas as medidas foram obtidas com base em questionários de auto-resposta.

Contexto familiar: foram utilizados três itens para avaliar as relações familiares aos 14 e aos 18 anos (boa relação com a mãe, boa relação com o pai, vida familiar harmoniosa; 1-totalmente a 4-de modo nenhum). As escalas foram analisadas somando os itens e efectuando, posteriormente, a divisão pelo número de itens em t1 e em t2 [Alfa de Cronbach: (t1)=.61, (t2)=.69]. Com base nas duas escalas de adaptação familiar, formámos variáveis dicotómicas para o risco familiar aos 14 e aos 18 anos. Um nível elevado de risco familiar equivalia a um valor individual superior a um desvio-padrão, acima da média da amostra. Com base neste procedimento, aos 14 anos, 18% (n=79) e aos 18 anos, 13% (n=57) da amostra global apresentavam um nível elevado de risco familiar (*e.g.*, relações familiares negativas). A parte restante da amostra caracterizava-se por um nível baixo de risco familiar.

Grupo de pares: para medir a adaptação ao grupo de pares aos 14 e aos 18 anos, foi utilizado um único item (associação a pares desviantes; 1-nunca a 3-mais de três vezes por ano). Formámos, mais uma vez, uma variável dicotómica para o risco associado aos pares, em t1 e em t2. O elevado risco no grupo de pares (*e.g.*, associação a pares desviantes) traduzia-se num valor individual superior num desvio-padrão, em relação à média da amostra [14 anos, n=32 (8%); 18 anos, n=41 (10%)]. Os restantes participantes que integravam a amostra caracterizavam-se, nos dois momentos de recolha de dados, por um nível baixo de risco associado ao grupo de pares.

Contexto escolar: relativamente à adaptação escolar aos 14 anos, utilizámos dois indicadores: a classificação em Matemática e a classificação em Alemão no último ano escolar, que se revelaram intercorrelacionadas de forma altamente significativa (r=.58, p<.001). Obtivemos um indicador único, mediante a soma dos dois valores e a divisão posterior pelo número de itens. Aos 18 anos utilizámos um único indicador (a classificação global do último certificado obtido). Formámos, mais uma vez, uma variável dicotómica para os 14 e os 18 anos, indicadora do nível de risco em contexto escolar (*e.g.*, insucesso escolar). Os valores individuais que se situavam um desvio-padrão acima da média da amostra indicavam um nível elevado de risco em contexto escolar [t1: n=107 (25%); t2: n=57 (13%)]. Os restantes participantes apresentavam um nível de risco baixo em contexto escolar.

1.2.2. *Externalização de comportamentos problemáticos aos 14 (t1) e aos 18 anos (t2)*

Foram utilizadas medidas dos comportamentos problemáticos externalizantes aos 14 e aos 18 anos (delinquência menor e abuso de álcool) e ainda medidas específicas para os 18 anos (formas graves de comportamentos problemáticos e de risco para a saúde). Utilizámos, novamente, dados recolhidos mediante questionários de auto-resposta.

Delinquência: para avaliar a delinquência, utilizámos quatro itens que descrevem actos delinquentes menores, aos 14 e aos 18 anos *(eu bati ou espanquei alguém; eu roubei algo a alguém; eu ameacei alguém para que fizesse algo que eu queria* e *eu destruí ou danifiquei algo que era propriedade de outra pessoa;* 1-nunca a 3-três vezes ou mais). Com base nestes itens, foi construída uma escala para os dois momentos de recolha de dados, mediante a sua soma e posterior divisão por quatro [Alfa de Cronbach: (t1)=.74, (t2)=.63]. Os valores médios obtidos para a amostra foram, aos 14 anos, 1.12 (DP=.21) e aos 18 anos, 1.10 (DP=.22).

Consumo de álcool: o consumo de álcool aos 14 e aos 18 anos foi avaliado pelo número de bebidas consumidas durante o último mês, utilizando três itens (quantas bebidas consumiu durante o último mês, das seguintes categorias: cerveja, vinho, espirituosas?). A quantidade total de etanol puro (em graus) foi calculado a partir do número de copos, com base na definição alemã de *copo estandardizado*. A média do consumo total de etanol por mês foi, aos 14 anos, de 58.25 (DP=93.43) e aos 18 anos de 152.66 (DP=295.84).

1.2.3. *Formas graves de comportamentos problemáticos e de risco para a saúde, apenas aos 18 anos (t2)*

Consumo grave de álcool: foi utilizado um único item para avaliar formas graves de consumo de álcool aos 18 anos (Quantas vezes ficaste embriagado nos últimos 12 meses?; 0-nunca a 5-dez vezes ou mais). A média da amostra foi de 1.07 (DP=1.43).

Criminalidade associada ao álcool: utilizámos dois itens relativos a diferentes aspectos da criminalidade associada ao álcool (conduzir sob o efeito de álcool e número de contactos com a polícia devido a infracções de trânsito (1-nunca a 3-três vezes ou mais). No que se refere à condução sob o efeito de álcool aos 18 anos, a média obtida para a amostra total foi de 1.13 (DP=.39). No que concerne aos contactos com a polícia devido a infracções de trânsito, a média obtida foi de 1.05 (DP=.23).

Uso de substâncias: relativamente ao uso de substâncias, avaliámos a utilização de marijuana e o uso de drogas ilícitas (experimentaste marijuana/outras drogas ilícitas durante os últimos 12 meses?; 1-nunca a 3-três vezes ou mais). Os valores médios da amostra aos 18 anos foram de 1.14 (DP=.47) para o uso de marijuana e de 1.04 (DP=.47) para o uso de drogas ilícitas.

Comportamentos de risco para a saúde: finalmente, utilizámos um item para avaliar a saúde geral aos 18 anos (como descreveria o seu estado geral de saúde?; 1-mau a 5-muito bom). A média da amostra total foi de 3.78 (DP=.88).

1.3. **Estratégias de análise dos dados**

Com o objectivo de responder às questões colocadas nesta investigação, formámos grupos de indivíduos com base no nível de risco (elevado/baixo) em contexto escolar, familiar e de pares e no nível de estabilidade (estável/instável), ao longo da adolescência (*e.g.*, aos 14 e aos 18 anos). Os grupos foram descritos, ainda, com base em variáveis sociodemográficas e nos comportamentos problemáticos aos 14 anos.

Posteriormente, foram comparadas as médias dos indicadores comportamentais, obtidas pelos grupos aos 18 anos, em ambos os sexos. Em primeiro lugar, recorremos à MANOVA considerando todas as variáveis dependentes e as variáveis independentes grupo e género, de forma a analisar possíveis efeitos de interacção[1]. Em segundo lugar, separadamente por género, comparámos as médias das variáveis dependentes aos 18 anos, mediante a ANOVA e a realização de comparações *post hoc*.

2. RESULTADOS

Identificação de grupos que diferem no nível (elevado/baixo) e na estabilidade (estável/instável) dos riscos em diferentes contextos, ao longo de quatro anos.

Num primeiro momento, usámos as variáveis dicotómicas indicadoras de risco nos contextos de escola, família e pares no t1 (aos 14 anos) e no t2 (aos 18 anos), e formámos uma variável contabilizando o número de contextos problemáticos no t1 (*e.g.*, nível de risco) e no t2 (*e.g.*, estabilidade da pontuação de risco). Apurámos que apenas uma pequena parte da amostra se caracterizava por dois ou três contextos onde existiam problemas (ver Quadro 2).

---

[1] Utilizámos para o efeito o programa de análise estatística SPSS.

QUADRO 2

Número de contextos problemáticos aos 14 e aos 18 anos (amostra total)

Contextos problemáticos	T1 (14)		T2 (18)	
	n	%	n	%
0	245	57	297	68
1	161	37	120	28
2	27	6	16	4
3	1	0	1	0

Num segundo momento, distribuímos os participantes pelos níveis elevado/baixo e estável/instável de risco durante a adolescência, baseados no número de contextos problemáticos no t1 e no t2. Desse modo, constituíram-se dois grupos: um composto por jovens que ao longo da adolescência evidenciaram um nível elevado e estável (*e.g.*, t1 e t2 com risco elevado em um ou mais contextos) e outro formado por jovens que evidenciaram um nível de risco baixo e estável (*e.g.*, t1 e t2 sem pontuação de risco em todos os contextos). Os adolescentes que mostraram um risco mais elevado no t1 (um ou mais contextos problemáticos) do que no t2 (*e.g.*, decresce o número de contextos problemáticos de um para nenhum ou de dois ou três para um) formaram um terceiro grupo. Finalmente, os adolescentes que evidenciaram um risco mais baixo no t1 (nenhum ou um contexto problemático) do que no t2 (um ou dois contextos problemáticos) constituíram um quarto grupo.

Como resultado deste procedimento foram estabelecidos quatro grupos de adolescentes: (1) risco baixo obtido no t1 e no t2 (baixo/baixo, BB), (2) risco mais elevado no t1 do que no t2 (elevado/baixo, EB), (3) risco elevado no t1 e no t2 (elevado/elevado, EE), e (4) risco mais baixo no t1 do que no t2 (baixo/elevado, BE).

Descrição dos grupos (resultados da ANOVA)

Diferenças nas variáveis sociodemográficas no t1

O grupo maior era composto por adolescentes com baixos níveis de problemas de adaptação na escola, na família e no grupo de pares

(40% da amostra). Os adolescentes com risco contextual elevado, apenas aos 14 anos, representavam 31% da amostra e os adolescentes com risco contextual elevado e estável representavam 10%. Finalmente, 19% da amostra era constituída por adolescentes que aos 14 anos evidenciavam riscos contextuais baixos que aumentaram nos anos seguintes. Os grupos não diferiram significativamente em relação ao sexo e à idade, mas diferiram no nível educacional/profissional (p<.001). Foram os adolescentes do grupo baixo/baixo (BB) e baixo/elevado (BE) que apresentaram os níveis de instrução mais elevados *(gymnasium)* (ver Quadro 3).

QUADRO 3

Descrição dos grupos (amostra total)

BB	EB	EE	BE
n=172 (40%) 65 rapazes 107 raparigas	n=136 (31%) 62 rapazes 74 raparigas	n=45 (10%) 21 rapazes 24 raparigas	n=81 (19%) 32 rapazes 49 raparigas
Gym. > apprent.*	Gym. = apprent.	Gym. < apprent.	Gym. > apprent.

* N.T. *Gymnasium:* treze anos de escolaridade que permitem o acesso à Universidade; *Apprenticeship:* nove ou dez anos de escolaridade que permitem aceder a um curso numa escola profissional (alternância entre escola e treino no local de trabalho).

Efeitos da interacção do grupo com o género nas variáveis dependentes

A fim de testar o efeito da interacção da variável grupo (níveis diferentes de risco) com o género nos comportamentos problemáticos aos 14 e aos 18 anos, foi executada uma MANOVA. Os resultados indicaram efeitos principais significativos das variáveis grupo (F(14)=3.74, p<.001) e género (F(14)=30.78, p<.001). Além disso, surgiu um efeito significativo da interacção multivariada do grupo com o género nas variáveis dependentes (F(42)=4.09, p<.001). Os dados sugerem médias diferentes nas variáveis dependentes para cada um dos grupos e dos géneros. Este resultado apoia a nossa hipótese relativa às diferenças de género na associação entre as potenciais trajectórias de desenvolvimento (reflectido no elevado/baixo nível de problemas de adaptação em diversos contextos de desenvolvimento que são estáveis/instáveis durante o adolescência) e a externalização de comportamentos problemáticos. Consequentemente, a análise seguinte de comparação das médias dos comportamentos problemáticos, entre os grupos com diferentes níveis de risco contextual, foi conduzida separadamente para cada género.

Problemas de comportamento no t1 (aos 14 anos) em função do nível e da estabilidade dos contextos de risco durante a adolescência (ANOVA com comparações *post hoc*)

Sexo masculino: Os quatro grupos do sexo masculino não diferiram nos seus comportamentos desviantes aos 14 anos de idade, mas diferiram a respeito do consumo total de álcool ($F(3)=2.15$, $p<.01$). As comparações *post hoc* revelaram que o grupo com risco contextual estável e elevado (EE) durante o adolescência apresentava os níveis mais elevados de consumo aos 14 anos de idade, quando comparado como os outros três grupos (ver Quadro 4).

Sexo feminino: Os quatro grupos não diferiram significativamente no valor médio dos comportamentos externalizantes (*e.g.*, delinquência e consumo do álcool) durante a fase intermédia da adolescência (ver Quadro 4).

QUADRO 4

Médias (M) e desvios-padrão (DP) dos problemas de comportamento externalizante aos 14 anos nos grupos masculino e feminino

Adaptação (14 anos)	BB	EB	EE	BB
	M(DP)	M(DP)	M(DP)	M(DP)
Masculino				
Delinquência	1.15(.20)	1.19(.35)	1,26(.46)	1.27(.44)
Álcool *	51.81(63.54)	56.10(97.88)	110.36(163.03)	60.40(92.38)
Feminino				
Delinquência	1.06(.17)	1.06(.14)	1.06(.13)	1.07(.20)
Álcool	42.19(47.67)	71.94(109.40)	82.08(203.18)	52.75(51.08)

*p<.01

Comportamentos problemáticos e comportamentos de risco de saúde no t2 (aos 18 anos) em função do número e da estabilidade dos contextos de risco durante a adolescência (ANOVA com comparações *post hoc*)

Sexo Masculino: Os quatro grupos do sexo masculino diferiram, significativamente, nos comportamentos problemáticos no t2 (aos 18 anos). A respeito dos comportamentos externalizantes, foram encontradas diferenças significativas na delinquência e no consumo de álcool, sendo o grupo EE a obter os resultados mais elevados. Não foram encontradas diferenças significativas na frequência da embriaguez. Adicionalmente, foram encontradas diferenças na criminalidade associada ao consumo de álcool: os rapazes do grupo EE relataram um maior número de contactos com a polícia devido a infracções ao trânsito, à condução sob a influência do álcool e a outros actos delinquentes. Mais ainda, aos 18 anos os rapazes do grupo EE foram os que apresentaram os valores mais elevados de consumo de drogas ilícitas. Nenhuma diferença foi registada relativamente ao uso de marijuana. Finalmente, a respeito dos comportamentos de risco para a saúde, novamente foram encontradas diferenças significativas entre os grupos: os grupos EE e BE evidenciaram as piores situações de saúde (ver Quadro 5).

Em resumo, rapazes com problemas elevados e estáveis de adaptação aos contextos de escola, família e pares durante a adolescência (EE) revelaram, em comparação com os outros grupos, um maior número de comportamentos problemáticos (*e.g.*, delinquência, uso do álcool, criminalidade associada ao álcool, contactos com a polícia, uso de substâncias ilícitas) e a pior situação em relação à saúde aos 18 anos de idade. Este resultado confirma a nossa hipótese de um início precoce de uma trajectória persistente de problemas de comportamento nos rapazes.

QUADRO 5

Médias (M) e desvios-padrão (DP) das variáveis aos 18 anos nos quatro grupos masculinos

Adaptação (18 anos)	BB	EB	EE	BE
	M(DP)	M(DP)	M(DP)	M(DP)
Delinquência*	1.13(.20)	1.10(.18)	1.33(.38)	1.23(.31)
Álcool***	22.34(234.66)	175.34(224.25)	344.98(384.07)	132.98(99.92)
Embriaguez	1.38(1.51)	1.45(1.69)	2.19(1.86)	1.56(1.46)
Condução com álcool*	1.17(.42)	1.21(.41)	1.55(.76)	1.22(.49)
Infracções ao transito***	1.02(.13)	1.11(.32)	1.35(.49)	1.09(.39)
Polícia (outros)**	1.08(.27)	1.06(.25)	1.10(.31)	1.03(.18)
Marijuana	1.22(.58)	1.13(.43)	1.38(.80)	1.42(.76)
Drogas ilícitas*	1.06(.30)	1.02(.13)	1.19(.52)	1.00(.00)
Estado de saúde*	3.95(.86)	4.02(.67)	3.48(.98)	3.66(.87)

***:p<.001, **:p<.01, *:p<.05

Sexo feminino: Os quatro grupos das raparigas diferiram significativamente nos problemas de comportamento aos 18 anos de idade. Nos comportamentos externalizantes, foram encontradas diferenças significativas entre os grupos no que diz respeito à delinquência, sendo o grupo BE a obter os valores mais elevados. Contudo, estes grupos não diferiram no consumo do álcool. Não obstante, as raparigas que aumentaram o nível contextual de risco durante a adolescência (BE) relataram uma frequência mais elevada de problemas de consumo de álcool, como seja a embriaguez. Além disso, em comparação com os outros grupos, as raparigas BE referiram que a maioria dos contactos com a polícia se deveu ao facto de conduzirem sob a influência de álcool. Não se registaram diferenças entre os grupos no que diz respeito aos contactos com a polícia devidos a infracções ao trânsito. As raparigas do grupo BE apresentaram ainda níveis mais elevados de consumo de marijuana aos 18 anos, embora nenhuma diferença tivesse sido encontrada no que se refere ao uso de drogas ilícitas. Finalmente, não houve diferenças entre os grupos no que diz respeito à situação geral de saúde (ver Quadro 6).

No seu conjunto, as raparigas que aumentaram os problemas nos contextos de família, escola e pares durante a adolescência (BE) mostraram, no geral, níveis mais elevados de problemas de adaptação aos 18 anos de idade (*e.g.*, abuso de álcool, criminalidade associada ao álcool, contactos com a polícia e consumo de marijuana). Estes resultados podem sugerir uma trajectória de problemas de comportamento com início tardio nas raparigas.

Quadro 6

Médias (M) e desvios-padrão (DP) das variáveis aos 18 anos nos quatro grupos femininos

Adaptação (18 anos)	BB	EB	EE	BE
	M(DP)	M(DP)	M(DP)	M(DP)
Delinquência*	1.02(.08)	1.08(.21)	1.08(.27)	1.06(.13)
Álcool***	115.84(141.42)	116.43(162.33)	109.35(162.33)	146.32 (269.11)
Embriaguez	.54(1.04)	.80(1.12)	.92(1.35)	1.02(1.45)
Condução com álcool*	1.02(.14)	1.05(.28)	1.04(.20)	1.18(.49)
Infracções ao transito***	1.02(.14)	1.00(.00)	1.04(.20)	1.00(.00)
Polícia (outros)**	1.02(.14)	1.04(.20)	1.04(.20)	1.14(.35)
Marijuana	1.03(.17)	1.01(.12)	1.08(.28)	1.24(.63)
Drogas ilícitas*	1.01(.09)	1.03(.16)	1.00(.00)	1.06(.32)
Estado de saúde*	3.88(.77)	3.59(.96)	3.54(.98)	3.62(1.00)

***:p<.001, **:p<.01, *:p<.05

DISCUSSÃO

O presente estudo pretendeu identificar os níveis de risco, em vários contextos de desenvolvimento, dos rapazes e das raparigas adolescentes, ao longo do tempo (dos 14 aos 18 anos de idade), e comparar a frequência de comportamentos problemáticos entre os grupos. Esta estratégia de investigação apontou para a existência de padrões distintos de risco durante a adolescência (semelhantes aos modelos relativos às trajectórias dos problemas comportamentais), os quais se mostraram associados a graves desajustamentos comportamentais ou ao abandono dos comportamentos problemáticos, na transição para a adultez.

Os resultados põem em destaque uma ligação entre as relações sociais, as influências recebidas em vários contextos de desenvolvimento e os problemas de comportamento durante todo o período da adolescência (Crockett & Crouter, 1995). Em particular, observou-se que as diferenças de género desempenham um importante papel a este nível. Em primeiro lugar, verificámos que os rapazes e as raparigas com um nível de risco baixo ou decrescente na família, na escola e no grupo de pares durante a adolescência evidenciaram, aos 18 anos de idade, menores problemas de comportamento e um desenvolvimento saudável. Em segundo lugar, os rapazes que apresentavam um nível de risco estável e elevado nos contextos atrás referidos foram aqueles que exibiram os padrões de conduta mais problemáticos (delinquência, criminalidade, uso de substâncias) no final da adolescência. Em terceiro lugar, as raparigas com a frequência mais elevada de comportamentos externalizantes aos 18 anos de idade, haviam sido as que enfrentavam problemas crescentes na escola, na família e no grupo de pares e não aquelas cujos problemas contextuais foram considerados estáveis.

Esta conclusão inesperada, para o caso das raparigas, poderá ser sinónimo de uma trajectória de início tardio, que se afigura como algo típico do sexo feminino (ver Silverthorn & Frick, 1999). Estas raparigas não apresentaram problemas no início da adolescência, mas exibiram, no entanto, comportamentos disfuncionais graves no final desse período. Os dados por nós obtidos assemelham-se aos de Moffitt e Caspi (2001), decorrentes das suas investigações longitudinais, segundo os quais as raparigas se tornavam mais anti-sociais depois da puberdade, quando expostas às in-fluências masculinas. Análises suplementares dos resultados da presente amostra não permitiram apurar que estas raparigas tivessem tido mais problemas de comportamento (*e.g.*, impulsividade ou agressão) durante a infância do que os rapazes da mesma idade. Por este motivo, os comportamentos externalizantes parecem surgir depois da puberdade, possivelmente como resposta aos novos contextos sociais que as adolescentes vão descobrindo (*e.g.*, mudanças na escola, envolvimento em grupos desviantes de colegas, ténues laços afectivos com os pais), os quais possivelmente estimulam a expressão desse tipo de comportamentos problemáticos (Caspi, 1995; Moffitt & Caspi, 2001).

No entanto, se a puberdade desempenha um papel assim tão importante, por que razão não terão apresentado estas raparigas estes estilos problemáticos de comportamento aos 14 anos de idade, altura em que a maioria já teria passado, certamente, pelas transformações pubertárias? Com o objectivo de dar resposta a esta questão, foram efectuadas outras análises estatísticas. Constatámos, nesta sequência, que as raparigas do grupo de risco crescente em vários contextos durante a puberdade eram aquelas que haviam passado um desenvolvimento particularmente tardio, quando comparadas com os outros sujeitos do sexo feminino da amostra (*e.g.*, a menarca ocorreu por volta dos 14 anos nas primeiras e aos 13 anos, em média, no resto da amostra). Sabe-se, sobretudo devido a estudo alemães, que tanto o aparecimento precoce da purberdade, como o seu desenrolar tardio, são factores que estão associados a um risco superior de problemas de comportamento externalizante (Silbereisen & Kracke, 1993). Por isso, a maturação biológica tardia e as novas experiências sociais mostraram-se associadas a uma trajectória de problemas de comportamento externalizante de início também tardio, e com dificuldades de adaptação à família, à escola e ao grupo de pares. É provável que o comportamento disfuncional nestes sujeitos funcione como uma estratégia para compensar o menor desenvolvimento físico e o mais baixo prestígio entre os pares. Todavia, este percurso desenvolvimental poderá estar ligado, no caso das raparigas, a um disfuncionamento continuado durante a adolescência, particularmente se as habituais consequências de certas condutas (*e.g.*, relações transitórias, gravidez na adolescência, fraca dedicação aos estudos) conduzirem a efeitos em cadeia e cumulativos (Moffitt, 1994; Horwood, Woodward & Fergusson, 2002). Também é possível que esta trajectória possa considerar-se limitada à adolescência, e que surja apenas de forma tardia em virtude de uma ocorrência retardada do desenvolvimento pubertário, levando, por isso, ao desaparecimento dos comportamentos problemáticos numa idade posterior (Moffitt, 1993).

Outro dos resultados inesperados foi o de que as raparigas com um nível estável de risco na família, na escola e no grupo de pares durante a adolescência não eram as que exibiam, de forma particularmente elevada, problemas de comportamento externalizantes, aos 18 anos de idade. Com base nesta conclusão, parece-nos que os problemas prolongados de adaptação à escola, à família e os contactos com colegas desviantes não se mostram relacionados nem com o consumo de substâncias, nem com a delinquência. São diversas as possíveis explicações para este resultado. Em primeiro lugar, estas raparigas poderão ter-se comportado como antisociais durante o período que decorreu entre os nossos dois momentos de medição (*e.g.*, aos 15 ou aos 16 anos de idade) mas, possivelmente porque certos comportamentos problemáticos se tornaram disfuncionais (*e.g.*, devido à entrada no emprego, a novas responsabilidades; Labouvie, 1996), elas já não os exibiam aos 18 anos de idade. Em segundo lugar, é possível que existam outras facetas dos estilos de comportamento problemático das raparigas, mais intimamente ligadas à história dos seus problemas prolongados de adaptação. Para corroborar esta ideia, foram efectuadas comparações entre as médias dos grupos das raparigas e, na realidade, aquelas cujo nível de risco, nos seus contextos de desenvolvimento, era estável e elevado apresentavam muito mais problemas de comportamento internalizante (*e.g.*, ideação suicida), em comparação com os restantes grupos femininos. Concluiu-se, por conseguinte, que as raparigas com problemas de adaptação estáveis e elevados durante a adolescência embora não exibissem, de forma notória, comportamentos externalizantes, sofriam mais de depressão do que todas as outras. Isto, por seu turno, poderia ser o reflexo do estilo comportamental internalizante mais típico do género feminino, perante situações adversas na adolescência. No caso das raparigas, parece que, em resultado da socialização, os problemas de conduta conduzem, predominantemente, à internalização dessas disfunções (Keenen & Shaw, 1997).

Foi curioso constatar que, nas adolescentes estudadas, não se verificaram diferenças comportamentais entre os grupos aos 14 anos de idade (*e.g.*, delinquência, consumo de drogas). Logo, mesmo as que não tinham problemas de adaptação à família ou à escola, e que não contactavam com grupos de colegas desviantes, consumiam álcool e participavam em actividades delinquentes de pequena importância, com uma frequência igual às das restantes raparigas com altos níveis de risco contextual. Talvez os comportamentos desviantes, de que o consumo de álcool é um exemplo, constituam, para as raparigas, importantes estratégias para a demonstração de uma pseudo-maturidade nos contextos sociais, de uma autonomia em relação aos pais e um estatuto elevado no grupo de colegas (Moffitt, 1993; Galambos & Tilton-Weaver, 2000; Silbereisen & Reese, 2001; Silbereisen & Kastner, 1985). Estas formas de conduta traduziriam um modo de enfrentar as tarefas desenvolvimentais, e isto seria particularmente plausível para as raparigas aos 14 anos de idade, porque a maturação física ocorre nelas cerca de dois anos mais cedo do que nos rapazes (Brooks-Gunn & Reiter, 1990). E, por causa disto, os seus esforços para resolver, a nível individual e interpessoal, as respectivas tarefas de desenvolvimento características da adolescência, são prévios aos dos rapazes da mesma idade. Quando bebem álcool nos momentos de lazer, as raparigas sentem-se melhor aceites pelos colegas, têm maior número de amigos e mais relacionamentos amorosos (Engels *et al.*, 1999; Maggs & Hurrelmann, 1998). Por este motivo, talvez se possa concluir que os comportamentos desviantes menores fazem parte dos guiões comportamentais normativos que os adolescentes tentam pôr em prática.

Contrariamente aos dados descritos para as raparigas, os que diziam respeito aos rapazes mostraram que aqueles com maiores problemas de adaptação durante a adolescência, foram os que exibiram, aos 18 anos de idade, comportamentos anti-sociais mais problemáticos e de risco para a saúde. Este grupo manifestou também uma tendência, aos 14 anos, para ser superior aos restantes no que concerne à presença de condutas problemáticas (*e.g.*, quantidade de álcool ingerida). A existência desta configuração estável de problemas de externalização do comportamento, que é acompanhada por dificuldades múltiplas de adaptação à família, à escola e ao grupo de pares, leva-nos a estabelecer um paralelo entre ela e a trajectória de início precoce e persistente (comparar com Moffitt, 1993). A ocorrência simultânea de problemas contínuos de adaptação em diversos contextos sociais e o mau funcionamento múltiplo, em termos comportamentais, durante a adolescência (síndroma do comportamento problemático; Jessor, 1992; Bardone *et al.*, 1998) parece apontar para uma trajectória desenvolvimental assente numa forte continuidade, a qual talvez encontre as suas raízes em problemas de comportamento já existentes na infância. Na realidade, os resultados das análises adicionais realizadas com a nossa amostra (que não foram descritos pormenorizadamente neste capítulo) mostraram que os rapazes pertencentes a este grupo exibiam problemas de conduta (*e.g.*, eram os que apresentavam os mais altos níveis de impulsividade) e dificuldades na interacção com os colegas na infância (aos 9 anos de idade), facto que apoia a hipótese da referida trajectória de início precoce. Além disso, os comportamentos externalizantes estáveis eram acompanhados por um índice mais elevado de sintomas depressivos (*e.g.*, pensamentos suicidas) neste grupo de rapazes do que nos outros grupos[2]. Como é sabido, os sintomas depressivos são considerados como uma das características do síndroma do comportamento problemático (Jessor, 1992). Por esse motivo, este tipo de trajectória desenvolvimental proble-

[2] Infelizmente, não tivemos oportunidade de testar os efeitos dos momentos da puberdade nos rapazes, de forma a relacioná-los com as trajectórias por eles apresentadas. Nesta investigação não foram recolhidos dados sobre o desenvolvimento pubertário masculino.

mática (caracterizada por uma miríade de problemas de conduta e pelas dificuldades de adaptação a vários contextos, e com uma elevada estabilidade ao longo do tempo) parece estar associada a um prognóstico negativo da possibilidade de sucesso na adaptação social, nas fases posteriores da vida (*e.g.*, no que concerne ao sucesso profissional, ver Caspi *et al.*, 1990).

Os dados obtidos com a presente investigação apoiam as diferenças entre rapazes e raparigas, ao nível da etiologia dos problemas de comportamento externalizante na adolescência. Efectivamente, as nossas conclusões situam-se na linha das de outros estudos, que mostram ser a trajectória de início precoce e persistente mais comum nos homens do que nas mulheres (Fergusson & Horwood, 2002; Silverthorn, 2001; Piquero & Chung, 2001). Além disso, no género feminino, o aparecimento de problemas de adaptação e de comportamentos externalizantes estava associado ao nível mais baixo de adaptação na transição para a vida adulta, estando também associado a um atraso na maturação pubertária. Em nosso entender, esta trajectória poderá reflectir quer um percurso limitado à adolescência (que começa mais tarde em virtude da puberdade tardia) (Moffitt, 1993), quer um percurso de início tardio (Silverthorn & Frick, 1999). Ambas as interpretações põem em evidência o facto de o período entre o início da adolescência e os seus anos intermédios constituir uma fase vulnerável, propensa ao desenvolvimento de graves problemas de adaptação, especialmente no caso das raparigas.

É ainda de realçar que os resultados obtidos reforçam a visão da adolescência como um possível momento de viragem das trajectórias desenvolvimentais, facto que pode ser especialmente verdadeiro em virtude das transformações que sofrem as relações sociais, as experiências e as interacções dos adolescentes. De acordo com as nossas conclusões, é possível estabelecer ligações entre certas mudanças nas experiências vividas em contextos sociais e os comportamentos positivos ou negativos dos sujeitos. Em primeiro lugar, descobrimos que as raparigas com um nível crescente de risco durante a adolescência apresentaram altos índices de criminalidade, de consumo de drogas e de comportamentos de ameaça para a saúde, aos 18 anos de idade. Por isso, o surgimento de problemas no seio dos contextos tidos como os principais no final da adolescência, mostrou ser um dos mais importantes factores de risco para o mau funcionamento psicossocial. Em segundo lugar, tanto nos rapazes como nas raparigas, o nível de risco elevado e transitório aos 14 anos de idade, que decrescia com o passar do tempo, não se revelou associado a problemas de adaptação psicossocial no final da adolescência. Estes jovens viriam a revelar-se tão bem ajustados quanto aqueles cujo nível de riscos contextuais era baixo durante a adolescência. É provável que tal constatação reflicta o processo de abandono dos comportamentos problemáticos na maior parte dos adolescentes, quando a exibição de certas formas graves de conduta e o relacionamento com colegas desviantes se tornam disfuncionais para eles (*e.g.*, na entrada no mundo do trabalho e no momento de constituir família; Moffitt, 1993; Labouvie, 1996). Em consonância com isto, outros estudos já mostraram que o referido processo de abandono do comportamento problemático, no final da adolescência, estava relacionado com influências contextuais. Verificou-se, por exemplo, que os adolescentes diminuíam os seus contactos com os colegas desviantes e que voltavam a envolver-se mais com a família e com a escola (Caspi & Silva, 1995; Pulkkinen, 1983).

Nas linhas que se seguem, serão discutidas as limitações mais importantes desta investigação. A primeira relaciona-se com os instrumentos de avaliação utilizados para operacionalizar os construtos teóricos. A análise de um conjunto de dados de arquivo, como a que efectuámos para o presente estudo, implica a necessidade de usar construtos mensuráveis, que foram seleccionados pelos autores originais. Uma vez que não estivemos envolvidos no planeamento deste trabalho, não nos foi possível recorrer a operacionalizações mais precisas e a escalas estandardizadas para medir os construtos que nos interessavam.

Em segundo lugar, de modo a conseguirmos efectuar, a partir dos resultados, prognósticos a longo prazo, mais específicos para cada grupo, relativamente à adaptação dos sujeitos, tornar-se-iam necessários outros momentos de recolha de dados junto da amostra em questão. Os dados obtidos mostraram que os rapazes com um nível de risco elevado e estável e que as raparigas com um índice crescente de risco nos seus contextos sociais, poderão correr um maior risco de desajustamento na vida adulta, porque foram os que apresentaram os níveis mais elevados de problemas graves de comportamento aos 18 anos de idade. Infelizmente, não dispomos de dados sobre a adaptação psicossocial dos indivíduos da amostra, já durante a vida adulta. Com base nos resultados aqui descritos, os rapazes com níveis de risco elevados e estáveis e com problemas de comportamento externalizante são os que correm maior ameaça de dificuldades de adaptação futuras. Além disso, as raparigas com problemas de adaptação e com comportamentos anti-sociais, que surgiram durante a adolescência, parecem estar em risco de mau funcionamento psicossocial posterior, em especial se se associarem a um companheiro desviante, se experimentarem a maternidade numa idade demasiado jovem ou se investirem muito pouco na sua educação profissional (*e.g.*, Horwood *et al.*, 2002). Finalmente, as adolescentes que vivenciaram um nível elevado de risco estável nos seus contextos de actuação deverão apresentar uma elevada probabilidade de desenvolvimento de comportamentos internalizantes, na vida adulta.

Quando tomados em conjunto, os resultados do presente estudo chamam a atenção para a importância da mudança e da continuidade dos factores contextuais de risco, com os quais os adolescentes se confrontam durante este período de desenvolvimento. As nossas conclusões destacam a grande ameaça de problemas de adaptação para os adolescentes com um nível estável elevado (no caso dos rapazes) ou crescente (no caso das raparigas) de risco na família, no grupo de pares e nos contextos escolares, ao longo da adolescência. Para além deste facto, foi ainda observado que, especialmente no caso das raparigas, é importante levar em consideração os problemas de internalização, os quais poderão ser reacções mais comuns do que as condutas externalizantes, a graves perturbações contextuais.

Em nossa opinião, os dados obtidos realçam a necessidade de se conjugarem diversos níveis e estratégias nos programas de intervenção e de prevenção (Ellis, 1998), que idealmente deveriam envolver a escola e a família. É ainda de salientar que as variadas formas de actuação terão de levar em conta as trajectórias específicas, seguidas por cada um dos sexos no desenvolvimento dos comportamentos problemáticos. Na verdade, a promoção de relações positivas nos diferentes contextos sociais e de fortes laços afectivos convencionais, parece ser algo particularmente importante para os rapazes durante a infância e, para as raparigas, sobretudo na adolescência. Além disso, o reforço das aptidões básicas para a vida (*e.g.*, comunicação, empatia, auto-eficácia, etc.) é algo que assume aqui uma relevância fundamental, para dotar os mais jovens de competências interpessoais, indispensáveis para lidarem eficazmente com os desafios do dia-a-dia (WHO, 1994). Só deste modo conseguiremos fomentar as suas capacidades para estabelecerem e manterem relações sociais positivas e saudáveis.

BIBLIOGRAFIA

BARDONE, A. M., Moffitt, T. E., Caspi, A. *et al.* (1998). Adult health outcomes of adolescent girls with conduct disorder, depression, and anxiety. *Journal of the American Academy of Child and Adolescent Psychiatry*, *37*(6), 594-601.

BROOKS-GUNN, J., & REITER, E. O. (1990). The Role of pubertal processes. In: S. S. Feldman, & E. O. Elliott (Eds.), *At the threshold: The developing adolescent*, (pp. 16-53). Cambridge: Harvard University Press.

CASPI, A. (1995). Puberty and the gender organization of schools: How biology and social context shape the adolescent experience. In L. J. Crockett & A. Crouter (Eds.), *Pathways through adolescence: Individual development in relation to social contexts* (pp. 57-74). Hillsdale, NJ: Erlbaum.

CASPI, A., ELDER JR., G. H., & HERBENER, E. S. (1990). Childhood personality and the prediction of life course patterns. In L. N. Robins, & M. Rutter (Eds.), *Straight and devious pathways from childhood to adolescence* (pp. 13-35). Cambridge: University Press.

CASPI, A. & SILVA, P. A. (1995). Temperamental qualities at age three predict personality traits in young adulthood: Longitudinal evidence from a birth cohort. *Child Development*, *66*(2), 486-498.

COTÉ, S., TREMBLAY, R. E., NAGIN, D., VITARO, F., & ZOCCOLILLO, M. (2001). Predicting girls' conduct disorder in adolescence from childhood trajectories of disruptive behaviors. *Journal of the American Academy of Child and Adolescent Psychiatry*, *40*(6), 678-684.

CROCKETT, L. J., & CROUTER, A. C. (1995). Pathways through adolescence: An overview. In L. J. Crockett & A. C. Crouter (Eds.), *Pathways through adolescence* (pp. 1-14). Mahwah, New Jersey: Erlbaum.

CROCKETT, L. J., & PETERSEN, A. C. (1993). Adolescent development: Health risks and opportunities for health promotion. In S. G. Millstein, A. C. Petersen, & E. O. Nightingale (Eds.), *Promoting the health of adolescents: New directions for the twenty-first century* (pp. 71-91). Hillsdale: Erlbaum.

ELLIOTT, D. S. (1993). Health-enhancing and health-compromising lifestyles. In S. G. Millstein, A. C. Petersen, & E. O. Nightingale (Eds.), *Promoting the health of adolescents: New directions for the twenty-first century* (pp. 119-145). Hillsdale: Erlbaum.

ELLIOTT, D. S., HUIZINGA, D., & MENARD, S. (1989). *Multiple problem youth: Delinquency, substance use, and mental problems*. New York: Springer.

ELLIS, R. A. (1998). Filling the gap: Multi-factor, multi-system, multi-level intervention. *The Journal of Primary Prevention*, *19*(19), 57-71.

EME, R. F., & KAVANAUGH, L. (1995). Sex differences in conduct disorder. *Journal of Clinical Child Psychology*, *24*, 406-426.

ENGELS, R. C. M. E., KNIBBE, R. A., DE VRIES, H. et al., (1999). Influences of parental and best friends' smoking and drinking on adolescent use: A longitudinal study. *Journal of Applied Social Psychology*, *29*(2).

FERGUSSON, D. M., & HORWOOD, L. J. (2002). Male and female offending trajectories. *Development and Psychopathology*, *14*(1), 159-177.

FERGUSSON, D. M., LYNSKEY, M. T., & HORWOOD, L. J. (1996). Factors associated with continuity and changes in disruptive behavior patterns between childhood and adolescence. *Journal of Abnormal Child Psychology*, *24*(5), 533-553.

FILLMORE, K. M., HARTKA, E., JOHNSTONE, B., LEINO, E., MOTOYOSHI, M., & TEMPLE, M. (1991). A meta-analysis of the life course variation in drinking. *British Journal of Addiction*, *86*, 1221-1268.

GALAMBOS, N. L. & TILLTON-WEAVER, L. C. (2000). Adolescents psychosocial maturity, problem behavior, and subjective age: In search of the adultoid. *Applied Developmental Science*.

HAVIGHURST, R. J. (1972). *Developmental task and education*. (3rd ed.). New York: David Mc Kay Company Inc.

HORWOOD, L. J., WOODWARD, L. J., & FERGUSSON, D. M. (2002). Deviant partner involvement and offending risk in early adulthood. *Journal of Child Psychology and Psychiatry & Allied Disciplines*, *43*(2), 177-190.

JESSOR, R. (1992). Risk behavior in adolescence: A psychosocial framework for understanding and action. *Developmental Review*, *12*, 374-390.

JESSOR, R. TURBIN, M. S. & COSTA, F. M. (1998). Risk and protection in successful outcomes among disadvantaged adolescents. *Applied Developmental Science, 2,* 194-208.

KANDEL, D. B. (1996). The parental and peer contexts of adolescent deviance: An algebra of interpersonal influences. *Journal of Drug Issues*, 26(2), 289-316.

KANDEL, D. B., DAVIES, M., & BAYDAR, N. (1990). The creation of interpersonal contexts: homophily in dyadic relationships in adolescence and young adulthood. In L. Robins, & M. Rutter (Eds.), *Straight and devious pathways from childhood to adolescence* (pp. 221-241). Cambridge: University Press.

KEENAN, K., & SHAW, D. (1997). Development and social influences on young girls' early problem behavior. *Psychological Bulletin, 121*, 95-113.

KUNZ, J. L. (1997). Associating leisure with drinking: Current research and future directions. *Drug and Alcohol Review, 16*(1), 69-76.

LABOUVIE, E. (1996). Maturing out of substance use: Selection and self-correction. *Journal of Drug Issues, 26*(2), 457-476.

LAURSEN, B. (1995). Conflict and social interaction in adolescent relationships. *Journal of Research on Adolescence, 5*(1), 55.70.

LOEBER, R. & STOUTHAMMER-LOEBER, M. (1998). Development of juvenile aggression and violence. *American Psychologist, 53*(2), 242-259.

MAGGS, J. L. & HURRELMANN, K. (1998). Do substance use and delinquency have differential associations with adolescents' peer relations? *International Journal of Behavioral Development, 22*(2), 367--388.

MAGNUSSON, D., STATTIN, H., & DUNÉR, A. (1983). Aggression and criminality in a longitudinal perspective. In K. T. van Dusen & S. A. Mednick (Eds.), *Prospective studies of crime and delinquency* (pp. 277-301). Boston: Kluwer-Niyhoff.

MOFFITT, T. E. (1993). Adolescence-limited and life-course-persistent antisocial behavior: A developmental taxonomy. *Psychological Review, 100*(4), 674-701.

MOFFITT, T. E. (1994). Natural histories of delinquency. In E. Weitekamp, & H. J. Kerner (Eds.), *Cross-national longitudinal research development and criminal behavior* (pp. 3-61). Dordrecht, Netherlands: Kluwer Academic Press.

MOFFITT, T. E., & CASPI, A. (2001). Childhood predictors differentiate life-course persistent and adolescence-limited antisocial pathways n males and females. *Development and Psychopathology, 13*(2), 355-375.

MUTHÉN, B. & MUTHÉN, L. (2000). The development of heavy drinking and alcohol-related problems from ages 18 to 37 in a U.S. national sample. *Journal of Studies on Alcohol, 61*, 290-300.

NAGIN, D. & TREMBLAY, R. E. (1999). Trajectories of boys' aggression, oppo-sition, and hyperactivity on the path to physically violent and nonviolent juvenile delinquency. *Child Development*, *70*(5), 1181-1196.

PATTERSON, G. R. & YOERGER, K. (1993). Developmental models for delinquent behavior. In S. Hodgins (Eds.), *Mental disorder and crime* (pp. 140-172). Newbury Park: Sage.

PIQUERO, A: R.; & CHUNG, H. L. (2001). On the relationship between gender, early onset, and the seriousness of offending. *Journal of Criminal Justice*, *29*(3), 189-206.

PULKKINEN, L. (1983). Youthful smoking and drinking in a longitudinal perspective. *Journal of Youth and Adolescence*, *12*(4), 253--283.

RUTTER, M. (1995). Relationships between mental disorders in childhood and adulthood. *Acta Psychiatrica Scandinavia*, *91*, 73-85.

SILBEREISEN, R. K. & KASTNER, P. (1985). Entwicklungspsychologische Perspektiven für die Prävention des Drogengebrauchs Jugendlicher. In J. Brandstätter & H. Gräser (Eds.), *Entwicklungsberatung unter dem Aspekt der Lebensspanne*. Göttingen: Hogrefe.

SILBEREISEN, R. K., & KRACKE, B. (1993). Variation in maturational timing and adjustment in adolescence. In S. Jackson and H. Rodriguez--Tomè (Eds.), *The social worlds of adolescence* (pp. 67-94). East Sussex: Erlbaum.

SILBEREISEN, R. K. & REESE, A. (2001). Substanzgebrauch: Illegale Drogen und Alkohol. In J. Raithel (Eds.), *Risikoverhaltensweisen Jugendlicher* (pp. 131-153). Opladen: Leske + Budrich.

SILVERTHORN, P. (2001). Timing of onset and correlates of severe conduct problems in adjudicated girls and boys. *Journal of Psychopathology and Behavioral Assessment*, *23*(3), 171-181.

SILVERTHORN, P. & FRICK, P. J. (1999). Developmental pathways to antisocial behavior: The delayed-onset pathway in girls. *Development and Psychopathology*, *11*, 101-126.

STIPEK, D. (1997). Success in school – for a head start in life. In S. S. Luthar, J. A. Burack, D. Cicchetti & J. R. Weisz (Eds.), *Developmental Psychopathology: Perspectives on Adjustment, Risk, and Disorder* (pp.75-92). Cambridge: Cambridge University Press.

STEINBERG, L. & AVENEVOLI, S. (1998). Disengagement from school and problem behavior in adolescence: A developmental-contextual analysis of the influence of family and part-time work. In R. Jessor

(Eds.), *New perspectives on adolescent risk behavior* (pp. 392-424), Cambridge: University Press.

WERNER, E. E. (1993). Risk, resilience, and recovery: Perspectives from the Kauai Longitudinal Study. *Development and Psychopathology*, *5*, 503-515.

WHO (World Health Organization) (1994). *Life Skills Education: Planning for research*. WHO-Manuscript. Division of Mental Health and Prevention of Substance Abuse. Geneva, Switzerland.

Motivação para o contacto social em jovens: Um estudo com a Escala de Orientação Interpessoal*

Maria do Rosário Moura Pinheiro
e Joaquim Armando Gomes Ferreira
Faculdade de Psicologia e de Ciências da Educação
da Universidade de Coimbra, Portugal

INTRODUÇÃO

A motivação para o contacto social tem sido reconhecida, entre os factores motivacionais em geral, como um elemento possuidor de uma influência central no comportamento humano (Hill, 1987a). Enquanto motivo começou por ser vista como uma classe de incentivos que produziam experiências similares de satisfação (Atkinson, 1966, Veroff & Veroff, 1980). Enquanto social foi originalmente definida por Murray (1938) como a necessidade de estabelecer interacções positivas e de partilha (*communion*) com os outros. Considerando existirem vinte diferentes tipos de necessidades entre as quais se encontravam quatro de natureza social e afectiva (*affiliation, rejection, nurturance e succorance*), Murray caracteriza a afiliação como a necessidade de relacionamentos próximos, e considera-a fortemente relacionada com as necessidades de *nurturance* e *soccurance*, que são como que duas faces de uma mesma moeda: o suporte emocional. A necessidade de rejeição surge na teoria de Murray como uma

* Trabalho elaborado com o apoio do *Centro de Psicopedagogia* da Universidade de Coimbra [FEDER/POCTI-SFA-160-490].

espécie de *alter-ego* ou uma forma alternativa à afiliação que o autor vem a excluir das orientações afectivas positivas em relação aos outros.

Enquanto que para Murray a expressão central para caracterizar a motivação para a afiliação foi a de *necessidade social,* para outros autores, a expressão eleita foi a de *recompensa social.* Entre estes estão: Foa e Foa (1974) para quem as recompensas sociais incluem amor, estatuto e informação; Buss (1983, 1986) cujas expressões escolhidas para designar as quatro principais recompensas sociais são as de respeito, admiração, simpatia e carinho; e Veroff e Veroff (1980) que categorizam a pertença, o amor, a intimidade, a simpatia, a comparação social e a aprovação simultaneamente como recompensas sociais e incentivos sociais de afiliação, colocando a realização, a agressão e o poder noutra categoria, a dos incentivos de afirmação.

Estas concepções teóricas acerca da motivação para o contacto social ou para a afiliação, têm em comum o facto de procurarem identificar as razões centrais pelas quais o contacto social poderia ser percebido como compensador ou gratificante para os indivíduos (Murray, 1938; Foa & Foa, 1974; Veroff & Veroff, 1980; Buss, 1983, 1986).

Num trabalho de revisão acerca da motivação para a afiliação Hill (1984) conclui que estas primeiras teorias e respectivas investigações indicaram, uniformemente, a existência de quatro recompensas sociais relevantes: a) *o afecto positivo ou estimulação positiva* associada à percepção de proximidade interpessoal e empatia; b) *a atenção* associada à obtenção de admiração pelos outros; c) *a redução dos afectos negativos* associada à diminuição de emoções e sentimentos negativos através do contacto social e d) *a comparação social* associada a uma obtenção de informação para confrontação com os outros.

Hill (1984, 1987a) conclui que o conceito de estimulação positiva enquanto dimensão da motivação para o contacto social foi influenciado pelo conceito de necessidade de afiliação de Murray (1939), descrito como uma tendência ou disposição para receber recompensas dos relacionamentos sociais. Foa e Foa (1974) referem um conceito análogo, do tipo recompensa social, e que dizem funcionar como incentivo social. Esta recompensa de que são exemplos os sentimentos de amor, de pertença e de intimidade foram também identificados por Veroff e Veroff (1980) como componentes de um conjunto interrelacionado de incentivos sociais. Mais tarde, Buss (1983, 1986) evoca uma dimensão, correspondente à de Murray, que designa de *affection* ou sentimentos relacionados com gostar e amar.

A atenção, outra recompensa social, também recebeu as influências dos estudos de Murray (1938) pois constitui uma faceta da motivação para a afiliação associada à preocupação em ser aceite e apreciado pelos outros e que protege o indivíduo do medo da rejeição. Segundo um dos trabalhos de Murray de maior relevo, com o *Tematic Aperception Test* (TAT) a preocupação com a aprovação dos outros e o desejo de que os outros tenham uma imagem positiva de si, sugerem o desejo de atenção e admiração ou valorização. Relativamente a esta dimensão Foa e Foa (1974) apelidam-na de *status* e incluem-na na lista de recompensas sociais; Veroff e Veroff (1980) chamam-lhe necessidade de aprovação (*approval*) e Buss (1986) intitula-a de admiração e respeito.

A comparação social e a redução do stresse, enquanto incentivos/recompensas sociais, determinantes para o contacto social, foram profundamente investigadas pela psicologia social (Hill, 1987a). A procura de informação junto dos outros acerca de um assunto relacionado com o próprio indivíduo quando o critério objectivo de avaliação não é explícito, particularmente no que diz respeito a opiniões, pensamentos, competências e outros atributos sociais importantes, é o mecanismo que traduz a comparação social (Festinger, 1954). A procura de opiniões, pareceres, juízos e outros atributos sociais são profundamente baseados em valores e convenções sociais, pelo que estão muito abertos à influência social. A redução da ambiguidade através da comparação social pode ser considerada a recompensa social mais inerente ao contacto social. Também Veroff e Veroff (1980) incluíram a comparação social no seu rol de incentivos sociais e, mais tarde, Buss (1983) referiu-se-lhe como sendo mais uma recompensa social.

Caracterizar o suporte emocional como uma dimensão da motivação para o contacto social exige forçosamente evocar os trabalhos de vários psicólogos sociais que puseram em evidência a capacidade da afiliação reduzir a experienciação das emoções negativas relacionadas com as situações de medo ou de stresse (Hill, 1987b, 1997). Trata-se de um fenómeno idêntico ao da empatia, da capacidade de prestar cuidados (*nurturance*) e outras formas similares de suporte emocional. Quer Buss (1983; 1986) quer Veroff e Veroff (1980) referem-se à simpatia como um tipo de recompensa social. Quanto a Murray (1938) a capacidade de cuidar, ou de *nurturance,* e a capacidade de sustentar, ou de *soccurance,* integram o mesmo grupo de motivos afectivos a par da motivação para a afiliação.

Resumindo, podem ser quatro os factores comuns a extrair: a procura de estimulação positiva, relacionado com um sentimento de proximidade em relação aos outros (Murray, 1938; Foa & Foa, 1974; Veroff & Veroff, 1980; Buss, 1984), a tendência para obter atenção e admiração dos outros (Buss, 1984; Foa & Foa, 1974; Veroff & Veroff, 1980; Murray, 1938), a tentativa de comparação social (Buss, 1984; Festinger, 1954; Veroff & Veroff, 1980) e, por fim, a orientação para o suporte emocional (Buss, 1984; Murray, 1938; Veroff & Veroff, 1980).

Na sequência da sistematização do conceito de motivação para a afiliação, em 1987, Craig Hill elabora um quadro teórico em que conceptualiza quatro diferentes orientações para o contacto interpessoal que funcionam como potenciais fontes de gratificação ou recompensa sociais: (1) a estimulação positiva (EP) que significa a possibilidade de obter do relacionamento com os outros um agradável incentivo ou estimulação quer de natureza afectiva quer cognitiva; (2) a atenção (AT) que pode permitir o desenvolvimento de sentimentos de auto-valorização e interesse, através da apreciação e admiração provenientes dos outros, e pode significar o virar da atenção dos outros para si próprio; (3) a comparação social (CS) que consistirá na possibilidade de reduzir a ambiguidade ou a incerteza mediante a aquisição de informação relevante para o indivíduo; (4) o suporte emocional (SE) que pode significar a redução de emoções e sentimentos negativos através do contacto com as outras pessoas.

O objectivo das investigações de Hill, desde o início dos anos 80, foi precisamente conseguir apoio empírico para o seu quadro teórico de motivação da afiliação (Hill, 1984, 1987ab, 1991, 1997). Assim, numa primeira fase procurou operacionalizar o conceito construindo um instrumento que avaliasse o construto em causa, contemplando assim as quatro dimensões teoricamente descritas (Hill, 1984, 1987a). Surge assim a *Interpersonal Orientation Scale-IOS* (Hill, 1987a, 1991) cujos estudos de construção e validação referimos em seguida.

A VERSÃO ORIGINAL *DA INTERPERSONAL ORIENTATION SCALE*-IOS

A versão original da *Interpersonal Orientation Scale* (IOS)[1] foi elaborada por Craig Hill (1984), para avaliar o que o autor assume serem as quatro dimensões da motivação para a afiliação (*afilliation motivation*): a comparação social (*social comparison*), o suporte emocional (*emotional support*), a estimulação positiva *(positive stimulation*) e a atenção (*attention*).

Tendo por base esta concepção multidimensional da motivação para a afiliação, os quatro subtipos de motivos são assumidos quer como potenciais fontes de incentivos quer como recompensas sociais para os indivíduos.

Os estudos em torno da construção da IOS partiram de um formato inicial do instrumento: uma escala de tipo Likert de 5 pontos (de 1=*not at all true* a 5=*completely true*), com 41 itens, distribuídos pelas quatro dimensões já referidas. A partir de uma amostra de 748 estudantes de Psicologia da Universidade de Utah, os estudos preliminares conduziram a uma versão de 26 itens, 6 itens para cada uma das subescalas de suporte emocional e de atenção, 9 para a estimulação positiva e 5 para a comparação social (Hill, 1987a).

Com o objectivo de demonstrar que a motivação é diferente das aptidões sociais (encaradas como *know-how* social), foram ainda incluídos, na versão inicial da IOS, 6 itens que representavam uma dimensão de percepção de aptidões sociais[2]. Num primeiro estudo da IOS que incluiu os 6 itens das aptidões sociais, foi possível verificar que aqueles itens saturavam distintamente, num factor separado, dos factores motivacionais (Hill, 1987a). A existência deste último factor veio reforçar a ideia de que as

[1] Ao longo deste trabalho esta escala será designada, de forma abreviada, pelas iniciais da respectiva versão americana (IOS). Os questionários originais, bem como a autorização para a sua tradução e adaptação, foram-nos gentilmente cedidos por Craig Hill.

[2] As propriedades psicométricas da referida sub-escala foram-nos cedidas directamente pelo seu autor uma vez que não se encontram disponíveis nos estudos publicados por Hill. No presente estudo, a IOS inclui aqueles itens, pelo que serão apresentados as suas principais características psicométricas, e ainda a sua relação com as 4 subescalas de motivação para o contacto social.

competências sociais (o *know-how* social) são conceptualmente diferentes da motivação social.

Hill (1987a) produziu mais dois estudos com duas amostras distintas de estudantes da mesma universidade, uma com 1078 (n1) e outra com 1216 indivíduos (n2) em que utilizou a versão da IOS com 26 itens, repartidos pelas 4 orientações interpessoais. Uma análise factorial em componentes principais foi levada a cabo com estas amostras usando uma rotação obliqua (*Oblimim rotation*, Δ=0), uma vez que era teoricamente previsível que os factores estivessem moderadamente interrelacionados. O coeficiente de Kaiser- Meyer-Olkin (KMO) foi o parâmetro utilizado para a avaliação da adequação da amostra à análise factorial, e variou entre .92 para n1 e .91 para n2, indicando portanto que ambas as matrizes eram apropriadas para aquele tipo de análise. Para uma solução de 4 factores, obtiveram-se matrizes muito semelhantes nas duas amostras (n1 e n2) quando a análise factorial foi executada separando os rapazes das raparigas. O facto de se ter obtido matrizes análogas para os dois sexos em ambas as amostras levou a que o autor optasse pela matriz-padrão referente a n1 e sem a separação por sexos (Hill, 1987a)[3]. Tal como esperado os itens saturaram, na sua maioria, acima do valor .30 e no factor previsto. Por outras palavras, a grande maioria dos itens pertence claramente a uma dimensão específica, apresentando altos valores de saturação nesse factor e valores baixos (próximos de zero) nos outros factores. As excepções a este padrão vão para os itens 11 (item 13 na versão portuguesa da IOS) e 3 (item 3 na versão portuguesa da IOS) que saturam acima de .30 em dois factores em simultâneo, mais especificamente no suporte emocional e na estimulação positiva, sendo que, em ambos, as saturações mais elevadas acontecem no factor denominado de estimulação positiva (.42 e .35, respectivamente para os itens 11 e 3). Fenómeno idêntico acontece com o item 2 (item 2 na versão portuguesa da IOS) que satura significativamente nos factores suporte emocional (.32) e na comparação social (.43), passando a integrar este último. Excepção também para o item 6 (item 7 na versão portuguesa da IOS) que permanece na escala, por decisão do autor, apesar de saturar apenas com o valor de .29 na dimensão estimulação posi-

[3] Esta matriz-padrão que servirá de comparação para os resultados encontrados com a IOS (26 itens) na nossa amostra de estudantes universitários poderá ser encontrada em Hill (1987a, p. 1011).

tiva. A composição dos quatro factores obtida pelas investigações de Hill (1984, 1987a) revela assim a possibilidade de serem utilizados os 26 itens para futuras investigações. Esta posição é ainda reforçada pelos resultados da análise psicométrica deste instrumento, cujos coeficientes de consistência interna (alfa de Cronbach) variam entre .70 e .86 para a sub-amostra dos rapazes e entre .71 e .83 para a sub-amostra das raparigas. No Quadro 1 é possível visualizar os diferentes coeficientes de consistência interna para cada uma das dimensões que integram a IOS e ainda as diferenças de sexo registadas nas subescalas do suporte emocional e estimulação positiva, registando-se uma maior pontuação das raparigas naquelas duas dimensões da orientação interpessoal[4].

QUADRO 1
Estatísticas descritivas e coeficientes alfa para as subescalas da *Interpersonal Orientation Scale* (Adaptado de Hill, 1987a, p. 112)

Estatística	Estimulação positiva	Suporte emocional	Comparação social	Atenção
Género feminino				
M	33.02	21.01	16.63	17.45
DP	5.76	4.86	3.57	4.96
α	.81	.83	.71	.80
Género masculino				
M	30.16	18.63	16.50	17.64
DP	6.38	5.32	3.72	5.02
α	.83	.86	.70	.78
F	53.49	52.86	0.31	0.36
df	985	994	998	990
p	.001	.001	.579	.551

No que diz respeito às correlações entre as subescalas foram encontrados, em ambos os sexos, valores moderados de intercorrelação (p=.001), tal como esperado em função do construto de motivação para afiliação proposto pelo próprio investigador. Assim as subescalas de suporte emocional e estimulação positiva revelaram-se mais relacionadas entre si (.55 nas raparigas e .58 nos rapazes), o mesmo acontecendo com as subescalas de comparação social e atenção (.45 nas raparigas e .52 nos

[4] Esta tendência repetiu-se na segunda amostra (n2=1216) dos estudos de Hill, alargando-se à escala de comparação social (Hill, 1984; 1987a).

rapazes). Todos os outros valores das correlações, embora positivos e significativos, revelaram-se inferiores e menos expressivas.

Num outro estudo, que envolveu uma amostra de 50 indivíduos, Hill (1987a) encontrou valores de alfa para a estimulação positiva de .89, para o suporte emocional de .90, para a atenção de .74 e para a subescala da comparação social de .81. Os coeficientes de correlação registados no estudo de teste-reteste (uma semana depois) numa amostra de 40 sujeitos foram de .87 para a estimulação positiva, .81 para o suporte emocional, .90 para a atenção e .66 para a comparação social. Em outros dois estudos com sub-amostras dos estudos originais, os coeficientes de teste-reteste (com um intervalo de 6 a 15 semanas) diminuíram um pouco, como esperado, mas reafirmaram a consistência temporal da IOS, registando-se a correlação mais elevada para a estimulação positiva (.70), seguida da atenção (.68), do suporte emocional (.61), e da comparação social (.56).

Em resumo, poderemos afirmar que todo o esforço desenvolvido por Hill para construir e validar a IOS, permitiu a composição de uma escala com uma estrutura factorial interpretável, de acordo com o construto subjacente, constituída por quatro factores distintos (suporte emocional, estimulação positiva, atenção e comparação social), uma consistência interna satisfatória e uma boa fidelidade teste-reteste, o que no seu conjunto parece apontar no sentido da IOS se apresentar como um instrumento adequado para medir as orientações de natureza interpessoal para o contacto social.

As investigações adicionais em torno da validade convergente e divergente da IOS, analisadas através das correlações com vários instrumentos[5], revelaram que, em todas as subescalas, quanto maior a motivação para o contacto social, maior nível de sociabilidade, de auto-instrução e de tomada de perspectiva (antecipação das reacções e dos sentimentos dos outros) os indivíduos apresentavam. Foram ainda encontradas fortes

---

[5] Os instrumentos incluídos nesta secção da investigação foram os seguintes (citados por Hill, 1987, p. 1013): *Sociability Scale* (Cheek & Buss, 1981); *PAQ-Personal Attributes Questionaire-Expressivity Scale* (Spence & Helmreich, 1978); *PAQ-Personal Attributes Questionaire-M-F Scale* (Spence & Helmreich, 1978); *IRI-Interpersonal Reactivity Index-The Perspective Taking and Personal Distress Scales* (Davis, 1983); *IRI-Interpersonal Reactivity Index-The Empathic Concern Scale* (Davis, 1983); *SDI-Self Disclosure Discorre Índex* (Miller, Berg & Archer, 1983); *Self-Monitoring Scale* (Snyder, 1974); *Public-Counsciousness Scale* (Fenigstein, Scheier & Buss, 1975).

associações entre as medidas de motivação para o contacto social e uma medida de sensibilidade emocional, que levaram à formulação da hipótese de quanto maior for o nível de motivação maior a sensibilidade às necessidades relacionais. Estes resultados foram interpretados como reforçadores da ideia de que todas as subescalas da IOS medem afectos positivos da orientação interpessoal e traduzem interesse positivo pelo contacto social (Hill, 1987a).

No que concerne a outras escalas que integraram este mesmo estudo verificou-se que as subescalas da IOS se correlacionavam diferenciadamente. Assim, as escalas de suporte emocional (SE) e de estimulação positiva (EP) foram as únicas que se mostraram positivamente correlacionadas com as medidas de expressividade, de empatia e de revelação acerca de si; apenas o SE se correlacionou significativamente com a *Personal Distress Scale* (Davis, 1983) e a EP com a *Public Conscientiousness Scale* (Fenigstein, Scheir & Buss, 1975). Quanto maior a comparação social (CS) e a atenção (AT) maior a sociabilidade e auto-regulação e quanto mais elevada a motivação para a EP maior o nível de revelação acerca de si. Contudo, ao contrário do que se esperava, nem a subescala de CS nem a de AT se correlacionaram significativamente com as dimensões de expressividade, empatia e tomada de perspectiva (antecipação das reacções e dos sentimentos dos outros).

Igualmente relevantes foram os resultados encontrados em relação às dimensões que se esperava não se relacionarem com as subescalas da IOS, reforçando a validade divergente do instrumento[6]. De uma forma geral as escalas de SE, CS e EP não se relacionaram com as medidas utilizadas. A excepção vai para a dimensão da EP, que apresenta uma correlação positiva moderada com as medidas de orientação para a tarefa e com a auto-estima e uma correlação negativa com uma medida de timidez, significando que maior motivação do tipo EP está associada a maior timidez.

---

[6] Fizeram parte desta secção da investigação os seguintes instrumentos (citados por Hill, 1987, p. 1013-1014): *PAQ-Personal Attributes Questionaire-Instrumentality Scale* (Spence e Helmreich, 1978); *WOFO-Work and Family Orientation Scale-Mastery Scale* (Spence & Helmreich, 1978); *WOFO Work Orientaction Scale* (Spence & Helmreich, 1978); *WOFO Competitiveness Scale* (Spence & Helmreich, 1978); *TSBI-Texas Social Behavior Inventory-Self-Esteem Scale* (Helmreich & Stapp, 1974); *Shyness Scale* (Cheek & Buss, 1981); *IRI Fantasy Scale* (Davis, 1983); *Marlowe-Crowne Social Desiderability Scale* (Crowne & Marlowe, 1964).

Num estudo publicado em 1981, Cheek e Buss apresentam uma medida de sociabilidade correlacionada negativa e moderadamente com a escala de timidez (*Shyness Scale*). Também Hill (1987b) encontrou uma relação idêntica entre a timidez (*Shyness Scale*) e a dimensão EP, significando que os resultados na subescala da EP aumentariam quando os da timidez diminuíssem, o que traduz que os indivíduos com menor timidez são mais orientados no contacto social para a EP. Contudo, em relação à atenção (AT) a correlação encontrada, além de significativa é positiva, significando que a tendência da amostra é para que quanto mais elevada a pontuação na subescala da orientação para a AT mais elevada é a pontuação na escala de timidez. Estes dados vêm reforçar a importância de tratarmos como dimensões ortogonais a motivação interpessoal e as aptidões sociais. Para além das justificações empíricas que se têm vindo a acumular, é também razoável intuir que alguns indivíduos podem desejar o contacto social, mas podem não ser capazes de o realizar com sucesso de forma a satisfazer essa necessidade (Russell, Peplau & Cutrona, 1980).

Constatou-se ainda que, um pouco contrariamente ao que se esperava, a escala de CS se correlacionou positivamente com a escala de competitividade. A escala de AT foi a mais surpreendente, na medida em que se relacionou de uma forma inesperada com algumas variáveis como foi o caso da competitividade, da fantasia e da timidez, tendo revelado ainda uma correlação negativa e significativa com a orientação para a tarefa. De facto, a escala de atenção revelou um padrão de comportamento diferente das outras subescalas no que se refere ao facto de serem os indivíduos com mais pontuação na atenção os que têm tendência para apresentarem níveis mais elevados de timidez e menor orientação para o trabalho, ao mesmo tempo que pontuam valores elevados na competitividade.

As relações das escalas de atenção e comparação social com as medidas de competitividade, apesar de não serem predizíveis, a priori, podem reflectir o facto das duas dimensões poderem avaliar aqueles sujeitos que têm tendência para se aproximarem dos outros afim de se compararem com eles. Isto é, os sujeitos com maior pontuação nas duas dimensões da afiliação referidas, estariam mais interessados nos contactos como os outros, por motivos de comparação em situações de ambiguidade ou de procura de maior perfeição e poderão obter uma visão mais positiva de si se as pessoas com que se comparam e se relacionam apresentarem menos vantagens em relação à dimensão ou assunto que os preocupa. Também aqueles que são mais competitivos se comparam necessariamente mais com os outros com o objectivo de os ultrapassarem ou de serem melhores.

Finalmente, nenhuma das subescalas da IOS se apresenta relacionada com a medida de desiderabilidade social, sugerindo que não é significativa a variância da necessidade de afiliação que é enviesada pela desiderabilidade social, constituindo-se assim mais um dado a favor da validade do instrumento.

Pensamos estar em condições de afirmar que as medidas de comparação social e de atenção manifestam padrões de correlação que se distinguem razoavelmente dos apresentados pelas medidas de estimulação positiva e de suporte emocional. Estas dissemelhanças apontam para uma possível diferença na orientação interpessoal em geral: "interesse em relação a si próprio versus interesse em relação aos outros" (Hill, 1987a, p. 1020)[7]. De acordo com Hill (1984; 1987a; 1991; 1997) a associação empírica das dimensões de suporte emocional e de estimulação positiva (as correlações mais expressivas acontecem entre a EP e o SE por um lado e entre a CS e a AT por outro) reforça a ideia de que estas são orientações mais centradas nos interesses dos outros do que nos interesses do próprio. Melhor dizendo, são ambas orientações fortemente baseadas numa percepção que se tem dos outros, independentemente do comportamento dos outros para connosco (ou seja das implicações do comportamento dos outros em nós). Diferentemente, a associação empírica entre as dimensões de comparação social e atenção parece evidenciar que o foco de interesse destas orientações está nas implicações do comportamento dos outros no próprio indivíduo. Por exemplo, quando um indivíduo compara o seu desempenho com o desempenho de outro (para reduzir a ambiguidade) ou quando procura pessoas que lhe dêem importância e valor (obtendo da parte deles maior atenção), isso pode implicar uma certa centração em si mesmo, o que pode por exemplo aumentar a sua preocupação com a sua aparência ou com a impressão causada nos outros (Hill, 1987a)[8].

---

[7] No original "relative self-interest versus relative interest in others" (Hill, 1987, p. 1020).

[8] Segundo Hill (1987, p. 1017) estas dimensões parecem, de facto, irem ao encontro da dimensão de necessidade de afiliação tal como era medida pelo TAT e que se mostraram sempre relacionadas com a avaliação dos outros, a ansiedade social, problemas de popularidade e rejeição dos pares, dificuldades de compreensão e expressão emocional.

Através dos resultados obtidos com a IOS tem sido possível estabelecer relações entre as diferentes dimensões da motivação para o contacto social e outras variáveis entre as quais constam variáveis de personalidade (Hill, 1987ab, 1991) e de suporte social (Hill, 1997).

Com o objectivo de sustentar empiricamente a distinção das subescalas da IOS em relação aos incentivos próprios de cada dimensão, Hill (1987a) realizou um estudo recorrendo a uma técnica de *role-play* em que os participantes se imaginavam em cada uma de quatro situações: na primeira situação (a) cada indivíduo tomava conhecimento de que possuía uma doença com uma certa gravidade; na situação seguinte (b) tratava-se de um projecto em grupo elaborado por um equipa de trabalho em que o participante em causa não recebia o reconhecimento que pensava merecer. A terceira situação (c) representava uma situação de entrevista para emprego, vivida num ambiente de grande confusão e imprevisibilidade em que o indivíduo entrevistado não se consegue aperceber se se saiu bem ou mal da entrevista; e, finalmente, uma situação de festa (d), em que as interacções e o divertimento acabam mas ficam para conversar um conjunto de indivíduos. Numa amostra de 219 sujeitos (100 do género masculino e 119 do género feminino) os indivíduos respondiam às situações 10 a 15 semanas depois de realizarem um pré-teste com a IOS. Para cada situação a resposta era dada em função de um conjunto de questões abertas que indagavam a forma como cada indivíduo reagia em cada situação. Um conjunto de quatro juízes decidia como categorizar as respostas em função de uma grelha previamente estabelecida. Para cada situação foram elaborados vários itens cujas respostas foram cotadas por 4 juízes. A percentagem de acordo entre estes variou entre 83% e 90% para as quatro situações.

As correlações entre os resultados na IOS (pré-teste) e os resultados obtidos nas quatro situações laboratoriais foram ao encontro do que estava previsto. De facto, a escala de suporte emocional obteve a sua correlação mais elevada com a situação da descoberta da doença, em que o que estava em causa era receber conforto e reduzir o stresse (situação a). A atenção relacionou-se predominantemente com a intenção de interagir com os outros para receber deles reconhecimento (situação b). A comparação social correlacionou-se preferencialmente com a orientação para o contacto social de forma a reduzir a incerteza (situação c). Finalmente, a dimensão da estimulação positiva correlacionou-se de forma mais elevada com a intenção de proporcionar sentimentos associados com o contacto interpessoal estimulante e próximo (situação d).

Posteriormente, em 1991, Hill procurou relacionar variáveis como a motivação para a afiliação e a procura de suporte social. Participaram 83 estudantes universitários, que não se conhecendo, eram informados de que iriam encontrar-se numa situação de revelação mútua acerca de temas relacionados com situações emocionalmente perturbadoras e stressantes. Após receberem uma falsa informação acerca do seu suposto parceiro na sessão, aos estudantes era-lhes dada a opção de interagirem ou não com o parceiro. Para avaliar a necessidade de afiliação ou a motivação para o contacto social, Hill utilizou duas escalas da IOS, a de suporte emocional (SE) e a de estimulação positiva (EP), não só por oferecerem melhores índices de consistência interna (.84 e .82, respectivamente), apresentarem entre si uma elevada correlação (.50), correlacionarem-se menos com as outras duas dimensões e mostrarem-se pouco relacionadas com medidas de auto-estima, desejabilidade social e vergonha, mas, sobretudo, por se terem revelado substancialmente correlacionadas com medidas de socia bilidade, expressividade e empatia, indiciando dimensões de interesse, proximidade emocional e associação com os outros (*communion*) (Hill, 1987a). Com o objectivo de testar as relações entre as variáveis independentes (SE, EP e acolhimento caloroso do parceiro de cada sujeito) e dependentes (percepção do acolhimento caloroso realizado pelo parceiro e a percepção da intimidade dos assuntos pessoais que pretendem conversar com o parceiro), efectuou uma série de regressões hierárquicas para as variáveis dependentes. As duas variáveis género (do participante e do parceiro) foram incluídas em todas as análises com o objectivo de controlar os seus efeitos. Os resultados foram ao encontro das hipóteses colocadas pelo investigador, revelando que as pessoas consideradas com mais necessidades de afiliação (que pontuavam um desvio-padrão acima da média) expressavam mais interesse no contacto social (com especial relevo no SE) quando os seus parceiros eram calorosos e empáticos, mas expressavam um desejo de evitar o contacto quando percepcionavam os seus parceiros como pouco calorosos e empáticos. Em contraste, as pessoas com menores necessidades de filiação (que pontuavam um desvio-padrão abaixo da média) expressaram menos desejo pelos contactos sociais, sem preferência ou distinção pela interacção ou evitamento dos contactos, independentemente das características do parceiro.

A última publicação de Hill (1997), em torno da motivação para a afiliação e sua relação com o suporte social, além de fazer a distinção em termos teóricos e operacionais entre a motivação para o contacto social e as aptidões sociais necessárias para concretizar esse desejo de contacto em termos comportamentais, evidencia que o facto de os indivíduos desejarem o contacto interpessoal não os torna automaticamente capazes de gerirem os relacionamentos interpessoais, de obterem as recompensas que necessitam e de se sentirem satisfeitos com o suporte social que percepcionam como disponível.

Outro elemento, mais recentemente associado à problemática da afiliação ou motivação para o contacto social, em especial a motivação para o suporte emocional, é o da adaptação a novas ou estranhas situações (Hill, 1987ab, 1989, 1991; 1997).

De facto, as investigações sugerem que a qualidade das interacções (com destaque para os níveis de empatia, confiança e aceitação) podem servir de incentivo para o estabelecimento de novos contactos interpessoais e para a manutenção do envolvimento em relacionamentos com elevado nível de intimidade (Hill, 1991; 1997). Dada a importância da motivação para a afiliação, em especial da motivação para o suporte emocional, como incentivo e recompensa nos contactos sociais (Hill, 1991; 1997), será de esperar que indivíduos com níveis mais elevados de motivação para o suporte emocional (que desejam mais interacções sociais) estabeleçam maior número de contactos sendo-lhes, por isso, mais fácil conseguir a integração social em novos grupos.

Do ponto de vista psicométrico podemos concluir que a IOS é um instrumento satisfatório, que se apresenta como uma boa medida da motivação para o contacto social, que pela sua forma e conteúdos, reflecte os incentivos e reforços obtidos nos relacionamentos interpessoais, permitindo uma compreensão das motivações individuais para o contacto social.

Neste trabalho apresentamos a versão portuguesa, adaptada para a população de jovens estudantes do ensino superior, da *Interpersonal Orientation Scale* (Hill, 1987a). Este instrumento por nós designado de Escala de Orientação Interpessoal-IOS (versão experimental de Pinheiro & Ferreira, 2001, citado por Pinheiro & Ferreira, 2003), pretende avaliar quatro motivações distintas e fundamentais da motivação para o contacto social: a estimulação positiva, o suporte emocional, a comparação social e a atenção.

METODOLOGIA

Caracterização da amostra

A amostra do estudo foi constituída por 175[9] estudantes dos diversos anos (1.° ao 5.°) das licenciaturas em Ciências da Educação (n=63), Psicologia (n=80) e Engenharia Informática (n=32). Composta por 35 (20%) indivíduos do género masculino e 140 (80%) do género feminino, com idades compreendidas entre os 17 e os 27 anos, a amostra apresenta uma média de idades de 20.63 anos (DP=2.15), um valor que pode ser considerado próximo da mediana (20 anos) e da moda (19 anos).

Os estudantes distribuem-se pelos diversos anos dos cursos a que pertencem, estando 57 (32.6%) no primeiro ano, 65 (37.1%) no segundo, 13 (7.4%) no terceiro, 17 (9.7%) no quarto e 23 (13.1%) no quinto.

Para além da caracterização da amostra por género, curso, ano e idade é ainda possível sistematizar outros dados de forma a descrever o estado civil, o estatuto de trabalhador-estudante (ETE), e as pessoas com quem vive o estudante durante o período escolar (Quadro 2). Assim, a maioria dos estudantes possui o estado civil de solteiro (97,1%), não possui estatuto de trabalhador-estudante (93.7%) e vive com outros estudantes (60.9%).

---

[9] Excluíram-se 5 questionários de indivíduos que devolveram um ou mais instrumentos que estavam por preencher na totalidade (curiosamente estes indivíduos pertenciam ao 1.° ano da licenciatura em Ciências da Educação e tinham idade superior a 31 anos). Excluíram-se, igualmente, 19 questionários por estarem incorrectamente preenchidos, mais precisamente por terem no mesmo instrumento mais do que um item com dupla resposta ou por terem mais do que uma resposta omissa no mesmo instrumento ou em vários instrumentos dos utilizados nesta investigação. Assim, num total de 199 questionários recolhidos a percentagem de casos excluídos, em função do critério *análise por sujeitos*, correspondeu a 12.06%, valor semelhante aos indicados por outros autores.

QUADRO 2

Distribuição das variáveis género, estado civil, curso, ano do curso, estatuto de trabalhador-estudante e pessoas com quem vive (n=175)

Género			
	Masculino	35	20
	Feminino	140	80
	Total	175	100%
Estado civil			
	Solteiro/a	170	97.1
	Vive com companheiro/a	3	1.7
	Casado/a	2	1.2
	Total	175	100%
Curso			
	Psicologia	80	45.7
	Ciências da Educação	63	36.0
	Engenharia Informática	32	18.3
	Total	175	100%
Ano do Curso			
	1º ano	57	32.6
	2º ano	65	37.1
	3º ano	13	7.4
	4º ano	17	9.7
	5º ano	23	13.1
	Total	175	100%
Estatuto de trabalhador estudante (ETE)			
	Não possui	163	93.7
	Possui	11	6.3
	Total	174	100%
Pessoas com quem vive			
	Estudantes	104	60.9
	Pais	35	20.5
	Outros familiares	11	6.4
	Companheiro ou cônjuge	11	6.4
	Sozinho	10	5.8
	Total	171	100%

Instrumentos

A Escala de Orientação Interpessoal-IOS constitui a versão portuguesa da *Interpersonal Orientation Scale*. Esta última, foi submetida a um processo de tradução do original inglês, baseado no método de tradução--retroversão (Hill & Hill, 2000), cujo objectivo foi conseguir uma versão que correspondesse o mais possível ao texto original mas que simultaneamente respeitasse a sintaxe, a gramática, e as subtilezas da língua portuguesa. Sumariamente o processo envolveu os seguintes passos: a tradução dos questionários para português (executada por dois indivíduos, um português com conhecimentos profundos do inglês e um investigador português com conhecimentos profundos do inglês americano, com experiência na elaboração de questionários e conhecedor da população a que se destinam estes instrumentos); a retroversão dos questionários (realizada por uma terceira pessoa, possuidora de conhecimentos das duas línguas, portuguesa e residente durante alguns anos nos Estados Unidos); a comparação das diversas versões de cada questionário (feita pela equipa de investigadores responsáveis do projecto de investigação[10], a qual recorreu aos esclarecimentos dos diversos tradutores sempre que entendeu necessário); e, por último, o refinamento da tradução. Nesta última fase pretendeu-se confirmar a adaptação lexical e semântica de cada item à língua portuguesa. Este procedimento é considerado legítimo pois melhora a validade e precisão aparente do instrumento (Cronbach, 1984). Pelo facto de não haver incompatibilidades entre a tradução e a retroversão permaneceram todos os itens do questionário original, dando origem à versão portuguesa provisória da IOS.

Com o objectivo de proceder à adaptação das instruções e de continuar o refinamento da tradução aplicou-se o questionário a um pequeno grupo de 12 indivíduos, estudantes universitários, 4 do primeiro ano e 2 de cada um dos quatro anos seguintes do curso de Ciências da Educação. Imediatamente após o preenchimento do questionário por cada grupo, convidaram-se os participantes a falarem sobre os problemas encontrados no preenchimento do questionário, incluindo as próprias instruções. Este procedimento permitiu-nos identificar algumas dificuldades dos sujeitos relacionadas com a interpretação das instruções e o preenchimento de cada questão.

Assim, a versão portuguesa da IOS manteve a estrutura da versão americana, composta por 32 itens (positivos e negativos), 26 dos quais se repartem pelas quatro motivações para o contacto social e 6 constituem uma subescala independente de aptidões interpessoais. Os itens são respondidos de acordo com uma escala de tipo Likert, com 5 pontos que vão

---

[10] Este trabalho, faz parte integrante de um estudo mais alargado, destinado à apresentação de provas de doutoramento, que procura analisar o impacto de variáveis de suporte social, em alunos do primeiro ano, na transição e adaptação ao ensino superior (Pinheiro, 2004).

desde Nada Verdadeiro (1) a Totalmente Verdadeiro (5)[11]. Assim, a escala permite através da soma das pontuações dos respectivos itens, a obtenção de cinco resultados parciais. Quanto mais elevada a pontuação em cada subescala maior o grau de motivação específica para o contacto social.

Juntamente com a IOS administraram-se as versões portuguesas da Escala de Auto-Estima de Rosenberg (Seco, 1991), da Escala de Solidão (Neto, 1989) e das Escalas de Extroversão e de Amabilidade do NEO-PI-R (Lima, 1997; Lima & Simões, 1997).

A Escala de Auto-Estima de Rosenberg (Seco, 1991; 2000) é a versão portuguesa da Escala de Auto-Estima de Rosenberg (1965), investigador que definiu a auto-estima como "uma atitude positiva ou negativa que o indivíduo apresenta em relação a si próprio (Rosenberg, 1965, citado por Seco, 2000, p. 300). O referido instrumento de avaliação constitui uma medida unidimensional, em que 5 itens positivos e 5 itens negativos são possíveis de responder de acordo com uma escala de quatro pontos (de concordo muito a discordo muito). A escala permite obter uma pontuação global, entre 10 e 40 pontos, que é tanto mais elevada quanto mais alta é a auto-estima do indivíduo. Apresenta, relativamente à população americana, índices de fidelidade entre .83 e .92 (Reynolds, 1988), e no que concerne a amostras portuguesas a sua consistência interna situou-se entre .81 e .84 (Seco, 2000). Tal como previsto por Hill (1987a) não são esperadas correlações significativas das diferentes motivações para o contacto social com a auto-estima.

A Escala de Solidão de UCLA *(University of California at Los Angeles)* originalmente elaborada por Russell e a sua equipa de colaboradores é amplamente utilizada na avaliação da solidão (Russell, Peplau & Ferguson, 1978; Russell, Peplau & Cutrona, 1980; Cutrona, 1982). A sua versão portuguesa foi validada por Neto (1989; 1992) tendo-se revelado uma medida adequada quer do grau de solidão (enquanto estado psicológico de discrepância entre o tipo de relações sociais que desejamos e o tipo de relações sociais que temos) quer da discriminação entre solidão e outros construtos relacionados (Neto, 1992).

Composta por um conjunto de 18 itens (9 itens positivos e 9 negativos) avaliados numa escala Likert com quatro alternativas de resposta

[11] Para obtenção da versão integral do instrumento os interessados deverão contactar os autores deste artigo: pinheiro@fpce.uc.pt; jferreira@fpce.uc.pt.

(nunca, raramente, algumas vezes e muitas vezes), permite obter uma pontuação global que é tanto maior quanto mais elevada é a solidão sentida pelo sujeito. As investigações de Neto (1989; 1992), em contexto português, revelaram que os adultos mais novos sentem mais a solidão, facto que tem sido explicado pelas múltiplas transições sociais que vivem.

Em amostras portuguesas de estudantes universitários os índices de consistência interna obtidos foram sempre muito satisfatórios oscilando entre .87 e .89, não se tendo registado diferenças entre os sexos (Neto, 1989, 1992). De acordo com Neto (1992, p. 41) os jovens são dos grupos mais vulneráveis à solidão, sobretudo se o seu estilo de vida se caracterizar por factores situacionais como a diminuição do contacto social, a perca relacional, redes sociais inadequadas, novas situações, barreiras indirectas ao contacto social e fracasso. Características pessoais como a auto-estima, a timidez e habilidades sociais têm-se revelado associadas à solidão. Prevemos encontrar uma correlação negativa entre os resultados globais da solidão e as medidas de motivação para o contacto social, o que significaria que os indivíduos que obtivessem resultados elevados de solidão tenderiam a ter resultados baixos ao nível das escalas de motivação para o contacto social, particularmente na subescala de suporte emocional.

As Escalas de Extroversão e de Amabilidade utilizadas neste estudo, são ambas subescalas da versão portuguesa do NEO-PI-R, *The Revised NEO Personality Inventory* de Costa e McCrae (1985), um instrumento de medida de cinco dimensões ou domínios da personalidade (Neuroticismo, Extroversão, Abertura à Experiência, Amabilidade e Conscienciosidade) e das facetas mais importantes que compõem cada um destes. A Amabilidade e a Extroversão são dimensões que dizem respeito às tendências interpessoais.

De acordo com Lima (1997, p. 182) "os extrovertidos são pessoas sociáveis, que para além de apreciarem o convívio com os outros, com os grupos e as multidões, são também afirmativos, optimistas, amantes da diversão, afectuosos, activos e conversadores. Gostam por conseguinte da excitação e da estimulação e tendem a ser alegres, animados, energéticos e optimistas. A extroversão traduz consequentemente a quantidade e intensidade das interacções interpessoais, o nível de actividade, a necessidade de estimulação e a capacidade de exprimir alegria".

A versão portuguesa da Escala de Extroversão é composta por 48 itens, que apresentaram um nível de consistência interna de .84 (n=162) e .86 (n=1994) (Lima, 1997). A Escala de Extroversão inclui a avaliação de diversas facetas, designadamente: Acolhimento Caloroso; Assertividade; Actividade; Procura de Excitação; Emoções-Positivas. Quanto mais elevado for o resultado obtido nesta escala maior é o grau de extroversão que caracteriza a personalidade do indivíduo; um resultado baixo significa que o indivíduo é mais introvertido, menos activo, menos capaz no estabelecimento de contactos com os outros. Neste sentido, esperamos encontrar uma correlação positiva entre os resultados da Escala de Extroversão e as subescalas de suporte emocional e estimulação positiva da IOS. Tais resultados, a confirmarem-se, poderiam reforçar a ideia de que os indivíduos mais extrovertidos são os mais motivados para o contacto social cujas recompensas são mais de estimulação e suporte emocional.

A Escala de Amabilidade é composta por 48 itens, que apresentaram um nível de consistência interna de .82 (n=1994) e .83 (n=162). Abrange a avaliação de diversas facetas como Confiança, Rectidão, Altruísmo, Complacência, Modéstia e Sensibilidade (Lima, 1997). Quanto mais elevado for o resultado obtido nesta escala maior é o grau de amabilidade que caracteriza a personalidade do indivíduo. A pessoa amável "é, fundamentalmente, altruísta de bons sentimentos, benevolente digna de confiança, prestável, disposta a acreditar nos outros, recta, inclinada a perdoar. É também simpática para com os outros e acredita, por sua vez, que os outros serão igualmente simpáticos" (Lima, 1997, p. 189). Neste sentido, esperamos encontrar uma correlação positiva entre os resultados da Escala de Amabilidade e a subescala de estimulação positiva.

Com base num pequeno questionário foi possível recolher alguns dados demográficos essenciais no âmbito do estudo.

Procedimentos

Os instrumentos referidos foram aplicados aos sujeitos, isoladamente ou em grupo, em diversos espaços pertencentes às Faculdades de Psicologia e de Ciências da Educação e de Ciências e Tecnologia (Departamento de Engenharia Informática) nomeadamente, salas de estudo, bibliotecas e salas de aula. A recolha dos questionários ocorreu durante os meses de Junho e Julho de 2000. As sessões da aplicação dos questionários realizaram-se sempre com a nossa presença de forma a ser possível acolher e esclarecer o melhor possível os sujeitos. Aquando deste contacto, os indivíduos eram informados, verbalmente e através de uma folha introdutória, dos objectivos do estudo, da confidencialidade das respostas e do carácter voluntário da sua participação. Realizaram-se 18 sessões (comuns ao estudo preliminar A e B) sendo o tempo de preenchimento aproximadamente de 50 minutos.

RESULTADOS

O processo de apreciação da versão portuguesa da IOS começou por uma análise por sujeito seguida de uma análise por item, procedimentos dos quais resultou a eliminação dos questionários que possuíam dados omissos[12].

Os resultados que apresentamos iniciam-se com a análise das características psicométricas da IOS. Procedeu-se ao cálculo das correlações corrigidas item/total da subescala), à apreciação da consistência interna de cada dimensão da IOS mediante o cálculo do coeficiente alfa de Cronbach e ainda ao estudo da dimensionalidade da IOS através da análise factorial exploratória – Análise de Componentes Principais. Seguidamente, para uma análise da validade convergente e divergente das medidas utilizadas, foram estimadas as correlações com outros instrumentos de medida que avaliam dimensões teóricas de proximidade relevante para os aspectos da motivação para o contacto social em análise.

Considerando as quatro dimensões da motivação para o contacto social, de acordo com a repartição dos itens proposta por Hill (1987a), os primeiros resultados obtidos encontram-se nos Quadros 3 a 6. Nestes é possível observar que todos os valores de alfa de Cronbach são satisfatórios. Nas subescalas de suporte emocional (α=.84) e atenção (α=.83) esses valores são um pouco superiores aos obtidos por Hill (1987a), mas nas subescalas de estimulação positiva (α=.74) e comparação social (α=.68) são um pouco inferiores.

A análise da correlação de cada item com a escala a que pertence (com exclusão do próprio item) revela que todos os itens se correlacionam de forma muito significativa ($p \leq .01$ ou $p \leq .001$) com a subescala a que pertencem.

---

[12] Cf. Nota de rodapé 10.

QUADRO 3
Médias, desvios-padrão, correlações corrigidas dos itens e coeficiente alfa de Cronbach da subescala de Suporte emocional (IOS) (n=175)

Item	M	DP	r (com exclusão do item)	α (com exclusão do item)
1	3.86	1.08	.62	.82
5	4.03	1.05	.58	.82
11	3.13	1.15	.50	.84
18	4.03	0.97	.67	.81
21	3.39	1.17	.66	.81
28	3.33	1.08	.70	.80
Total da subescala	21.77	4.86	α = .84	

Todas as correlações possuem um nível de significância de $p \leq .001$

QUADRO 4
Médias, desvios-padrão, correlações corrigidas dos itens e coeficiente alfa de Cronbach da subescala de Atenção (IOS) (n=175)

Item	M	DP	r (com exclusão do item)	α (com exclusão do item)
6	2.95	1.12	.56	.81
10	2.30	1.17	.65	.79
19	2.62	1.10	.68	.78
23	2.39	1.09	.65	.79
25	2.98	1.13	.63	.79
27	2.86	1.02	.42	.83
Total da subescala	16.11	4.85	α =.83	

Todas as correlações possuem um nível de significância de $p \leq .001$

QUADRO 5
Médias, desvios-padrão, correlações corrigidas dos itens e coeficiente alfa de Cronbach da subescala de Estimulação positiva (IOS) (n=175)

Item	M	DP	r (com exclusão do item)	α (com exclusão do item)
3	4.10	.94	.31*	.72
7	2.93	1.14	.26*	.73
12	3.86	1.06	.54**	.68
13	2.79	1.01	.32*	.72
15	4.43	.77	.56**	.69
24	3.80	1.19	.28*	.73
29	4.03	.99	.55**	.68
30	3.80	1.03	.48**	.69
32	3.90	.99	.41**	.70
Total da subescala	33.64	5.16	α =.74	

* correlações são significativas para $p \leq .01$; ** correlações são significativas para $p \leq .001$

QUADRO 6

Médias, desvios-padrão, correlações corrigidas dos itens e coeficiente alfa de Cronbach da subescala de Comparação social (IOS) (n=175)

Item	M	DP	r (com exclusão do item)	α (com exclusão do item)
2	3.24	1.00	.39	.64
8	3.09	1.14	.51	.58
14	3.39	1.02	.49	.60
16	3.41	1.12	.42	.63
22	2.55	1.03	.38	.66
Total da subescala	15.67	3.50		α =.68

Todas as correlações possuem um nível de significância de p≤.001

No Quadro 7 apresentamos as estatísticas relativas à consistência interna da subescala de aptidões interpessoais, cujos itens foram elaborados por Hill com o objectivo de verificar até que ponto é possível separar a motivação da aptidão social. Esta subescala revela exactamente as mesmas características dos estudos de Hill (1987a), sendo muito significativas ($p \leq .001$) as correlações de cada item com o total da subescala e tendo sido obtido o mesmo valor de consistência interna (.83).

QUADRO 7

Médias, desvios-padrão, correlações corrigidas dos itens e coeficiente alfa de Cronbach da subescala de Aptidões interpessoais (IOS) (n=175)

Item	M	DP	r (com exclusão do item)	α (com exclusão do item)
4	3.25	1.11	.64	.80
9	2.98	1.11	.64	.80
17	4.01	.91	.45	.83
20	2.94	1.02	.74	.78
26	2.84	1.19	.66	.79
31	4.01	.90	.52	.82
Total da subescala	20.03	4.62		α =.83

Todas as correlações possuem um nível de significância de p≤.001

É precisamente no sentido de diferenciar motivações e aptidões interpessoais que apontam os resultados da análise factorial exploratória que realizámos com os 32 itens (26 itens da IOS mais 6 das aptidões interpessoais). Nesta primeira análise, utilizando o método de ACP, com rotação obliqua (*Oblimin rotation*[13]) (Índice de Kaiser-Meyer-Olkin=.819;

[13] O método de ACP, com rotação obliqua (*Oblimin rotation*) foi o procedimento

Chi-Square Bartlett's Test of Sphericity (df=496)=2229.35; p≤ .001) para uma solução de 5 factores (Quadro 8), os itens da subescala de aptidões interpessoais[14] saturaram todos significativamente (entre .38 e .80) num só factor (factor 3; *eigenvalue*=2.69; que explica 8.4% da variância), tendo sido logo possível interpretar a matriz obtida em função das outras quatro dimensões esperadas: suporte emocional (factor 1; *eigenvalue*=6.99; que explica 21.9% da variância); atenção (factor 2; *eigenvalue*=3.53; que explica 11% da variância), estimulação positiva (factor 4; *eigenvalue*=2.01; que explica 6.3% da variância) e comparação social (factor 5; *eigenvalue*=1.5; que explica 4.7% da variância). Os cinco factores explicaram 52.3% da variância total.

Desta primeira análise resultou claramente que os itens das subescalas de suporte emocional (com saturações dos itens acima de .58) e da atenção (com saturações dos itens acima de .50) deveriam manter-se para futuras análises. Quanto à estimulação positiva, somente 5 itens (itens 12, 15, 29, 30 e 32) se revelaram agrupados (com saturações entre .43 e .75). Desta subescala os itens 24 e 7 apresentaram saturações mais elevadas no factor 2, agrupando-se com os itens da atenção. Em relação à comparação social, saturaram significativamente (acima de .52) apenas 4 itens (itens 2, 8, 14 e 16), tendo o item 22 (que na versão original pertencia à comparação social) saturado no factor 2, que nesta solução integra itens da atenção e da estimulação positiva. Deste processo de análise resultou assim a passagem dos itens 7, 24 (estimulação positiva) e 22 (comparação social) para o factor 2 (onde obtiveram saturações superiores a .38) onde predominam os itens da atenção.

Conforme se pode constatar no Quadro 8, os itens 3 e 13 (pertencentes teoricamente à estimulação positiva) saturaram com valores inaceitáveis (inferiores a .38, para n=175)[15], tratando-se de itens com fortes possibilidades de exclusão da versão portuguesa da IOS, conforme se veio a confirmar na ACP seguinte (Quadro 9).

---

estatístico realizado nos estudos de construção e validação da IOS (Hill, 1987a) devido à esperada correlação entre os factores, como o próprio autor justifica.

[14] As comunalidades dos 32 itens oscilaram entre .377 e .704.

[15] De acordo com Stevens (1986) o valor aceitável da saturação deve ser igual a duas vezes o valor da correlação, para um nível de significância de p≤ .01. Neste caso específico o valor de saturação aceitável é de .38.

Quadro 8
Matriz factorial da IOS (26 itens) pelo método de ACP, rotação *Oblimin* para uma solução de cinco factores Δ=0

Motivação para o suporte emocional
Factor 1: 6 itens
Valor próprio =6.99; Variância explicada =21.9%

Item	Formulação do item	F1	F2	F3	F4	F5
21	Quando me sinto infeliz ou um pouco deprimido(a), geralmente tento aproximar-me dos outros para que me sinta melhor.	.80				
28	Habitualmente tenho grande necessidade de ter outras pessoas junto de mim quando algo me incomoda.	.78				
18	Quando passo por algo doloroso ter alguém comigo geralmente ajuda-me a aliviar essa dor.	.76				
1	Quando as coisas se tornam difíceis, uma das minhas fontes de conforto é estar com outras pessoas.	.76				
5	Sempre que algo de mau ou perturbador me acontece, o que eu quero é estar com um amigo próximo, em quem confie.	.63				
11	Quando não me saio bem em algo que é muito importante para mim, consigo sentir-me melhor só pelo facto de ter outras pessoas à minha volta.	.58				

Motivação para a Atenção
Factor 2: 10 itens
Valor próprio =3.53; Variância explicada =11%

Item	Formulação do item	F1	F2	F3	F4	F5
23	A maior parte do tempo prefiro estar rodeado(a) de pessoas que pensam que eu sou uma pessoa importante e interessante		.77			
10	Gosto de estar rodeado(a) de pessoas quando posso ser o centro das atenções		.76			
19	Tenho, frequentemente, uma grande necessidade de estar com pessoas que estejam impressionadas pelo que eu sou e com o que eu faço.		.75			
6	Prefiro pessoas que estejam fortemente atraídas por mim e que pareçam estar entusiasmadas comigo.		.71			
25	Geralmente, tenho um grande desejo de fazer com que as pessoas que estão à minha volta me prestem atenção e apreciem aquilo que eu sou.		.66			
27	Não gosto de estar com pessoas que me dêem um feedback menos positivo acerca de mim.		.50			
24	Penso que ficava satisfeito(a) se conseguisse verdadeiras amizades com muitas pessoas.		.47			
7	Penso que consigo ter, no contacto com os outros, mais satisfação do que a maioria das pessoas julga que eu tenho.		.45			
22	Dou por mim, frequentemente, a olhar para as pessoas a fim de me comparar com elas.		.45			
13	Parece-me que consigo ter maior satisfação em estar com os outros do que a maioria das pessoas.		.27			

Aptidões interpessoais
Factor 3: 6 itens
Valor próprio =2.69; Variância explicada =8.4%

Item	Formulação do item	F1	F2	F3	F4	F5
26	Geralmente, sou muito descontraído(a) e desinibido(a) com as pessoas que quero conhecer.			.80		
4	É muito fácil para mim encontrar novas pessoas e relacionar-me com elas.			.78		
20	Não tenho qualquer dificuldade em fazer os amigos que eu quero.			.78		
9	A maioria das vezes sou capaz de fazer verdadeiras amizades com quem eu quero e do modo que eu quero.			.77		
31	Normalmente, ponho as pessoas à vontade quando estou com elas.			.60	.40	
17	Sinto-me bem quando me aproximo das pessoas e começo a conversar com elas.			.38		

Motivação para a Estimulação positiva
Factor 4: 6 itens
Valor próprio =2.01; Variância explicada =6.3%

Item	Formulação do item	F1	F2	F3	F4	F5
32	Uma das coisas mais divertidas que eu acho que há para fazer é observar e ver as pessoas tal como elas são.				.75	
29	Um dos meus passatempos favoritos e mais gratificantes é estar próximo dos outros, ouvi-los e relacionar-me com eles de igual para igual.				.72	
15	Quando sinto que consegui estabelecer uma relação próxima com alguém, sinto realmente que consegui algo de valioso.				.63	
12	Uma das coisas mais interessantes que eu acho que há para fazer é estar rodeado dos outros e descobrir coisas acerca deles.				.62	
30	Dá-me grande satisfação ser capaz de fazer novas amizades com quem eu quero.				.43	
3	O que eu mais gosto quando estou com as outras pessoas é do acolhimento caloroso que me fazem				.26	.29

Motivação para a Comparação social
Factor 5: 4 itens
Valor próprio = 1.5; Variância explicada =4.7%

Item	Formulação do item	F1	F2	F3	F4	F5
8	Quando não estou seguro(a) do meu desempenho em relação a qualquer coisa, normalmente gosto de estar com outras pessoas para estabelecer uma comparação com elas.					.73
2	Mais do que executar actividades sozinho(a), prefiro participar ao mesmo tempo que os outros para saber melhor como me estou a sair.					.62
14	Quando não tenho a certeza do que é esperado de mim, no caso de uma tarefa ou de uma situação social, gosto de poder olhar para os outros na procura de pistas para me guiar.					.61
16	Quando não sei bem o que se passa comigo, frequentemente tenho vontade de me rodear de pessoas que estejam a experienciar o mesmo que eu.					.52

QUADRO 9
Matriz factorial da IOS (24 itens) pelo método de ACP, rotação *Oblimin* para uma solução de quatro factores Δ=0

Motivação para o suporte emocional
Factor 1: 6 itens
Valor próprio =6.1; Variância explicada =23.4%; alfa de Cronbach =.84

Item	Formulação do item	Saturação			
		F1	F2	F3	F4
1	Quando as coisas se tornam difíceis, uma das minhas fontes de conforto é estar com outras pessoas.	.82			
21	Quando me sinto infeliz ou um pouco deprimido(a), geralmente tento aproximar-me dos outros para que me sinta melhor.	.79			
28	Habitualmente tenho grande necessidade de ter outras pessoas junto de mim quando algo me incomoda.	.74			
18	Quando passo por algo doloroso ter alguém comigo geralmente ajuda-me a aliviar essa dor.	.71			
5	Sempre que algo de mau ou perturbador me acontece, o que eu quero é estar com um amigo próximo, em quem confie.	.63			
11	Quando não me saio bem em algo que é muito importante para mim, consigo sentir-me melhor só pelo facto de ter outras pessoas à minha volta.	.58			

Motivação para a Atenção
Factor 2: 9 itens
Valor próprio =3.4; Variância explicada =12.9%; alfa de Cronbach =.81

Item	Formulação do item	Saturação			
		F1	F2	F3	F4
10	Gosto de estar rodeado(a) de pessoas quando posso ser o centro das atenções		.79		
23	A maior parte do tempo prefiro estar rodeado(a) de pessoas que pensam que eu sou uma pessoa importante e interessante		.74		
19	Tenho, frequentemente, uma grande necessidade de estar com pessoas que estejam impressionadas pelo que eu sou e com o que eu faço.		.72		
6	Prefiro pessoas que estejam fortemente atraídas por mim e que pareçam estar entusiasmadas comigo.		.71		
25	Geralmente, tenho um grande desejo de fazer com que as pessoas que estão à minha volta me prestem atenção e apreciem aquilo que eu sou.		.64		
27	Não gosto de estar com pessoas que me dêem um feedback menos positivo acerca de mim.		.52		
7	Penso que consigo ter, no contacto com os outros, mais satisfação do que a maioria das pessoas pensa que eu tenho.		.50		
24	Penso que ficava satisfeito(a) se conseguisse verdadeiras amizades com muitas pessoas.		.46		

Motivação para a Estimulação positiva
Factor 3: 5 itens
Valor próprio =1.93; Variância explicada =7.4%; alfa de Cronbach =.76

Item	Formulação do item	Saturação			
		F1	F2	F3	F4
32	Uma das coisas mais divertidas que eu acho que há para fazer é observar e ver as pessoas tal como elas são.			.79	
29	Um dos meus passatempos favoritos e mais gratificantes é estar próximo dos outros, ouvi-los e relacionar-me com eles de igual para igual.			.75	
12	Uma das coisas mais interessantes que eu acho que há para fazer é estar rodeado dos outros e descobrir coisas acerca deles.			.69	
15	Quando sinto que consegui estabelecer uma relação próxima com alguém, sinto realmente que consegui algo de valioso.			.63	
30	Dá-me grande satisfação ser capaz de fazer novas amizades com quem eu quero			.51	

Motivação para a Comparação social
Factor 4: 4 itens
Valor próprio = 1.47; Variância explicada =5.7%; alfa de Cronbach =.67

Item	Formulação do item	Saturação			
		F1	F2	F3	F4
8	Quando não estou seguro(a) do meu desempenho em relação a qualquer coisa, normalmente gosto de estar com outras pessoas para estabelecer uma comparação com elas.				.74
14	Quando não tenho a certeza do que é esperado de mim, no caso de uma tarefa ou de uma situação social, gosto de poder olhar para os outros na procura de pistas para me guiar.				.62
2	Mais do que executar actividades sozinho(a), prefiro participar ao mesmo tempo que os outros para saber melhor como me estou a sair.				.58
16	Quando não sei bem o que se passa comigo, frequentemente tenho vontade de me rodear de pessoas que estejam a experienciar o mesmo que eu.				.56
22	Dou por mim, frequentemente, a olhar para as pessoas a fim de me comparar com elas.		.40		.40

A segunda Análise de Componentes Principais, com os 26 itens da IOS[16], com rotação *Oblimin*, forçada a uma solução de 4 factores (Índice de Kaiser-Meyer-Olkin=.819; *Chi-Square Bartlett's Test of Sphericity* (df=325)=1601,72;p≤ .001), revelou quatro factores, interpretáveis em função do modelo teórico da motivação para o contacto social, que explicaram 49.4% da variância. No Quadro 9 constam os resultados da respectiva ACP. Neste quadro já não constam os itens 3 e 13, que foram excluídos da versão portuguesa da IOS por saturarem com valores pouco satisfatórios (inferiores a .38, para N=175).

Encontrada a composição factorial da Escala de Orientação Interpessoal é possível constatar que as composições do primeiro e quarto factores, respectivamente suporte emocional e comparação social, coincidem com as originalmente obtidas por Hill (1987a), e que em relação aos dois outros factores foi possível interpretar os agrupamentos de itens de acordo com os outros incentivos e recompensas do modelo de motivação para o contacto social, respectivamente, a atenção e a estimulação positiva.

O factor 1 (*eigenvalue*=6.10) contém os 6 itens referentes ao suporte emocional da escala original contribuindo para explicar 23.4% da variância. O factor 2 (*eigenvalue*=3.40) agrupa os 6 itens referentes à dimensão motivação para a atenção da escala original mais dois itens que se deslocaram de outras dimensões, explicando 12.9% da variância. No factor 3 (*eigenvalue*=1.92), que explica 7.4% da variância, os 5 itens que o compõem são exactamente os previstos em função das análises anteriores e referem-se à motivação em função da estimulação positiva. Por último, o factor 4 (*eigenvalue*=1.47), que explica 5.7% da variância, agrupa os restantes cinco itens cujos conteúdos dizem respeito à motivação para a comparação social (Quadro 9). Como o conteúdo do item 22 (Dou por mim, frequentemente, a olhar para as pessoas a fim de me comparar com elas), que satura com valor igual nos factores 2 e 4, remete explicitamente para a questão da comparação, optou-se por atribuir o item à dimensão teórica de origem.

A matriz de correlações entre os factores obtidos na ACP encontra-se no Quadro 10, onde também se colocaram os valores das médias, dos desvios-padrão e alfas de Cronbach para cada um dos componentes factoriais.

---

[16] Nesta nova análise não foram incluídos os 6 itens da subescala das Aptidões Sociais pelas razões teóricas e empíricas já apresentadas.

Os coeficientes de consistência interna alfa de Cronbach apresentaram-se satisfatórios em função do número de itens por dimensão.

Quadro 10
Matriz de correlações entre as componentes da IOS (n=175)

		Nº itens	α	M	DP	SE	AT	EP
SE	Suporte emocional	6	.84	21.8	4.9	-		
AT	Atenção	9	.81	22.8	5.9	15*	-	
EP	Estimulação positiva	5	.76	20.0	3.5	.39**	.32**	-
CS	Comparação social	5	.67	15.7	3.5	.37**	.38**	.27**

*p≤.05; **p≤.001

Conforme consta no Quadro 10 as componentes da IOS apresentam correlações entre si, significando que todos os tipos de motivação para o contacto social estão positivamente associados. São, no entanto, mais expressivas as correlações entre o SE e a EP (.39) e entre a AT e a CS (.38), embora também sejam altamente significativas as correlações que quer a CS quer a EP estabelecem com as outras dimensões. Pode verificar-se que a associação mais fraca, embora significativa, ocorreu entre a motivação para obter suporte emocional (SE) e a motivação para receber atenção (AT).

Numa análise correlacional entre estas dimensões da IOS e a variável idade apurou-se que a motivação para o suporte emocional e para a estimulação positiva têm tendência para diminuir com a idade (respectivamente r=-22, p=.003 e r=-20, p=.009). Em relação às outras dimensões, apesar de negativas, as correlações não se revelaram estatisticamente significativas.

As diferenças de género na orientação interpessoal verificaram-se nas dimensões de atenção (AT) e estimulação positiva (EP), conforme se observa no Quadro 11. Na subescala de AT regista-se uma maior pontuação dos rapazes e na subescala da EP a pontuação mais elevada é obtida pelas raparigas.

Quadro 11
Médias, desvios-padrão e Teste t de Student um função do género para as subescalas da IOS

Estatística	Suporte emocional	Atenção	Estimulação positiva	Comparação social
Género feminino (N=140)				
M	22.1	22.2	20.3	15.5
DP	4.9	5.8	3.4	3.5
Género masculino (N=35)				
M	20.5	25.4	18.8	16.2
DP	4.3	5.8	3.7	3.6
t	-1.67	2.96	-2.31	.99
df	173	173	173	173
p	.096	.003	.022	.322

Para uma análise da validade convergente e divergente da IOS foram analisadas as suas correlações com outros instrumentos de medida (Quadro 12), tendo sido encontrados indicadores que apontam para a sua validade de construto.

Quadro 12
Variáveis de personalidade, solidão e auto-estima (n=175): estatísticas descritivas, alfa de Cronbach e correlações com as escalas da IOS

Escalas	α	M	DP	Suporte emocional	Atenção	Estimulação positiva	Comparação social
Amabilidade	.82	124.7	13.5	.17*	-.16*	.28***	.03
Extroversão	.90	123.7	18.6	.31***	-.03	.29***	-.07
Solidão	.91	30.7	8.1	-.29***	.25***	-.10	.14
Auto-estima	.90	33.6	5.5	-.05	-.12	-.05	-.20**
Aptidões Sociais	.83	20.0	4.6	.33***	.20**	.37***	.14

*p≤.05; **p≤.01; ***p≤.001

Observando estes últimos resultados é possível constatar que existem diferenças entre os subtipos de motivos, as quais para além de fazerem sentido com o modelo teórico em questão, podem ser muito úteis para a compreensão de determinadas situações sociais sem que se perca o sentido da unidade que juntas representam.

Depois de termos reforçado empiricamente a distinção entre motivação e percepção das aptidões sociais, é relevante verificar que há mesmo um tipo de motivação para o contacto social (a comparação social) que não está significativamente correlacionado com as aptidões sociais. Pelo contrário, são muito expressivas as associações das medidas de suporte emocional e de estimulação positiva com as aptidões sociais. Estas mesmas subescalas são ainda as únicas que se correlacionam significativamente com a extroversão.

No entanto, as duas dimensões, estimulação positiva e suporte emocional, distinguem-se, pelas correlações que a primeira estabelece com a amabilidade ($r=.28$; $p \leq .001$) e a segunda com a solidão ($r=-.29$; $p \leq .001$). De notar que tais índices traduzem a tendência de que quando aumenta a orientação para a estimulação positiva no contacto social aumenta também a amabilidade dos indivíduos e que são os indivíduos mais motivados para a procura de suporte emocional no contacto social que tendem a sentir menos solidão.

Curioso é o facto de existir uma correlação negativa entre a motivação para a obtenção de atenção e de admiração e a amabilidade ($r=-.16$). Pode este resultado indiciar que quando no contacto social se procura mais atenção e admiração (motivação cujo interesse está voltado para o próprio e não para os outros) os cuidados em relação aos outros tenham a tendência para diminuir, o que poderá levar a pessoa a mostrar-se menos amável: menos altruísta, benevolente, prestável e disposta a acreditar nos outros, entre outras características.

Também a correlação entre a escala de solidão e de atenção ($r=.25$) nos merece algumas considerações, pois representa a possibilidade de à medida que aumenta a motivação para a busca de atenção e de admiração aumentarem conjuntamente os sentimentos de solidão. Tal resultado pode ser inquietante na medida em que de acordo com algumas investigações (Neto 1992, p. 41) os jovens são dos grupos mais vulneráveis à solidão, sobretudo se o seu estilo de vida se caracterizar por factores situacionais como a diminuição do contacto social, a perca relacional, redes sociais inadequadas, novas situações sociais, barreiras indirectas ao contacto social e fracasso. No caso dos indivíduos mais orientados para a atenção como recompensa social pertencerem a uma ou mais das situações enumeradas o risco de isolamento social pode existir.

Por fim, gostaríamos de reforçar, tal como apontam os estudos de Hill (1987a) a ausência de associação significativa da motivação para o contacto social com a auto-estima, havendo apenas uma excepção, a correlação negativa com a comparação social. Este resultado reforça o carácter peculiar desta dimensão, que não se correlacionando significativamente com as variáveis de personalidade, solidão e aptidões sociais, revela que à medida que aumenta a motivação para a procura de comparação social diminui a auto-estima.

DISCUSSÃO E CONCLUSÃO

De uma forma geral, os resultados apresentados permitiram concluir satisfatoriamente quer pelas qualidades psicométricas quer pelos indicadores de validade externa da versão portuguesa da IOS – Escala de Orientação Interpessoal – enquanto medida da motivação para o contacto social.

A IOS oferece a possibilidade de avaliar distintamente quatro subtipos da motivação para a afiliação ou para o contacto social o que poderá constituir uma vantagem operacional pois nem todos os incentivos e/ou recompensas serão necessariamente relevantes em todas as situações e condições que se pretendem investigar ou intervir.

O cálculo do coeficiente alfa de Cronbach foi o procedimento estatístico usado nesta escala, uma vez que para o obter é suficiente uma única aplicação da prova. Através desse procedimento avaliámos a consistência interna ou homogeneidade dos itens do instrumento, tendo sido possível verificar a distinção entre os construtos de motivação e a aptidão interpessoal. Apesar de ser possível apontar vantagens a outros métodos de avaliação da fidelidade, como o teste-reteste, os resultados obtidos permitem-nos concluir por um adequado grau de confiança na informação obtida.

No geral, podemos dizer que o estudo da dimensionalidade da escala, através de análises factoriais exploratórias (especificamente o método de análise de componentes principais), permitiu fazer ajustamentos estruturais na escala de motivação para o contacto social. Assim, podemos esperar que a IOS seja adequada para operacionalizar a orientação interpessoal nas quatro motivações para o contacto social que se constituem como modelo teórico: o suporte emocional, a estimulação positiva, a atenção e a comparação social. Não fica esquecida contudo a necessidade de dar continuidade à avaliação da estrutura factorial da escala através de análises factoriais confirmatórias. Só este método permitirá concluir em definitivo pela sua muiltidimensionalidade.

Atendendo às características especificas da Escala de Orientação Interpessoal-IOS é possível concluir pela adequação da estrutura encontrada na versão portuguesa (24 itens), enquanto medida multidimensional da orientação interpessoal nos contactos sociais em função de incentivos e recompensas que podem ser orientados para a redução do impacto de emoções e sentimentos perturbadores (recompensas obtidas pelo suporte emocional), ou para receber reforços, elogios, e aumentar a proximidade em relação aos outros (recompensas obtidas pela estimulação positiva). Pode, ainda, a motivação para o contacto social ser orientada para a obtenção de uma boa imagem junto dos outros, evitar a rejeição e receber admiração e atenção dos outros (recompensas obtidas pela procura de atenção) ou, ainda, para reduzir a ambiguidade e incerteza nas situações em que estão em causa atributos e comportamentos sociais importantes para o indivíduo (recompensas obtidas pela comparação social).

Apesar de haver vantagem na diferenciação dos subtipos dos motivos não se trata, de forma alguma, de separar ou perder o sentido da unidade que cada um representa. Veroff e Veroff (1980) referem a este propósito que receber reacções positivas dos outros é um factor que influencia os diferentes aspectos da motivação para a afiliação, tal como influencia o nível de activação de cada um dos seus subtipos e até o grau de concretização do desejo de contacto social. Neste mesmo sentido, Hill (1987a,b) refere que o desejo de contacto social que poderá ser fomentado através de situações que disponibilizem determinado tipo de recompensa social, só acontecerá se o indivíduo em causa valorizar a recompensa específica que a situação oferece.

É assim possível prever diferentes antecedentes e consequências específicas relacionadas com cada um dos subtipos da afiliação (Veroff & Veroff, 1980), o que torna a distinção dos subtipos importante (Hill, 1987a). A título de curiosidade podemos relembrar o título do artigo de Hill (1987a) *Affiliation Motivation: People who Need People...But in Different Ways* que traduz de forma excelente a ideia fundamental do seu modelo conceptual: formas diferentes, e não hierarquizadas, de estar motivado para os contactos sociais, de percepcionar diferentes incentivos e usufruir diferentes recompensas na interacção com os outros.

Para finalizar, importa salientar que, apesar de cada um de nós poder ser preferencialmente motivado para um destes subtipos de afiliação, a orientação interpessoal de cada indivíduo será sempre multidimensional, querendo, em última análise significar que as quatro motivações *(com)vivem* em cada um de nós.

BIBLIOGRAFIA

ATKINSON, J. W. (1966). Motivational determinants of risk-taking behaviour. In J. W. Atkinson & N. T. Feather (Eds.), *A theory of achievement motivation* (pp. 11-29). New York: Wiley.

BUSS, A. H. (1983). Social rewards and personality. *Journal of Personality and Social Psychology,* 44, 553-563.

BUSS, A. H. (1986). *Social behavior and personality*. Hillsdale, NJ: Erlbaum.

CRONBACH, L. J. (1984). *Essentials of psychological testing*. New York: Harper & Row.

CUTRONA, C. E. (1982). Transition to college: Loneliness and the process of social adjustment. In L. A. Peplau & D. Perlman (Eds.), *Loneliness: A Sourcebook of current theory, research, and therapy* (pp. 291-309). New York: Wiley Interscience.

FESTINGER, L. (1954). A Theory of social comparison processes. *Human Relations,* 7, 117-140.

FOA, U. G. & FOA, E. B. (1974). Societal structures of the mind. Springfield, IL: Charles C. Thomas.

HILL, C. A. (1984). A multidimensional formulation of intrinsic affiliation motivation (Doctoral dissertation, University of Texas at Austin. *Dissertation Abstracts International*, 46, 699.

HILL, C. A. (1987a). Affiliation motivation: People who need people but in different ways. *Journal of Personality and Social Psychology*, 52, 1008-1018.

HILL, C. A. (1987b). Social support and health: The Role of affiliative need as a moderator. *Journal of Research in Personality*, 21, 127--147.

HILL, C. A. (1991). Seeking emotional support: The Influence of affiliative need and partner warmth. *Journal of Personality and Social Psychology*, 60, 112-121.

HILL, C. A. (1997). The Relationship of expressive and affiliative personality dispositions to perceptions of social support. *Basic and Applied Social Psychology*, 19, 133-161.

HILL, M. M. & HILL, A. (2000). *Investigação por Questionário*. Lisboa: Edições Silabo, Lda.

LIMA, M. P. (1997). *NEO-PI-R: Contextos teóricos e psicométricos – "Ocean" ou "Iceberg"?* Dissertação de Doutoramento não publicada. Faculdade de Psicologia e de Ciências da Educação, Universidade de Coimbra.

Lima, M. P. & Simões, A. (1997). O inventário da personalidade NEO--PI-R: Resultados da aferição portuguesa. *Psychologica*, 18, 25-46.

Murray, H. A. (1938). *Explorations in personality*. New York: Oxford University Press.

Neto, F. (1989). Avaliação da solidão. *Psicologia Clínica*, 2, 65-79.

Neto, F. (1992). *Solidão, embaraço e amor*. Porto: Centro de Psicologia Social.

Pinheiro, M. R. (2004). *Uma época Especial – Suporte social e vivências académicas na transição e adaptação ao ensino superior.* Dissertação de Doutoramento não publicada. Faculdade de Psicologia e de Ciências da Educação, Universidade de Coimbra.

Pinheiro, M. R. & Ferreira, J. A. (2002). *Motivation for Social Contact: a study with college students*. Comunicação apresentada na European Conference on Educational Research, Universidade de Lisboa, 11 a 14 de Setembro de 2002.

Reynolds, W. M. (1988). Measurement of academic self-concept in college students. *Journal of Personality Assessment*, 52 (2), 223-240.

Rosenberg, M. (1965). *Society and the adolescent self-image*. Princeton, NJ: Princeton University Press.

Russell, D., Peplau, L. A. & Cutrona, C. E. (1980). The Revised UCLA Loneliness Scale: Concurrent and discriminant validity evidence. *Journal of Personality and Social Psychology*, 39, 472-480.

Russell, D., Peplau, L. & Ferguson, M. (1978). Developing a measure of loneliness. *Journal of Personality Assessment*, 42, 290-294.

Seco, G. M. (1991). *O Autoconceito escolar em educadoras de infância: Um estudo transversal*. Dissertação de Mestrado não publicada. Faculdade de Psicologia e de Ciências da Educação, Universidade de Coimbra.

Seco, G. M. (2000). *A Satisfação na actividade docente*. Dissertação de Doutoramento não publicada. Faculdade de Psicologia e de Ciências da Educação, Universidade de Coimbra.

Stevens, J. (1986). *Applied multivariate statistics for the social sciences*. New Jersey: Lawrence Erlbaum Associates.

Veroff, J. & Veroff, J. B. (1980). *Social incentives: A Life-span developmental approach*. New York: Academic Press.

Alunos perturbadores: Identidade e relações sociais

João Amado
Faculdade de Psicologia e de Ciências da Educação
da Universidade de Lisboa, Portugal

INTRODUÇÃO E DEFINIÇÃO DE CONCEITOS

A atenção cuidada à problemática da indisciplina na escola e na aula mostra que, pelo menos até um certo grau de perturbação, todos os alunos saudáveis, numa circunstância ou noutra, com este ou com aquele professor, evidenciam comportamentos perturbadores (Amado, 2001). Isso explica-se, entre outros factores, pelo carácter constrangedor (e, por vezes, pouco atractivo e aprazível) da própria escola e das diversas dimensões da *vida* no seu interior. Contudo, ao falar de *alunos perturbadores*, sem ignorar as limitações e imprecisões desta designação, refiro-me àqueles alunos que, por causas diversas (Amado e Freire, 2002; Oliveira, 2002; Blin e Gallais-Deulofeu, 2001; Freire, 2001; Estrela, 1986), se evidenciam mais do que os colegas (nem sempre pela gravidade, mas quase sempre pela frequência e pela persistência ao longo de vários anos da sua carreira de estudantes), nos comportamentos de indisciplina e de alguma "violência", pondo em causa as regras e os valores que, supostamente, devem presidir ao trabalho e às relações na aula e na escola. Trata-se, portanto, de alunos com manifestas dificuldades comportamentais, pelo menos quando entram em interacção com o contexto escolar tradicional.

O conceito de *identidade* oferece, sem dúvida, uma maior complexidade na sua explicitação; para que esta fosse completa deveríamos ter em conta aspectos tais como a sua polissemia, associada, também, à fluidez do conceito (identidade pessoal, identidade social, identidade cultural, etc.), as diferentes explicações do processo e das fases de construção da identidade, etc. Sem pretendermos entrar na exposição e discussão dessa complexidade, aceitamos, como hipótese de trabalho, que a identidade pessoal é um sistema de sentimentos, de representações e de estratégias que, aos olhos do próprio indivíduo, o diferencia dos outros com quem interage, reconhecendo, ainda, que esse algo se constitui num processo interactivo entre o *eu* desse indivíduo e os *outros* que o rodeiam (Tap, 1999).

Entramos, assim, directamente na teoria interaccionista da construção da identidade (Mead, s/d; Blumer, 1982) que explica o processo pela interacção dialéctica e nunca finalizada, entre a visão que cada um tem de si mesmo e se compara com os outros, e o modo com os outros nos mais diversos contextos (e instituições) o vêem, lhe atribuem características, funções e papéis, e a ele reagem – atribuições e reacção que, sofrendo um processo de interpretação e de gestão por parte do indivíduo, se vão reflectir, por sua vez, na sua auto-imagem. Trata-se também de um processo aberto de construção/reconstrução, a que, por isso, alguns preferem chamar «estratégia identitária», de tal forma que qualquer mudança importante nessas relações e na comunicação interpessoal obriga a reajustamentos possíveis em função de uma certa margem de manobra de cada indivíduo. Além disso, é possível ter em conta uma diversidade de planos (Neuenschwander, 2002; Doise, 1982, citado por Ramitos, s/d; Piolat, 1986), desde o intra-individual (percepção, avaliação de si, uma experiência pessoal vivida e reflectida, gestão da unidade e da heterogeneidade pessoal, gestão da mudança e da constância pessoal ao longo do tempo), ao inter-individual (reconhecimento pelo outro, gestão da diferenciação e identificação), passando pelos níveis posicional (associado ao estatuto social dos sujeitos) e ideológico (partilha de valores e normas de uma cultura).

A aplicação desta teoria ao plano das relações e interacções na aula tem sido realizada por diversos autores (Ramirez, 1991; Pollard, 1996; Lara, 1995; Delamont, 1987; Hargreaves, 1986; Piolat, 1986; Woods, 1979), para explicar múltiplos fenómenos do plano académico (socialização, aquisição de habilidades sociais, desenvolvimento moral, desenvolvimento cognitivo). Na base dos mesmos princípios teóricos, Hargreaves, Hester e Mellor (1975), elaboraram um esquema (teoria da rotulação) para a compreensão do comportamento desviante e divergente dos alunos às normas e valores da escola, dividindo o processo social em causa em diversas fases:

a) a prática de um determinado acto pelo aluno;

b) a interpretação do acto, como quebra de uma regra, pelo professor, levando-o a definir o aluno como *perturbador*, e dando-lhe um tratamento apropriado;
c) sentimentos e problemas experienciados pelo aluno devido ao rótulo que lhe é atribuído;
d) a reacção do aluno ao comportamento disciplinador do professor.

Os autores destacam a importância do "segundo elemento", isto é, da caracterização do comportamento como desvio, concluindo (na sequência dos trabalhos de Becker, 1963-1985) que o desvio não acontece quando uma pessoa realiza uma determinada espécie de acto; pelo contrário, acontece quando algumas pessoas definem este acto como desviante. Nesse sentido partem de uma definição de desvio, colhida em Kitsuse (1962, citado por Hargreaves *et al.*, 1975: 23) considerando que «o desvio pode ser concebido como um processo pelo qual os membros de um grupo, comunidade ou sociedade, interpretam o comportamento como perturbador, definem as pessoas que se comportam desse modo como pertencentes a um determinado tipo de desviante, e se põem de acordo quanto ao tratamento considerado adequado a tais desviantes». Como se verifica, segundo esta teoria, o foco da investigação está mais no *modo como a autoridade reage ao desvio,* do que propriamente no comportamento tido como desviante (a infracção), nas suas características e nas suas causas (Furlong, 1985).

A terceira e quarta fases do esquema proposto pelos autores, para a compreensão da indisciplina – os sentimentos, experiência e reacção do aluno ao rótulo e ao comportamento do professor – também não podem ser ignoradas; com efeito, há alunos que (por diversos motivos) não aceitam o rótulo nem o fatalismo que, segundo a teoria, lhe seria inerente, e, por consequência, não respondem com novos desvios (cf. Deluchey, 1994); outros, porém, aceitam *como parte da sua identidade*, o rótulo de perturbadores, mas transformando-o numa imagem positiva de si mesmos e, por consequência, respondendo com novos desvios (desvio secundário), procurando um estatuto em conformidade com o rótulo, criando uma normatividade própria, quebrando as regras e pondo em causa os valores da escola. Estão, neste caso, criadas as condições para uma «carreira de desviante» – o *desvio* passa a ser o seu modo de vida – num claro processo de fuga a uma identidade social humilhante e, de todo, não satisfatória para o indivíduo que, também por isso, se coloca numa perpétua atitude defensiva acompanhada, sobretudo na adolescência, por situações de alguma confusão quanto à sua identidade, de dúvidas acerca dos papéis sociais que deve assumir, auto-rejeição, etc. (Neuenschwander, 2002; Ramirez Goicoechea, 1991)[1].

Uma outra consequência da referida fuga, e na continuidade da atitude defensiva, é a busca de integração em subgrupos constituídos por membros que procuram defender-se mutuamente e no interior dos quais se valorizem atitudes (e se criam outras normas) que, noutros grupos, são vistas como negativas. No interior da Escola e da Turma, várias têm sido as teorias que pretendem explicar o fenómeno da construção e dinâmica dos grupos e subgrupos, de que salientamos a teoria da *polarização* de Lacey (1970), que aponta para a formação, por parte dos alunos, de *culturas informais de grupo*, intimamente relacionadas com as condutas escolares e rendimento académico; e a teoria da *vinculação social* segundo a qual o enfraquecimento do vínculo à escola é reforçado por uma maior ligação aos pares desviantes (Fonseca, 2000) dando origem a grupos que constroem uma realidade social própria. Como afirmam Moral Jiménez e Ovejero Bernal (s/d), «o grupo de companheiros traz-lhes segurança e reconhecimento, ao mesmo tempo que lhes oferece a possibilidade de partilhar afectos, ideias, ansiedades». Em todos estes processos de vinculação a um grupo, de interacção, de assunção de papéis, etc., e apesar das sanções a que possam ser submetidos, os alunos podem ser vistos como que envolvidos, individual e colectivamente, «numa batalha contínua em defesa do que são e do que hão-de ser, enquanto as forças da instituição trabalham no sentido de os privar da sua individualidade e os procuram moldar de acordo com os modelos ideais do professor» (Woods, 1979: 247).

Podemos dizer, então, que a identidade do aluno se forma no contexto das relações e das interacções que têm lugar na escola; estas, por sua vez, devem ser vistas como um processo complexo, quer pelas direcções que tomam (professor-aluno; aluno-aluno), quer pelas regras e normas que as enquadram (por um lado, normas formais, estatutárias e burocratizantes; por outro, normas informais do grupo); como afirma Pollard (1996:

---

[1] Importa invocar aqui, ainda que não passemos dessa invocação, a teoria da profecia auto-realizada (*self-fulfilling prophecy*) formulada na sequência dos trabalhos de Rosenthal e Jacobson (1971), e sistematicamente trabalhada no contexto das interacções da aula por Brophy e Good (1974); de facto, tanto a teoria da profecia auto-realizada como a da rotulação (typing) alertam para o peso determinante da qualidade das percepções mútuas no desencadear dos comportamentos em contextos de interacção.

83), «as relações entre o *self* e os outros, têm lugar no interior de contextos sociais que reflectem uma particular distribuição de poder e o estatuto social de cada um dos participantes». O estudo das relações sociais na aula e na escola, do modo como aí se distribuem os poderes e se fazem passar as mais diversas mensagens, torna-se fundamental para se compreender *a vida quotidiana* no seu interior, os êxitos e os fracassos, as negociações e a rotura de acordos, a acomodação e a resistência, etc. (Mcclaren, 1997; Jackson, 1991; Delamont, 1987).

Na escola, a *turma* é o contexto por excelência das relações sociais e pedagógicas «que se constituem como essência da vida na escola e lhe conferem uma dinâmica própria» (Estrela e Amado, 2002). Mas a turma dificilmente perde a ambiguidade que está na base da sua constituição e que a coloca na fronteira entre os grupos primários e secundários, dificultando o processo de coesão que, por vezes, nunca se chega a atingir, num ambiente explosivo de atracções e de oposições (Abrantes, 2003; Dubet e Martuccelli, 1996), com as consequências que daí advêm para a organização de ambientes favoráveis ao trabalho. Contudo, as relações sociais, fortemente ligadas ao trabalho escolar e aos comportamentos na escola e na aula, assentam noutros vectores importantes, como as relações com os professores e as relações familiares.

Em síntese, podemos dizer, talvez de um modo simplificador, que cada aluno (e por consequência, também, a sua identidade em construção e o comportamento correlato) ocupa um lugar central num triângulo cujos lados são a família donde provém (e o grupo social a que pertence), com sua idiossincrasia, os professores com que lida todos os dias e a turma (pouco ou nada homogénea) em que está inserido (cf. Pollard, 1996). Situado no meio deste triângulo, com sua herança genética e sua história pessoal, é no conjunto de processos subjacentes às relações e às interacções que estabelece com aqueles três pólos que o aluno (enquanto criança e jovem, outros pólos se deverão juntar), vai formando a sua identidade psicossocial e traçando um percurso de auto-construção de si mesmo enquanto ser biopsicosocial.

ESTUDO EMPÍRICO – O CASO DO SACADURA

Breves notas sobre a selecção do caso e a metodologia do estudo – Depois destas breves considerações introdutórias passemos, para um plano vivencial e concreto, com base em dados colhidos numa investigação de *características etnográficas* realizada por mim numa escola, e que consistiu em acompanhar, durante três anos, seis turmas, do 7.° ao 9.° ano, (Amado, 1998a, 2001), com o intuito de «compreender» a problemática disciplinar.

No 1.° ano distribuí a minha atenção de forma relativamente igual pelas seis turmas (inicialmente 170 alunos), por nenhuma delas se destacar na problemática em causa, apesar da sua constituição pouco homogénea na *ratio* por sexo e na inclusão de alunos repetentes; no 2.° ano (164 alunos no total), o *8.°E* destacou-se fortemente das outras pela sua «dinâmica» de perturbação, sofrendo eu uma tendência (em parte contrariada) para estar mais atento ao que se passava no seu interior; no 3.° ano segui apenas duas turmas (– no total de 49 alunos); *o 9.°W*, por ser composto por alunos provenientes de todas as turmas do ano anterior, turma *quase* sem sobressaltos do ponto de vista disciplinar; e o *8.°R,* uma turma que, por decisão do Conselho Pedagógico se compunha apenas de alunos que não transitaram para o 9.° ano, e que se destacou no seu inconformismo, rebeldia e indisciplina.

Evitando, tanto quanto possível, todo o tipo de intervenção que alterasse a situação «natural», a minha atitude foi a de *ver* (observar no contexto e descrever), *escutar* (registar os «pontos de vista» de uns e outros, professores e alunos sobre as ocorrências), e *interpretar* (à luz das próprias interpretações dos actores, de acordo com os meus próprios «saberes» e experiências de ordem profissional, e ainda, sob a inspiração da bibliografia).

Muitas foram as revelações que este estudo, essencialmente centrado na observação participante, me proporcionou e de que, para além da tese, tenho dado conta em diversas publicações (Amado, 1998b, 2000 a; 2000b; 2000c; Amado e Freire, 2002). Aqui vou ater-me a um aspecto inédito desse pesquisa e que consistiu no recorte dos dados necessários para uma «uma análise longitudinal» da «trajectória» disciplinar traçada por um pequeno grupo de alunos-caso que se evidenciaram com uma *carreira* de *perturbadores* ao longo dos três anos do estudo.

Uma detalhada análise, tendo em conta o estudo de participações dos professores, observações directas e testemunhos de alunos e professores, permitiu-me verificar que os comportamentos que eu classifiquei de 2.° e de 3.° nível, respectivamente, *problemas da relação entre pares*, e *problemas da relação com professores,* tiveram como intervenientes, na sua grande maioria, um pequeno número de alunos: nos problemas da «relação entre pares», apenas 8 alunos estão na origem de 24 incidentes, num total de 57, ou seja 42% dos registos daquela categoria; em conflitos da «relação professor-aluno», apenas 10 alunos são responsáveis por 50, em 82 dos incidentes, ou seja, cerca de 61% dos registos desta categoria.

Observei, ainda, que *apenas seis desses alunos reincidiram várias vezes em ambas as categorias,* ao longo dos três anos da observação: a atenção mais selectiva ao percurso de cada um destes seis alunos, permitiu-me repensar muitas conclusões que havia formulado a nível geral, tendo em conta, agora, a especificidade e a idiossincrasia de cada caso. Contudo, rapidamente verifiquei que esta pretensão, de estudar o «aluno no singular», pouco sentido tinha, (pelo menos de um ponto de vista pedagógico), se não tivesse em conta a rede complexa das relações em que estava envolvido, e onde havia que privilegiar as que tinham lugar no interior da turma. A análise tinha que ser feita, portanto, tentando um equilíbrio entre os dados objectivos (registos de testemunhos e observações), as interpretações e perspectivas pessoais de cada aluno acerca das situações em que estava envolvido, e as perspectivas de colegas e professores sobre o próprio caso. Não sendo possível neste texto passar em revista todos estes seis casos, vamo-nos ater a um deles: o caso do Sacadura.

Vivência familiar e trajectória escolar do Sacadura – O Sacadura vive com o pai, a mãe e um irmão mais velho, num bairro citadino, a poucos minutos da escola. O pai é empregado de balcão, a mãe é dona de casa e o irmão é talhante, tendo desistido de estudar sem completar o 9.° ano. O género de vida pessoal do pai cria alguns problemas de instabilidade familiar (relacionais e financeiros).

Acompanhei o aluno nos 3 anos lectivos. Na tabela seguinte pode observar-se a progressão escolar deste aluno, em relação com a idade e as turmas em que o encontrei inserido:

Idade	Ano de escolaridade	Turma
12 anos	6.° ano – *repetição*	
13 anos	7.° ano	7.°E
14 anos	8.° ano	8.°E
15 anos	8.° ano – *repetição*	8.°R
16 anos	9.° ano	

No projecto de vida do Sacadura inscreve-se a possibilidade de enveredar, depois do 9.°, por uma actividade como a do pai ou, até mesmo, como a do irmão – (o aluno sublinha que este, aliás, nem precisou do 9.° ano!). Quanto a estudos o Sacadura considera «interessantes» alguns cursos Técnico-profissionais, e encara a hipótese de se «envolver num desses cursos». Os interesses do Sacadura vão para as áreas práticas do desporto; em certa altura afirmou-me: «*sempre gostei de E.F. e o setor simpatiza comigo sempre*».

Comportamento, incidentes disciplinares e castigos a que é sujeito o Sacadura – No 7.° ano o aluno está inserido na turma do *7.°E* que não se destaca da média das outras no que respeita a comportamentos; apesar de não haver participações disciplinares, o Sacadura é apontado, no entanto, como um aluno dos mais «perturbadores», mas que os professores vão contornando.

No 8.° ano, o aluno faz parte do *8.°E* e, contrariamente ao ano anterior, os registos agora são variados e múltiplos. O comportamento do Sacadura, tal como se pode ajuizar a partir do número elevado de participações (doze, ou seja 37,5% do total daqueles documentos) e de outros registos, é preocupante, quer pela frequência dos desvios, quer pela sua natureza – eles vão da perturbação por desvios à comunicação verbal e não verbal, até à atemorização e agressão física a colegas, no interior da aula, no corredor e nos recreios, passando por alguns danos no equipamento escolar e na propriedade dos colegas. Raramente, porém, os desvios são exclusivamente da sua iniciativa individual, praticando-os, quase sempre, em associação com colegas. São comportamentos que *exasperam* e *revoltam* os professores, não tanto pelos actos em si, mas pelo que eles revelam da própria pessoa e do clima geral da turma (conforme testemunham) – uma turma dividida entre os que aplaudem e os que se sujeitam a ser vítimas de agressões físicas e verbais. Por tudo isto o Sacadura é frequentemente expulso da sala mas não tantas vezes quantas as que merece, no dizer de alguns professores: «*na minha disciplina todos os dias tenho motivos para o pôr na rua, mas até pareceria mal fazer isso*". Relativamente a uma das expulsões a que foi sujeito o aluno escreve em «alegação» ao Conselho Disciplinar que «*não foi por eu ir para a rua que a aula serenou*», querendo com isso afirmar que não era só ele que perturbava, mas que por trás disso estava todo um clima da turma e a falta de pulso da professora em causa. Nesse ano, em cinco Conselhos disciplinares o aluno é progressivamente punido – da repreensão registada à suspensão de dois dias (que ocupa, ajudando no refeitório), até, finalmente, ser reprovado (a grande sanção, do sistema!).

Ano seguinte. Aí o temos no turma do *8.° R* («*8.° dos Repetentes*»). Seria necessário fazer aqui uma breve caracterização desta turma que, como já disse acima, por decisão do Conselho Pedagógico da Escola se compunha apenas por alunos que não transitaram para o 9.° ano, inicialmente com 21 alunos, sendo 18 rapazes e 3 raparigas. Note-se que são os próprios alunos a reconhecer que o facto de a turma ser constituída por repetentes lhes dá um estatuto «especial», e que os faz sentirem-se, por vezes, marginalizados e objecto de tratamentos diferentes: «*Somos a turma dos deficientes!...*», ouvi um dia a um dos seus membros! E o próprio Sacadura, no início do ano me revelava deste modo a sua expectativa negativa quanto ao sucesso desta experiência: «*Pela turma, não posso contar muito com a turma. É assim, é tudo repetentes... e são capazes de se portar pior que no ano passado*».

De facto, este mesmo aluno não revela mudanças positivas no seu comportamento, neste novo ano (e terceiro da minha observação); o número de participações é igualmente elevado (doze!). Em termos de aprendizagem, o «calcanhar de Aquiles» do Sacadura é a disciplina de Matemática. Refere a professora que «*ele próprio diz que nunca soube e que também não está interessado em saber*». Com tão clara confissão, não admira que apesar dos esforços que a professora possa fazer – e são muitos, como ela própria repetidamente o confessa e eu tive oportunidade de observar – o Sacadura e colegas com desmotivação semelhante, só vão «*à aula para não faltar*», «*não participam*», «*não passam apontamentos para o caderno*», «*conversam e brincam*», etc.

Por um lado, há uma situação de frustração clara, por parte da professora que confessa já ter tentado «*tudo, ou quase tudo, desde o diálogo aos avisos, mas nada resulta, pelo que me vejo na necessidade de pôr na rua, último recurso, bastante desagradável para mim!*». Por outro lado, há o agravamento das situações, por parte dos alunos, que de algum modo se consideram vítimas, e não apenas meros responsáveis da situação; dizia um dia o Sacadura a propósito da professora de Matemática e do comportamento nas suas aulas: «*Á de 'Matemática' a gente faz mais isso... eu, no meu caso, porque eu não gosto da Setora. Detesto-a*».

Trata-se de um testemunho significativo, na medida em que faz entrar em linha de conta para a explicação das situações de desvio referidas um conjunto de elementos que não são facilmente controláveis pelo professor na sala de aula, por muito terem a ver com o domínio afectivo. Assim, o Sacadura revela que o seu comportamento desordeiro se deve ao facto de não gostar da professora de "Matemática". E a razão mais claramente expressa para essa antipatia parece provir de uma desadaptação à personalidade da professora (uma professora com a qual nunca pode «brincar», mas ao mesmo tempo pela qual também não sente respeito); razão que se estende, sem dúvida, ao facto de se tratar de uma professora que não lhe resolve as dificuldades de «compreensão» e lhe evite o insucesso; razão que se estende ainda para um possível sentimento de que se é vítima numa cadeia de crescimento em espiral e que entrelaça desvios, punições e vinganças.

Em *síntese*, o comportamento do Sacadura, na continuidade dos três anos em que o observei, mostra-se sempre um comportamento difícil, instável e perturbador, sem indícios de grande mudança, apesar dos esforços dos professores, dos castigos, das repetições!

Sistematizemos, ainda que em traços breves, o que pensam o próprio aluno, o seus colegas e os professores, confrontados com as situações vividas ao longo deste período.

Perspectiva dos professores sobre o Sacadura – No 7.° E as referências ao Sacadura são reduzidas, embora apareça já como «líder da gozação», precisando de ser mais controlado.

No 8.° E os comportamentos são sempre considerados difíceis, mas em grau maior ou menor, consoante os professores; o Sacadura é um aluno que se comporta «*conforme lhe dá*», para a professora de Geografia. Esta mesma professora, em Outubro, caracteriza-o de «*meigo*», mas em Dezembro já o acha com «*problemas de ordem psíquica*». Em outras duas disciplinas desta turma com nível de indisciplina muito elevado, o Sacadura era visto, pelas respectivas professoras, como «o *pior*», «*impossível*», um «*caso perdido*», com suficientes motivos para ser expulso todos os dias da sala.

No *8.° R*, um dos aspectos que mais se salienta dos diferentes testemunhos é que, a par da explicitação do mau comportamento, do seu desinteresse e falta de hábitos de trabalho, são notadas, também, as boas qualidades intelectuais do Sacadura: para a professora de História, «*revela inteligência*», em Português «*acompanha a matéria*», em Matemática «*tem capacidade*» e em Educação Física tem «*óptimas qualidades para a prá-*

tica». As causas do seu comportamento são atribuídas ao grande desinteresse deste aluno pelo estudo e, também, a alguns factores de ordem psicológica.

Perspectivas dos colegas sobre o Sacadura – No 7.° E vemo-lo ser caracterizado pelos seus colegas como um aluno que perturba as aulas (sem ser mal educado). O seu comportamento perturbador é explicado, principalmente, por dois factores: o primeiro consiste nos «hábitos» adquiridos no seu percurso escolar anterior, sobretudo por ter pertencido a uma turma difícil do 6.° ano (a sua primeira repetência); o segundo deve-se ao facto de fazer parte de um subgrupo da turma que regularmente interfere com a acção dos professores. O seu comportamento leva-o a ser «marcado» e objecto das «desconfianças» dos professores.

No *8.° E* o Sacadura é considerado como «*o pior*»; segundo o Toninho, aluno também perturbador, o Sacadura não tem a noção dos limites, pois, «*não sabe parar*» mesmo perante os esforços («*quase a chorar*») de uma professora.

No *8.° R*, os hábitos e as «*marcas*» do passado «*contam muito*» na explicação do comportamento deste aluno, por parte dos colegas (o que nos remete para a importância dos fenómenos de «rotulação» e de «estigmatização» no quadro das interacções na sala de aula); mas também se insiste, de novo, na acção dos subgrupos e da turma, como reforçadora destes comportamentos: «*quando está sozinho, ou com alguém que não dê confiança....*» o seu comportamento é diferente.

A perspectiva do Sacadura sobre si mesmo – Confrontando os registos feitos nos três anos lectivos, o que ressalta à primeira vista, como denominador comum, é uma perfeita consciência, por parte do aluno, de que o seu comportamento não é exemplar. Há porém, diferenças, na *atribuição causal* destes comportamentos. A responsabilidade, no 7.° E, parece incidir, acima de tudo, sobre o professor que não sabe impor a ordem (em especial, uma estagiária de Matemática); no 8.° E, um ano depois, o aluno reconhece que há um esforço pessoal que deve ser feito, embora o «*queira tentar*» mas não consegue. No 8.° R dissocia os resultados escolares dos comportamentos; naqueles acha que tem melhorado (espera passar, mesmo); nestes, as melhoras têm sido poucas, mas há diferenças – anteriormente «*fazia coisas piores*». As diferenças devem-se a alguns estímulos e elogios por parte dos professores e ao facto de a turma levar «*as coisas mais a sério*»; sem deixar de considerar que o seu comportamento se deve, em parte, ao facto de os professores não terem capacidade de manter a ordem (como pensava já no 7.° ano), pensa também que para isso contribui alguma falta de vontade e o facto de não gostar de estudar e, muito especialmente, de não gostar de certas disciplinas.

É importante notar que o Sacadura, em disciplinas como a Matemática, se apresenta, logo à partida, com uma expectativa negativa dos seus resultados; foi para ele, sempre, uma disciplina de insucesso – o que esteve constantemente aliado a um comportamento muito instável nessa disciplina, sobretudo no 7.° E e no 8.° R.

Alguns dados da observação – Apesar de tudo isto, a partir das observações, verifiquei que o Sacadura em certas aulas, por decisão própria, por *contrato* ou ainda, também, sob o efeito de algumas sanções recentemente sofridas, melhorava um pouco o seu comportamento. Por exemplo, numa aula de Geografia (8.° E), observo que o aluno pede à professora para ficar à frente. É-lhe permitido; e durante toda a aula tem momentos em que presta atenção, escreve e participa; noutros momentos conversa facilmente com os colegas, mas há um clima geral de trabalho. Entrevistei-o a seguir à aula e tendo-lhe perguntado porque pediu para ir para a frente, respondeu: «*Acho que lá à frente a gente sempre está com mais atenção e eu hoje percebi uma parte da aula, pelo menos. Enquanto cá atrás eu acho que não. Eu faço jogos e não sei quê e lá à frente não*». Outro facto interessante diz respeito ao dia em que Sacadura prestou serviço na cantina como condição imposta pelo Conselho disciplinar para poder relevar a falta. Segundo o relatório da empregada o Sacadura «*portou-se muito bem e foi muito humilde*».

Serão estes os momentos em que, por ventura, ele «*quer tentar*», em que experimenta «*a vontade própria*», como vimos a propósito da perspectiva sobre si mesmo?

DISCUSSÃO – CONTRIBUTO PARA UM PERFIL DO ALUNO PERTURBADOR

Julgamos que o interesse do caso do Sacadura poderia ampliar-se se procedêssemos agora a um confronto, ainda que breve e esquemático, com os outros cinco casos de colegas, igualmente perturbadores, em contextos quase sempre comuns ao longo dos três anos da observação. Ainda que não façamos aqui esse confronto, por uma razão de economia de espaço, procuraremos mesmo assim, como exercício heurístico, dar conta de convergências e divergências resultantes da prévia análise dos casos, com o objectivo de acrescentar algum contributo na construção de um perfil dos alunos perturbadores.

Um primeiro aspecto evidente é o de que o número de alunos que, como o Sacadura, estica a acorda ao máximo e de forma persistente ao longo dos anos, é relativamente pequeno; se tivermos em conta que, pelo menos até ao limite da escolaridade obrigatória, todos os alunos frequentam a escola «obrigados», ainda que repartindo-se entre os *obrigados-satisfeitos*, os *obrigados-resignados* e os *obrigados-revoltados* (o que traduz uma pluralidade de modos de estar e de ser na escola e na aula – cf. Amado, 2001), alunos como o Sacadura inscrevem-se no último grupo – alunos para quem, a ajuizar pelo seu percurso escolar, a Escola tem sido madrasta (começando pelos efeitos negativos, em diversos planos, da repetência), e que apenas a frequentam porque legal ou familiarmente são obrigados a isso.

Observando de mais perto verifica-se que há, de facto, algumas diferenças e grandes semelhanças entre estes seis casos. Em primeiro lugar, a grande diferença surge na caracterização sócio-económica e sócio-cultural das famílias; tendo em conta apenas o indicador da escolarização dos pais, o leque estende-se desde a formação superior até à simples escolaridade obrigatória. Quatro deles, como o Sacadura, evidenciam graves dificuldades no relacionamento com os pais, havendo sinais da presença de autoritarismo excessivo, da ausência de comunicação e de todo um quadro de instabilidade no sistema familiar; e se o clima familiar (pelo menos relativamente a alguns dos seis casos), parece repercutir-se no comportamento escolar do aluno (a hostilidade contra os pais reflecte-se na hostilidade contra os adultos, e, neste contexto, contra os professores – LeBlanc *et al.*, 2002; McManus, 1989), também podemos afirmar que, nesses mesmos casos, a inversa é igualmente verdadeira: o comportamento escolar do aluno perturba a estabilidade familiar, verificando-se mesmo um condicionamento mútuo dos factores (Fonseca, 2003).

Já no que respeita à trajectória escolar, a experiência de retenções e repetências é comum a cinco dos seis casos; podemos afirmar, também aqui, de acordo com muita outra investigação (Taborda Simões *et al.*,

2002; Freire, 2001; Fonseca *et al.*, 2000; Hawkins *et al.*, 1988) que o factor mais geral (e dos mais determinantes da problemática disciplinar, se tivermos em conta a natureza das relações sociais que essa experiência de vida implica) será, por certo, a experiência comum de insucesso escolar.

Outro aspecto interessante para confronto diz respeito à natureza dos próprios comportamentos, podendo salientar-se, como aspectos comuns, uma clara diminuição dos problemas da relação entre pares, sobretudo no terceiro ano da observação (correspondente ao 9.° de escolaridade), mas uma manutenção das infracções às regras de trabalho na aula e do confronto com o professor (sendo, por vezes, muito difícil de distinguir entre estes dois tipos de comportamento). Este facto faz pensar também na grande dificuldade da escola se adaptar à idiossincrasia destes jovens e das realidades locais e juvenis em geral (Abrantes, 2003).

Para facilitar a comparação com o caso do Sacadura continuaremos a cotejar as características salientes dos diversos casos, focando, por um lado, a atenção nas auto-apreciações e atribuições e, por outro lado, na apreciação que deles é feita pelos colegas e pelos professores.

Auto-apreciação e atribuições – Na apreciação geral que eles próprios fazem sobre si mesmos todos reconhecem perfeitamente que são, por vezes, o motor da desordem[2]. Reconhecem, igualmente, o seu desinteresse, desmotivação, falta de vontade, apatia e inconformismo, externalizando, contudo, as causas desses fenómenos em factores como:

- falta de pulso por parte dos professores para gerir e «dominar» a turma;
- «injustiças» relacionais de certos professores;
- a influência de outros elementos da turma (e de amigos, fora dela);
- incompetência dos professores no que respeita ao ensino, sendo, por isso os grandes responsáveis pelo seu insucesso;
- conteúdos curriculares pouco atractivos e pouco práticos.

De acordo com esta perspectiva dos alunos, a investigação mostra que são sobretudo os alunos «perturbadores» mais novos (ou enquanto

[2] A investigação de Espírito Santo (2003: 414) vai também neste sentido, contrariando as conclusões de Freire(1990) e Caldeira (2000) para quem os alunos considerados indisciplinados têm auto-percepções mais positivas que negativas do seu próprio comportamento.

mais novos – 12-13 anos) que revelam forte tendência para atribuir a responsabilidade da sua «indisciplina» ao comportamento didáctico e relacional do professor (Espírito Santo, 2003; Amado e Freire, 2002; Estrela, 1986, 2002). Assim, tal como vemos no caso do Sacadura, explicam o seu comportamento perturbador, essencialmente pelo facto de o professor os não saber constranger pela ameaça credível, pelas consequências negativas dos seus actos, pelo castigo, e também, por não saberem ensinar de modo a atenderem às necessidades de cada um e a manterem um ambiente de aula, simultaneamente de trabalho e de boa disposição. Reconhecendo-se como infractores, colocam-se na dependência de factores externos (a autoridade do professor) para controlarem os seus «impulsos». É sobretudo (mas não só) a partir destes alunos que, no início do ano, surge a iniciativa de «testar» as regras e a firmeza do professor (Amado, 2000c; McManus, 1989). Contudo, em idades um pouco mais avançadas, estes alunos apercebem-se facilmente da importância de outras condições ecológicas da aula e da turma, reconhecendo uma maior variedade de factores explicativos dos seus comportamentos (cf. Espírito Santo, 2003: 506), entre factores externos (características e pressão da turma) e internos (como os que o Sacadura invoca: má vontade, desinteresse, etc.).

A apreciação dos colegas – Os seus colegas também não os consideram destituídos de capacidades intelectuais. Contudo, em geral a presença destes alunos na turma divide as opiniões (para além da divisão efectiva da turma que essa diferença de opinião traduz); há colegas que os «admiram», os privilegiam nas suas relações e/ou os «adoptam» nos seus sub-grupos:

- pelo modo expressivo, espontâneo e até irreverente como falam aos professores[3] (assumindo o papel de porta-vozes do descontentamento e de *caudilhos*);

[3] Poderíamos aproximar estes alunos «*perturbadores*» dos alunos «*baldas*» da tipologia elaborada por Machado Pais (1993) tendo em conta os tipos com que os jovens se (auto) definem e identificam na cultura da escola (*marrões*, *graxas*, *bacanas*, *baldas*). Como diz o autor, são precisamente estes alunos que constroem uma cultura «transbordante de expressividade, hedonismo e espontaneidade» (ibid.: 233) e através da qual procuram «marcar uma certa 'diferença'» (ibid. 234).

- ou porque são «engraçados» (cumprem bem o papel de *palhaços* e dissimulando, assim, por vezes, sentimentos de inferioridade, ou desvios às normas do grupo);
- ou porque assumem o papel de *bodes expiatórios*, atraindo e aceitando sobre si os castigos e reprimendas do grupo.

Há também colegas que os que os rejeitam, vendo neles:
- falta de responsabilidade, de solidariedade, de capacidade de ouvir e tolerar;
- a causa de muitos dos problemas e conflitos da turma (em especial devido às suas atitudes agressivas e correlatas condutas violentas) com reflexos no comportamento e no aproveitamento geral;
- desinteresse pelos estudos, prejudicando os colegas interessados;
- comportamentos essencialmente motivados pela necessidade de exibição (exibem-se a si mesmos, exibem o poder atractivo de interesses extra-escolares);
- comportamentos influenciados por outros colegas;
- comportamentos devidos à «falta de pulso» dos professores.

Estas ligações, atracções, oposições e rejeições entre os pares têm sido explicadas por diversos modos, como já o referimos acima; mas deve salientar-se, ainda, a importância das características da própria turma. Em turmas «difíceis» do ponto de vista disciplinar, por vezes, não é fácil definir claramente onde começa e acaba a responsabilidade de um aluno, de um subgrupo ou da turma na sua globalidade (Estrela e Amado, 2002); não raro surgem problemas como a dominação da turma por um subgrupo e lutas de poder e prestígio entre rivais; «observando a vida quotidiana destas turmas "difíceis", verifica-se, por outro lado, uma espécie de causalidade circular entre certos indivíduos que iniciam determinados desvios (das palavras aos actos, dos olhares aos cheiros), os grupos que se formam em torno deles e a quem esses desvios «*se pegam*», e a turma que se '*contagia*' na totalidade» (Amado, 2001: 299). É claro que este contágio será tanto maior quanto mais digno de admiração for, por parte do grupo, quem inicia o desvio. Também, Lurdes Baginha (1997), confrontando os estatutos sociométricos no interior de duas turmas, conclui que, na turma considerada disciplinada, os alunos com estatuto sociométrico mais elevado eram os considerados disciplinados; ao contrário, na turma considerada indisciplinada, a teia de relações era dispersa, com predomínio das rejeições mútuas e com muitas manifestações de conflito e rivalidade intra e intergrupal; os alunos considerados indisciplinados apresentavam o estatuto sociométrico mais elevado. Mas nem sempre os alunos indisciplinados têm estatutos sociométricos elevados, como o verificou Teresa Estrela (1986).

A apreciação dos professores – Para os professores estes alunos, apesar de nem sempre serem destituídos de capacidades intelectuais ou motoras, são, essencialmente:

- muito influenciáveis por factores exteriores à situação de aula;
- incapazes de assumir as suas responsabilidades (o que se relaciona com a fraca tolerância a tudo o que os perturbe ou cause sofrimento);
- «mal educados» (sendo invocado a propósito, a importância da acção e das relações familiares);
- extremamente desinteressados pelas actividades (apáticos, indiferentes a todas as propostas escolares[4]), a que se junta um projecto de vida nebuloso e pouco realista (exemplos retirados dos 6 casos apontam para projectos como, futebolista, motoqueiro e guitarrista de uma banda *rock*);[5]

---

[4] «"Passam" pela escola como quem passa pelos aeroportos – meros lugares de passagem, de passageiros em trânsito» (Pais, op. cit. 234).

[5] Vários de entre eles apontavam para projectos bastante irrealistas, como vir a ser motoqueiro ou jogador de futebol, ignorando a parte de sacrifício, dedicação e trabalho que essas mesmas actividades exigem. A dificuldade de alunos como estes estruturarem projectos de vida, é reconhecida também por outros autores (Abrantes, 2003); numa outra perspectiva pode dizer-se que esta questão remete também para a necessidade de uma «educação vocacional» valorizadora das tarefas de estudo na sua ligação com a vida activa e promotora de competências de trabalho (Pinto e Taveira, 2002).

[6] Este aspecto agravar-se-á em situações sócio-familiares e sócio-culturais mais problemáticas das que no estudo referido, como tem sido assinalado pela pesquisa; retomando mais uma vez Pais (op. cit. 238) «a adaptação à rigidez de horários, à compostura nas salas de aula, à disciplina, aos ritmos de estudo é, para estes jovens, muito difícil, e os o professores, por se assumirem como paladinos da disciplina, não raras vezes são olhados como inimigos».

[7] A interiorização das estigmatizações decorrentes destes modos como são vistos, leva-os a «acentuar comportamentos chocantes», embriagando-se, destruindo material da escola e dos colegas, deixando marcas em *grafitti* pornográficos ou com cruzes suásticas, etc.

- com «falta de hábitos» de trabalho escolar e inapetência para o esforço e auto-controle (assumindo, também aqui grande importância as falhas da escolarização anterior)[6];
- a indiciar problemas do foro médico-psiquiátrico, ainda que apenas em certos casos[7].

A este propósito será interessante chamar a atenção para o *carácter preditivo das percepções do professor*. Este carácter pode ser indutor dos próprios comportamentos, como já o fizemos ver na parte introdutória, a propósito das teorias da rotulação e da profecia auto-realizada. Isabel Freire que, em estudo longitudinal, observa a evolução das percepções do directores de turma relativamente a uma população de 27 alunos, verifica que representação dos Directores de Turma acerca do comportamento disciplinar dos alunos se revelou «a única variável preditiva para os dois anos do estudo» (Freire, 2001: 501; cf. Amado e Freire, 2002).

Um outro aspecto a sublinhar, muito evidente no caso do Sacadura, é o de um consenso apenas relativo, dos pontos de vista dos professores; nem todos estão de acordo em apontar características extremas. Admitindo que os comportamentos do aluno também são diferentes nos diversos contextos de aula, teríamos necessidade de invocar, como explicação, uma variedade de factores a que poderão não ser alheios o interesse e o desinteresse por certas disciplinas, os contextos relacionais e pedagógicos criados por cada professor, etc.

CONCLUSÃO

Não temos dúvidas de que a análise de casos como o do Sacadura obriga a ter em conta a combinação de uma multiplicidade de factores que, seguindo a sugestão de Abrantes (2003), representaríamos em 3 eixos fundamentais: estrutural, longitudinal e interaccional.

Ao eixo estrutural associamos dimensões não propriamente escolares, mas fundamentais na formação da identidade do aluno e na explicação e compreensão do seu comportamento escolar. Trata-se de factores familiares e de origem social, a história de vida pessoal, problemas eventuais de ordem médica e psicológica, etc. O pequeno grupo de alunos aqui estudados apresenta uma configuração muito heterogénea nesta dimensão e, desse modo, a própria classe social de origem aparenta ser um factor pouco determinante dos comportamentos perturbadores. Mas há um aspecto comum, constituído pela qualidade bastante negativa das interacções ao nível familiar.

Ao eixo longitudinal, associamos a idade e a progressão nos anos de escolaridade. Relativamente aos alunos «persistentemente» perturbadores, parece verificar-se uma grande incidência de retenções e, portanto, de fracasso escolar – aliás, um fracasso que começa muito cedo na vida destes alunos.

O eixo interaccional leva a valorizar, na formação da identidade do aluno «perturbador», o jogo das interacções em que está envolvido no seu quotidiano escolar; este jogo pode ser observado quer no plano do que se passa a um nível mais oculto e subjectivo, quer numa dimensão visível e, até, quantitativa. Numa dimensão menos visível, o comportamento destes alunos, somos remetidos para os *conflitos de poder* (especialmente entre aluno e professor e entre alunos na turma) com todo o rol de estratégias «de sobrevivência» que eles implicam; somos remetidos, ainda, para um conjunto de *fenómenos de natureza psicossocial* presentes no quotidiano escolar, como as representações e expectativas mútuas (professores e alunos e alunos entre si), os efeitos dos estereótipos sociais e dos acima referidos fenómenos de rotulação, etiquetagem e profetização.

Enfim, é um facto que estes alunos, visivelmente, cometem muitas «violações» da regra, da etiqueta, das normas e dos valores que regulam (e devem regular) as acções e as interacções dentro do contexto escolar, provocando uma perturbação efectiva dos comportamentos e dos rituais que fazem parte da «cultura da escola», atingindo, por vezes, as raias da delinquência. Neste aspecto, o seu comportamento deve ser contrariado, antes e acima de tudo por medidas de carácter pedagógico que façam apelo à capacidade técnica do professor (que resumo na expressão: «saber ensinar» – Amado, 2001). Que façam apelo à sua competência na gestão das relações (ele deve saber exercer o lugar de líder, determinando as regras do trabalho e do convívio, supervisionando o seu cumprimento, persuadindo da sua razão de ser e vantagens, compartilhando e delegando responsabilidades

---

[8] «A existência das normas e a sua divulgação deverão constituir, mesmo, um ponto de honra da instituição se se quer conferir um carácter verdadeiramente profissional à função, inerente a docentes e gestores, de administrar adequadamente a justiça disciplinar aos alunos, sancionando-os, se os seus comportamentos forem de molde a justificar censura, ilibando-os se, analisados os comportamentos e as circunstâncias em que ocorreram, a censura não se justificar) (Amado e Mateus, 2002).

quando as pessoas e o grupo estiverem suficientemente amadurecidas para isso (Amado, 2000a; Hersey e Blanchard, 1986). Estes comportamentos desviantes do alunos devem ser contrariados, ainda, por uma acção colegial dos professores, exercida ao nível da comunidade escolar (com outros professores, com os alunos, com técnicos e com encarregados de educação), diagnosticando colectivamente os problemas e procurando «criativamente» (no quadro de um *projecto educativo de escola*) elaborar e divulgar a regulamentação necessária, coerente, sensata e de molde a assegurar as condições de aprendizagem e a garantir a socialização dos alunos (Estrela, 1986; Amado e Mateus, 2002)[8]. Experimentar soluções no quadro de uma actuação sistemática, orientada e programada, de modo a estimular a educação de condutas pró-sociais e a corresponsabilização pela gestão de tempos, espaços, programas e vivências (Pereira, 2002; Ortega Ruiz & Mora-Merchan, 1997). A investigação (Freire, 2001; Dwyer e Osher, 2000; Reynolds e Sullivan, 1981) também tem mostrado como, a este nível, as escolas, na realidade, fazem a diferença.

BIBLIOGRAFIA

ABRANTES, P. (2003). Identidades juvenis e dinâmicas de escolaridade. *Sociologia, Problemas e Práticas*, 41, 93-115.

AFONSO, A. (1991). *O processo Disciplinar como Meio de Controlo Social na Sala de Aula*. Braga: Universidade do Minho.

AMADO, J. (1998a). *Interacção Pedagógica e Indisciplina na Aula – Um estudo de características etnográficas*. Faculdade de Psicologia e de Ciências da Educação. Universidade de Lisboa.

AMADO, J. (1998b). Pedagogia e actuação disciplinar na aula. *Revista Portuguesa de Educação*, (I.E.P. – Universidade do Minho), 11, 2, 35-55.

AMADO, J. (2000 a). *A Construção da Disciplina na Escola – Suportes Teórico Práticos*. Porto: Edições ASA.

AMADO, J. (2000b). Interacção pedagógica e injustiça na aula. *In* M. T. Medeiros (Org.), *Adolescência: Abordagens, Investigação e Contextos de Desenvolvimento* (pp. 120-145). Ponta Delgada: Direcção Regional da Educação.

AMADO, J. (2000c). O nascimento de uma relação: estratégias de professores e alunos na aula de "apresentação". *Cadernos de Educação*,

(Revista da Faculdade de Educação da Univ. Federal de Pelotas – Brasil), 14, 19-36.

AMADO, J. (2001). *Interacção Pedagógica e Indisciplina na Aula*. Porto: Edições ASA.

AMADO, J. & FREIRE, I. (2002). A Indisciplina na escola – Uma revisão da investigação portuguesa. *Investigar em Educação*. Vol. 1, n.° 1, pp.179-223.

AMADO, J. & FREIRE, I. (2002). *Indisciplina e violência na Escola. Compreender para Prevenir*. Porto: Edições ASA.

AMADO, J. & MATEUS, J. (2002). A organização de um Conselho de Turma Disciplinar. In A. Cosme e R. Trindade (Eds.), *Manual de Sobrevivência para Professores* (pp. 57-64). Porto: Edições ASA.

BAGINHA, L. (1997). *Fenómenos de grupo e (In)disciplina na Aula*. Faculdade de Psicologia e de Ciências da Educação da Universidade de Lisboa. (Dissertação de Mestrado não publicada).

BECKER, H. S. (1985). *Outsiders. Études de Sociologie de la Déviance*. Paris: A. M. Métailié.

BLIN, J-F. & GALLAIS-DEULOFEU, C. (2001). *Classes difficiles*. Paris: Delagrave.

BLUMER, H. (1982). *El Interaccionismo Simbólico: Perspectiva y Metodo*. Barcelona: Hora, S.A.

BROPHY, J. & GOOD, T. (1974). *Teacher-Student Relationships*. New York: Holt, Rinehart and Winston, Inc.

CALDEIRA, S. (2000). *A Indisciplina em Classe: contributos para a abordagem preventiva*. Ponta Delgada: Universidade dos Açores. (Tese de Doutoramento, não publicada).

DELAMONT, S. (1987). *Interacção na sala de aula*. Lisboa: Livros Horizonte.

DELUCHEY, J-J. (1994). L'institution des identités déviantes. Le retour du "sensible" en sciences humaines. *Pratiques de Formation – Analyses*, 28, 171-177.

DUBET, F. & MARTUCCELLI, D. (1996). *A l'École – Sociologie de l'expérience scolaire*. Paris: Seuil.

DWYER, K. & OSHER, D. (2000). *Safeguarding Our Children: An Action Guide*. Washington, DC: US Department of Education.

ESPÍRITO SANTO, J. A. (2003). *Contributos para a Formação de Professores na âmbito da Prevenção da Indisciplina na Sala de Aula*. Faculdade de Psicologia e de Ciências da Educação da Universidade de Lisboa. (Tese de Doutoramento não publicada).

ESTRELA, Mª. T. (1986). *Une Étude sur l'Indiscipline en Classe*. Lisboa: INIC.

ESTRELA, Mª.T. (2002 – 4ª). *Relação Pedagógica, Disciplina e Indisciplina na Sala de Aula*. Porto: Porto Editora

ESTRELA Mª.T. & AMADO, J. (2002). A Turma – Espaço de encontros e de negociações. *In* M. Lemos & T. Rio Carvalho (Ed.), *O Aluno na Sala de Aula*. Porto: Porto Editora.

FONSECA, A. C. (2000). Comportamentos anti-sociais. Uma introdução. *Revista Portuguesa de Pedagogia*, Ano XXXIV, 1, 2, 3, 9-36.

FONSECA, A.C. (2003). Família, Escola e Comportamento anti-social – Uma visão de conjunto. In I. Alberto, A. C. Fonseca, C. Albuquerque, A. G. Ferreira, J. Rebelo (Org.), *Comportamento Anti-social – Escola e Família*. Faculdade de Psicologia e de Ciências da Educação. Universidade de Coimbra

FONSECA, A. C.; TABORDA SIMÕES, M. C., FORMOSINHO, M. D. (2000). Retenção escolar precoce e comportamentos anti-sociais. *Revista Portuguesa de Pedagogia*, XXXIV, 1, 2, 3, 323-340.

FREIRE, I. (2001). *Percursos Disciplinares e Contextos Escolares – Dois estudos de caso*. Lisboa: Faculdade de Psicologia e de Ciências da Educação da Universidade de Lisboa (Tese de Doutoramento, não publicada).

FURLONG, V. (1985). *The Deviant Pupil – Sociological Perspectives*. London: Open University Press

HARGREAVES, D. H. (1986). *Las relaciones interpersonales en la educación*. Madrid: Narcea.

HARGREAVES, D. H., HESTER, S & MELLOR, F. (1975). *Deviance in Classrooms*. London: Routledge and Kegan Paul.

HAWKINS, D., DOUECK, H., LISHNER, D. (1988). Changing Teaching Practices in Mainstream Classrooms to Improve Bonding and Behavior of Low Achievers. *American Educational Research Journal*, 25, 1, 31-50.

HERSEY, P. & BLANCHARD, K. (1986). *Psicologia para administradores – a teoria e as técnicas da liderança situacional*. S. Paulo. E.P.U.

JACKSON, P.W. (1991). *La Vida en las Aulas*. Madrid: Morata.

LACEY, C. (1970). *Hightown Grammar: the School as a Social System*. Manchester: Manchester University Press.

LARA, F. (1995). Interacción entre iguales y aprendizaje cooperativo. En J. Beltrán y J. A. Bueno (Eds.), (1995). *Psicología de la educación* (pp. 437-455). Barcelona: Mancorbo Universitaria.

LeBlanc, M. & Janosz, M. (2002). Regulação familiar da conduta delinquente em adolescentes. In. A. C. Fonseca (Ed.), *Comportamento anti-social e Família – Uma abordagem científica* (pp. 37-92). Coimbra: Almedina.

McLaren, P. (1989). *Life in Schools*. London: Longman (Trad. 1997. *A Vida nas Escolas*. Porto Alegre: Artes Médicas.

McManus, M. (1989). *Troublesome Behaviour in the Classroom*. London: Routledge.

Mead, G. (s/d). *Espíritu, Persona y Personalidad*. Buenos Aires: Piados.

Moral Jiménez & Ovejero Bernal, (s/d). *La identidad psicosocial de los jovenes construida en/por la red social de amigos*. Doc. Online: «hyperlink"http://copsa.cop.es/congresoiberoa/base/social/socr94.htm».

Neuenschwander, M. (2002). *Desenvolvimento e Identidade na Adolescência*. Coimbra: Almedina.

Oliveira, M.ª T. (2002). *A Indisciplina em Aulas de Educação Física*. Viseu: Instituto Superior Politécnico de Viseu.

Ortega Ruiz, R. & Mora-Merchán, J. (1997). Agressividad y Violencia. El problema de la vitimización entre escolares. *Revista de Educación*, 313, 7-27.

Pais, J. M. (1993). *Culturas Juvenis*. Lisboa: Imprensa Nacional Casa da Moeda

Pinto, H. R. & Taveira, Mª C. (2002). Educabilidade vocacional e papel de estudante. In Estrela e Ferreira (Org.), *Violência e Indisciplina na Escola* (Acta do XI colóquio AFIRSE). Faculdade de Psicologia e de Ciências da Educação da Universidade de Lisboa, pp. 270-282.

Piolat, M. (1986). Identidade e experiência escolar no início do ensino secundário. *Análise Psicológica,* 1, V, 67-74.

Pereira, B. (2002). *Para uma Escola sem Violência – Estudo e prevenção de práticas agressivas entre crianças*. Fundação Calouste Gulbenkian – Fundação para a Ciência e Tecnologia.

Ramitos, M.ª C. (s/d). *Cultura e Identidade*. Grupo SIETAR em Portugal. Doc. On-line: «hyperlink "http://planeta.clix.pt/sietar/celia_ramitos.htm"» (consultado em 30/4/2003).

Reynolds, D. e Sullivan, M. (1981). The effects of school: a radical faith restated. *In* Gillham, B. (Ed.), *Problem Behaviour in Secondary School*. London: Croom Helm.

Ramírez Goicoechea, E. (1991). *De jóvenes y sus identidades*. Madrid: CIS y Siglo XXI.

Rosenthal, R. & Jacobson, L. (1971). *Pygmalion à l' école*. Paris: Casterman.

TAP, P. (1979). *Identités Collectives et Changements Sociaux – Production et Affirmation de L'Identité*. Touluse: Ed. Sciences e L'Homme.

Taborda Simões, M. C, Formosinho, M. D., Fonseca, A. C. (2000). Efeitos do contexto escolar em crianças e adolescentes. Insucesso e comportamentos anti-sociais. *Revista Portuguesa de Pedagogia,* XXXIV, 1,2,3, 405-436.

Veiga, F. (1995). *Transgressão e Autoconceito dos Jovens na Escola*. Lisboa: Fim de Século

Woods, P. (1979). *The Divided School*. London: Routledge and Kegan Paul.

Educação para a cidadania no Ensino Básico: Análise de documentos curriculares vigentes*

MARIA HELENA DAMIÃO
Faculdade de Psicologia e de Ciências da Educação da Universidade de Coimbra, Portugal

INTRODUÇÃO

À semelhança do que acontece noutros países, também em Portugal a Educação para a Cidadania constitui uma das preocupações mais relevantes do actual sistema de ensino. Ocupa, em particular, na última reorganização da escolaridade básica, datada de 2001, um lugar de grande destaque nos três ciclos que a compõem, que correspondem a nove anos de educação obrigatória.

A análise atenta dessa reorganização deixa perceber, no entanto, que tal destaque dificilmente se harmoniza com as orientações curriculares que se lhe referem, nomeadamente com os pressupostos e com as indicações conceptuais e metodológicas que procuram fundamentá-la e materializá-la, porquanto estas se caracterizam por uma acentuada vacuidade e inconsistência. Imputamos esta circunstância, pelo menos em parte, à falta de coordenação entre decisores e teóricos da educação cujas prestações denotam uma acentuada divergência quando se colocam questões elementares como as seguintes: Deve a escola veicular certos valores? Que valores serão esses? Como se conceptualizam e se implementam?

[1] Trabalho realizado com o apoio do *Centro de Psicopedagogia* da Universidade de Coimbra [FEDER/POCTI-SFA-160-490].

No caso de uma reflexão séria vir a ter lugar no futuro em torno deste assunto, como consideramos ser necessário e urgente, deveria ser guiada, não por ideologias de valor duvidoso, reflexos de tendências políticas, culturais, sociais ou educativas de momento, mas sim por princípios consistentes e por conhecimentos científicos seguros.

EDUCAR PARA A CIDADANIA: UMA OPÇÃO RETOMADA

Uma breve incursão pela história da educação ocidental deixa perceber que as diversas correntes pedagógicas que a têm orientado, independentemente das suas especifidades, partilham uma preocupação: incutir nos aprendizes certas *posturas,* certas atitudes em relação ao *saber*, ao *eu*, a *Deus*, e/ou aos *outros/ao mundo.*

De facto, nos planos de estudo da Antiguidade Clássica, da época Medieval ou do período Iluminista a que hoje temos acesso, em conjunto com a transmissão/aquisição de saberes, ou além delas, vislumbram-se, de maneira mais ou menos explícita, mais ou menos enfatizada, opções axiológicas – de diverso teor consoante as escolas, bem entendido – que, simultaneamente, imprimiam identidade a esses planos, guiavam a acção dos mestres/professores e indicavam aos discípulos/aprendizes o perfil que se esperava que alcançassem ou aperfeiçoassem.

Se, de seguida, nos detivermos no princípio do último século, percebemos que as referidas opções constituíram, provavelmente mais do que em épocas passadas, tópico de polémica quanto à sua pertinência e possibilidade de concretização. Recordemos que, no seio do Movimento da Escola Moderna, se delinearam duas tendências educativas genéricas, dissonantes em muitos aspectos, nomeadamente naquele que respeita à relevância atribuída a tais posturas e/ou à legitimidade de as ensinar. A *tendência activa*, defensora de uma orientação directiva ou semi-directiva, que admitia a explicitação curricular dos valores que deveriam constituir objecto de investimento e dos métodos mais adequados para os veicular. E a *tendência libertária*, avessa a orientações desse tipo, por considerar que a adopção de valores remete necessariamente para escolhas pessoais, as quais devem ser feitas e assumidas, de modo autónomo, pelos aprendizes e em plena liberdade de consciência, sem que sobre eles recaia qualquer constrangimento exterior.

Recordemos também que já em pleno século XX assistimos às sérias reservas dos investigadores behavioristas, que tanto influenciaram as políticas educativas com as suas concepções pragmáticas de ensino, quanto à real possibilidade de concretizar aprendizagens que não se traduzissem em comportamentos directa e imediatamente observáveis. Foi, no entanto, neste enquadramento teórico que surgiram as primeiras tentativas científicas de planificação, implementação e avaliação desta componente educativa, pautadas pela objectividade e rigor conceptual e metodológico que devem caracterizar toda e qualquer abordagem pedagógica.

Nas décadas de 1960/70, em virtude das profundas transformações ideológicas e sociais, que se vinham esboçando, sobretudo no pós-guerra, diversos sistemas de ensino de expressão francófona e anglo-saxónica acolheram com entusiasmo as novas e revolucionárias teorias críticas e pós-críticas do currículo, eivadas do espírito pós-moderno que, de modo muito particular, marcou essa época (Silva, 2000). Tais teorias, à semelhança do que defendiam as correntes novas de tendência libertária, denotavam uma forte resistência, quando não recusa, em relação a qualquer investimento educativo de teor axiológico por o considerarem impositivo, doutrinador e, em última instância, constrangedor de opções pessoais, em tudo contrário à vocação emancipadora que a escola deve assumir.

Contudo, por volta dos anos de 1980, não tanto por influência de um corpo teórico consistente, mas em resposta a solicitações prementes por parte das sociedades modernas e urbanas que tomavam consciência crescente de problemas vários – nomeadamente, de violência/delinquência, de alheamento da vida política, de poluição, de degradação do planeta, de saúde... –, diversos sistemas de ensino passaram a fazer, pelo menos no plano normativo-legal, um forte investimento na implementação de posturas, das crianças e dos jovens, *em relação aos outros/ao mundo*. Investimento que é, de resto, vivamente recomendado, na década que se seguiu, por diversas instâncias europeias com acentuadas responsabilidades educativas, como sejam a Unesco e o Conselho da Europa.

Trata-se, portanto, de uma medida que goza de alguma legitimidade social e institucional, ainda que não deixe de ser contestável deixar-se na penumbra a educação de outras posturas tão fundamentais quanto estas, como as que se reportam ao *saber* e ao *eu*, as quais sabemos terem sido, em certas escolas e em certos momentos, objecto de atenção particular.

De qualquer maneira é este o cenário que encontramos na presente realidade portuguesa, sendo nele que, como não podia deixar de ser, analisaremos a educação para a cidadania no Ensino Básico, sistematizando as orientações curriculares disponíveis para, de seguida, procedermos a uma breve abordagem crítica das mesmas.

ANÁLISE DE DOCUMENTOS CURRICULARES RELATIVOS À EDUCAÇÃO PARA A CIDADANIA

Para tomarmos consciência do lugar que a Educação para a Cidadania ocupa no Ensino Básico e das especificidades que lhe são atribuídas, adoptaremos como referência essencial os principais documentos orientadores desse nível de ensino: a *Lei n.º 46/86 de 14 de Outubro, Lei de Bases do Sistema Educativo*; o *Decreto-Lei n.º 6/2001 de 18 de Janeiro*, que aprova a reforma do Ensino Básico; e o *Currículo Nacional do Ensino Básico*. De modo complementar, tomaremos em consideração documentos esclarecedores, também provenientes do Ministério da Educação ou com a sua chancela.

No primeiro desses documentos, a *Lei de Bases do Sistema Educativo*, mais genérico e no qual se estabelece a matriz política de ensino, afirma-se explicitamente, que "o Estado não pode atribuir-se o direito de programar a educação e a cultura segundo quaisquer directrizes filosóficas, estéticas, políticas, ideológicas ou religiosas" (Capítulo I, artigo 2.º, número 3, alínea a). Tal reserva, que consta da *Constituição da República Portuguesa* (Capítulo I, artigo 43, número 2), não impede, no entanto, que, ainda nesse artigo da dita Lei, se esclareça que tal sistema deverá "incentivar a formação de cidadãos livres, responsáveis, autónomos e solidários e valorizando a dimensão humana do trabalho" (números 4 e 5), assim como "promover o desenvolvimento do espírito democrático e pluralista, respeitador dos outros e das suas ideias, aberto ao diálogo e à livre troca de opiniões, formando cidadãos capazes de julgarem com espírito crítico e criativo o meio social em que se integram e de se empenharem na sua transformação progressiva" (número 5).

Este enquadramento justifica que, no artigo 3.º dessa Lei, se evidenciem propósitos educativos mais concretos, a saber: "assegurar"/"proporcionar" a "formação humanista", a "formação cívica e moral", "do carácter e da cidadania", a "reflexão consciente sobre os valores espirituais, estéticos, morais e cívicos", e a "valorização dos diferentes saberes e culturas".

No que respeita, em concreto, ao Ensino Básico os referidos propósitos são, na mesma Lei, especificados em diversos valores que, não se afigurando evidentes numa leitura apressada do texto, se apuram através da análise atenta do mesmo. São eles: "autonomia", "solidariedade social", "tolerância", "liberdade", "respeito pelos outros", "espírito crítico", "cooperação" e "consciência nacional". Esses valores, esclarece o legislador, visam a formação de cidadãos civicamente responsáveis e democraticamente intervenientes na vida comunitária, ou seja, e recorrendo às suas palavras, a "realização pessoal, integração social/comunitária, integração na vida activa, defesa da democracia e defesa da identidade nacional". E acrescenta que será sempre em "liberdade de consciência" que a "aquisição de noções cívicas e morais" deverá ter lugar.

Passando para um âmbito mais particular, centremo-nos na ainda recente reorganização curricular do Ensino Básico, a qual foi edificada a partir de uma tríade de objectivos fundamentais: *educar*, *integrar* e *formar para a cidadania*. Em relação a este último, já em 1998, o Ministério da Educação tinha declarado no *Documento Orientador das Políticas* para este nível de escolaridade "que a escola precisa de se assumir como um espaço privilegiado de educação para a cidadania", manifestando séria intenção de "assegurar, em todos os ciclos, que as actividades de instrução e de educação para a cidadania se combinem de modo consistente e permanente" (Ministério da Educação, 1998).

No sentido de percebermos melhor o alcance deste propósito, apreciemos, em concomitância, os dois documentos estruturantes do nível de escolaridade aqui em evidência: o decreto-lei que aprovou a referida reorganização e o currículo que lhe deu corpo, atrás identificados. Neles podemos identificar a natureza do referido propósito, os princípios e valores que o orientam e as competências gerais a concretizar, bem como as temáticas a privilegiar e as metodologias mais recomendáveis para a sua implementação.

Comecemos, então, por assinalar que em ambos os documentos se atribui à Educação para a Cidadania uma natureza "transversal", "transdisciplinar" e "integradora". Tentemos explicar, em dois passos, esta decisão.

Em primeiro lugar, estabelece-se que tal preocupação deverá estar igualmente presente nos três ciclos básicos (não sendo mais importante num deles); e em todas as áreas curriculares que os compõem (disciplinares, não disciplinares, disciplinares de frequência facultativa, educação moral e religiosa e actividades de enriquecimento). No entanto, será nas áreas curriculares não disciplinares, áreas curriculares disciplinares de frequência facultativa, educação moral e religiosa e actividades de enriquecimento que se privilegiará a *Formação Pessoal e Social.* E será a área curricular não disciplinar designada por *Formação Cívica* (à qual foi atribuído o tempo lectivo semanal de 45 minutos e a coordenação ao director de turma, podendo, no entanto, ser atribuída a responsabilidade a outro professor que revele perfil adequado) que se constituirá como "espaço privilegiado para o desenvolvimento da educação para a cidadania, visando o desenvolvimento da consciência cívica dos alunos como elemento fundamental no processo de formação de cidadãos responsáveis, críticos, activos e intervenientes" (v.g., Abrantes, Figueiredo & Veiga Simão 2002; Ministério da Educação, 2001) (cf. figura 1).

COMPONENTES DO CURRÍCULO			
Áreas curriculares disciplinares	Línguas (portuguesa e estrangeira/s) Matemática Ciências humanas e sociais Ciências físicas e naturais Educação artística Educação tecnológica Educação física		**Educação para a cidadania**
Áreas curriculares não disciplinares	Estudo acompanhado Área de projecto **Formação cívica**	**Formação pessoal e social**	
Área curricular disciplinar de frequência facultativa			
Educação Moral e Religiosa			
Actividades de enriquecimento			

FIGURA 1 – Estrutura curricular do Ensino Básico
(Síntese dos anexos I, II e III do Decreto-Lei n.º 6/2001 de 18 de Janeiro)

Em segundo lugar, determina-se que a referida preocupação educativa deve ser integrada harmoniosamente nas temáticas das áreas curriculares disciplinares estabelecidas a nível nacional, bem como nas que forem estabelecidas a nível regional e local. Por outro lado, deve invocar, também harmoniosamente, saberes diversos provenientes de disciplinas várias, que se revelem adequados aos propósitos estabelecidos.

Apesar de não estar explícito no *Currículo Nacional do Ensino Básico* consideramos adequado inferir que as deliberações acima apresentadas, assentam sobretudo em quatro dos oito princípios e valores que orientam este nível de ensino, a saber: "a construção e tomada de consciência da identidade pessoal e social"; "a participação na vida cívica livre, responsável, solidária e crítica"; "a construção de uma consciência ecológica conducente à valorização e preservação do património natural e cultural"; e "a valorização das dimensões relacionais da aprendizagem e dos princípios éticos que regulam o relacionamento com o saber e com os outros" (Decreto-Lei n.º 6/2001 de 18 de Janeiro, capítulo III; Ministério da Educação, 2001, 15).

Com base neste suporte ideológico, enunciam-se no mesmo documento três competências gerais que todos os alunos devem evidenciar à saída do Ensino Básico, três das quais, à falta de explicitação, também inferimos reportarem-se mais directamente à educação para a cidadania. São elas: "(1) mobilizar saberes culturais, científicos e tecnológicos para compreender a realidade e para abordar situações e problemas do quotidiano"; (8) "realizar actividades de forma autónoma, responsável e crítica"; e (9) "cooperar com outros em tarefas e projectos comuns", sendo este último o menos equívoco (Ministério da Educação, 2001).

De seguida, tais competências são operacionalizadas transversalmente, ou seja, para cada uma delas aponta-se um conjunto de especificações susceptíveis de aprofundar o seu sentido. Desta maneira é possível apreender-se, entre outras, as seguintes competências transversais: "questionar a realidade observada"; "responsabilizar-se por realizar integralmente uma tarefa; "participar em actividades interpessoais e de grupo, respeitando normas, regras e critérios de actuação, de convivência e de trabalho em vários contextos"; "manifestar sentido de responsabilidade, de flexibilidade e de respeito pelo seu trabalho e pelo dos outros"; "comunicar, discutir e defender descobertas e ideias próprias, dando espaço de intervenção aos seus parceiros"; e "avaliar e ajustar os métodos de trabalho à sua forma de aprender, às necessidades do grupo e aos objectivos visados" (Ministério da Educação, 2001).

Ao contrário do que acontece para as áreas curriculares disciplinares, para as áreas curriculares não disciplinares, onde a Formação Cívica se inclui, o documento em apreço é omisso quanto à operacionalização especifica das competências. Ou seja, não particulariza competências que se reportem directamente a estas últimas áreas.

Seguindo a lógica do referido documento são apresentadas, ainda, as acções dos professores susceptíveis de concretizar cada competência, sendo possível deduzir que, para aquelas competências que assinalámos como mais directamente relacionadas com a Educação para a Cidadania, se contam, entre outras, as seguintes: "rentabilizar questões emergentes do quotidiano e da vida dos alunos"; "organizar actividades cooperativas de aprendizagem, orientadas para a integração e troca de saberes (...), rentabilizadoras da autonomia, responsabilização e criatividade do aluno (...) com explicitação de papéis e responsabilidades"; "criar na escola espaços e tempos para a intervenção livre do aluno"; "organizar o ensino prevendo e orientando a execução de actividades individuais, a pares, em grupos e colectivas"; "promover intencionalmente, na sala de aula e fora dela, actividades dirigidas para o trabalho cooperativo, desde a sua concepção à sua avaliação e comunicação aos outros"; "propiciar, situações de aprendizagem conducentes à promoção da sua autoestima e da autoconfiança"; e "desenvolver a realização cooperativa de projectos".

Complementarmente, em diversos documentos orientadores/esclarecedores do currículo enunciam-se as metodologias mais recomendáveis, designadamente para a área da Formação Cívica, as quais deverão ser dirigidas ao "questionamento de comportamentos, atitudes e valores" e traduzir-se no "recurso nomeadamente ao intercâmbio de experiências vividas pelos alunos e à sua participação, individual e colectiva, na vida da turma, da escola e da comunidade" (v.g., Abrantes, Figueiredo & Veiga Simão, 2002; Decreto-Lei 6/2001 de 18 de Janeiro, capítulo III; Ministério da Educação, 2000).

Essa opção, bem como as outras a que acima aludimos, não se compreenderão devidamente se não as enquadrarmos numa outra opção mais abrangente, a *Política de Autonomia da Escola*, ao abrigo da qual, o currículo de carácter nacional deverá ser adaptado ao contexto específico de ensino e de aprendizagem localmente situado.

Nesse sentido, em cada escola elaborar-se-á um documento de carácter mais restrito, o *Projecto Curricular de Escola*, concebido, aprovado e avaliado pelos respectivos órgãos de administração e gestão. Em sequência, e de modo a dar expressão às concretas necessidades, interesses e aspirações dos alunos reais, tal documento será devidamente discriminado num outro de carácter micro-curricular, o *Projecto Curricular de Turma*, concebido, aprovado e avaliado pelo professor titular da turma, em articulação com o Conselho de Docentes ou pelo Conselho de Turma, consoante se trate, respectivamente, do 1.º ou 2.º e 3.º ciclos (Decreto-Lei n.° 115-A/1998 de 4 de Maio).

Estamos perante uma política que denota coerência com os propósitos da Educação para a Cidadania, dado que esta é apresentada como uma construção activa do/s professor/es com os seus alunos. Desta maneira, e considerando que cada escola e cada turma possuem dinâmicas próprias, será de toda a conveniência que se elejam, como objecto de envolvimento afectivo e de abordagem cognitiva, temáticas situadas nas vivências individuais e colectivas dos actores em causa e, para elas, relevantes. Desta maneira, ainda que não seja de excluir a abordagem de problemas fundamentais para a Humanidade, como os Direitos Humanos, Sexualidade, Saúde ou Ambiente, o pendor deve recair sempre sobre cada contexto particular, sendo nele que se escolhem ou se adaptam esses ou outros problemas e que se avaliam as aprendizagens conseguidas, através da reflexão sobre o conhecimento que cada aluno tem de si próprio e da sua evolução.

Em síntese, as orientações curriculares que acabámos de sistematizar visam uma repercussão prática: estimular as crianças e jovens do Ensino Básico a compreender, reflectir e participar de modo activo e consciente na vida das comunidades, mais restritas e mais alargadas, em que estão integrados, de modo a tornarem-se cidadãos responsáveis e empenhados.

PERPLEXIDADES DECORRENTES DA ANÁLISE DOCUMENTAL EMPREENDIDA

Não obstante a nota algo optimista acima destacada, que genericamente todos os documentos que consultámos fazem questão de veicular, devemos confessar que na abordagem de carácter normativo-legal algo exaustiva pela qual enveredámos e que, de modo resumido, apresentámos no ponto anterior, levantaram-se-nos, a cada passo, questões que temos por legítimas relativas à essência e praticabilidade da Educação para a Cidadania.

Curiosamente, esta percepção contrasta com a ausência de problematização relevante que caracteriza os documentos provenientes de instâncias superiores de decisão, em especial aqueles em que essa problematização deveria constar de modo explícito: os documentos esclarecedores do currículo. Se nos situarmos no plano científico, percebemos com alguma facilidade que esclarecer não significa apenas e tão-somente apresentar informação de modo linear, mas equacionar dúvidas legitimamente suscitadas, opiniões divergentes, dados inconsistentes, bem como assumir opções de compromisso entre diversas alternativas.

De facto, se adoptarmos este modo de pensar não podemos deixar de nos surpreender com a simplicidade e a segurança que se tenta fazer passar. Recordemos que o propósito de Educação para a Cidadania constitui uma inovação profunda no sistema educativo, que abarca os três ciclos do Ensino Básico, com continuidade no Ensino Secundário. Envolve, portanto, de maneira articulada todas as áreas do currículo, implica todos os professores e alunos e outros agentes educativos, e remete para um relacionamento estreito com a comunidade, imputando, assim, um outro modo de estar *na* escola e de *funcionamento* da escola.

Na verdade, é isto que se depreende da forma empolgada e afirmativa do discurso em que foram lavrados os documentos submetidos a análise, em tudo coerente com o seus conteúdos, recheados de certezas óbvias e inabaláveis que se aliam perigosamente a uma falta de preocupação em sustentar as decisões tomadas em reflexões ideológicas pertinentes e em trabalhos teórico-empíricos relevantes e actuais.

Esta nota constitui a primeira perplexidade que nos assaltou no trabalho que empreendemos, mas existem outras de importância equivalente que são, em geral, também escamoteadas. Enunciaremos, de seguida, algumas das que se nos afiguram como verdadeiros obstáculos à adequada implementação no terreno da Educação para a Cidadania e que, por isso, mereceriam um tratamento mais detalhado e aprofundado do que aquele que aqui lhe podemos dedicar.

Uma segunda perplexidade, diz respeito à posição epistemológica algo ambígua que o próprio sistema de ensino denota face ao supramencionado propósito educativo. De facto, quanto formulada a pergunta: deve a escola ser um espaço de aprendizagem de valores?, seria de esperar que obtivéssemos uma resposta inequívoca: sim ou não. E, uma vez que, como antes fizemos notar, a reorganização da escolaridade básica elege a cidadania como um dos seus três pólos norteadores, seria de esperar que essa resposta fosse afirmativa. Em complementaridade, seria de esperar que se afirmasse a existência de valores de convivência social elevados e seguros (ainda que susceptíveis de serem aperfeiçoados no futuro) que a escola, enquanto instituição inscrita na sociedade, terá legitimidade para assumir e responsabilidade para veicular, de modo que os alunos os adquiriram e venham a guiar-se por eles.

Contudo, a resposta oficial não prima por essa clareza, o que pode constatar-se logo na própria *Lei de Bases* – recordemos, por exemplo, a alínea a, do número 3, do artigo 2.º, do Capítulo I – generalizando-se aos restantes documentos curriculares que guiam este nível de escolaridade. Todos eles acabam por sugerir a ideia, mais do explicitá-la, de que os valores são relativos, construídos, contextualizados e equivalentes, não tendo a escola, portanto, o direito de impor aos alunos uns em detrimento de outros, mesmo aqueles que se afigurem como mais razoáveis. Para evitar a dependência e o conformismo social deve, antes, confiar na capacidade construtiva e de auto-orientação dos aprendizes e respeitar a sua liberdade de escolha, com vista a facilitar a sua autonomia.

Estamos perante a tentação da neutralidade axiológica – em si mesma, uma postura axiológica! – que desde longa data se insinua, dificultando significativamente a tomada de decisões educativas. Este aspecto tem sido devidamente denunciado por diversos autores que, em simultâneo, reflectem sobre as dimensões da cidadania que, com legitimidade, a escola deverá direccionar e as que deverão ser deixadas ao critério de cada aprendiz (v.g., Levitt, 1999; Savater, 1997).

Desta perplexidade decorre uma terceira que assume a figura de um paradoxo: não obstante esta neutralidade difusa, enunciam-se nos documentos normativo-legais inúmeras intenções de modificação dos aprendizes, como, aliás tivemos oportunidade de referir no ponto anterior, por exemplo, torná-los livres, responsáveis, autónomos, solidários, democratas, respeitadores, abertos ao diálogo, com espírito crítico, criativos, empenhados na transformação social, devidamente integrados na vida activa, defensores da identidade nacional, capazes de julgar, com auto-estima e auto-confiança, com espírito pluralista, tolerantes, cooperantes, com consciência ecológica, defensores do património natural e cultural, questionadores da realidade, etc.

Além destas, muitas mais intenções de teor axiológico são expostas, tantas que deixarão, por certo, qualquer escola e qualquer educador com a ideia de estarem perante uma tarefa interminável. E, ainda, que se alegue nos documentos orientadores/esclarecedores do currículo a necessidade de escolha em função de cada contexto particular, também é verdade que todas essas intenções se apresentam com fundamentais, dando a entender-se, por um lado, que deverão ser trabalhadas com todos os alunos e, por outro lado, que deverão assumir importância equivalente, não sendo umas prioritárias e essenciais e outras secundárias e acessórias.

Ligada a esta, emerge uma quarta perplexidade, reportada à terminologia envolvida no investimento axiológico presente na reorganização da escolaridade básica, que se afigura abundante e pouco discriminativa.

Comecemos pela designações que, num primeiro olhar, se destacam no esquema curricular (cf. figura 1): *formação cívica, educação para a cidadania* e *formação pessoal e social.* Assinalamos que *educação* e *formação* não são na linguagem da pedagogia entendidas como sinónimos, mas o sentido que se lhes deve atribuir não consta nos documentos ministeriais ou departamentais. Tal comentário aplica-se de modo exactamente igual às expressões *cívica, cidadania* e *pessoal* e *social.* Por outro lado, nesses documentos é possível captar uma panóplia de outras expressões, como sejam – educação/formação para os valores, do carácter, moral/ética, de atitudes, humanista, – cujo significado também não é devidamente esclarecido.

Como consequência da ampla e confusa terminologia que é acompanhada da ausência de definições inequívocas, encontra-se a falta de operacionalização das intenções de cidadania. De facto, ao contrário de restringir o papel dos contextos particulares, escolas e turmas, operacionalizar cada intenção, ou seja, enunciar concretamente as suas componentes ou dimensões, constituiria, por certo, um apoio valiosíssimo no trabalho de professores e de outros técnicos nas tarefas de planificação, desenvolvimento e avaliação das aprendizagens.

Ajudaria também a aferir a nível nacional, conforme está previsto, a qualidade da educação respeitante a esta vertente em particular, aferição tanto mais importante quanto sabemos que é recente e que se afirma como fundamental; de outro modo, o máximo que podemos almejar são comparações de qualidade intra-escola e intra-turmas, o que, convenhamos, constitui um estratagema pouco ambicioso e de eficácia muito limitada.

Uma última perplexidade reporta-se às escolha das temáticas de cidadania e às orientações metodológicas recomendadas para que os alunos adquiram competências neste campo, as quais, como vimos, se centram nas suas vivências, individuais e colectivas e que ocorrem em enquadramentos particulares, nomeadamente na turma, na escola e na comunidade.

Em relação a este aspecto, oferece-nos deixar duas anotações, de maneira alguma exaustivas. A primeira é a seguinte: a pergunta *como aprendemos?*, assim enunciada no dealbar do século XX por John Dewey, é uma das que mais têm intrigado investigadores da psicologia, pedagogia e, ultimamente, das neurociências, estando longe de se ver resolvida. Se hoje dispomos de algumas pistas consistentes que apoiam a organização das aprendizagens do domínio cognitivo, o mesmo não se pode dizer para o domínio afectivo, onde o desconhecimento é bastante grande. É, portanto, a nosso ver muito arriscado enunciar um conjunto de estratégias sem outra sustentação aparente que não seja o senso-comum e uma certa visão romântica do aluno, entendido como alguém disponível e capaz de identificar as suas necessidades de aprendizagem, de se mobilizar para as concretizar e de tomar consciência da sua evolução.

A segunda anotação respeita ao plano da ética, que é o plano certo para se questionar a legitimidade de solicitar aos aprendizes que se debrucem em ambiente escolar e de sala de aula sobre as suas experiências vividas. Devemos, em concreto, perguntar: "até que ponto teremos o direito de pedir a alguém para se exprimir, expor as suas ideias, confessar as suas preferências, declarar os seus sentimentos e os seus valores?" (Perrenoud, 1995, 183). Na verdade, para respondermos devemos pensar que essa abordagem, de eficácia duvidosa sob o ponto de vista pedagógico-didáctico, remete necessariamente para delicadas teias relacionais que se tecem entre pares, nas famílias, com professores e, em consequência, para percepções e afectos que nelas estão envolvidos. Estamos em crer que muitas das temáticas e das metodologias, se forem forçosamente submetidas ao critério da contextualização, tocarão a esfera do privado, quando não do íntimo, que os sujeitos têm direito a preservar e, mais, devem ser ensinados a preservar.

4. UMA NOTA A TERMINAR

Da análise que empreendemos neste trabalho e dos comentários que dela resultaram não deve deduzir-se que estamos em desacordo com o propósito de educar para a cidadania. Pelo contrário, corroboramos em absoluto o carácter prioritário e transversal que lhe é atribuído na reorganização curricular do Ensino Básico. O que contestamos fortemente são as orientações provenientes das instâncias superiores de decisão com responsabilidades primárias na demarcação de medidas educativas referentes a este campo particular.

Tais orientações que, como procurámos explicar, caracterizam-se por uma acentuada vacuidade e inconsistência, por se revestirem de estranhos paradoxos e, sobretudo, por negligenciarem reflexões de teor ideológico pertinentes e conhecimentos científicos. Além disso, e não menos importante, por negligenciarem as reservas que a psicologia e a pedagogia têm evidenciado em relação, por um lado, à possibilidade de educar com eficácia para a cidadania e, por outro lado, aos cuidados a ter na contemplação do contexto em que os alunos vivem, como pano de fundo das aprendizagens.

Atendendo-se a estes aspectos, como deveria acontecer, facilmente se perceberia que toda e qualquer medida educativa de teor axiológico deveria ser apresentada com a maior cautela, dadas as dificuldades de diversa e complexa natureza que, a cada passo, se levantam.

Salientamos, para terminar, que esta última nota não deverá ser entendida como de desânimo mas, sobretudo, como um incentivo ao estabelecimento de uma estreita colaboração entre investigadores, decisores e educadores, no sentido, de conjunta e articuladamente, empreenderem um trabalho fundamental que está por realizar. Trabalho este que deve necessariamente assumir uma forte vertente pragmática, contemplando: a delimitação de princípios orientadores da educação para a cidadania; a enunciação clara e inequívoca das competências que os alunos deverão adquirir e, de modo complementar, a sua conceptualização. Torna-se ainda importante o seu equacionamento metodológico, que inclui o diagnóstico das circunstâncias de ensino e de aprendizagem, a planificação intra e inter-áreas curriculares, as estratégias que asseguram a sua implementação e, não menos importante, a sua avaliação.

Tudo isto dentro de parâmetros de objectividade e rigor, de modo que possamos, nesta como noutras dimensões da escolaridade, perceber exactamente de onde partimos, por onde seguimos, e onde pretendemos chegar.

BIBLIOGRAFIA

ABRANTES, P; FIGUEIREDO, C. & VEIGA SIMÃO, A. (2002). *Novas áreas curriculares*. Ministério da Educação: Departamento da Educação Básica.

Decreto-Lei n.º 6/2001 de 18 Janeiro (Aprova a Reorganização Curricular do Ensino Básico)

Decreto-Lei n.º 115-A/1998 de 4 Maio (Regime Jurídico de Autonomia, de Administração e Gestão dos Estabelecimentos de Educação)

Lei n.° 46/86 de 14 de Outubro (Lei de Bases do Sistema Educativo)

Levitt, N. (1999). *Prometheus bedeviled: science and the contradictions of contemporary culture*. Rutgers: University Press.

MINISTÉRIO DA EDUCAÇÃO (1998). *Educação, integração, cidadania: documento orientador para as políticas do ensino básico*. Ministério da Educação: Departamento da Educação Básica.

MINISTÉRIO DA EDUCAÇÃO (2000). *Educação, integração, cidadania: reorganização curricular do ensino básico*. Ministério da Educação: Departamento da Educação Básica.

MINISTÉRIO DA EDUCAÇÃO (2001). *Currículo Nacional do Ensino Básico: competências essenciais*. Ministério da Educação: Departamento da Educação Básica.

PERRENOUD, PH. (1995). *Ofício de aluno e sentido do trabalho escolar*. Porto: Porto Editora.

SAVATER, F. (1997). *O valor de educar*. Lisboa: Presença.

SILVA, T. (2000). *Teorias do currículo*. Porto: Porto Editora.

UNESCO (1996). *Relatório para a Unesco da Comissão Internacional sobre Educação para o Século XXI – Educação, um tesouro a descobrir*. Porto: ASA.

Implicações dos estudos sobre comportamentos anti-sociais para a formação de professores*

José Augusto da Silva Rebelo
Faculdade de Psicologia e de Ciências da Educação
da Universidade de Coimbra, Portugal

INTRODUÇÃO

Os professores confrontam-se frequentemente com comportamentos inadequados a um ambiente propício à aprendizagem e, mais concretamente, com condutas que violam as normas da sã convivência entre pessoas. Com efeito, basta folhear jornais e revistas de grande divulgação e seguir programas de televisão e rádio para constatar que os comportamentos anti-sociais se tornaram, na escola actual, uma grande fonte de preocupação. Para a referenciar, apresentamos alguns títulos de destaque, que recolhemos de jornais de grande divulgação: "Escolas violentas" (Expresso, 24/2/2001), "Alunos agridem professores numa escola do Porto" (Diário de Notícias, 9/11/2001), "Aumentaram os crimes nas escolas registados pela PSP" (Público, 25/4/2001), "Indisciplina e violência dos alunos" (Público, 21/1/2001), "Um dia numa escola de risco" (Expresso, 1/2/2001), "Professora inglesa condenada por bater em aluno" (Público, 1/8/2001), "Violência escolar: Espanha "expulsa" alunos" (Diário de Notícias, 27/2/2002), "Armas, tráfico de droga e "gangs" semeiam a violência nas escolas do Brasil" (Público, 4/5/2002),

* Trabalho realizado no âmbito do Projecto POCTI/36532/PSI/2000, do *Centro de Psicopedagogia* da Universidade de Coimbra, financiado pela FCT.

"França reforça a prevenção da violência sexual na escola" (Público, 10/10/2001), "Um novo programa permite avaliar melhor as violências escolares" (Le Monde, 21/12/2001), "Vigilância à porta das escolas" (Público, 8/8/2001).

O destaque que, recentemente, os meios de comunicação social têm dado à indiferença para com a aprendizagem escolar, à desobediência em relação à autoridade, à indisciplina, às rixas, à agressão e aos actos diversificados de delinquência ou crime, ocorridos em escolas nacionais e estrangeiras, tem feito passar a ideia de que os comportamentos anti-sociais, por parte dos alunos, se tornaram prática corrente do dia-a-dia escolar.

Tal situação tem aumentado a ansiedade e o stress dos professores, que se consideram vítimas e referem falta de preparação para enfrentar convenientemente esses comportamentos, e desencadeado manifestações de preocupação, por parte dos pais, que passaram a ver a escola como um lugar pouco seguro e sem clima propício à aprendizagem.

O ambiente de insegurança e de mal-estar, que tem vindo a instalar-se na comunidade, nos últimos anos, tem levado a iniciativas muito diversas, a nível internacional e nacional, que se traduziram no aparecimento de numerosos estudos sobre o comportamento anti-social (desenvolvimento e consequências, a nível escolar, pessoal, familiar e social), de programas de prevenção e intervenção para o evitar, minorar ou resolver, divulgação de informação e acções de formação, de âmbito geral ou mais específico, em conformidade com os destinatários.

Os congressos, simpósios ou jornadas, internacionais e nacionais, realizados sobre este tema estão ainda por contabilizar, sabendo-se, porém, que o seu número é muito grande. Desconhece-se também quantos livros e artigos, de maior ou menor rigor científico, foram publicados e quantos filmes, debates, reportagens ou programas de rádio e televisão se realizaram, desde há cinco anos, sobre o comportamento anti-social, nas suas mais variadas formas, nos contextos em que aparece e nos efeitos que produz. A questão do comportamento anti-social e, sobretudo, da delinquência violenta tornou-se, assim, um tema popular, não só entre investigadores e especialistas de várias disciplinas, mas também entre políticos de vários quadrantes ideológicos.

Não é propósito nosso abranger, neste capítulo, uma problemática tão ampla e complexa como é a do comportamento anti-social, mas tão só considerá-la nas implicações que comporta para a formação dos professores. Esta vertente do problema tem sido, até agora, quase completamente ignorada entre nós e, no entanto, como responsáveis máximos pela escola, os professores necessitam de conhecer e estar preparados para saber lidar com comportamentos anti-sociais, que ocorram em contexto escolar, pois, sendo eles as primeiras vítimas, física ou psicologicamente, são os principais envolvidos no funcionamento da escola e na criação de um clima de segurança e bem-estar, condição indispensável para se fazer aprendizagem. Além disso, depende, muitas vezes, deles o sucesso ou insucesso dos programas de prevenção e de tratamento da delinquência, em indivíduos de idade escolar.

ESCOLAS GERADORAS DE RISCO?

Frequentemente, ao estudar os comportamentos anti-sociais dos alunos, dá-se pouca relevância ao papel da escola no aparecimento, na manutenção, aumento, diminuição ou evitamento desses problemas. As suas causas são, geralmente, procuradas nos alunos, na família e no ambiente sócio-económico e cultural, esquecendo-se a importância e o papel que a escola tem na formação e educação geral e, por esse viés, no aparecimento continuado daqueles problemas. Contudo, em países desenvolvidos, é na escola que os alunos passam uma parte significativa da vida, com o objectivo de aprenderem a ser autónomos e a preparar-se para viver em sociedade. Portanto, é na escola que os comportamentos dos alunos se manifestam, havendo também aí oportunidade de lidar com eles e de moldá-los.

Quando os problemas de comportamento se atribuem a factores exteriores à escola, os professores, e a escola em geral, queixam-se de que pouco ou nada podem fazer, dizem que ultrapassam o campo escolar e que não são da sua responsabilidade. Reconhecem, frequentemente, que não têm competências nem meios suficientes para intervir adequadamente, uma vez que seria simultaneamente necessário actuar em contextos e situações extra-escolares.

A atribuição das causas do comportamento inadaptado a factores meramente exteriores à escola e ao processo de ensino conduz, geralmente, a uma desresponsabilização por parte dos docentes e da instituição escolar no seu todo. Por isso, um passo importante a dar será informá-los acerca das conclusões a que chegam os estudos, realizados por investigadores de várias disciplinas, sobre os factores escolares relacionados com comportamentos anti-sociais. Só assim é que as escolas obterão uma imagem mais realista e informada da natureza e dimensão do problema e se empenharão na prevenção e intervenção neste domínio. A verdade é que a escola e os seus diversos actores não podem declarar-se neutros neste processo. Com efeito, existe uma relação significativa entre o baixo desempenho escolar dos alunos e o comportamento anti-social.

Sobre essa relação, referimos as conclusões principais a que vários estudos recentes, sobretudo a partir de 1995, chegaram: 1. O rendimento escolar baixo relaciona-se com a prevalência, o início, a frequência e a gravidade do comportamento anti-social; 2. O desempenho escolar fraco é um dos preditores mais fortes do comportamento anti-social; 3. Uma fraca ligação afectiva à escola, aspirações educativas baixas e uma fraca motivação para com a escola colocam as crianças e os jovens em risco de delinquência (Herrenkohl et al., 2001).

Estas conclusões são razão mais do que suficiente para co-responsabilizar as escolas para os objectivos para que foram criadas, a saber: ensinar/formar todos os alunos, e com sucesso, não marginalizando ou criando condições para que alguns (ou muitos) a abandonem sem alcançarem sucesso, mas, pelo contrário, acolhendo, valorizando e orientando os que mais precisam.

Um outro elemento importante, inerente às escolas e que os estudos apontam como significativamente relacionado com o comportamento anti-social, é a organização da escola e do processo educativo. Acerca dele, indicamos as constatações referidas por Herrenkohl e colegas (2001): 1. Em escolas mal organizadas e onde as atitudes dos educadores são de indiferença ou de "deixar andar", os alunos desvalorizam a sua formação e são influenciados por colegas com comportamento anti-social; 2. As escolas, em que a cooperação entre professores é fraca e onde se dá pouca importância a regras e à sua observância, apresentam níveis elevados de "vitimização", fruto de actos delinquentes, quer por parte de professores quer de alunos; 3. Certas características da escola, como a baixa satisfação dos professores, a fraca cooperação entre estes e destes com os alunos, a inexistência ou uma má definição de normas, valores e expectativas, andam frequentemente ligadas ao comportamento anti-social por parte dos alunos.

Resumindo, poder-se-á afirmar que as escolas, tanto pela sua organização e pelo processo de ensino, como pelas relações sociais que geram e, sobretudo, pelo sucesso ou insucesso educativo que obtêm, são elemento fundamental para o aparecimento ou a ausência de comportamento anti-social. Aliás, a existência de um efeito específico da escola, tanto ao nível das aprendizagens como ao da adaptação, já tinha sido demonstrado em trabalhos mais antigos (Rutter et al., 1979; Taborda-Simões et al., 2000).

PODERÁ A ESCOLA EVITAR OU MINORAR O RISCO DE COMPORTAMENTO ANTI-SOCIAL?

Pelo atrás exposto, pode deduzir-se que a escola, pela sua organização e pelo seu funcionamento, pelas competências dos seus professores e do restante pessoal docente, elementos que introduzem variações numa maior ou menor qualidade do ensino/educação, cria condições mais ou menos favoráveis à inexistência ou ao surgimento de problemas de comportamento, por parte dos alunos.

Embora, aqui, nos ocupemos apenas dos aspectos relacionados com a escola, é importante não esquecer que o comportamento anti-social tem causas muito mais amplas e diversificadas, inerentes a dimensões exteriores à escola (família, comunidade, sociedade em geral) ou a variáveis de ordem individual e relacional (os alunos ou cidadãos, com as suas características e relações).

A escola, instituição social expressamente criada para ensinar e educar cidadãos, tem, no mundo actual, uma função importantíssima na prevenção, diminuição ou resolução de problemas de comportamento, porque os cidadãos passam, durante a infância, adolescência e juventude (antes de serem autónomos e poderem ser considerados plenamente responsáveis, do ponto de vista social), grande parte do dia a frequentá-la, recebendo dela ensinamentos, orientações, exemplos e valores, criando amizades, estabelecendo relações e moldando o seu comportamento.

Por isso, não é de admirar que, a nível internacional, a escola seja considerada uma instituição fundamental para a prevenção e a diminuição do comportamento anti-social (Directrizes de Riad, 1990). E, por ser assim, existem recomendações para que os sistemas de ensino introduzam, nos programas e processo educativo, conteúdos e princípios que ensinem e desenvolvam os valores fundamentais da pessoa humana, como o respeito da identidade própria e das características culturais dos alunos e dos cidadãos em geral, dos direitos humanos e liberdades fundamentais. Além disso, recomenda-se que a escola fomente e desenvolva a personalidade do aluno, lhe proporcione oportunidades de participação activa no seu processo educativo, de modo a criar sentimentos de integração e pertença à escola e à comunidade escolar e social, numa atitude de compreensão mútua e harmoniosa. Esta atitude revelar-se-á através da compreensão e do respeito pela opinião e pontos de vista diversos, de uma atitude democrática e de convivência social adequada. Igualmente, alerta-se a escola para que desempenhe papel de ligação com a família e a sociedade, fornecendo informação e orientação sobre a formação profissional, as oportunidades de trabalho e possibilidades de exercício de profissões, enfim, a integração e participação na vida social e cultural. Porém, tradicionalmente, essas matérias têm sido quase completamente ignoradas na elaboração dos programas curriculares do ensino básico e secundário. Mas, mesmo sem carga lectiva para esse efeito, muito pode a escola ainda fazer neste domínio.

ELEMENTOS PARA A INTERVENÇÃO EM MEIO ESCOLAR

A adopção e implementação destes princípios começam, geralmente, por pequenos passos e medidas que os professores, líderes do processo educativo, vão percorrendo e realizando, em situação de sala de aula e na gestão da escola.

Na aula, quando os professores acolhem bem os alunos, confiam neles e ganham a sua confiança, quando os compreendem e são por eles compreendidos, quando criam um clima de relacionamento saudável, propício ao ensino e à aprendizagem, clima este assente em normas e regras comummente aceites e funcionais (no sentido de estarem ligadas aos objectivos do ensino/educação e serem indispensáveis ao processo educativo), estão a criar um clima pedagógico adequado, prevenindo comportamentos desajustados e servindo de modelo e aprendizagem para um bom relacionamento, que perdura na escola e se poderá generalizar a ambientes extra-escolares. Por outro lado, ao organizarem a escola ou participarem na sua gestão, os professores, que mostram ter competências técnico-pedagógicas, fá-lo-ão democraticamente, auscultando, dando e recebendo opiniões, debatendo e promovendo a discussão de assuntos, e chegando a consensos coerentes e aceites por todos, levando à implicação e ao empenhamento das partes envolvidas. Assim, a escola torna-se um projecto comum e uma verdadeira comunidade, em que dá gosto trabalhar e em que há boas relações. Formando os professores e o restante pessoal escolar um grupo coeso, enfrentarão com motivação e coragem eventuais problemas de comportamento, analisando-os e procurando resolvê-los em comum, consultando colegas e outros profissionais, que os possam ajudar, e interessando-se por aprender e por adquirir cada vez mais formação, ao longo da sua actividade de docência. Sentirão, então, a necessidade de ultrapassar, eventualmente, a dimensão da escola para prevenir e resolver problemas do comportamento anti-social e, por isso, promoverão iniciativas dirigidas à comunidade, em especial às famílias e à comunidade em que os seus alunos estão inseridos, com o objectivo de apelar à colaboração, responsabilização e a tomar medidas preventivas ou de intervenção do e no comportamento anti-social (Estrela & Amado, 2000).

A intervenção nas escolas, feita expressamente com o objectivo de prevenir ou diminuir comportamentos anti-sociais, pode tomar a forma de aplicação de programas para desenvolver competências pessoais e sociais, programas de formação e orientação para lidar com comportamentos inadequados na sala de aula e na escola, em geral (Fonseca et al., 1995). Desses programas fazem parte actividades de âmbito específico ou variado, como currículos para solucionar conflitos e prevenir actos de violência, a constituição de grupos para aquisição e treino de competências (emocionais e sociais), em que se apresentam e discutem valores e normas (contra os maus tratos, as brigas, violência, agressão e delinquência). Simultaneamente, fazem-se visitas aos pais dos alunos, participantes nos grupos, para efeitos de aconselhamento, empenhamento e participação na resolução de problemas do comportamento. Em escolas onde tais programas existem e são bem implementados, o comportamento anti-social diminui ou é simplesmente eliminado (Herrenhohl et al., 2001).

Concluindo, podemos afirmar, com base em estudos recentes sobre o papel da escola na prevenção e diminuição do comportamento anti-social (Herrenhohl et al., 2001), que as "boas escolas" desempenham um papel fundamental em ambos estes sectores, porque usam métodos interactivos e cooperativos de instrução, envolvem activamente os alunos na aprendizagem, motivando-os, empenhando-os e despertando-lhes interesses, e porque, ao mesmo tempo, os seus professores e o restante pessoal da escola praticam maneiras apropriadas e eficazes de lidar com os alunos. Além disso, reconhecem e aceitam como valioso o papel da família na escola e, por isso, não só envolvem os pais no processo educativo, como até lhes fornecem orientações e formação para se tornarem cada vez mais competentes no apoio ao processo educativo. Essas escolas promovem o sucesso escolar e educacional dos alunos, reduzindo, assim, o risco de comportamento anti-social. Naturalmente, os professores são chamados a desempenhar um papel determinante em todo este processo. Mas, até que ponto são eles preparados, ao longo da sua formação, para essa função?

FORMAÇÃO DE PROFESSORES

À escola e particularmente aos professores são, sobretudo desde os últimos 30 anos, exigidas tarefas e responsabilidades educativas, para além da mera instrução ou transmissão de conhecimentos académicos numa ou noutra disciplina curricular. Por isso, é necessário que, durante a sua formação básica, e no exercício da actividade profissional, recebam formação, que os capacite para tarefas educativas e para saber lidar com problemas emocionais e/ou de comportamento, cada vez mais frequentes em situações de aprendizagem escolar.

Já no início dos anos 70, os professores principiantes se queixavam de que, durante a sua formação, não tinham adquirido competências práticas para saber orientar e controlar a turma, lidar com alunos difíceis, atrasados ou lentos de aprendizagem (Tibble, 1971, p. 100). Entretanto, nas décadas seguintes, os problemas de comportamento nas escolas não só continuaram a surgir como parecem ter-se agravado, tal como nos vem sido confirmado pelos meios de comunicação, como atrás referimos.

As razões explicativas de um tal agravamento continuam em grande parte por esclarecer, embora, como factores causais, sejam indicados elementos muito diversos: instabilidade familiar, desintegração social, multiculturalidade, expansão da rede escolar, acesso generalizado da população ao ensino, inadequação dos programas escolares, etc. (Gottfredson, 2001).

Os problemas nas escolas e à volta delas ocorrem particularmente nos países economicamente mais desenvolvidos, onde os meios e formas de produção variam continuamente e, por isso, onde se considera necessária uma permanente adaptação à mudança.

As escolas, tanto pelas exigências curriculares que lhes são colocadas, como pelos alunos que as frequentam, alunos de todos os estratos sociais e de culturas muito diversas, são elas próprias confrontadas com necessidades contínuas de mudança. Sendo assim, os professores, agentes e promotores da educação, vivem numa contínua ambivalência entre a formação que receberam, a sensação de insegurança por falta de preparação e o desejo de adquirir maior formação, para actuarem com responsabilidade e competência. E, para o conseguirem, colocam-se, frequentemente, estes objectivos: mudar de mentalidade e adquirir novas atitudes, acreditando positivamente nos valores de todos os alunos e pondo de parte os preconceitos sobre outras culturas e diferentes maneiras de pensar e agir; conhecer-se a si mesmos, procurando esclarecer e avaliar os próprios valores, crenças, atitudes e preconceitos; auto-aperfeiçoar-se, adquirindo competências que promovam o respeito, apreço e a compreensão de todos os alunos. Em suma: os professores sentem que, actualmente, lhes é exigida uma formação em competências sociais, capaz de promover, nas escolas, o sentido de pertença, identidade, segurança, bem-estar e respeito mútuo, que conduzam à apreciação do valor de cada aluno e fazendo com que este, para além da aprendizagem de assuntos académicos, receba uma educação geral, que o prepare para participar e actuar como cidadão válido na sociedade, sentindo-se integrado e feliz nesta. As tendências actuais da formação de professores acentuam cada vez mais os objectivos acabados de enumerar (Slick, 1995).

Outra tendência na formação de professores é a de, juntamente com a assimilação de conteúdos académicos, acentuar a orientação prática, que conduza à aprendizagem da arte, técnica e do ofício de saber ensinar – o que remete para a organização e o desenvolvimento das práticas de ensino. Nesta perspectiva, o ensino é visto como uma actividade complexa, desenvolvida em ambientes singulares. Como tal, é uma prática determinada pelo contexto em que se desenvolve e, por isso, sujeita a resultados imprevisíveis, dependentes dos aprendizes e dos meios em que estes se formam.

Este modelo de formação de professores atribui, assim, à prática e à experiência o valor principal, reconhecendo-as como fontes de conhecimento e aquisição das competências de ensino. A implementação deste modelo conduz a uma formação de professores através de experiências directas e de interacção com outros colegas e mentores que abordam situações problemáticas (García, 1995, p. 39). Mas, bastará um saber baseado na experiência? Não será necessário um treino mais específico e sistemático?

Sem desvalorizar esta tendência, na formação de professores, parece ser ainda mais fundamental capacitá-los para reflectir sobre a sua prática docente e avaliá-la, recordando e repensando a teoria que lhe está subjacente e implícita, os esquemas e quadros de referência que a tornam possível e as atitudes que os professores assumem. Tudo isto remete para uma prática de docência reflexiva, para uma formação de professores orientada para a investigação, a reflexão na acção, fazendo do professor simultaneamente um investigador, um sujeito capaz de decidir e resolver problemas. Pressupõe igualmente a aquisição de características de flexibilidade, de abertura à mudança, e a capacidade de analisar o ensino que pratica, tornando-se auto-crítico e, ao mesmo tempo, possuindo um domínio alargado de competências cognitivas e relacionais (García, 1995, pp. 41-42).

Na formação de professores importa referir, para além do papel essencial que desempenha o conhecimento aprofundado dos assuntos que leccionam, a importância do contexto em que ensinam. Assim, conhecer os alunos, as expectativas do meio, as normas de organização e funcionamento social da comunidade onde está inserida a escola, as suas características sócio-económicas e culturais, os ambientes onde vivem e donde provêm os alunos é indispensável aos professores, como agentes de formação.

Também neste domínio, para que eles criem ou aumentem a sua sensibilidade ao contexto em que trabalham, os professores necessitam de formação, que os conduza a assumir e comprometer-se com atitudes de respeito e de promoção da diversidade étnica, sexual, religiosa, intelectual, cultural, etc. (García, 1995, p. 92).

Todos os elementos acabados de referir são, actualmente, considerados indispensáveis à formação de professores, pois proporcionam-lhes competências, que, para além das académicas, estão continuamente implicadas no exercício da profissão de ensinar e educar.

Como acima referimos, para além da formação básica, os professores necessitam de desenvolver cada vez maiores competências em situações de ensino, aperfeiçoando-se na docência e alargando conhecimentos, de modo a estarem melhor preparados para as mudanças sociais e culturais e os novos saberes que a sociedade moderna exige deles. Para tal, aproveitarão todas as oportunidades de formação contínua, participando em seminários, congressos, debates, workshops, etc. Isto ajudá-los-á a reflectir sobre a sua prática, principalmente se nela surgirem conflitos, reflexão essa que poderá ser acompanhada por diálogo com colegas e aconselhamento junto deles, pois estes, com a experiência e o seu saber, poderão orientá-los, contribuindo para solucionar esses problemas e abrindo perspectivas para agir convenientemente no futuro, prevenindo o surgimento de outros problemas.

É na escola que surge a maioria dos problemas de ensino ou relacionados com este. Por isso, os professores são quem directamente está implicado na solução desses problemas. Ora, por melhor que seja a sua formação, só na confrontação com esses problemas é que os professores vão aprendendo a identificá-los, a procurar descobrir as suas causas e a tentar solucioná-los.

O aperfeiçoamento da actividade educativa dos professores faz-se, portanto, em grande parte, no exercício dessa mesma actividade. E, nesta, toda a escola deve estar empenhada e comprometida, criando condições e dando oportunidades para que os professores tomem consciência da importância em reflectir sobre a sua prática docente, para analisá-la e avaliá-la, através de discussões e acções de formação orientadas para o aperfeiçoamento dessa mesma prática. Estas ensinarão a saber estar, isto é, promoverão atitudes e comportamentos desejáveis no trabalho, ensinarão a saber fazer, isto é, a dominar, em contextos específicos, instrumentos e métodos, fruto de aprendizagem feita através da experimentação, a saber aprender, sobre necessidades derivadas das rápidas evoluções no mundo contemporâneo, e a fazer saber, isto é, a transformar a escola numa instituição verdadeiramente educativa. Mas, bastará este saber tão geral?

Elementos específicos para a formação de professores no domínio do anti-social

Como ajudar, especificamente, os professores e outros profissionais da escola a desenvolver conhecimentos sobre o comportamento anti-social e a adquirir competências para o prevenir e intervir adequadamente quando este ocorre?

Sem exigir dos professores e outros agentes educativos uma especialização em comportamento anti-social, é, hoje em dia, consensual a necessidade da sua formação teórica e prática neste domínio. A primeira prepara-os para compreender os problemas, diferenciando-os, relacionando-os às suas causas, estando atentos à sua evolução. Pela formação prática, aprendem estratégias e adquirem competências para preveni-los e resolvê-los ou, caso o não consigam, estão aptos a aconselhar e orientar os alunos para seguirem programas específicos ou dirigir-se a serviços especializados, onde possam encontrar ajuda.

Primariamente, importa que os professores saibam que se utilizam diversos termos para referenciar o comportamento anti-social, como: delinquência, crime, agressividade, distúrbio de conduta, comportamento desviante, problema de comportamento. Estas designações indicam comportamentos diversos e remetem para a necessidade de os diferenciar, tendo por objectivo compreendê-los, conhecer-lhes as causas, para melhor poder resolvê-los.

Além disso, nem todos os comportamentos anti-sociais são da mesma natureza. A sua diferenciação, como para qualquer outro problema, pode fazer-se utilizando estes três critérios: cronicidade, intensidade/gravidade e extensão.

O primeiro critério distingue o comportamento anti-social segundo a ocorrência temporal, isto é, se ele é precoce ou tardio, se aparece na infância, adolescência, juventude ou em idade adulta, se é passageiro ou persistente, se se prolonga por curto ou longo período da vida. De modo geral, acredita-se que quanto mais cedo surgirem as suas manifestações, tanto mais pobre será o seu prognóstico.

A utilização do critério intensidade/gravidade conduz à distinção de níveis no comportamento anti-social, considerando-o mais ou menos grave e, consequentemente, causador de menor ou maior preocupação. Isto permitiria, por exemplo, distinguir certas formas normativas de comportamento anti-social (e.g., na adolescência) de outras formas mais perturbadoras ou patológicas.

O critério da extensão permite verificar quais as consequências que o comportamento anti-social provoca no indivíduo e no ambiente onde ele vive, isto é, que aspectos do seu funcionamento são afectados por esse problema e que efeitos provoca na família, no relacionamento com os colegas, na escola, na comunidade e na sociedade. Os comportamentos anti-sociais mais persistentes são, habitualmente, mais complexos e mais abrangentes do que os transitórios.

Fazendo uma resenha das teorias psicológicas mais influentes, que procuram explicar o comportamento anti-social de crianças e adolescentes, Fonseca (2000, pp. 21-23) refere as duas mais importantes (a de Moffitt e a de Patterson). A primeira distingue dois tipos de comportamento anti-social, um persistente, de início precoce e relativamente estável (de origem neurológica e assumindo a forma de patologia), outro de tipo psicossocial e cultural; a segunda diferencia comportamentos anti-sociais de início precoce e de início tardio (este na adolescência), sendo os primeiros mais graves e tendo mau prognóstico, isto é, são mais resistentes à intervenção do que os últimos, reflectindo estes a falta de aptidões educativas dos pais. Porém, estas teorias não explicam os comportamentos anti-sociais graves, que aparecem pela primeira vez em adultos e se tornam estáveis. Também não explicam por que é que sujeitos com carreira delinquente e prolongada desistem deste comportamento, nem por que é que outros, após terem deixado, durante muito tempo, de ser delinquentes, voltam a sê-lo. Ora, isto significa, portanto, que a relação entre comportamento anti-social e idade não é estável nem linear e que há diferentes tipos de comportamento anti-social, que evoluem de maneira muito diferente. O comportamento anti-social torna-se, gradualmente, mais frequente e mais grave até ao fim da adolescência, atingindo o valor máximo entre os 15 e 18 anos, mas diminui abruptamente, a seguir a esta idade. Além disso, tem uma maior incidência nos rapazes do que nas raparigas. O comportamento anti-social considerado grave é apenas praticado por uma minoria de sujeitos.

Além da necessidade da diferenciação, é relevante salientar que o comportamento anti-social anda frequentemente associado a outros problemas: hiperactividade, distúrbios emocionais, especialmente a depressão, dificuldades de aprendizagem, défices de participação em actividades sociais, défices de relacionamento com pais, colegas ou professores. Esta associação agrava ainda mais os problemas e torna-se mais abrangente, com consequências nas áreas que afecta. Por isso, é mais resistente à mudança.

Com o objectivo de explicar a origem e o desenvolvimento do comportamento anti-social, bem como os mecanismos que o mantêm, diminuem ou fazem desaparecer, numerosos estudos têm sido realizados em diferentes domínios científicos. Tais estudos analisaram aspectos genéticos, fisiológicos e neurológicos dos indivíduos, o seu desenvolvimento cognitivo, moral, linguístico e social, a estrutura familiar e social em que estão integrados, a sua educação, cultura, os recursos económicos e condições de vida, na tentativa de encontrar relações ou causas que pudessem explicar o comportamento anti-social. As conclusões a que chegaram foram integradas em diversas teorias explicativas do comportamento anti-social, tais como: a genética ou hereditária, psicológica, sociológica, interaccionista.

Sem pretender expor estas teorias, pois isto ultrapassa o objectivo do presente trabalho, referiremos apenas algumas das conclusões a que chegaram.

Quanto a factores genéticos, há ainda pouco apoio empírico que possa levar a admitir uma predisposição genética de qualquer tipo de comportamentos criminosos, psicopáticos ou anti-sociais (Joseph, 2004, p. 403). Estudos sobre hereditariedade, porém, encontraram suporte empírico para admitir causas hereditárias, por exemplo, em casos de agressividade infantil. Parece, contudo, não ser ainda possível avaliar se esse comportamento se deve atribuir apenas a factores hereditários ou se também ao meio ambiente em que as crianças crescem e vivem (DiLalla & DiLalla, 2004, p. 352).

A explicação psicológica do comportamento anti-social baseia-se na análise de características, como temperamento, emoções, estrutura da personalidade, desenvolvimento cognitivo, linguístico, moral e social. A conclusão dos estudos neste domínio é a seguinte: todos estes aspectos introduzem variações na maior ou menor ocorrência de comportamentos anti-sociais (Lahey & Waldman, 2004).

Factores familiares, como a composição e estrutura familiar, o estilo parental de educação (autoritário, democrático, desregrado), as normas e valores adoptados e transmitidos pela família, estão relacionados com variações na prevalência de comportamentos anti-sociais (Baldry & Farrington, 2000; Kury & Smartt, 2003; Naplava & Oberwittler, 2003). Reconhece-se à família, e isto é demonstrado pelos estudos, um papel significativo no desenvolvimento e prevenção do comportamento delinquente. Além disso, a socialização feita na família exerce influência fundamental no comportamento humano, ao longo da vida (Kury & Woessner, 2003, p. 199).

Os aspectos educacionais, como a organização do ensino, o sistema de avaliação, os mecanismos de relacionamento com colegas, professores e outro pessoal escolar, quando inadequados, relacionam-se com indisciplina, violência e outras manifestações de comportamento anti-social (Estrela & Amado, 2000; Vettenburg, 2000).

Para além destes factores, os aspectos sócio-económicos e culturais, como a classe social, raça, zona de residência, condições de habitação, situação económica e cultural, introduzem variações significativas no comportamento dos indivíduos.

A teoria interacccionista, que explica o comportamento anti-social através de múltiplos factores em interacção, alguns dos quais explorados mais detalhadamente pelas teorias acabadas de mencionar, defende que as causas do comportamento anti-social variam sistematicamente ao longo dos estádios de desenvolvimento da vida e com os sucessos ou fracassos, que durante ela se experimentam; que o comportamento resulta das interacções entre o indivíduo e o seu meio e que, para compreender o processo de desenvolvimento das trajectórias de vida, é necessário saber como elas são produzidas pela estrutura social (Tornberry & Krohn, 2004, pp. 140-141).

Por nos parecer muito relevante para situações de sala de aula e para a explicação de mecanismos causadores de inadaptação comportamental, passamos a expor a explicação que a teoria da vulnerabilidade fornece.

Alunos que julgam ser aceites pelos professores tendem a ligar-se e a relacionar-se com eles e recebem deles afecto, sentindo-se bem. Consequentemente, com o intuito de preservarem e desenvolverem essa relação, prestam atenção nas aulas, empenham-se, fazem os trabalhos de casa, colaboram e correspondem ao que deles, por parte da escola, é exigido. Assim, esse bom relacionamento promove o sucesso escolar e, como resultado, são valorizados pelos professores e pelos colegas, aceitam e observam as normas e a disciplina da escola. Em síntese, o bom relacionamento com os professores e o estatuto social que dele deriva evitarão comportamentos desviantes da norma e conduzirão à integração social dos alunos.

Por sua vez, alunos de meios socialmente desfavorecidos confrontar-se-ão com grandes dificuldades de conseguir um bom relacionamento, porque, por um lado, existe uma grande distância entre o que aprendem em casa e o que a escola lhes propõe para aprender (desconhecem ideias e argumentos abstractos e usam linguagem pouco elaborada), por outro, não são facilmente aceites pelos professores nem se relacionarão com eles espontaneamente. Consequentemente, os professores consideram-nos, frequentemente, atrasados, lentos, desinteressados, com poucas probabilidades de sucesso. Sentindo e interiorizando essa avaliação negativa, os alunos desmotivam-se para aprender, desinvestem na escola, reprovam e adquirem uma auto-estima negativa. E, não tendo nada a perder, desobedecem e infringem a disciplina, que a escola lhes impõe, e procuram solidariedade, por parte de colegas com experiências igualmente negativas, sentindo-se bem e fortes com ela (Vettenburg, 2000, pp. 233-234).

Através desta explicação, constatamos que o ambiente escolar e a avaliação influenciam enormemente o comportamento dos alunos. Por outro lado, sabemos que é sobre eles que os professores e o restante pessoal da escola exercem maior influência, no sentido de os moldar e manipular e de os tornar mais ou menos favoráveis, para o desenvolvimento emocional e social, para a aprendizagem e o sucesso educativo.

Qualquer que seja a explicação teórica mais objectiva e com maior aceitação, é sempre importante fazer um diagnóstico adequado do problema, contextualizando-o nas circunstâncias em que aparece e nas repercussões que tem, pois só uma correcta avaliação possibilitará planificar correctamente a intervenção, que fará todo o sentido levar a efeito.

Mas, mais do que intervir quando o problema já existe, poder-se-á preveni-lo?

Referindo-nos apenas à escola, podemos acentuar que cabe a esta uma tarefa preventiva do comportamento anti-social, sobretudo daquele cujas causas estão muito relacionadas com desmotivação, atrasos cognitivos, linguísticos e sociais, com mecanismos de desenvolvimento que a escola e, sobretudo, os professores são capazes de influenciar. Com efeito, a escola, adoptando uma estratégia preventiva e sólida pode aumentar as possibilidades e aproveitar as oportunidades para ajudar os jovens a autonomizarem-se, na sociedade, tornando-se a instituição por onde a pre-venção de comportamentos violentos deve começar (Vettenburg, 2000, pp. 240-241). Efectivamente, ela propõe-se como objectivo educar, isto é, emancipar os alunos e promover o seu comportamento social positivo. Por isso, medidas de prevenção puramente repressivas, como castigos, suspensões e expulsões, não bastam e terão apenas efeitos muito limitados. Evidenciam, muitas vezes, como acima se referiu, um mau relacionamento entre os alunos e a escola (professores). Só em casos isolados, e por curto espaço de tempo, é que poderá ser essa a solução, desde que, paralelamente, se faça esforços para resolver o problema, através de assistência e apoio de serviços para jovens que modifiquem positivamente o seu comportamento. Sendo muito difícil o comportamento do aluno e necessitando este de particular ajuda, poder-se-á recorrer ao tipo de intervenção que seja menos estigmatizante para os alunos, isto é, inicialmente a ajuda do professor, depois dos serviços de apoio de que a escola dispõe (psicologia, assistência social), onde se apresentarão e discutirão os problemas e se procurará encontrar soluções ou receber conselhos para resolvê-los e, finalmente, se necessário, se toma a decisão de recorrer a serviços externos, especializados em treino social, modificação comportamental, terapia familiar, etc.

Torna-se importante considerar que os problemas de comportamento anti-social seguem trajectórias diferentes, conforme o nível de gravidade que apresentam: desde um percurso geral ou comum, ocasional e transitório, a grave, que, em geral, é persistente (Le Blanc, 2003).

A conduta anti-social comum (p. ex., desobedecer, ser indisciplinado, fazer pequenos furtos, tratar mal as pessoas, ingerir bebidas alcoólicas desmesuradamente) abrange grandes grupos da sociedade, resultando, muitas vezes, de ausência de supervisão e envolvimento parental e de comportamento de grupo (sobretudo durante a adolescência). Aqui, para além da família e da organização social, desempenha papel muito importante de prevenção a escola, que, conjuntamente com áreas académicas, ensina e promove o respeito e a aceitação mútua, a reflexão sobre direitos e deveres, a responsabilidade e a convivência social. Ela é um local privilegiado para a aprendizagem destas competências, sobretudo para jovens provenientes de famílias onde estas aprendizagens se não realizaram. Se for este o caso, a escola poderá aplicar programas de promoção do desenvolvimento pessoal e social, sobre temas da vida quotidiana dos jovens e que tenham por finalidade promover e facilitar comportamentos adaptativos. E, como os adolescentes com tais problemas procuram colegas com comportamentos semelhantes, influenciando-se mutuamente, a escola poderá, para estes casos, adoptar as estratégias seguintes: modificar o processo de influência através de actividades que colegas, com bom comportamento e capacidade de liderança, promovam e orientem; aplicar programas que envolvam a comunidade e que tenham por objectivo desmantelar grupos de delinquentes ou pré-delinquentes, que, frequentemente, já são controlados por delinquentes persistentes (Le Blanc, 2003, pp. 66-67).

A conduta delinquente persistente, que tem início muito precoce e é considerada patológica, exige intervenção especializada, que ultrapassa o âmbito da escola. Para preveni-la, torna-se necessário começar a intervir muito precocemente, de modo intensivo e em várias dimensões. Para a sua prevenção, existem programas estruturados, como os seguintes: o *Syracuse University Development Research Program,* o *High/Scope Perry Pré-School Project* (para crianças dos 7 aos 9 anos); o *Seattle Social Development Program* (para a pré-primária e destinado a escolas de bairros desfavorecidos), *o Programme Longitudinale et Expérimentale de Montréal* (para crianças agressivas), o *University of Pittsburg Study* (para crianças dos 9 aos 13 anos, enviadas a clínicas psiquiátricas devido a comportamentos agressivos e anti-sociais). A avaliação destes programas indica que eles reduzem a conduta delinquente ao longo da adolescência (Le Blanc, 2003, pp. 57-58). Porém, o seu impacto, a longo prazo, sobre o comportamento anti-social tem-se revelado relativamente pequeno. Por isso, actualmente, a opção vai para aplicar programas multimodais de prevenção, dirigidos às características das crianças (défices cognitivos, agressividade, impulsividade, hiperactividade), ao funcionamento da família, aos colegas, às dificuldades de aprendizagem, etc. Exemplos destes programas são o *Early Alliance Prevention Trial* e o *Fast Track,* considerados promissores (Le Blanc, 2003, p. 63).

Qualquer que seja o tipo de intervenção e a aplicação de determinado programa, é imprescindível a utilização de estratégias eficazes de actuação, que a psicologia e a pedagogia consideram indispensáveis na modificação do comportamento. Umas dizem respeito a atitudes, outras ao desenvolvimento e condução das actividades, ao recurso ao grupo (educadores ou adolescentes) e à organização das situações de vida.

Educadores e profissionais de educação, que lidam continuamente com pessoas com o objectivo de educá-las, precisam de tomar atitudes que mantenham e desenvolvam um bom relacionamento mútuo, como o ser capaz de respeitar-se, conhecendo e aceitando as características de cada um, e de confiar inteiramente nos educandos, recebendo deles igualmente confiança. Outras atitudes, como o ser congruente no modo de pensar e agir, nas normas que estabelecem e desejam ver cumpridas, o estar e mostrar-se disponível para receber e atender, o saber compreender e o mostrar empatia aos educandos perante dificuldades e situações adversas e, finalmente, o mostrar e fazer sentir que oferecem segurança, sendo alguém a quem possam recorrer, são atitudes que facilitam a aprendizagem e a educação, em geral, e previnem o comportamento anti-social, eventualmente o diminuem ou até fazem desaparecer.

Por isso, durante a formação inicial e, se necessário, já em actividade profissional, importa que os professores e o restante pessoal da escola sejam alertados para e tomem consciência da importância da prática de tais atitudes, quer no exercício da docência quer noutras actividades educativas.

Além das atitudes, é indispensável ser-se um bom profissional, ou seja, é preciso conhecer e saber actuar, nas diversas fases por que passa um processo (re)educativo. Em primeiro lugar, o diagnóstico dos problemas, estando atento aos alunos, particularmente aos que poderão correr maiores riscos de inadaptação, como os que manifestam problemas de saúde, insucesso escolar, faltam à escola e não gostam de andar nela, os que não têm amigos e se isolam, os que mostram nervosismo, ansiedade e se irritam facilmente. A identificação destes problemas, o mais precocemente possível, permite uma oferta de ajuda mais rápida e eficaz e orientação, aconselhamento ou tratamento num período em que os problemas talvez se estejam ainda a iniciar. Neste, ou noutro diagnóstico mais alargado, que, por vezes, necessita de ser feito por psicólogos ou psicopedagogos, basear-se-á a planificação e organização da intervenção, que terá de ser convenientemente aplicada e, depois, avaliada nos efeitos que produz. Certamente, em todas estas fases, será sempre necessário ter em conta as características dos destinatários, os objectivos a atingir e o contexto da actuação, servindo-se dos recursos existentes, como a equipa de educadores e o grupo dos colegas, e, se possível, de pessoas do meio a que os alunos pertencem e em que vivem, solicitando sempre a colaboração dos encarregados de educação e, se necessário, actuando sobre esse mesmo ambiente.

CONSIDERAÇÕES FINAIS

Durante a formação inicial e através de cursos ou acções de formação, os professores e o restante pessoal escolar obterão conhecimentos suficientes para compreender os problemas de comportamento e saber lidar com eles, ficando igualmente capacitados para intervir pedagogicamente neles, quando necessário.

Desejável será que a formação básica lhes permita conhecer e considerar a diversidade dos problemas, a sua classificação e referenciação às causas, e lhes ensine modos eficazes de actuar, consciencializando-os também de que a resolução de determinados problemas ultrapassam, muitas vezes, o âmbito escolar e exigem uma intervenção individualizada, que remete para pessoal especializado em comportamento anti-social.

Essa mesma formação despertará neles o desejo de se manterem actualizados e de considerarem importante a formação contínua, ao longo da actividade profissional, tomando consciência de que os conhecimentos e a experiência anteriormente adquiridos não bastam, pois os problemas vão variando, adquirem novos contornos e necessitam de estratégias diferentes de solução, em conformidade com mudanças contínuas na programação e organização do ensino, nas políticas educativas, nos contextos socioeconómicos de âmbito familiar e social.

Neste sentido, é relevante a formação contínua de professores e educadores, em que aprendam a transpor para a prática educativa as implicações que o conhecimento científico actualizado extrai para ensinar a lidar com comportamentos anti-sociais.

Na formação de professores que tenha por objectivo prevenir comportamentos anti-sociais nas escolas estará sempre presente a preocupação de ajudar os formandos a valorizar a cooperação e a aprender a cooperar com os pais dos alunos, pois a cooperação com eles é determinante para a eficácia de qualquer intervenção a nível escolar (Kury & Smart, 2003; Gaspar, 2003).

Por fim, constituirá objecto de formação o desenvolvimento de competências de trabalho de grupo, com o objectivo de partilhar opiniões e debater os diversos assuntos da escola e da educação, assumindo esta como tarefa comum, em que se torna necessário colaborar, uma vez que todos são intervenientes e têm responsabilidades no processo educativo (Royer, 2002). Estes elementos estão bem estruturados, por exemplo, no programa de treino para professores designado por Anos Incríveis, nas subdivisões seguintes: programa um (a importância da atenção, encorajamento e elogios do professor), programa dois (motivar as crianças através de incentivos), programa três (prevenir problemas de comportamento; o professor pró-activo), programa quatro (diminuir comportamentos inadequados dos estudantes), programa cinco (construir relações positivas com os alunos) e no programa seis (como ensinar competências sociais) (Webster-Stratton, 2002, pp. 44-46). Do mesmo modo, o programa *Fast Track,* um dos mais bem organizados para prevenir e combater o comportamento anti-social na escola, reserva aos professores um papel muito relevante na intervenção com crianças e adolescentes considerados de alto risco neste domínio e em problemas relacionados com ele (isolamento, insucesso, abandono escolar, etc). Uma das suas partes consiste na aplicação, a partir dos 5-6 anos de idade, começando na pré-primária e indo até ao 10.° ano de escolaridade, de um currículo organizado para desenvolver o conhecimento e a compreensão de emoções (amizade, rivalidade, irritação, etc), incrementar actividades de cooperação e de trabalho em grupo, fomentando o bom relacionamento, e criar competências de auto-controlo, sobretudo em situações de disputa, zanga ou agressividade. Como são os professores que o aplicam, eles recebem formação adequada através de *workshops* e têm supervisão e apoio individualizado, em situação de sala de aula, por parte de peritos, que, inicialmente, lhes mostram como se age, os vão observando e aconselhando e que, posteriormente, se reúnem regularmente com eles, para avaliar, expor e tirar dúvidas, aconselhar e ensinar. Este Programa, cujas letras iniciais já indicam o seu objectivo, isto é, intervir na família e na escola (FAST = *family and school treatment*), tem, além do currículo escolar, cinco outras componentes, a saber: 1. grupos de treino para pais, com o objectivo de promover o desenvolvimento de relações positivas entre a família e a escola e de tornar os pais competentes para actuar em manifestações de comportamento anti-social; 2. visitas a casa, para desenvolver competências de resolução de problemas, mostrando aos pais como agir mais eficazmente e como organizar melhor a sua vida; 3. grupos de treino de competências sociais para crianças *(Friendship Groups)*; 4. acompanhamento e apoio da criança na leitura; 5. reforço da amizade, em sala de aula *(Peer Pairing)*. O Programa varia em conformidade com a idade dos alunos e enfatiza o apoio às crianças e jovens nas fases de mudança de ciclos. A avaliação da sua aplicação tem mostrado grande eficácia na prevenção e diminuição do comportamento anti-social, com efeitos a longo prazo, de tal modo que, tendo inicialmente surgido e sido aplicado nos E. U. A., é actualmente aplicado, com êxito, em diversas escolas da Grã Bretanha, da Austrália e do Canadá (Herrenkohl et al., 2001; *Fast Track: on line*).

Relativamente ao modelo de formação em comportamento anti-social para professores, o mais aconselhável é, segundo Veillet & Royer (2000), o que enfatiza a formação pragmática por acompanhamento. Este modelo defende que fornecer aos futuros docentes apenas conhecimentos teóricos não basta e que se torna necessário, após a sua graduação, acompanhá-los sistematicamente, para que aprendam a utilizar, em contexto, isto é, em situação de leccionação e na escola, as estratégias que lhes foram ensinadas durante a sua formação, na universidade ou noutros estabelecimentos de ensino. E, para que esta aprendizagem seja eficaz, é também indispensável criar condições, que facilitem o desenvolvimento dum relacionamento harmonioso, tais como: ser empático no relacionamento com os outros, respeitar-se mutuamente, ter sensibilidade e ser sensível aos outros e prestar-lhes atenção (Barnett, 1995), atitudes e princípios estes já anteriormente referidos como condição indispensável à intervenção.

Os conteúdos a introduzir neste modelo de formação, para adquirir competências no saber lidar com comportamentos anti-sociais, resumem-se ao ensino de 2 tipos de estratégias: 1. organizar e gerir bem o tempo e o ambiente da sala de aula, abordando temas deste género: disposição e enquadramento dos alunos na sala de aula, aquisição de competências em sugerir, estabelecer regras e fazer respeitá-las, organizar e fazer planos de aula, ensinar a lidar com o comportamento dos alunos e a reagir de modo adequado; 2. utilização de estratégias correctivas adequadas, como, por exemplo, modificar o comportamento, utilizando reforços, positivos e negativos, o sistema de pontos, isolamento e os contratos de comportamento; a variação sistemática em dar e retirar atenção aos alunos ou em manifestar aprovação e rejeição dos comportamentos; aquisição de competências sociais, promotoras de respeito, aceitação, envolvimento e bom relacionamento com os alunos e destes entre si; enfrentar e gerir situações de crise.

Segundo Veillet e Royer (2000), o modelo comportamentalista clássico, para a modificação do comportamento, é mais fácil de aplicar, por parte dos professores em situação de sala de aula, do que o cognitivo-comportamental, uma vez que este exige que os alunos sejam capazes de utilizar técnicas de auto-controlo e de resolução de problemas e tenham adquirido competências sociais. Ora, tudo isto requer processos de ensino e práticas específicas mais extensos, geralmente não previstos nem disponíveis em ambientes de sala de aula.

Para os mesmos autores, o ensino meramente teórico dos referidos modelos e estratégias não é suficiente. Os professores necessitam, simultaneamente, duma formação funcional e contextualizada, muito inteligada com a prática de ensino, assim como também de supervisão ou acompanhamento, no exercício da actividade docente.

Da avaliação do modelo que propõem para a formação de professores, no âmbito do aprender a lidar com comportamentos anti-sociais, Veillet e Royer chegaram a estas conclusões: o programa de formação pragmática e com supervisão é promissor; o acompanhamento dos professores e o carácter de uma formação dinâmica são muito benéficos; a formação pragmática aumenta a frequência da utilização, por parte dos professores, de estratégias eficazes. Para além destas conclusões, referem que há questões a necessitar, futuramente, de resposta, tais como: os efeitos que a formação produziu nos comportamentos dos professores, em relação aos alunos e ao seu modo de ensinar e de estar na escola, tem seguimento e efeitos duradouros? A experiência de quem acompanha os professores ou lhes dá supervisão influencia-os e é determinante na aprendizagem e aplicação das estratégias aprendidas?

Apesar de, sobretudo desde as últimas décadas, se atribuir aos professores e restante pessoal escolar um papel cada vez mais fundamental na prevenção, diminuição ou solução dos comportamentos inadequados

dos alunos, os autores por nós consultados continuam a salientar com frequência a necessidade de maior formação e aquisição de competências neste domínio. Desde então, várias iniciativas sugiram, diversos modelos de formação foram propostos e alguns materiais e programas de intervenção foram criados. Aos formadores cabe agora a árdua tarefa de escolher, de introduzir neles modificações ou de criar formas alternativas de formação, baseando-se nos resultados da avaliação realizada ou avaliando cientificamente os efeitos da formação que venham a implementar.

BIBLIOGRAFIA

AINSCOW, M. (1998). *N. E. E. Na sala de aula: Um guia para a formação de professores*. Unesco: IIE.

BALDRY, A. C. & FARRINGTON, D. P. (2000). Bullies e delinquentes: Características pessoais e estilos parentais. *Revista Portuguesa de Pedagogia, 34* (1, 2, 3), 195-221.

CADAVID, M. A. M. (2004). El profesor de aula ordinaria y la atención a alumnos con necesidades educativas especiales: Reflexiones acerca de su formación. *Innovación Educativa,* 14, 1130-8656.

DILALLA, L. F. & DILALLA, D. L. (2004). Genética do comportamento e conduta anti-social: Perspectivas desenvolvimentaistas. In A. C. Fonseca, (Ed.), *Comportamento anti-social e crime: Da infância à idade adulta* (pp. 323-359). Coimbra: Almedina.

DIRECTIZES DE RIAD – *Directrizes das nações unidas para prevenção da delinquência juvenil – Directrizes de Riad.* Oitavo congresso das Nações Unidas sobre prevenção do delito e tratamento do delinquente. *Acesso on-line.*

ELLIOT, D. S., HAMBURG, B. A. & WILLIAMS, K. R. (Eds.) (1998). Violence in *american schools*. Cambridge: Cambridge University Press

ESTRELA, M. T. & AMADO, J. S. (2000). Indisciplina, violência e delinquência na escola: Uma perspectiva pedagógica. *Revista Portuguesa de Pedagogia, 34* (1, 2, 3), 249-271.

ESTRELA, M. T. (2001). *Investigação, reflexão, acção e formação de professores: Estudos de caso*. Porto: Porto Editora.

FAST TRACK. On-line. http:// www. *Fasttrackproject.org./fasttrackoverview.htm.*

FONSECA, A. C. (2000). Comportamentos anti-sociais: Uma introdução. *Revista Portuguesa de Pedagogia, 34* (1, 2, 3), 9-36.

FONSECA, A. C. (Ed.) (2002). *Comportamento anti-social e família: Uma abordagem científica*. Coimbra: Almedina.

FONSECA, A. C. (Ed.) (2004). *Comportamento anti-social e crime: Da infância à juventude*. Coimbra: Almedina.

GARCÍA, C. M. (1995). *Formação de professores: Para uma mudança educativa*. Porto: Porto Editora.

GASPAR, M. F. R. F. (2003). O trabalho com pais na prevenção do comportamento anti-social. In I. Alberto, A. C. Fonseca, C. P. Albuquerque, A. G. Ferreira, & J. Rebelo (Org.) (2003), Comportamento anti-social: Escola e família, (pp. 217-229). Coimbra: Centro de Psicopedagogia da Universidade de Coimbra.

GOTTFREDSON, D. C. (2001). *Schools and delinquency.* Cambridge: Cambridge University Press.

HERRENKOHL, T. I., WAWKINS, J. D., CHUNG, I-J., HILL, K. G. & BATTIN--PEARSON, S. (2001). School and community risk: factors and interventions. In R. Loeber, & D. P. Farrington (Eds.), *Child delinquents' development, intervention and service needs.* USA: Sage Publications.

JOSEPH, J. (2004). Estará o crime nos genes? Revisão crítica de estudos de gémeos e de adoptados (pp. 361-411). In A. C. Fonseca, (Ed.), *Comportamento anti-social e crime : Da infância à idade adulta*. Coimbra: Almedina.

KURY, H. & SMART, U. (2003). O declínio da família tradicional – Justificações possíveis para a delinquência na adolescência e para a criminalidade juvenil. In I. Alberto, A. C. Fonseca, C. P. Albuquerque, A. G. Ferreira, & J. Rebelo (Org.) (2003), *Comportamento anti-social: Escola e família* (pp. 83-128). Coimbra: Centro de Psicopedagogia da Universidade de Coimbra.

KURY, H. & WOESSNER, G. (2003). Regulação familiar da conduta delinquente em adolescentes (pp. 37-92). In A. C. Fonseca (Ed.) (2003), *Comportamento anti-social e família: Uma abordagem científica.* Coimbra: Almedina.

LAHEY, B. B. & WALDMAN, J. D. (2004). Predisposição para problemas do comportamento na infância e na adolescência: Análise de um modelo desenvolvimentista. In A. C. Fonseca (Ed.), *Comportamento anti--social e crime: Da infância à idade adulta*. (pp. 161-214). Coimbra: Almedina.

LE BLANC, M. (2003). Trajectórias de delinquência comum, transitória e persistente : Uma estratégia de prevenção diferencial. In I. Alberto, A. C. Fonseca, C. P. Albuquerque, A. G. Ferreira, & J. Rebelo (Org.) (2003), *Comportamento anti-social: Escola e família.* (pp. 31-81). Coimbra: Centro de Psicopedagogia da Universidade de Coimbra.

LE BLANC, M. & JANOSZ, M. (2003). Regulação familiar da conduta delinquente em adolescentes. In A. C. Fonseca (Ed.) (2003), *Comportamento anti-social e família: Uma abordagem científica* (pp. 37-92). Coimbra: Almedina.

MAAG, J. W. & KATSIYANNIS, A. (1999). Teacher preparation in E/BD: A national survey. *Behavioral Disorders,* 24 (3), 189-196.

MINISTÉRIO DA EDUCAÇÃO (1999). *Contributo para a consolidação da formação contínua centrada nas práticas profissionais.* Lisboa: M. E.

MINOR, L. C., ONWUEGBUZIE, A. J., WITCHER, A. E. & JAMES, T. L. (2002). Preservice teachers' educational beliefs and their perceptions of characteristics of effective teachers. *The Journal of Educational Research,* 96 (2), 116-127.

NAPLAVA, T. & OBERWITTLER, D. (2003). Factores familiars e delinquência juvenile: Resultados da investigação sociológica na Alemanha. In A. C. Fonseca (Ed.) (2003), *Comportamento anti-social e família: Uma abordagem científica.* (pp. 157-211). Coimbra: Almedina.

OLIVEIRA, A., VIEIRA, C. M., LIMA, M. P. & SEABRA-SANTOS, M. J. (Org.) (2001). *Problemas emocionais e comportamento anti-social.* Coimbra: Centro de Psicopedagogia da Universidade de Coimbra.

PANCHÓN, C. (1998). *Manual de pedagogía para la inadaptación social.* Barcelona: Ediciones Mulac.

PEREIRA, M. F. (2001). *Transformação educativa e formação contínua de professores: Os equívocos e as possibilidades.* Lisboa: IIE.

ROYER, E. (2002). School violence and teacher training policies. In E. Debarbieux, & C. Blaya (Eds.), *Violence in schools and public policies.* EUA: Elsevier.

RUTTER, M., MAUGHAN, B., MORTIMORE, P., OUSTON, J. & SMITH, A. (1979). *Fifteen thousand hours: Secondary schools and their effects on children.* Cambridge, M. A.: Harvard University Press.

SANCHEZ, J. R. (1995). *Professores de educação especial: Da formação às práticas educativas.* Porto: Porto Editora.

SLICK, G. A. (Ed.) (1995). *Emerging trends in teacher preparation: The future of field experiences*. Thousand Oaks (Cal.): Corwin Press.

TABORDA-SIMÕES, M. C., FORMOSINHO, M. D. & FONSECA, A. C. (2000). Efeitos do contexto escolar em crianças e adolescents: Insucesso e comportamentos anti-sociais. *Revista Portuguesa de Pedagogia*, 34 (1, 2, 3), 405-436.

TIBBLE, J. W. (Ed.) (1971). *The future of teacher preparation*. London: Routledge & Keagan Paul.

TORNBERRY, T. P & KROHN, M. D. (2004). O desenvolvimento da delinquência: Uma perspective interaccionista. In A. C. Fonseca (Ed.) (2004), *Comportamento anti-social e crime da infância à idade adulta* (pp. 133-160). Coimbra: Almedina.

VEILLET, M. & ROYER, E. (2000). Os problemas de comportamento na escola secundária: Avaliação de um modelo de formação pragmática por acompanhamento de professores. *Revista Portuguesa de Pedagogia, 34* (1, 2, 3), 651-672.

WEBSTER-STRATTON, C. (2002). Anos Incríveis – Séries de treino para pais, professores e crianças: Programas de prevenção e intervenção precoce. In A. C. Fonseca (Ed.) (2002), *Comportamento anti-social e família: Uma abordagem científica* (pp. 419-474). Coimbra: Almedina.

Avaliação psicológica de jovens em contexto forense: Risco e saúde mental*

Ronald Roesch and Kimberly A. van der Woerd
Departamento de Psicologia, Universidade Simon Fraser, British Columbia, Canadá

INTRODUÇÃO

O tema central deste capítulo é a avaliação do risco e dos problemas de saúde mental de crianças e jovens em contexto forense. Serão, também, referidos alguns exemplos de instrumentos de avaliação, salientando-se as principais abordagens utilizadas na avaliação de programas de intervenção. Partimos do pressuposto de que a avaliação em contexto forense de crianças e adolescentes deverá ser vista principalmente como uma oportunidade de identificar necessidades de intervenção, e não como meio de predição a longo prazo do risco futuro. Tendo isto em consideração, a avaliação forense do risco e das necessidades constitui a base para a identificação de programas de prevenção e de necessidades de tratamento. Concluiremos o capítulo com uma breve revisão das actividades de avaliação que consideramos relevantes para o desenvolvimento de métodos de identificação de programas eficazes de intervenção.

---

* Tradução de Germana Mota e Ana Maria Seixas.

AVALIAÇÃO DO RISCO

A avaliação do risco de comportamento reincidente, em geral, e de comportamento violento, em particular, é uma área de investigação que se expandiu de uma forma impressionante nas últimas duas décadas. Nos anos 60 e 70 publicaram-se muitos estudos concluindo que os profissionais de saúde mental nem sempre prediziam correctamente a violência, dado que o número de falsos positivos (aqueles indivíduos preditos como violentos mas que não o foram efectivamente) era excessivamente alto (para uma revisão da literatura, ver Litwack & Schlesinger, 1999; Monahan, 1981). Monahan (1981) criticou a competência dos profissionais de saúde mental para fazer predições de futuros comportamentos violentos, considerando-a mesmo muito fraca, referindo que apenas um terço das suas predições eram correctas. Contudo, este autor definiu um conjunto de abordagens importantes para o desenvolvimento desta área de investigação. Os seus trabalhos influenciaram as pesquisas posteriores neste domínio, contribuindo para uma melhoria das competências dos clínicos, relativamente à avaliação da probabilidade de um indivíduo ter comportamentos violentos num determinado período de tempo futuro. Esta segunda geração de trabalhos empíricos, assente em metodologias de investigação mais aperfeiçoadas e em instrumentos de avaliação mais sofisticados, começou a demonstrar que os profissionais de saúde mental eram significativamente mais precisos nas suas predições de risco de violência do que o acaso (Borum, 1996; Douglas & Webster, 1999; Monahan & Steadman, 1994). No entanto, é importante notar que continuam a ser feitas advertências sugerindo que os "profissionais de saúde mental ainda tendem a fazer um número considerável de predições de risco incorrectas, sendo o tipo de erro mais comum a identificação de falsos positivos" (Otto, 1992, p. 128).

AVALIAÇÃO DO RISCO EM POPULAÇÕES ADOLESCENTES

Os instrumentos de avaliação do risco são, por vezes, utilizados para predizer a existência do risco futuro e podem estar na base de decisões importantes, como a de manter um jovem encarcerado, ou de levá-lo a tribunal para ser julgado como se de um adulto se tratasse. A realização de previsões desta natureza coloca problemas metodológicos e éticos.

Uma primeira questão diz respeito à exactidão destas predições. Quando predizemos que um jovem será violento no futuro, existem dois resultados possíveis: estávamos correctos e o jovem cometeu um acto violento, ou enganámo-nos e um acto violento não foi cometido. Apesar do número de previsões correctas ter aumentado na última década, continua a existir um número elevado de falsos positivos (previsão incorrecta de que um indivíduo será violento). Além disto, este número de falsos positivos é superior nos jovens face aos adultos, e as previsões a curto prazo são, em geral, mais exactas do que as relativas a longo prazo. Isto é, à medida que o período de tempo da previsão aumenta, decresce a exactidão, especialmente na população jovem (Corrado, Roesch, Hart & Gierowski, 2002). Abordaremos de seguida as razões de tais factos.

PERSPECTIVA DESENVOLVIMENTAL

A maioria dos jovens violentos não apresenta um risco substancial de violência a longo prazo. Provavelmente, isto acontece devido ao facto dos adolescentes, comparativamente aos adultos, apresentarem uma maior probabilidade de responderem de uma forma mais impulsiva, de correrem mais riscos, de pensarem menos nas consequências a longo prazo das suas acções, e de serem mais susceptíveis à influência dos pares (Ellenbogen & Chamberland, 1997; Grisso & Schwartz, 2000; Fergusson & Horwood, 1998). Verificam-se, também, transformações em termos de desenvolvimento cerebral, que poderão explicar o decréscimo de risco de violência no futuro. Por exemplo, a ciência tem mostrado que o nosso cérebro não está completamente desenvolvido, em áreas chave do controlo de tomada de decisão e de resolução de problemas, até por volta dos 21 anos de idade (Ortiz, 2003). As políticas públicas relativas ao crime juvenil, particularmente a tendência para aplicar sanções mais punitivas, parecem ter sido influenciadas, em parte, pelas previsões relativas às taxas de criminalidade futura, sendo estas, no entanto, frequentemente incorrectas (Corrado *et al.*, 2002).

Do número considerável de estudos sobre os factores de risco fica claro que não existe uma causa única que explique a delinquência, em geral, e um só percurso padrão que conduza a uma vida de crime. Contudo, Loeber e Farrington (1998) identificaram grupos de factores de risco em crianças, que podem ser considerados indicadores de conduta criminal futura. Por exemplo, certos problemas precoces de conduta em casa e na escola, tais como a agressividade, o roubo, o absentismo escolar, o mentir, o consumo de drogas, podem ser indicadores de crianças com um maior risco de manifestação destes comportamentos na adolescência. Existem, também, algumas *variáveis de natureza familiar* que se têm revelado importantes preditores de delinquência futura, tais como uma fraca supervisão dos pais, a rejeição parental, e a exibição de criminalidade também por parte dos progenitores (Corrado *et al.*, 2002; Watkins, Wilson & Watkins, 1994). Além disso, as crianças com fraco aproveitamento escolar ou filhas de pais que manifestam atitudes negativas em relação ao ensino encontram-se em maior risco, tal como aquelas que mostram indícios de problemas de comportamento na escola (van der Woerd & Cox, 2003; Watkins *et al.*, 1994).

A *Escala de avaliação estruturada do risco de violência nos adolescentes* (*Structured Assessment of Violence Risk in Youth*) (SAVRY) é um instrumento de avaliação do risco publicado recentemente, que sintetiza factores chave de risco e fornece uma estrutura para a avaliação do mesmo em populações adolescentes (Borum, Bartel & Forth, 2002). Este instrumento consiste num guião estruturado de 30 itens para avaliação do risco de violência em adolescentes com idades compreendidas entre os 12 e os 18 anos, abrangendo quatro áreas: a) factores históricos de risco, b) factores sociais/contextuais de risco, c) factores individuais/clínicos de risco, e d) factores de protecção. A cada item é atribuída uma classificação de baixo, médio ou alto risco, baseada em critérios de pontuação definidos no manual. O SAVRY é um guião útil, garantindo a inclusão, na avaliação efectuada, de factores de risco primários ou típicos do desenvolvimento.

QUESTÕES DE SAÚDE MENTAL

A existência de problemas de saúde mental constitui um factor de risco que merece particular atenção. Os jovens que se encontram inseridos no sistema de justiça juvenil apresentam uma taxa de desordens mentais superior à dos jovens em geral. Ameaças e tentativas de suicídio não são invulgares em jovens delinquentes, e muitos deles sofreram experiências de abuso físico e sexual, bem como de negligência parental (Smith & Thornberry, 1995). Estas experiências têm um efeito evidente na saúde mental e na auto-estima das vítimas, e são claramente factores de risco, estando correlacionadas com o comportamento delinquente.

Num estudo realizado por Abram Teplin, McClelland, Dulcan e Mericle (2002), numa amostra de 1.829 jovens detidos em *Cook County*, Illinois, dois terços dos rapazes e três quartos das raparigas apresentavam uma ou mais perturbações do foro psiquiátrico; cerca de metade da amostra tinha indícios de consumo de drogas; cerca de 20% sofriam de depressão *major;* e aproximadamente 16% e 21% dos delinquentes, respectivamente do sexo masculino e do sexo feminino, foram considerados como tendo uma *desordem de défice de atenção com hiperactividade* (DDAH). Se o número de jovens com distúrbios psicóticos era raro, cerca de 21% dos delinquentes masculinos e 31% dos do sexo feminino apresentavam uma desordem de ansiedade. Vários trabalhos de investigação puseram em destaque valores muito altos de perturbações de conduta, verificando-se mesmo, nalguns estudos, percentagens até 90%, não sendo, portanto, a presença destes distúrbios particularmente relevante como um ponto central avaliação ou como um guia para a intervenção. Finalmente, a comorbilidade é também comum em jovens delinquentes, especialmente a existência de depressão associada ao consumo de drogas, a DDAH e as desordens de ansiedade (Lexcen & Redding, 2002).

Dada a prevalência de problemas de saúde mental em adolescentes delinquentes, é aconselhável que as instituições de acolhimento de jovens avaliem todos os novos residentes, de forma a identificar o tipo de intervenção apropriada. Um instrumento que poderá ser útil como um método de triagem (*screening*) de desordens mentais, em instituições para jovens, é o *Questionário de rastreio para jovens, de Massachusetts* (*Massachusetts Youth Screening Instrument*) (MAYSI-2), desenvolvido por Grisso (2004). O MAYSI-2 é um instrumento de triagem composto por 52 itens, que poderá ser administrado por não profissionais, permitindo identificar sinais de distúrbios mentais/emocionais ou de stress. Demora aproximadamente 15 minutos a ser completado, e aos jovens é pedido que descrevam o seu comportamento nos últimos meses, respondendo 'sim' ou 'não' a afirmações relativas ao seu comportamento (por exemplo, *Tem tido problemas em concentrar-se ou em prestar atenção? Sente-se só a maior parte do tempo?*). Este instrumento é composto por sete subescalas: consumo de álcool/ droga, raiva-irritabilidade, depressão-ansiedade, queixas somáticas, ideação suicida, distúrbios do pensamento e experiências traumáticas. Os resultados permitem determinar se o jovem está acima de dois valores críticos: o de precaução *(caution)* e o de aviso *(warning)*. O valor de *precaução* indica a possibilidade de significância clínica do resultado obtido na escala. Grisso (2004) observou que 66% dos rapazes e 79% das raparigas apresentavam, pelo menos numa escala, uma pontuação dentro destes parâmetros; e 45% e 57%, respectivamente, dos rapazes e das raparigas, exibiam valores acima destes parâmetros, em pelo menos duas escalas. A pontuação de *aviso* indica que o jovem obteve valores excepcionalmente altos numa escala, situando-se, por exemplo, nos primeiros 10% comparativamente aos outros jovens (27% dos rapazes e 40 % das raparigas tinham uma pontuação dentro destes parâmetros, pelo menos numa escala; 11% e 18% apresentavam pelo menos duas escalas com valores acima destes parâmetros). Resumindo, as instituições para jovens poderão fazer uso de um instrumento como o MAYSI-2 para recolher informação importante para uma definição adequada das necessidades de tratamento e para o desenvolvimento (e avaliação) de intervenções em áreas problemáticas para os jovens.

ABORDAGENS ESTATÍSTICAS *VERSUS* ABORDAGENS CLÍNICO-ESTRUTURADAS DE AVALIAÇÃO DO RISCO

Existem várias abordagens relativas à avaliação ou previsão do risco futuro. Em primeiro lugar temos *a avaliação clínica*. Esta foi uma abordagem muito utilizada no passado, contudo vários estudos têm vindo a demonstrar que esta abordagem apresenta um nível reduzido de fidelidade e validade, sendo as suas previsões baseadas em "abordagens não sistemáticas e com grande variabilidade na recolha e síntese de dados" (Melton, Petrila, Poythress & Slobogin, 1997, p. 284). Os clínicos têm tido completa liberdade na decisão de qual o tipo de informação necessária, bem como na forma de ponderação dessa informação na avaliação do risco futuro. Devido à natureza imprecisa desta abordagem, a utilização da avaliação clínica é geralmente preterida a favor de uma das duas abordagens que iremos apresentar de seguida.

A *avaliação clínica estruturada* é uma abordagem assente na investigação realizada ao longo dos últimos 20 anos, que identificou um conjunto de variáveis associadas a um maior risco de reincidência. Assim, os clínicos que utilizam esta abordagem têm de ter em consideração um conjunto explícito de factores de risco, baseado nas variáveis identificadas na literatura como estando relacionadas com um comportamento criminal futuro, incluindo formas de comportamento violento. O peso atribuído a cada factor, bem como a avaliação do risco geral, é deixado à descrição do clínico. O HCR-20 é um exemplo de um instrumento que pode ser utilizado numa avaliação clínica estruturada. O HCR-20 contém 20 itens relacionados com a futura violência e reincidência, de acordo com a literatura, e abrange factores de risco históricos e clínicos (Webster, Douglas, Eaves & Hart, 1997). Os itens procuram garantir que os factores chave do risco sejam considerados numa avaliação abrangente do risco, que inclua uma revisão da informação pessoal, uma entrevista e, por vezes, testes psicológicos. Inicialmente concebido como um guião estruturado, o HCR-20 pode ser também utilizado como um instrumento estatístico, como vários estudos têm demonstrado.

Um terceiro tipo de abordagem é a *avaliação estatística (actuarial assessment)*. Esta implica a atribuição de uma pontuação a um indivíduo, que tenha cometido um delito, num determinado número de factores que poderão estar relacionados com comportamentos reincidentes. Os itens num instrumento estatístico têm uma base empírica, isto é, demonstraram estar associados a alguma forma específica de reincidência. As regras para a pontuação e ponderação de cada factor são explícitas, sendo a pontuação total utilizada para determinar o risco geral de um delinquente. Os factores são habitualmente de natureza histórica ou estática (tal como a idade em que o primeiro delito foi cometido ou a história criminal prévia). Os testes psicológicos também podem ser utilizados como parte de um processo de tomada de decisão assente numa avaliação quantitativa. Os instrumentos de avaliação estatística (*actuarial instruments*) têm sido desenvolvidos quer para avaliar a violência em geral, quer para avaliar a violência em populações específicas, como a constituída por delinquentes que cometem transgressões de natureza sexual. Um exemplo de um instrumento de avaliação estatística é o *Guia de avaliação do risco de violência* (*Violence Risk Assessment Guide*) (VRAG). Este instrumento foi desenvolvido por investigadores canadianos, num hospital psiquiátrico forense, para avaliar o risco de reincidência de comportamentos de violência numa amostra de pacientes entre os anos de 1965 e 1970 (Quinsey, Harris, Rice, & Cormier, 1999). O VRAG tem sido geralmente utilizado em populações adultas, não existindo, até à data, instrumentos quantitativos de avaliação do risco em populações jovens. Contudo, o VRAG identifica factores chave do risco relativos à infância ou adolescência, como a inadaptação escolar precoce e a existência de disrupções na vida familiar. Estes factores tem consistentemente sido considerados como importantes indicadores precoces de violência futura e, como tal, têm implicações em termos de prevenção. Por exemplo, os programas cujo objectivo principal é a intervenção junto de crianças com dificuldades escolares no ensino básico (*e.g.*, DDAH, desordem de conduta, e comportamentos de agressão/ameaça), poderão contribuir para a redução, mais tarde, da actividade criminal.

O debate acerca da preferência entre as abordagens clínicas e as abordagens estatísticas tem sido intenso (Grove & Meehl, 1996). Quinsey e colaboradores (1999) argumentam que as previsões da violência devem ser baseadas somente em instrumentos quantitativos de avaliação, considerando estar demonstrada a superioridade das previsões baseadas numa avaliação estatística, face às decisões baseadas em avaliações clínicas. Por sua vez, Litwack (2001) discorda, salientando que apesar do facto de a avaliação estatística do risco de violência ter demonstrado melhores resultados relativamente à avaliação clínica, em determinadas áreas da tomada de decisão, a sua superioridade ainda não está demonstrada, sendo necessária a realização de mais estudos de validação, (especialmente de validação cruzada, com novas amostras). Segundo o referido autor, os clínicos devem ter em conta nas suas decisões a avaliação estatística, mas também outros factores, como a presente situação clínica e as oportunidades de tratamento.

É importante ter em consideração que a previsão do risco diz respeito à probabilidade de ocorrência de um evento particular, como um crime violento, num período específico de tempo futuro. Por outro lado, a gestão do risco diz respeito às intervenções que visam reduzir o risco futuro. Consideramos que a maioria dos instrumentos de avaliação estatística enfatiza demasiado as variáveis históricas ou estáticas. Apesar de serem indicadores importantes do risco futuro, a maioria dos factores históricos não se altera. Tal facto confere-lhes pouco valor na identificação de programas de prevenção ou de intervenção precoce para crianças e jovens. Por exemplo, sabemos que o fraco aproveitamento escolar no ensino básico constitui um factor de risco. Este factor não pode ser alterado num adolescente. Contudo, para crianças mais jovens, um programa de intervenção escolar que promova experiências mais positivas na escola poderá prevenir, mais tarde, conflitos com a lei. Mais importante ainda, poderá contribuir para que estes jovens permaneçam na escola, o que é um resultado deveras valioso, uma vez que sabemos que o abandono escolar é um factor chave de risco (Loeber & Farrington, 1998; van der Woerd & Cox, 2003).

DIFERENÇAS DE GÉNERO NOS FACTORES DE RISCO

A maior parte das investigações sobre factores de risco em jovens delinquentes costuma recorrer a amostras de adolescentes do sexo masculino. Os estudos sobre delinquentes adolescentes do sexo feminino têm mostrado que a taxa de crimes de natureza violenta está a aumentar, apesar do seu nível de violência ser menos grave, quando comparado com o dos delinquentes do sexo masculino (Moretti, Odgers & Jackson, 2004). Adicionalmente, embora se verifique alguma sobreposição dos factores de risco, muitos deles são mais prevalecentes em jovens delinquentes do sexo feminino. Por exemplo, num estudo de Cauffman, Feldman, Waterman e Steiner (1998), 65% das raparigas presas na Califórnia apresentavam sintomas de síndrome de stress pós-traumático, comparativamente a 11% da população geral adolescente feminina. Isto é devido, provavelmente, a uma maior percentagem de vitimização sexual ou física e de outras formas de violência familiar no seio desta população jovem específica. Vários estudos com amostras de raparigas presas destacam taxas elevadas, até 50%, de jovens com história de vitimização sexual, enquanto que os rapazes raramente são vítimas de abuso sexual. As taxas de depressão e de suicídio também exibem valores mais elevados para as raparigas. Num estudo de Moffitt, Caspi, Rutter e Silva (2001), com uma amostra de mulheres de 21 anos de idade, com um diagnóstico de distúrbio de conduta na sua infância ou adolescência, estas apresentavam uma probabilidade significativa de terem: problemas de saúde mental (ansiedade, depressão, psicoses, mania e tentativa e/ou ideação suicida); maior número de problemas médicos; requerido assistência social; sido vitimizadas pelos seus parceiros, e de os terem agredido fisicamente como forma de retaliação. Como já foi referido, a maioria da investigação sobre risco e intervenção baseia-se em amostras masculinas, sendo poucos os estudos sobre raparigas. No entanto, sabemos que o nível de violência bem como o tipo de factores de risco diferem substancialmente para os dois sexos (Odgers, Schmidt & Reppucci, 2004). Estas diferenças de género sugerem que devemos ser cautelosos na utilização de instrumentos de avaliação de risco que não estejam aferidos para populações femininas, e que necessitamos de desenvolver programas de intervenção especificamente para as raparigas (ver Moretti *et al.*, 2004, para uma revisão da investigação sobre o comportamento agressivo em adolescentes femininas).

APLICAÇÃO DA INVESTIGAÇÃO SOBRE O RISCO A PROGRAMAS DE INTERVENÇÃO

O contributo mais importante da investigação sobre a avaliação do risco é, provavelmente, a sua utilização nos programas de intervenção. Sabemos que os filhos de jovens mães solteiras apresentam maior risco de delinquência futura (Yoshikawa, 1994). Sabemos, também, que os jovens com indícios precoces de perturbações na escola, como os comportamentos de agressão/ameaças, os problemas de atenção e as dificuldades interpessoais, têm uma probabilidade superior de virem a manifestar, mais tarde, comportamentos delinquentes (Loeber & Farrington, 1998). Embora estas relações não sejam perfeitas, o facto destas crianças se encontrarem em maior risco salienta a necessidade da introdução de programas de prevenção, que possam reduzir este risco. Iremos, de seguida, referir algumas abordagens que consideramos promissoras neste domínio (ver Lispey, 1992, para um revisão meta-analítica da literatura acerca do tratamento).

Teoricamente, podemos considerar duas dimensões nas intervenções: o *momento (timing)* da intervenção e o *alvo (target)* da intervenção (Roesch, 1995). O *momento* da intervenção é habitualmente considerado no contexto das actividades de prevenção. Enquanto cada actividade de prevenção se dirige a uma população alvo, geral ou específica, o momento das actividades varia de acordo com um *continuum* relacionado com o conceito de prevenção.

A prevenção primária designa as intervenções que se realizam antes da manifestação do problema, sendo dirigidas à população em geral e não a indivíduos específicos. Como exemplo de uma actividade de prevenção primária, podemos referir uma campanha nos meios de comunicação social alertando para o risco do consumo de álcool pelas futuras mães, reduzindo assim o risco de síndrome fetal alcoólico. Outra forma de prevenção primária seria um programa sobre a violência na escola, desenvolvendo competências nos professores e nos estudantes para lidar com comportamentos agressivos (Leadbetter, Dhami, Hoglund & Dickinson, 2004).

Os programas de prevenção secundária destinam-se a grupos específicos, realizando-se a intervenção antes do desenvolvimento de problemas significativos. São exemplos de programas de prevenção secundária um programa de educação precoce como o *Head Start*, dirigido a crianças com probabilidade de virem a ter problemas no ensino básico, e o *Programa de Tratamento Preventivo de Montreal*. Este programa, que tem uma duração de dois anos, destina-se a rapazes entre os 7 e os 9 anos e centra-se no desenvolvimento de competências sociais escolares e no treino de competências parentais (Tremblay, Masse, Pagani & Vitaro, 1996).

Por último, temos a prevenção terciária. Este tipo de intervenção realiza-se após a manifestação dos problemas. Como exemplo, refira-se o *Tratamento Multidimensional em Famílias de Acolhimento*, onde estas famílias, previamente treinadas, proporcionam um tratamento e uma supervisão intensiva às crianças em casa, na escola e na comunidade (Chamberlin, 2003). Os programas de prevenção terciários são geralmente dispendiosos dado que, na sua maioria, implicam cuidados institucionais e uma gestão intensiva de cada caso. Além disso, geralmente implementam-se após a ocorrência de comportamentos criminais graves, incluindo a violência. Claro que, nestes casos, o objectivo é a redução do risco de comportamentos criminais futuros, estando já perdida a oportunidade de prevenção de qualquer comportamento criminal. Por este motivo, os programas de intervenção precoce têm, potencialmente, maior impacto.

A outra dimensão conceptual nos programas de intervenção é o seu *alvo*. Os programas de intervenção podem destinar-se a indivíduos em risco ou àqueles que já cometeram um crime (*e.g.*, psicoterapia com um jovem com problemas com a lei). Mas, também, podemos focalizar a nossa atenção nas famílias, nas escolas, nos grupos de pares e nas comunidades enquanto componentes importantes de uma terapia efectiva. Um bom exemplo de uma abordagem com múltiplos alvos é a *Terapia Multissistémica* (TMS), dirigida a todos os grupos acima mencionados, considerados como partes essenciais de um programa de intervenção geral (Henggeler, Cunningham, Pickrel, Schoenwald & Brondino, 1996).

O desenvolvimento de programas de intervenção para jovens delinquentes implica que se tenha em consideração as suas duas dimensões: o momento e o alvo. Contudo, muitas vezes, as intervenções são desenvolvidas simplesmente com base em ideologias, não se tendo em consideração factores específicos relacionados com a criança. A avaliação dos programas de intervenção torna-se, assim, uma tarefa crucial.

ACTIVIDADES DE AVALIAÇÃO DE PROGRAMAS

Acreditamos ser essencial que qualquer intervenção tenha uma componente avaliativa. A investigação recente tem revelado várias abordagens promissoras, como já foi referido, mas a maioria dos programas de intervenção não foi ainda avaliada. Também desconhecemos se o sucesso de alguns programas de intervenção, demonstrado nalguns estudos, se pode generalizar a outros contextos. Isto é, um programa que se revelou eficaz num país, poderá não o ser necessariamente noutro. Tal parece ser o caso da TMS, cujo impacto positivo demonstrado nos EUA não foi encontrado num estudo congénere realizado no Canadá (Cunningham, 2002). Concluiremos este capítulo com uma breve discussão acerca da avaliação de programas, salientando a necessidade de incorporar a avaliação no processo de desenvolvimento de programas de intervenção como um método de obter informação sobre o seu impacto.

A avaliação de programas implica um esforço de recolha de informação, procurando determinar a necessidade de um programa, se está a funcionar de acordo com a sua filosofia, se está a atingir os resultados esperados, e se está a ser executado com custos razoáveis. A avaliação de programas tem sido considerada como uma actividade importante por várias razões. A avaliação permite: melhorar a implementação dos programas; determinar se um programa está, ou não, a atingir os seus objectivos; responder ou prestar contas às partes interessadas, como os patrocinadores financeiros, os clientes, os funcionários ou a própria comunidade; aumentar o apoio público ao programa; informar os decisores políticos; e desenvolver o conhecimento científico (Weiss, 1998). Podemos definir, essencialmente, cinco actividades principais numa avaliação de programas. Estas actividades realizam-se ao longo de um *continuum,* que varia entre o decidir a necessidade de uma intervenção e o determinar se o programa é eficiente numa lógica custo-benefícios. Iremos, seguidamente, referir de uma forma sucinta cada uma destas actividades de avaliação.

A *Avaliação de Necessidades* constitui a primeira das cinco actividades de avaliação, sendo essencial na avaliação de programas. Um programa de intervenção não pode ser eficaz se não existir um problema inicial ou se os seus serviços não tiverem a ver, verdadeiramente, com o problema. Em teoria, todos os programas sociais assentam em pressupostos relativos à natureza do problema a que se dirigem e às características, necessidades e respostas da sua população alvo (Rossi, Lipsey & Freeman,

2004). Para que tal aconteça, é necessário que no processo de avaliação do programa de intervenção se avalie da sua pertinência, se identifiquem as necessidades subjacentes e se especifiquem as condições em que o programa deverá ser implementado. A avaliação de necessidades deverá ter em consideração o momento e os alvos da intervenção, tal como já foi acima mencionado. Por exemplo, relativamente a um programa de prevenção dirigido a crianças, a avaliação de necessidades pode ser utilizada para avaliar a adequação desse programa à população alvo, e ver se esta exibe os factores de risco relevantes.

O segundo tipo de actividades de avaliação de programas consiste na *Avaliação da Teoria subjacente ao Programa,* onde se analisa a conceptualização e o projecto do programa em questão. Rossi e colaboradores (2004) defendem que esta actividade é muito importante no processo de avaliação, uma vez que explica o porquê do funcionamento do programa e a razão para se esperar que aquela intervenção atinja determinados resultados. Para se avaliar efectivamente a teoria subjacente ao programa é fundamental analisar os seus objectivos e finalidades, sendo importante identificar cada componente do programa, as suas funções e actividades correspondentes. Já foi referido aqui que os filhos de jovens mães solteiras poderão ser crianças em risco. Num programa de intervenção dirigido a estas crianças, para reduzir o risco de delinquência, seria importante averiguar se os componentes do programa correspondem aos objectivos do mesmo. Por exemplo, se o programa conseguisse melhorar o aproveitamento escolar destas crianças, mas não fosse capaz de reduzir outros factores relacionados com a delinquência, então não estaria a ter um desempenho de acordo com a respectiva teoria, devendo, assim, ser repensadas as suas abordagens de intervenção.

A terceira actividade de avaliação é a *Avaliação do Processo do Programa*, onde se examinam os procedimentos, a implementação e a administração do mesmo. Esta actividade de avaliação centra-se na gestão diária do programa, determinando se os seus participantes estão satisfeitos com o processo em questão e se ele abrangeu, de facto, quem pretendia (Rossi *et al.*, 2004). Retomando o exemplo do programa para crianças filhas de mães sozinhas, avaliar o processo incluiria ver se ambas as partes, mães e crianças, estão satisfeitas com o mesmo, e se este havia sido direccionado para os destinatários correctos.

O quarto tipo das actividades de avaliação tem a ver com a *Avaliação do Impacto/resultados*, através da qual se verifica se o programa está a atingir os resultados esperados ou a ter impacto na população alvo. A avaliação dos resultados permite-nos diferenciar entre os benefícios de um serviço e o mero recebimento de serviços, e determinar os seus efeitos, distinguindo claramente entre o efeito do programa e o efeito de outras influências que poderão ter, também, contribuído para as mudanças verificadas (Rossi *et al.*, 2004). Uma boa avaliação de resultados deverá conter informação acerca do funcionamento do cliente antes da intervenção, bem como incluir um grupo de comparação, constituído por indivíduos que não participaram no programa de intervenção. Continuando com o nosso exemplo, se o programa para mães sozinhas só puder integrar um número limitado de participantes, a avaliação dos seus resultados deveria incluir um grupo de comparação, constituído por mães em lista de espera e, portanto, a não participar no programa naquela altura.

A actividade de avaliação final consiste na *Avaliação da Eficiência*, através da qual se determina se o programa é apropriado em termos de custos-benefícios e se se atingiram os objectivos sem desperdício de recursos. Rossi e colaboradores (2004) consideram que a sequência destas actividades de avaliação é crucial para se desenvolver uma avaliação com significado e utilidade. Primeiro, há que definir o problema, e depois avaliar da necessidade do programa, ver qual é o melhor para fins de intervenção, de como este deverá ser implementado, se está a atingir os objectivos esperados e, por último, se o programa é apropriado em termos de custos-benefícios. Em resumo, cada actividade de avaliação é, por natureza, um processo desenvolvimental, sendo cada etapa percorrida decalcada da que lhe antecedeu.

SÍNTESE FINAL E ALGUMAS PISTAS FUTURAS

Neste capítulo fizemos uma revisão de algumas abordagens da avaliação do risco e discutimos como o conhecimento adquirido, através de trabalhos de investigação sobre factores de risco, pode ser útil na identificação de programas de intervenção, importantes para a redução da probabilidade de ocorrência futura de comportamentos delinquentes e criminais. Apesar da nossa capacidade de avaliação do risco futuro ter melhorado notavelmente nas últimas duas décadas, continuamos a cometer erros de avaliação, e o nosso conhecimento sobre quais as intervenções eficazes é ainda limitado. Por esta razão, torna-se necessário continuar a realizar estudos sobre os factores de risco e, principalmente, sobre as intervenções. Lamentavelmente, a maioria dos programas de intervenção não é avaliada de uma forma adequada. Esperamos que a nossa breve revisão das estratégias de avaliação possa ser útil, como ponto de partida, para aqueles leitores que se venham a envolver no desenvolvimento de programas de intervenção. É notória uma grande necessidade de investigações, a nível internacional, que concebam e comparem abordagens promissoras na redução do comportamento delinquente. O desenvolvimento de estudos comparativos internacionais sobre programas de tratamento, por exemplo, como a terapia multissistémica, seria uma estratégia de pesquisa particularmente útil. Deste modo, tornar-se-ia possível determinar se os efeitos positivos são generalizáveis a outros países e culturas. Seria, também, de grande valor a realização de estudos sobre os factores de risco e as diferentes trajectórias do comportamento criminal, em diferentes países. Este tipo de investigação revelar-se-ia extremamente útil para informar as políticas de justiça juvenil e os programas de intervenção, contribuindo, a longo prazo, para a redução do comportamento delinquente.

BIBLIOGRAFIA

BORUM, R. (1996). Improving the clinical practice of violence risk assessment: Technology, guidelines, and training. *American Psychologist, 51*, 945-956.

BORUM, R., BARTEL, P., & FORTH, A. (2002). *Manual for the Structured Assessment of Violence Risk in Youth (SAVRY)*. Tampa, FL: University of South Florida.

CAUFFMAN, E., FELDMAN, S., WATERMAN, J., & STEINER, H. (1998). Posttraumatic stress disorder among female juvenile offenders. *Journal of the American Academy of Child and Adolescent Psychiatry, 37*, 1209-1216.

CHAMBERLIN, P. (2003). *Treating chronic juvenile offenders: Advances made through the Oregon Multidimensional Treatment Foster Care model*. Washington, DC: American Psychological Association.

CORRADO, R. R., ROESCH, R., HART, S. D., & GIEROWSKI, J. K. (2002). *Multi-problem violent youth: A foundation for comparative research on needs, interventions, and outcomes*. NATO Science Series. Amsterdam: IOS Press.

CUNNINGHAM, A. (2002). *Lessons learned from a randomized study of multisystemic therapy in Canada*. London, ON: Centre for Children and Families in the Justice System.

DOUGLAS, K. S., & WEBSTER, C. D. (1999). Predicting violence in mentally and personality disordered people. In R. Roesch, S. D. Hart, & J. R. Ogloff (Eds.), *Psychology and law: The state of the discipline*. NY: Plenum.

ELLENBOGEN, S., & CHAMBERLAND, C. (1997). The peer relations of dropouts: A comparative study of at-risk and not at-risk youths. *Journal of Adolescence, 20*, 355-367.

FERGUSSON, D. M., & HORWOOD, L. J. (1998). Early conduct problem and later life opportunities. *Journal of Child Psychology and Psychiatry and Allied Disciplines, 39*, 1097-1108.

GRISSO, T. (2004). *Double jeopardy: Adolescent offenders with mental disorders*. Chicago: University of Chicago Press.

GRISSO, T., & SCHWARTZ, R. G. (2000). *Youth on trial: A developmental perspective on juvenile justice*. Chicago: University of Chicago Press.

GROVE, W. M., & MEEHL, P. E. (1996). Comparative efficiency of informal (subjective, impressionistic) and formal (mechanical, algorithmic) prediction procedures: The clinical-statistical controversy. *Psychology, Public Policy, and Law, 2*, 293-323.

HENGGELER, S. W., CUNNINGHAM, P. B., PICKREL, S. G., SCHOENWALD, S. K., & BRONDINO, M. J. (1996). Multisystemic therapy: An effective alternative to incarcerating serious juvenile offenders. *Journal of Adolescence, 19*, 47-61.

LEADBETTER, B. J., DHAMI, M. K., HOGLUND, W. L., & DICKINSON, E. M. (2004). Prediction and prevention of peer victimization in early elementary school: How does gender matter? In M. M. Moretti, C. L. Odgers, & M. A. Jackson (Eds.), *Girls and aggression: Contributing factors and intervention principles*. NY: Kluwer Academic/ Plenum.

LEXCEN, F., & REDDING, R. (2002). Mental health needs of juvenile offenders. *Juvenile Correctional Mental Health Report, 3*, 1-16.

LIPSEY, M. W. (1992). The effect of treatment on juvenile delinquents: Results from meta-analysis. In F. Lösel, D. Bender, & T. Bliesener (Eds.), *Psychology and law: International perspectives*. Berlin: Walter de Gruyter.

LITWACK, T. R. (2001). Actuarial versus clinical assessments of dangerousness. *Psychology, Public Policy, and Law, 7,* 409-443.

LITWACK, T. R., & SCHLESINGER, L. B. (1999). Dangerousness risk assessments: Research, legal, and clinical considerations. In A. K. Hess & I. B. Weiner (Eds.), *The handbook of forensic psychology* (pp. 171--217). New York: Wiley.

LOEBER, R., & FARRINGTON, D. P. (Eds.) (1998). *Serious and violent juvenile offenders: Risk factors and successful interventions.* Thousand Oaks, CA: Sage.

MELTON, G. B., PETRILA, J., POYTHRESS, N. G., & SLOBOGIN, C. (1997). *Psychological evaluations for the courts: A handbook for mental health professionals and lawyers.* New York: Guilford.

MOFFITT, T. E., CASPI, A., RUTTER, M., & SILVA, P. A. (2001). *Sex differences in antisocial behavior: Conduct disorder, delinquency, and violence in the Dunedin Longitudinal Study.* Cambridge: Cambridge University Press.

MONAHAN, J. (1981). *Predicting violent behavior.* Beverly Hills: Sage.

MONAHAN, J., & STEADMAN, H. J. (Eds.) (1994). *Violence and mental disorder: Developments in risk assessment.* Chicago: University of Chicago Press.

MORETTI, M. M., ODGERS, C. L., & JACKSON, M. A. (Eds.) (2004). *Girls and aggression: Contributing factors and intervention principles.* NY: Kluwer Academic/Plenum.

ODGERS, C. L., SCHMIDT, M. G., & REPPUCCI, N. D. (2004). Reframing violence risk assessment for female juvenile offenders. In M. M. Moretti, C. L. Odgers, & M. A. Jackson (Eds.), *Girls and aggression: Contributing factors and intervention principles.* NY: Kluwer Academic/Plenum.

OTTO, R. (1992). The prediction of dangerous behavior: A review and analysis of "second generation" research. *Forensic Reports, 5,* 103-133.

ORTIZ, A. (2003). *Adolescent brain development and legal culpability.* Washington, DC: National Juvenile Defender Center.

QUINSEY, V. L., HARRIS, G. T., RICE, M. E., & CORMIER, C. A. (1999). *Violent offenders: Appraising and managing risk.* Washington, DC: American Psychological Association.

ROESCH, R. (1995). Creating change in the legal system: Contributions from community psychology. *Law and Human Behavior, 19,* 325--343.

ROSSI, P. H., LIPSEY, M. W., & FREEMAN, H. E. (2004). *Evaluation: A systematic approach*. London: Sage.

SMITH, C., & THORNBERRY, T. (1995). The relationship between childhood maltreatment and adolescent involvement in delinquency. *Criminology, 33,* 451-481.

TEPLIN, L. A., ABRAM, K. M., MCCLELLAND, G. M., DULCAN, M. K., & MERICLE, A. A. (2002). Psychiatric disorders in youth in juvenile detention. *Archives of General Psychiatry, 59,* 1133-1143.

TREMBLAY, R. E., MASSE, L., PAGANI, L., & VITARO, F. (1996). From childhood physical aggression to adolescent maladjustment: The Montreal Prevention Experiment. In R. D. Peters, & R. J. McMahon (Eds.), *Preventing childhood disorders, substance abuse, and delinquency.* Thousand Oaks: Sage.

VAN DER WOERD, K. A., & COX, D. N. (2003). Educational status and its association with risk and protective factors for First Nations youth. *Canadian Journal of Native Education, 27,* 208-222.

WATKINS, R.M., WILSON, T.L.Y., & WATKINS, E.L. (1994). At-risk: A local study of a national issue. *Journal of Instructional Psychology, 21,* 290-297.

WEBSTER, C. D., DOUGLAS, K. S., EAVES, D., & HART, S. D. (1997). *The HCR-20 scheme (version 2): The assessment of risk for violence.* Vancouver: Simon Fraser University.

WEISS, C. (1998). *Evaluation* (2nd ed.). Saddle River, NJ: Prentice Hall.

YOSHIKAWA, H. (1994). Prevention as cumulative protection: Effects of early family support and education on chronic delinquency and its risk. *Psychological Bulletin, 115*, 28-54.

Intervenção psicológica em meio prisional

CLÁUDIO JORGE PEDROSA
ISABEL SOFIA TEIXEIRA DIAS
Psicólogos do Estabelecimento Prisional de Coimbra
(Cadeia Central), Portugal

INTRODUÇÃO

Os psicólogos desempenham actualmente funções muito distintas no âmbito do sistema jurídico-penal. Uma das mais importantes relaciona-se com a provisão de serviços de prevenção, de avaliação e de tratamento de problemas dos indivíduos sujeitos a medidas privativas da liberdade, contribuindo para um ambiente prisional razoável, protector, seguro e humano (Milan & Evans, 1987). No entanto, a intervenção psicológica em meio prisional permanece um tema simultaneamente vasto, complexo e controverso (Andrews & Bonta, 1994; Bartol & Bartol, 1994; Blackburn, 1993; Cooke, Baldwin & Howison, 1990; Gonçalves, 1993, 1998; Towl, 2003).

No presente artigo iremos descrever, de forma necessariamente breve, o trabalho desenvolvido pela consulta de psicologia clínica do *Estabelecimento Prisional de Coimbra*. No sentido de enquadrar as actividades levadas a efeito com a população abrangida por esta instituição, pareceu-nos pertinente começar por tecer algumas considerações teóricas relativamente ao papel e competências do psicólogo prisional.

PSICOLOGIA EM MEIO PRISIONAL

Nos Estados Unidos da América, o recrutamento sistemático de profissionais de saúde mental, incluindo psicólogos, pelo *Federal Bureau of Prisons* iniciou-se nas décadas de 40 e 50, do século XX, com o objectivo de apoiar o sistema penal na gestão dos reclusos condenados a pena de prisão (Blackburn, 1993; Weinberg & Sreenivasan, 1994). Sensivelmente na mesma altura, a Inglaterra e o País de Gales criavam os seus próprios serviços de psicologia prisional (Blackburn, 1993; Towl, 2003). Em Portugal, só a partir da década de 80 se verificou a valorização dos contributos da psicologia para a área da justiça, com o sistema jurídico-penal a surgir como um importante contexto de inserção e desenvolvimento profissional dos psicólogos e com o aumento substancial da produção científica e investimento na formação académica nesta área específica (Gonçalves, 1993, 1996a, 1996b).

Mais recentemente, no nosso país, o *Relatório de 2003* do Provedor de Justiça sobre o *Sistema Prisional* sublinhou a importância do trabalho do psicólogo nas prisões face "à entrada significativa de reclusos com características psicossociais mais problemáticas, com histórias de vida e enquadramentos sócio-familiares mais desestruturados e evidenciando mais padrões de agressividade e violência" (Provedoria da Justiça, 2003, p. 234). O referido documento refere-se ao psicólogo como "um elemento essencial da vida numa prisão" (p. 233) lamentando "os problemas associados à respectiva contratação e a precaridade dos vínculos laborais" e recomendando "que se dotem todos os estabelecimentos prisionais de psicólogos, permitindo-se desta feita um acompanhamento permanente de cada recluso, por parte destes especialistas" (p. 235).

O psicólogo prisional: papel e funções

Reconhecida a importância do psicólogo em contexto prisional, é necessário definir o seu papel e descrever as funções que lhe estão associadas. Bartol e Bartol (1994, 21) apresentam uma definição possível de psicólogo prisional: «Os psicólogos prisionais trabalham directamente com reclusos e indivíduos em diferentes fases do cumprimento de uma medida privativa da liberdade, administrando uma ampla variedade de técnicas de avaliação psicológica (intelectuais, personalidade, aptidões, vocacionais e educacionais), interpretando os resultados e elaborando relatórios abrangentes. Estão igualmente envolvidos no desenvolvimento, organização e administração de terapias individuais ou de grupo e de outros programas de reabilitação orientados para o tratamento de diversos problemas comportamentais. Os psicólogos prisionais proporcionam também serviços de aconselhamento a funcionários, em especial aos elementos da guarda prisional que têm contacto directo com os reclusos».

De acordo com Nietzel e Moss (1972, citados por Blackburn, 1993) as funções tradicionais do psicólogo a trabalhar em meio prisional são as de avaliação, tratamento, reabilitação e investigação. Entre estas, é a avaliação que possui a história mais longa, constituindo uma das primeiras funções dos psicólogos em meio prisional (Bartol & Bartol, 1994; Blackburn, 1993).

A avaliação psicológica

Tradicionalmente, a avaliação psicológica é conduzida em meio prisional tendo em vista a classificação do indivíduo e o planeamento do tratamento, ou uma apreciação para a saída em liberdade (Brodsky & Smitherman, 1983, citados por Blackburn, 1993). No entanto, existe um conjunto vasto de situações que também podem requerer uma avaliação psicológica, tais como tentativas de suicídio (Crighton, 2003), auto-mutilações, perturbações emocionais, comportamentos psicóticos, greves de fome, recusa em aderir a normas ou programas (Towl, 2003) e incidentes graves, como o sequestro de reféns, motins, barricadas ou contestações tumultuosas (Ashmore, 2003).

O processo de avaliação psicológica pode ocorrer em, pelo menos, três momentos distintos do percurso de um recluso: quando entra no sistema prisional, quando é necessário tomar decisões relacionadas com o regresso à vida em liberdade e em momentos críticos do ponto de vista psicológico[1] (Bartol & Bartol, 1994).

---

[1] Bartol e Bartol (1994) mencionam as condenações a pena de morte como uma quarta situação que chega aos serviços de avaliação psicológica, quando é considerada a competência para a sua execução. Uma vez que esta situação é estranha à realidade penal portuguesa optámos por não nos determos neste tema.

A qualidade da adaptação ao meio prisional é o resultado das características institucionais e das características dos indivíduos, aquando da entrada em meio prisional (Thomas, 1970, 1977; Thomas & Foster, 1972; Thomas *et al.*, 1978, citados por Wooldredge, 1999). Por sua vez, a capacidade para lidar com a reclusão em meio prisional é determinante para o sucesso dos programas de tratamento institucionais, bem como para a redução da violência e dos problemas de saúde entre reclusos resultantes de ansiedade e depressão (Wright & Goldstein, 1989). Neste contexto, a informação proveniente da avaliação psicológica inicial é particularmente valiosa, sobretudo para a tomada de decisões ao nível terapêutico e no que concerne à gestão do cumprimento de pena. No primeiro caso, o processo de avaliação é considerado parte integrante de uma intervenção terapêutica, ao identificar indivíduos que necessitam dos serviços de psicologia e ao permitir a adequada colocação em programas de tratamento. Para o cumprimento de pena em condições de segurança são relevantes informações relacionadas com o grau de perigosidade do indivíduo ou a probabilidade de ocorrência de comportamentos violentos. Em ambos os casos, espera-se que da avaliação psicológica inicial resultem informações diagnósticas e recomendações práticas.

A avaliação psicológica no contexto do regresso do indivíduo à vida em liberdade debate-se com questões colocadas pelas autoridades competentes[2] sobre a relevância do prolongamento da reclusão ou o cumprimento da restante pena em liberdade condicional, o risco para a comunidade de acolhimento que comporta a saída em liberdade, ou a probabilidade de reincidência do comportamento criminal. As conclusões provenientes da avaliação psicológica podem também ser solicitadas com o objectivo de solucionar crises momentâneas ou de evitar a sua manifestação no futuro (Bartol & Bartol, 1994).

Os procedimentos e instrumentos utilizados são comparáveis aos que caracterizam outros contextos de saúde mental, embora em meio prisional o processo se debruce sobre aspectos específicos tais como atitudes, valores e crenças anti-sociais, comportamentos sexuais desviantes, risco de reincidência criminal ou comportamento agressivo. A capacidade intelectual, o perfil da personalidade e a presença de psicopatologia são igualmente objecto de avaliação (Blackburn, 1993).

---

[2] O Tribunal de Execução de Penas, no caso português.

Tratamento e reabilitação

Como já foi referido, a informação que resulta da avaliação psicológica permite ao psicólogo recomendar programas[3] e elaborar planos de intervenção adequados aos indivíduos e às suas necessidades. São exemplos disto os programas de tratamento da toxicodependência, o desenvolvimento de aptidões de leitura e escrita, a aprendizagem de métodos eficazes de resolução de problemas e de tomada de decisões, o treino de auto-controlo para o comportamento impulsivo, a formação profissional em áreas vocacionalmente adequadas, o desenvolvimento de aptidões sociais ou o tratamento de comportamentos sexuais inadequados.

Os psicólogos alertam também para os indícios de perturbações graves da saúde mental, propondo medidas preventivas sempre que necessário. Estudos já efectuados demonstram que a prevalência de problemas graves de saúde mental entre a população reclusa, incluindo esquizofrenia, perturbação bipolar e depressão major, e de outros problemas como distímia, perturbações de ansiedade e perturbação anti-social da personalidade, associados a fenómenos como o alcoolismo e toxicodependência, não constitui uma preocupação menor no meio prisional (Edens, Peters & Hills, 1997; Steadman *et al.*, 1987, citados por Wang *et al.*, 1997; Veysey *et al.,* 1997). Os reclusos com estas perturbações constituem um problema significativo para a gestão do meio prisional, devido às manifestações agudas do próprio distúrbio que, muitas vezes, interferem com a subordinação a ordens ou normas prisionais, mas também devido à falta

---

[3] Em meio prisional, McGuire (2000) define um programa como uma sequência planeada de oportunidades de aprendizagem que é proporcionada aos reclusos com o objectivo geral de reduzir a sua reincidência criminal subsequente, o que pressupõe, numa perspectiva comportamental, a redução de comportamentos indesejáveis, através do recurso a estratégias de reforço positivo e de técnicas de consolidação do repertório de aptidões. Para além de um objectivo determinado e de uma sequência de actividades organizada em sessões calendarizadas, é indispensável que exista um modelo teórico robusto que justifique a sua estruturação e que ofereça dados empíricos favoráveis à sua eficácia. No mesmo artigo, McGuire refere-se ainda a um conjunto de actividades e de procedimentos em meio prisional, aos quais se pode aplicar a designação de 'programa', numa definição mais abrangente e flexível, mas aos quais faltam componentes essenciais da primeira definição.

de formação dos técnicos e dos guardas para lidarem adequadamente com estes problemas. Por outro lado, estes reclusos constituem um grupo particularmente vulnerável, no qual se combina o *stress* e o estigma inerentes aos problemas de saúde mental com o peso da reclusão que exacerba o isolamento e desconfiança muitas vezes associados à doença mental.

É importante referir que as intervenções terapêuticas são desejáveis para ajudar o recluso a lidar com os seus problemas psicológicos, sejam estes causa directa dos crimes pelos quais foram condenados ou não. No entanto, estas intervenções são, frequentemente, desenvolvidas com objectivos de reabilitação, pelo que se torna fundamental distinguir os alvos clínicos, incidentais à transgressão, dos factores que se acredita mediarem o comportamento criminal (Blackburn, 1993).

As ideias reabilitativas no âmbito do sistema jurídico-penal têm oscilado ao longo dos anos, entre o optimismo face à possibilidade de regeneração dos criminosos e a redução da reincidência, através do tratamento do comportamento criminal, e a descrença em qualquer tipo de recuperação (Andrews & Bonta, 1994; Cullen & Gendreau, 1989; Lipsey, 1995; Lösel, 1995; McGuire & Priestley, 1995; Motiuk & Serin, 2000). No entanto, a investigação mais recente, nomeadamente diversos estudos meta-analíticos realizados na América do Norte e na Europa, conduzidos com o objectivo de estimar a eficácia de diferentes técnicas de tratamento com criminosos (para uma revisão, cf. Andrews & Bonta, 1994; Pearson, Lipton, Cleland & Yee, 2002), contradizem o pressuposto de que 'nada resulta' no tratamento em contexto prisional, ao revelarem que muitos programas parecem ser eficazes na redução da reincidência em criminosos jovens e adultos (Andrews & Hoge, 2000; Kennedy, 2000).

Um aspecto saliente nestes estudos é o da maior eficácia apresentada pelos métodos cognitivo-comportamentais (Illescas, Sánchez-Meca & Genovês, 2001; Pearson, Lipton, Cleland & Yee, 2002). Estes métodos procuram promover o desenvolvimento cognitivo em áreas deficitárias, tais como a resolução eficaz de problemas, o raciocínio moral e as aptidões sociais, e a reestruturação cognitiva ao nível das distorções do pensamento, atitudes e convicções que conduzem ao comportamento de transgressão (Baro, 1999; *National Institute of Corrections*, 1997). O objectivo final destes métodos é o de fomentar formas de pensamento pró-sociais e de modificar os comportamentos adaptativos globais dos indivíduos, de tal forma que regressem ao meio exterior com novos repertórios de aptidões que sejam úteis na obtenção de reforços, através de situações socialmente desejáveis (Armstrong & Bourgnon, 2001; Pearson, Lipton, Cleland & Yee, 2002; Pedrosa, 2003; Pedrosa & Vaz Serra, 2004; Toch & Grant, 1993). Alguns autores, partindo dos resultados destes estudos, identificaram aqueles que acreditam ser os factores determinantes para a maior eficácia dos programas (Andrews, 1995; Gendreau, 1996; Hollin, 1999; McGuire, Mason & O'Kane, 2000). A sua descrição, em vários tópicos, é apresentada no Quadro 1.

Investigação e outras competências

Num plano distinto da provisão directa de serviços a reclusos, McMurran e Shapland (1989) consideram ainda um conjunto de competências do psicólogo relacionadas com as exigências colocadas pelas prisões, enquanto organizações sociais. Entre estas tarefas incluem-se serviços de consultadoria, a formação de funcionários e a elaboração, desenvolvimento e avaliação de programas de intervenção.

Desta forma, e numa perspectiva de prevenção primária e secundária, o psicólogo em meio prisional pode proporcionar serviços de consultadoria à direcção e chefia da prisão, sob a forma de informações acerca das características da população prisional, sugestões relacionadas com os problemas da população reclusa, e estratégias para lidar eficazmente com problemas específicos, como o risco de suicídio ou de comportamentos de auto-mutilação. Por outro lado, poderá também facultar formação a funcionários em áreas-chave, como sejam as aptidões elementares de aconselhamento para problemas de toxicodependência e alcoolismo ou a identificação de sinais e sintomas que indiciam risco de suicídio.

Integrando uma abordagem preventiva, podem também fazer parte do conteúdo funcional dos psicólogos em meio prisional actividades como a elaboração, implementação e avaliação de programas envolvendo actividades recreativas, vocacionais e educacionais, e actividades de investigação científica.

Por último, o psicólogo em meio prisional deverá desempenhar um papel fundamental na implementação e desenvolvimento de projectos de investigação que enriqueçam o conhecimento científico nesta área e fun-

QUADRO 1

Elementos dos programas de intervenção que contribuem para uma maior eficácia na redução da reincidência criminal entre reclusos

- Os programas e serviços mais eficazes baseiam-se em modelos explícitos e bem articulados das causas dos crimes e dos actos criminais. Isto deve ser conceptualmente claro e alicerçado em dados empíricos robustos.
- Reconhecimento da importância da avaliação do risco de reincidência criminal, baseado no percurso criminal e noutras variáveis, e atribuição de níveis de supervisão ou de serviços distintos, de acordo com estas informações.
- Indispensabilidade de uma avaliação de *necessidades criminógenas* ou de factores de risco dinâmicos, tais como atitudes, a influência de companheiros conotados com criminalidade, défices de aptidões, dependência de substâncias, ou dificuldades de auto-controlo, que se sabem estar associadas a comportamentos de transgressão e que podem modificar-se ao longo do tempo.
- Aplicação de métodos que correspondam a estilos de aprendizagem e de mudança dinâmicos, convergentes e participados que se observam em muitos reclusos, concomitante com a necessidade consciente de adaptação dos serviços às diferenças individuais.
- Utilização de métodos caracterizados por objectivos claros e que requerem o envolvimento competente e organizado de técnicos em tarefas prontamente aceites como relevantes para as necessidades dos reclusos.
- Recurso a uma abordagem *cognitivo-comportamental*, compreendendo um conjunto de métodos teoricamente relacionados, que se centram sobre as interacções dinâmicas entre os pensamentos, as emoções e o comportamento dos indivíduos no momento da conduta criminal.
- Necessidade de os serviços serem administrados por elementos dotados de formação apropriada e de recursos adequados, que adiram aos objectivos estabelecidos, adoptem métodos eficazes e conduzam avaliações sistemáticas dos progressos dos indivíduos e dos resultados globais dos próprios serviços.

Fonte: McGuire, Mason & O'Kane, 2000, pp. 301-302.

damentem intervenções, função esta que tende a ser frequentemente desconsiderada[4] (Towl, 2003).

A CONSULTA DE PSICOLOGIA CLÍNICA DO ESTABELECIMENTO PRISIONAL DE COIMBRA

O Estabelecimento Prisional de Coimbra

É um estabelecimento central, de regime fechado, que acolhe reclusos do sexo masculino e integra, dada a sua proximidade física, o sector feminino do *Estabelecimento Prisional Regional de Coimbra.* Com uma lotação de 421 indivíduos o *Estabelecimento Prisional de Coimbra* acolhe uma população prisional maioritariamente constituída por reclusos em cumprimento de penas de longa duração e está vocacionado para a aprendizagem de vários ofícios, possuindo para tal oficinas nas áreas de marcenaria, carpintaria, serração, estofaria, encadernação, entre outras.

De acordo com o *Relatório de 2003* do Provedor de Justiça sobre o *Sistema Prisional* (Provedoria de Justiça, 2003), à data da recolha de elementos, a população do *Estabelecimento Prisional de Coimbra* era constituída por 414 reclusos, todos eles condenados e nenhum menor de 21 anos. Entre os aspectos que caracterizam esta população prisional destacam-se os seguintes:

- A taxa de reincidência encontrada foi de 82% (344 reclusos).
- A quase totalidade dos reclusos (407 ou 98%) encontrava-se em cumprimento de penas superiores a 3 anos e não existia nenhum caso de pena inferior a 6 meses.

---

[4] Ao debruçar-se sobre a realidade britânica, Towl (2003) sublinha que a investigação em meio prisional deverá surgir, sobretudo, das necessidades específicas da própria instituição prisional, traduzindo uma preocupação num funcionamento organizacional mais eficaz. Desta forma, procura-se que o resultado final de um estudo científico não fique apenas por uma dissertação, que corresponda às exigências de um grau académico, mas que tenha um impacto real nas políticas e nas práticas da prisão. Este parece-nos um aspecto igualmente relevante para o sistema prisional português.

- Relativamente aos motivos da condenação é largamente superior o número de reclusos condenados por crimes com motivação associada a estupefacientes (cerca de 85% do total).
- No que diz respeito à frequência escolar continuava a ser maioritária a situação de reclusos que revelam frequência do ensino básico. Entre estes, era mais elevado o número dos reclusos que apenas haviam frequentado ou concluído o primeiro ciclo, quando comparados com os que haviam frequentado ou concluído outros graus do ensino básico: 186 (45%) contra 96 (23%). Com frequência ou conclusão do ensino secundário existiam 46 reclusos (11%) e do ensino superior 12 (3%).
- A taxa de analfabetismo encontrada foi de 15% (63 reclusos).
- Em termos de situação profissional anterior, os dados recolhidos são os seguintes: operários (158 reclusos – 38%), trabalhadores rurais e pescadores (68 reclusos – 16%) e trabalhadores dos serviços (61 reclusos – 15%). Quinze reclusos (4%) não tinham ocupação ou estavam desempregados à data da detenção.

A consulta de psicologia clínica

Debruçamo-nos agora sobre os serviços prestados à população prisional apenas na área da psicologia e que, no caso em análise, são assegurados por uma equipa técnica constituída por dois psicólogos da área da psicologia clínica, que exercem funções na Cadeia Central e na Cadeia Feminina do *Estabelecimento Prisional de Coimbra,* desde Setembro de 2001.

Esta equipa tem desenvolvido um trabalho específico de avaliação e intervenção clínicas, envolvendo várias actividades, das quais se destacam:

- Prestação de consultas de psicologia à população reclusa.
- Participação em reuniões com outros técnicos e serviços do Estabelecimento Prisional, com o objectivo de articular intervenções e de prestar apoio e informação nas tomadas de decisão relacionadas com o acolhimento e acompanhamento dos reclusos.
- Colaboração com a Direcção e com o Serviço de Vigilância e Segurança, dando resposta à solicitação de informação psicológica em casos de aplicação de medidas disciplinares e sugerindo estra-

tégias de relacionamento interpessoal, tendo em vista manter a segurança do estabelecimento e de todas as pessoas que nele se encontram.

- Elaboração de pareceres e de perícias de personalidade solicitadas pelo *Tribunal de Execução de Penas*, para efeitos de tomada de decisão.

No âmbito da problemática da prevenção do suicídio em meio prisional esta consulta foi igualmente responsável pela implementação de um plano de intervenção, com o objectivo de organizar uma rede de formadores, nesta área, constituída por técnicos de vários estabelecimentos prisionais. Presentemente, procede-se à sistematização de um conjunto de estratégias, com vista à definição de um modelo de intervenção global para o sistema prisional na prevenção do suicídio.

Paralelamente às actividades mencionadas decorre, actualmente, a implementação de um plano de actividades dividido em duas fases distintas. A primeira fase tem como objectivo avaliar sistematicamente a população prisional do *Estabelecimento Prisional de Coimbra*, identificando dificuldades em diversas áreas que poderão ser alvo de intervenção.

Numa segunda fase, e partindo da caracterização e classificação inicial, está prevista a implementação de programas terapêuticos e de treino de aptidões, com o objectivo de promover a adaptação à vida prisional, a estabilidade emocional do recluso durante o cumprimento da pena e o desenvolvimento de capacidades que possibilitem uma melhor adequação à vida em liberdade, minimizando os efeitos inerentes à reclusão prolongada.

O processo de avaliação descrito na primeira fase segue uma sequência estandardizada. Inicia-se com a tomada de conhecimento formal da entrada do indivíduo no Estabelecimento Prisional e a consulta do processo individual para recolha dos dados socio-demográficos e jurídico-penais. Segue-se uma primeira entrevista ao recluso, na qual é apresentada a consulta de psicologia e descrito o seu funcionamento e se elabora um genograma recolhendo informação sumária acerca das relações familiares.

Este primeiro contacto termina com a condução de uma Entrevista Psicológica Inicial que se destina a identificar as dificuldades relacionadas com toxicodependência, alcoolismo, problemas de saúde mental, comportamentos de auto-mutilação e tentativas de suicídio. Também se inquirem individualmente os reclusos acerca da sua necessidade subjectiva de apoio para outros problemas específicos na área da psicologia.

A avaliação inicial incide igualmente sobre as áreas intelectual, da personalidade e psicopatológica, recorrendo-se para tal à utilização, respectivamente, das *Matrizes Progressivas de Raven*, do *Inventário Multifásico da Personalidade de Minnesota*-2 (Ávila-Espada & Jiménez-Gómez, 1999) e do BSI – *Brief Symptom Inventory* (Canavarro, 1999; Derogatis, 1993). Posteriormente, procede-se à avaliação psicológica abrangente das áreas identificadas pela avaliação psicológica inicial como problemáticas. Para este segundo momento de avaliação foram elaboradas entrevistas estruturadas, tendo em vista a recolha de informação sobre dificuldades relacionadas com toxicodependência, alcoolismo, problemas de saúde mental, comportamentos de auto-mutilação e tentativas de suicídio. Nesta segunda fase são também utilizados instrumentos como a *Escala de Inteligência de Weschler para Adultos* (WAIS), a *Psychopathy Checklist Revised* (PCL–R) (Hare, 1991; Gonçalves, 1999) e instrumentos psicométricos específicos para a avaliação de psicopatologia.

Todos os dados da avaliação psicológica são registados e guardados no processo individual da Consulta de Psicologia, constituindo informação confidencial sujeita aos preceitos éticos e de sigilo da informação clínica.

Paralelamente a este processo de avaliação psicológica sistemática está prevista a elaboração de programas de intervenção psicológica orientados para o abuso de substâncias (toxicodependência e alcoolismo), aconselhamento psicológico para problemas diversos, como sejam: défice de aptidões sociais e problemas no relacionamento interpessoal; dificuldades no controlo do comportamento impulsivo e agressividade; impacto psicológico de problemas crónicos e agudos de saúde (incluindo infecção por VIH); problemas do comportamento específicos associados a crimes de natureza sexual; e problemas emocionais (perturbações do humor, ansiedade e outros quadros clínicos).

Por último, é intenção da consulta de psicologia proceder ao registo e análise estatística da informação proveniente das avaliações e intervenções psicológicas conduzidas. O objectivo deste procedimento é o de obter informação que contribua para um conhecimento científico, abrangente e actualizado da população prisional da Cadeia Central do *Estabelecimento Prisional de Coimbra* e, de uma forma geral, em conjunto com dados semelhantes provenientes de outras instituições do sistema prisional português.

CONCLUSÃO

A psicologia prisional representa uma área de intervenção com, pelo menos, meio século de existência e cuja enorme importância tem vindo a ser reconhecida pelos próprios agentes do sistema jurídico-penal português. Para além das funções tradicionais de avaliação, tratamento, reabilitação e investigação, adaptadas à exigências específicas do contexto prisional, contam-se igualmente entre as competências do psicólogo prisional tarefas de consultadoria, formação de funcionários e a elaboração, desenvolvimento e avaliação de programas de intervenção.

A estruturação da consulta de psicologia clínica do *Estabelecimento Prisional de Coimbra* tem atendido, por um lado, às exigências e necessidades próprias desta instituição prisional e, por outro, ao conteúdo funcional do psicólogo prisional, tal como é descrito pela literatura científica actual. No âmbito do trabalho até aqui desenvolvido, as tarefas relacionadas com a avaliação psicológica dos reclusos foram alvo de maior atenção numa fase inicial, à qual se seguirá uma ênfase na estruturação e na implementação de programas de intervenção. Os dados recolhidos no decurso das estratégias de intervenção psicológica servirão, igualmente, o propósito da investigação científica neste domínio.

BIBLIOGRAFIA

ANDREWS, D. A. (1995). The psychology of criminal conduct and effective treatment. In J. McGuire (Ed.), *What works: reducing re-offending: guidelines from research and practice* (pp. 35-62). Chichester: John Wiley & Sons.

ANDREWS, D. A. & HOGE, R. D. (2000). The psychology of criminal conduct and principles of effective prevention and rehabilitation. *Forum on Corrections Research, Special Edition,* 12-14.

ANDREWS. A., & BONTA, J. (1994). *The psychology of criminal conduct.* Cincinnati, OH: Anderson Publishing Company.

Armstrong, B. & Bourgnon, G. (2001). New directions in effective correctional treatment. *Forum on Corrections Research, 13,* 53-55.

ASHMORE, Z. (2003). Incident management. In G. Towl (Ed.). *Psychology in prisons* (pp. 27-34). Leicester: BPS Blackwell.

ÁVILA-ESPADA, A. & JIMÉNEZ-GÓMEZ, F. (1999). *Adaptación española del*

Inventário Multifásico de Personalidade de Minnesota – 2 (MMPI--2). Madrid: TEA Ediciones.

Baro, A. (1999). Effects of a cognitive restructuring program on inmate institutional behavior. *Criminal Justice and Behavior, 16*, 466-484.

Bartol, C., & Bartol, A. (1994). *Psychology and law: Research and application*. Belmont: Brooks Cole.

Blackburn, R. (1993). *The psychology of criminal conduct – theory, research, and practice*. Chichester: Wiley.

Canavarro, M. C. (1999). Inventário de sintomas psicopatológicos – BSI. In M. R. Simões, M. Gonçalves & L. Almeida (Eds.), *Testes e provas psicológicas em Portugal* (*Vol. II*, pp. 95-109). Braga: SHO.

Cooke, D., Baldwin, P. & Howison, J. (1990). *Psychology in prisons*. London: Routledge.

Crighton, D. (2003). Working with suicidal prisoners. In G. Towl (Ed.), *Psychology in prisons* (pp. 138-147). Leicester: BPS Blackwell.

Cullen, F., & Gendreau, P. (1989). The efectiveness of correctional rehabilitation: reconsidering the "nothing works" debate. Issues in correctional research and policy. In L. Goodstein & D. L. MacKenzie (Eds.), *The American prison – issues in research and policy* (pp. 23--44). New York: Plenum Press.

Derogatis, L. R. (1993). *BSI: Brief Symptom Inventory: administration, scoring and procedures manual*. Minneapolis: National Computer Systems.

Edens, J., Peters, R. & Hills, H. (1997). Treating prison inmates with co-occurring disorders: An integrative review of existing programs. *Behavioral Sciences and the Law, 15*, 439-457.

Gendreau, P. (1996). Offender rehabilitation: What we know and what needs to be done. *Criminal Justice and Behavior, 23*, 144-161.

Gonçalves, R. A. (1993). *A adaptação à prisão: Um processo vivido e observado*. Lisboa: Direcção-Geral dos Serviços Prisionais.

Gonçalves, R. A. (1998). Tratamento penitenciário: Mitos e realidades, ilusões e desilusões. *Temas Penitenciários*, série II, 1, 65-82.

Gonçalves, R. A. (1999). *Psicopatia e Processos Adaptativos à Prisão: Da intervenção para a prevenção*. Braga: Centros de Estudos em Educação e Psicologia - Universidade do Minho.

Gonçalves, R. A. (1996a). Contributos para a história de uma psicologia da justiça e da reinserção social em Portugal. *Psychologica, 15*, 93-100.

GONÇALVES, R.A. (1996b). Psicologia da Justiça: um longo passado para uma designação recente. *Psicologia: Teoria, Investigação e Prática, 1*, 207-218.

HARE, R. D. (1991). *The Hare Psychopathy Checklist – Revised.* Toronto: Multi Health Systems.

HOLLIN, C. R. (1999). Treatment programs for offenders: meta-analysis, "what works", and beyond. *International Journal of Law and Psychiatry, 22*, 361-371.

ILLESCAS, S., SANCHES-MECA, J., & Genovês, V. (2001). Treatment of offenders and recidivism: Assessment of the effectiveness of programs applied in Europe. *Psychology In Spain, 5* (1), 47-62.

KENNEDY, S.M. (2000). Treatment responsivity: reducing recidivism by enhancing treatment effectiveness. *Forum on Corrections Research, 14,* 19-23.

LIPSEY, M. (1995). What do we learn from 400 research studies on the effectiveness of treatment with juvenile delinquents? In J. McGuire (Ed.), *What works: reducing reoffending*. Chichester: Wiley.

LÖSEL, F. (1995). The efficacy of correctional treatment: a review and synthesis of meta-evaluations. In J. McGuire (Ed.), *What works: reducing reoffending* (pp. 79-113). Chichester: Wiley.

MCGUIRE, J. (2000). Defining correctional programs. *Forum on Corrections Research, 12,* 5-9.

MCGUIRE, J. & Priestley, P. (1995). Reviewing "what works": past, present and future. In J. McGuire (Ed.), *What works: reducing reoffending* (pp. 3-34). Chichester: Wiley.

MCGUIRE, J., MASON, T.; & O'KANE, A. (2000). Effective interventions, service and policy implications. In J. McGuire, T. Mason, & A. O'Kane (Eds.), *Behaviour, crime and legal processes: a guide for forensic practitioners* (pp. 289-314). Chichester: John Wiley & Sons.

MCMURRAN, M. & SHAPLAND, P. (1989). What do prison psychologists do? *The Psychologist*, 2, 178-289.

MILAN, M., & EVANS, J. (1987). Intervention with incarcerated offenders. In I. Weiner & A. Hess (Eds.), *Handbook of Forensic Psychology* (pp. 557-583). New York: Wiley.

MOTIUK, L. & SERIN, R.C. (2000). Compendium on 'what works' in offender programming. *Forum on Corrections Research, 12,* 3-5.

NATIONAL INSTITUTE OF CORRECTIONS (1997). *Cognitive/behavioral strate-*

gies to changing offender behavior. Washington, DC: U. S. Department of Justice.

PEARSON, F. S., LIPTON, D. S., CLELAND, C. M., & YEE, D. S. (2002). The effects of behavioral/cognitive-behavioral programs on recidivism. *Criminal Justice and Behavior, 48*, 476-496.

PEDROSA, C. (2003). *Resolução de problemas e percepção de controlo pessoal em indivíduos com comportamentos criminais recorrentes.* Dissertação de mestrado não publicada. Faculdade de Psicologia e Ciências da Educação, Universidade de Coimbra.

PEDROSA, C. & VAZ SERRA, A. (2004). Perda de eficácia em situações de stress e reincidência criminal: estratégias de resolução de problemas e percepção de controlo pessoal em indivíduos com comportamentos criminais recorrentes. *Psychologica, 35*, 111-132.

PROVEDORIA DA JUSTIÇA. (2003). *As Nossas Prisões – III Relatório sobre o Sistema Prisional Português*. Lisboa: Provedoria da Justiça: Serviços de documentação.

TOCH, H. & GRANT, J. D. (1993). Noncoping and maladaptation in confinement. Issues in correctional research and policy. In L. Goodstein & D. L. MacKenzie (Eds.), *The American prison – issues in research and policy* (pp. 209-228). New York: Plenum Press.

TOWL, G. (2003). Psychological services in HM Prision Service. In G. Towl (Ed.), *Psychology in prisons* (pp. 1-9). Leicester: BPS Blackwell.

VEYSEY, B., STEADMAN, H., MORRISSEY, J. & JOHNSEN, M. (1997). In search of the missing linkages: Continuity of care in U. S. jails. *Behavioral Sciences and the Law, 15*, 383-397.

WANG, E., ROGERS, R., GILES, C., DIAMOND, P., HERRINGTON-WANG, L. & TAYLOR, E. (1997). A pilot study of the Personality Assessment Inventory (PAI) in corrections: assessment of malingering, suicide risk, and aggression in male inmates. *Behavioral Sciences and the Law, 15*, 469-482.

WEINBERG, L. E. & SREENIVASAN, S. (1994). Ethical and professional conflicts in correctional psychology. *Professional Psychology: Research and Practice, 25 (2)*, 161-167.

WOOLDREDGE, J. (1999). Inmate experiences and psychological wellbeing. *Criminal Justice and Behavior, 26 (2)*, 235-250.

WRIGHT, K. & GOODSTEIN, L. (1989). Correctional environments. In L. Goodstein & D. L. MacKenzie (Eds.), *The American prison – issues in research and policy* (pp. 253-270). New York: Plenum Press.

Delinquência juvenil: Estudos holandeses sobre o abuso sexual praticado por jovens*

ANTON VAN DIJK
Academia de Polícia, Holanda
THEO DORELEIJERS
Centro de Medicina da Universidade Livre de Amsterdão, Holanda
RUUD BULLENS
Universidade Livre de Amsterdão, Holanda

INTRODUÇÃO

Tal como os adultos, também os jovens praticam actos de delinquência, nomeadamente *crimes contra a pessoa*, incluindo o abuso sexual. Nos países anglo-saxónicos, sobretudo na América do Norte, já desde os anos oitenta se efectuam estudos relativos a este tipo de criminalidade. O abuso sexual praticado por jovens foi, durante muito tempo, designado por *comportamento de experimentação inocente*, e entendido como circunscrito temporalmente ou sem uma linha de continuidade a longo prazo (Ryan, 1999). No entanto, as investigações americanas tornaram evidente que muitos dos delinquentes adultos haviam já desenvolvido as suas preferências sexuais desviantes, pela primeira vez, quando jovens (Abel *et al.*, 1987). É da temática do abuso sexual praticado por jovens que trata este capítulo, aludindo, sobretudo, ao contexto holandês.

---

* Tradução de José Augusto da Silva Rebelo.

PREVALÊNCIA E TIPOS DE ABUSO SEXUAL NOS JOVENS

Os jovens representam uma parte importante do número total de sujeitos que já praticaram *crimes contra a pessoa*, nomeadamente actos de abuso sexual. Nos Estados Unidos, segundo dados do FBI, os jovens representam pelo menos 20% da frequência total deste tipo de crime, considerando todos os actos de violação e outros delitos sexuais (Becker e Hicks, 2003). Porém, presume-se que esta percentagem diga apenas respeito ao número de infracções conhecidas. Barbaree e colaboradores (1993) defendem mesmo que os jovens talvez sejam o grupo etário responsável por metade dos casos de prática de abuso sexual de crianças. Ainda neste contexto, Ryan (1997) supõe que o delinquente primário (*first offender*) juvenil tenha praticado, em média, sete crimes *contra a pessoa*, em particular de abuso sexual.

Tendo por base os registos policiais, é possível indicar o número de jovens detidos e inquiridos pela polícia, relativamente à pratica de crimes de abuso sexual, bem como o tipo de delito cometido. No que concerne a esta tipologia, considerámos a classificação do *Departamento Central de Estatística da Holanda*, que distingue quatro categorias principais de delito: 'comportamentos de exibicionismo', 'violação', 'assédio sexual' (esta categoria refere-se, particularmente, a comportamentos de assédio que implicam contacto físico – por exemplo, 'apalpar', 'tocar') e 'outros delitos' (referentes a abuso sexual envolvendo crianças).

Para uma breve descrição do fenómeno, apresentamos, no Gráfico 1, uma síntese dos dados referentes ao período de 1990 a 2002, inclusive.

Pela observação do gráfico, podemos constatar que o número de jovens suspeitos de crimes de abuso sexual tem vindo a aumentar desde 1990. Nesse ano, foram inquiridos pela polícia 385 jovens e, em 2002, 926, isto é, mais do dobro de casos. Com excepção do número de jovens que praticaram actos de exibicionismo, que se manteve relativamente estável durante o período considerado, foram sobretudo os comportamentos de assédio que mais aumentaram, seguidos pelos da categoria 'outros delitos' e pelos comportamentos de violação.

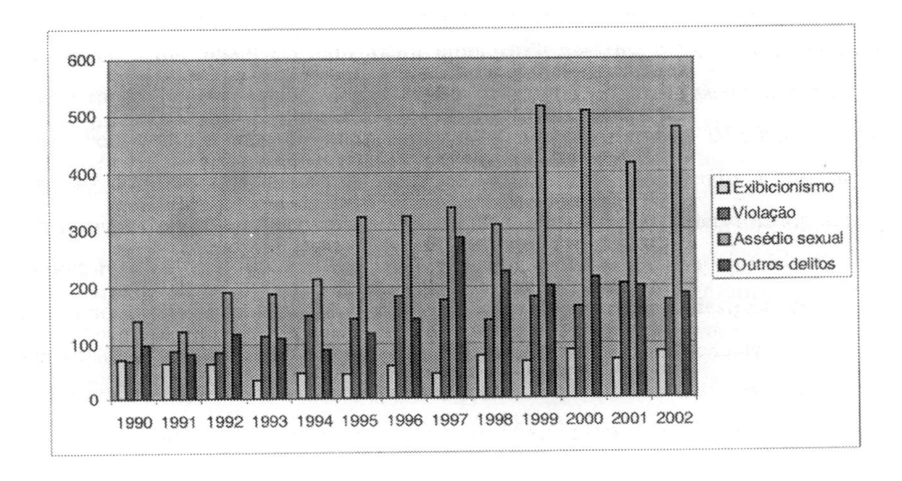

GRÁFICO 1

Número de menores detidos/inquiridos pela polícia, suspeitos de crimes de abuso sexual, e tipo de crime cometido (1990-2002)

Fonte: WODC/SIBA

Se nos reportarmos ao mesmo período de tempo, este acréscimo é, de resto, acompanhado por um aumento geral da taxa de criminalidade juvenil, ainda que este último seja menos acentuado, se considerarmos o número de menores detidos e inquiridos pela polícia: em 1990 foram registados 38.300 casos e, em 2001, 47.100 (Eggen *et al.*, 2003). Assim, podemos dizer que o aumento da criminalidade juvenil não explica, completamente, o acréscimo relativo aos crimes de abuso sexual praticados por jovens.

Uma das explicações para o aumento do número de jovens suspeitos de crimes de abuso sexual é existirem, na realidade, e em termos absolutos, mais jovens a praticar este tipo de delitos. Mas, também é possível considerar a influência de outras variáveis: as vítimas podem ter, actualmente, uma capacidade de iniciativa diferente para efectuar a denúncia, o que resultaria num maior número de queixas; o facto de a polícia e outras entidades do Estado estabelecerem como prioritária a investigação deste tipo de crimes, bem como o facto de, nos últimos anos, o comportamento de abuso sexual ter saído do domínio dos 'tabus'; o facto de, actualmente, atendendo à mudança de circunstâncias e de perspectivas, o Direito Penal contemplar determinados actos ou comportamentos dos jovens que, no passado, não eram, ou quase não eram, considerados puníveis, como é o caso de actos que podemos designar por 'delitos cometidos nas piscinas', pretendendo com isto aludir aos assédios sexuais que envolvem contacto físico e que ocorrem, usualmente, nesses locais (Bullens, 1999); e, finalmente, pode apontar-se, como uma das possíveis explicações, o desenvolvimento de competências que a polícia agora possui para melhor identificar e lidar com este tipo de casos.

ETIOLOGIA DO ABUSO SEXUAL

A etiologia do comportamento sexual desviante é complexa e requer, por isso, uma abordagem interdisciplinar (Wijk, Doreleijers e Bullens, 1999). Além disso, e como em todos os fenómenos complexos, não é possível apontar uma causa única para explicar a prática de um delito de abuso sexual, devendo considerar-se, para esse fim, a confluência e a interacção de diversos determinantes ou factores (Marshall e Barbaree, 1990). Barbaree, Marshall e McGormick (1998) desenvolveram um modelo geral explicativo do comportamento sexual desviante, onde descrevem os diferentes factores que podem levar à prática de actos de abuso sexual, por parte de jovens. Tal modelo encontra-se esquematizado na Figura 1.

Os jovens que cometem crimes de abuso sexual crescem, frequentemente, no seio de famílias onde a negligência e o maltrato ocorrem. Os pais descuidam e/ou maltratam os filhos, o que poderá estar na origem de um 'distúrbio de apego'. Os filhos, por não disporem de referenciais de aprendizagem adequados, são incapazes de pedir atenção, de forma ajustada e positiva. Recorrem, assim, a comportamentos agressivos, de violência e de manipulação, para satisfazer as suas necessidades. Este tipo de conduta irá, mais tarde e em grande parte, dificultar as relações sociais com os colegas da mesma faixa etária. É, ainda, afectada a capacidade de o jovem se envolver em relações íntimas com o sexo oposto, o que pode resultar numa auto-imagem baixa. Estes jovens têm poucas ou nenhumas capacidades de empatia e desenvolvem um estilo de vida anti-social ou criminal. Barbaree, Marshall e McGormick (1998) designam este quadro de *síndrome de incompetência social* (*syndrome of social disability*).

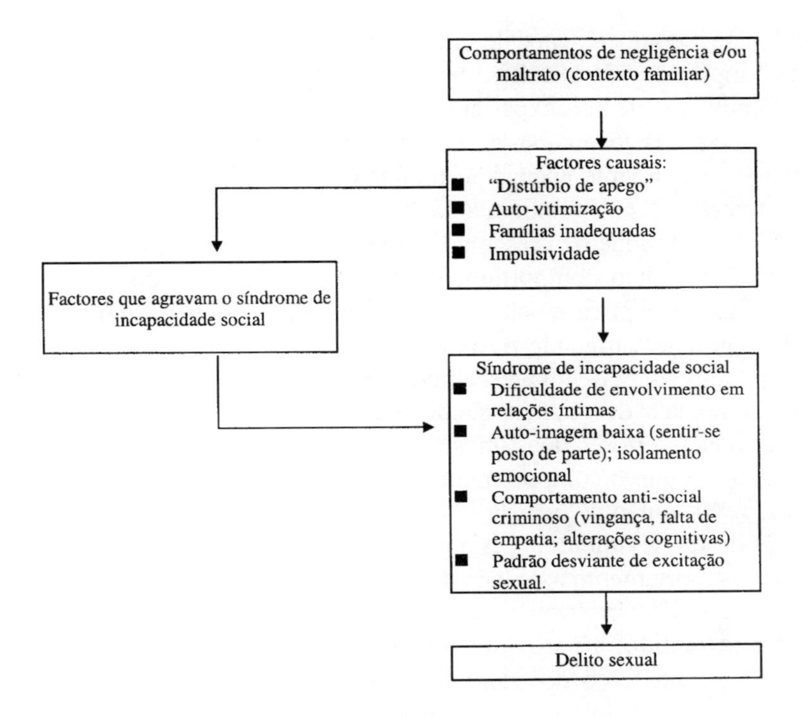

FIGURA 1
Modelo geral explicativo do comportamento sexual desviante
(Barbaree, Marshall e McGormick, 1998)

A gravidade deste problema e, indirectamente, a gravidade dos delitos de abuso sexual derivam, portanto, de 'distúrbios de apego', de comportamentos de auto-vitimação, da vivência em famílias inadequadas e da impulsividade dos próprios indivíduos. À medida que estes factores vão desempenhando um papel mais importante no desenvolvimento dos jovens, aumenta também a probabilidade de eles cometerem delitos (violentos). Certamente que quando estes chegarem à puberdade e descobrirem que são incapazes de estabelecer relações normais, isto provocar-lhes-á sentimentos de irritação e de desconforto. Gera-se, assim, um círculo vicioso: a falta de competências sociais impede contactos normais, sobretudo com o sexo oposto, e aumenta a incompetência social. Isto vai depois ter influência no modo como os jovens avaliam os outros e se avaliam a si próprios. Sobretudo nos rapazes, a prática de violência sexual com raparigas provoca sentimentos de incompetência e de inferioridade (a curto prazo), os quais, após algum tempo e devido a efeitos cumulativos, emergem de uma forma reforçada. Gradualmente, tais experiências sexuais podem vir a ser incorporadas nas fantasias dos jovens, surgindo então a possibilidade de eles ficarem excitados sexualmente apenas ao imaginarem-se a abusar da vítima, passando, todavia, depois também ao acto. Fica assim fechado o círculo.

Embora o modelo apresentado procure interligar os diversos factores relacionados com o comportamento sexual desviante, a questão que se coloca é se ele explica todas as formas de delinquência sexual e se contempla a grande variedade de praticantes e de vítimas de delitos. Além disso, o modelo parte expressamente do desenvolvimento de comportamentos sexuais desviantes, sendo a ênfase colocada na família e nas experiências anteriores dos filhos. Em nosso entender, este é um aspecto importante, já que o comportamento, por definição, não é estático, mas é dinâmico. No entanto, fica de certo modo desvalorizado o próprio processo de desenvolvimento, pois alguns jovens, já em idade muito precoce, exibem comportamentos sexuais desviantes, os quais, ao longo dos anos, tendem a evoluir para formas de manifestação mais graves.

Neste sentido, a partir dos estudos de Longo e Groth (1983) concluiu-se que um terço dos delinquentes sexuais adultos apresenta uma evolução de um comportamento sexual não agressivo (por exemplo, masturbação incontrolável, exibicionismo e *voyeurismo*), quando jovem, para formas graves e mesmo agressivas desse tipo de conduta, já na idade adulta (Longo e Groth, 1983). Por outras palavras, o delito sexual parece ter na base, frequentemente, um acumular de comportamentos sexuais desviantes, anteriores e menos graves. Este aspecto é, no entanto, descurado no modelo de Barbaree, Marshall e McGormick (1998), atrás referido.

TRAJECTÓRIAS DO COMPORTAMENTO DE ABUSO SEXUAL

Após a prática de um primeiro delito de abuso sexual, os jovens delinquentes podem seguir três trajectórias diferentes (Becker e Kaplan, 1988), que esquematizamos na Figura 2. A primeira, designada por *trajectória interrompida ou bloqueada*, é aquela em que o jovem, após cometer o primeiro delito de abuso sexual, não pratica qualquer outro crime deste tipo. Estima-se que mais de metade dos jovens delinquentes que praticam abuso sexual pertença a este grupo, designado por *delinquentes primários*. Incluem-se, aqui, os jovens que, talvez por inexperiência, cometeram actos abusivos durante a sua primeira descoberta sexual, bem como os jovens que, de algum modo, temeram as consequências do seu crime. A segunda trajectória, designada por *trajectória delinquente*, é aquela em que o jovem comete delitos de abuso sexual e de outra natureza, como sejam o roubo ou a violência. Este é o grupo dos *delinquentes generalistas* (Wijk e Ferwerda, 2000). É nele que se situa a maior percentagem de jovens que continua a praticar crimes, após o primeiro acto cometido. A terceira trajectória, designada por *trajectória desviante de abuso sexual*, é a que inclui jovens que praticam, exclusivamente, actos de abuso sexual. Estes últimos constituem o grupo dos chamados *delinquentes especializados*, correspondendo, segundo estimativas efectuadas, a 2% do total de delinquentes que praticam abuso sexual.

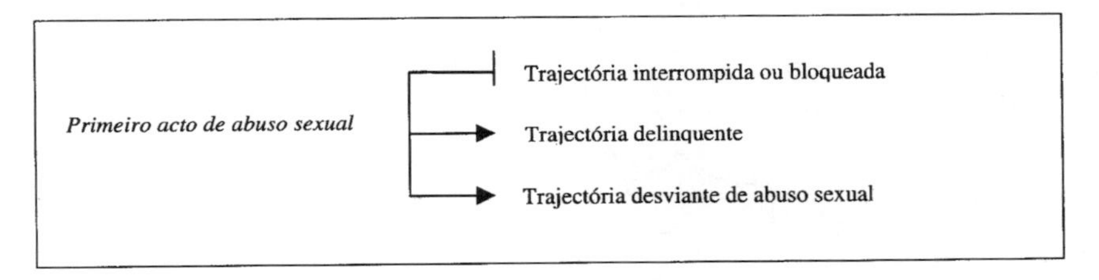

FIGURA 2
Trajectórias após o primeiro acto de abuso sexual
(Becker e Kaplan, 1988)

O grupo dos delinquentes especializados inclui, por exemplo, os pedófilos. Nestes, o desenvolvimento sexual desviante é um factor que os caracteriza. No grupo dos delinquentes generalistas, incluem-se aqueles indivíduos que, quando adultos, praticam actos de violação (violação de mulheres) e, além disso, cometem também outros delitos. Nestes é comum a presença de distúrbios do comportamento, quando jovens, e desordens de personalidade (personalidade anti-social), quando adultos. No caso dos que praticam incesto, também referidos como *abusadores situacionais*, o delito de abuso sexual é a única prevaricação. Em geral, e diferentemente dos indivíduos que praticam actos de violação ou dos pedófilos, estes últimos não apresentam quaisquer outros distúrbios. Seguidamente, apresentamos, na Figura 3, as diferentes trajectórias que os jovens delinquentes que praticam abusos sexuais podem percorrer, até à idade adulta (Bullens e Van Wijk, 2002).

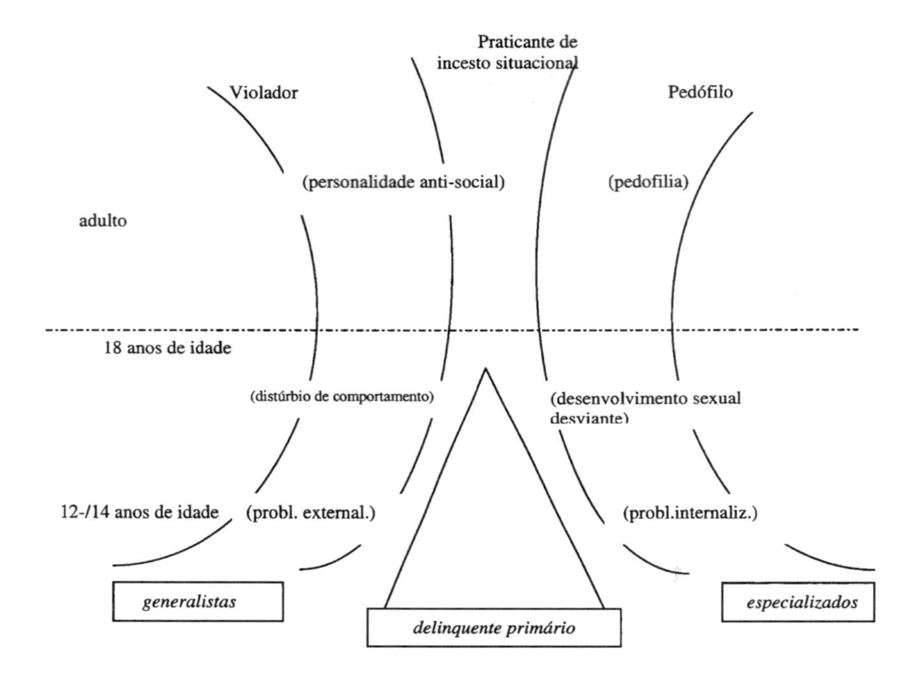

FIGURA 3
Trajectórias do comportamento de abuso sexual praticado por jovens
(Bullens e Van Wijk, 2002)

CLASSIFICAÇÃO DOS JOVENS DELINQUENTES SEXUAIS

Do esquema de trajectórias, atrás apresentado, podemos concluir que há diversos tipos de jovens delinquentes que praticam abuso sexual. Na realidade, o modelo já anteriormente referido, da síndrome de incompetência social, é multiforme, pois nele encontram-se elementos que dizem respeito a diferentes tipos de delinquentes sexuais.

Já por diversas vezes se tentou efectuar uma classificação dos jovens delinquentes sexuais. Uma dessas tentativas mais conhecidas é a de Knight e Prentky (1990), que desenvolveram uma tipologia para prevaricadores adultos baseada em dados empíricos e, mais tarde, a aplicaram a jovens delinquentes sexuais (Knight e Prentkly, 1993). Contudo, parece que somente dois dos tipos desta classificação se aplicam a jovens prevaricadores. Entre os jovens delinquentes sexuais encontram-se sobretudo indivíduos com competência social baixa e com muitos comportamentos anti-sociais.

Uma outra classificação, a de O'Brien e Bera (1986), foi elaborada com base em observações clínicas e distingue 7 tipos que acentuam, principalmente, os traços de personalidade do prevaricador, as características do delito e das vítimas, as possibilidades de tratamento e a probabilidade de repetição do acto. Sendo assim, esta tipologia mostra-se bastante completa e diferenciada e é sobretudo funcional para a prática clínica.

Finalmente, uma maneira, mais simples, de subdividir os jovens delinquentes sexuais é, tal como acontece com os adultos prevaricadores, tomar em consideração a natureza do próprio delito. Por um lado, há delitos que não implicam o contacto físico (*hands-off*), como o exibicionismo e o *voyeurismo*, por outro, há delitos que podem envolver esse tipo de contacto (*hands-on*), como o assédio e a violação (ver, por exemplo, Saunders *et al.*, 1986). Se tomarmos em consideração a idade da vítima, os delitos com possível contacto físico subdividem-se em violação e/ou assédio contra colegas da mesma idade ou adultos e abuso de crianças pequenas. Esta distinção é ainda a mais comum da literatura (Hendriks e Bijleveld, 2004; Hunter *et al.*, 2000; 2003).

PERFIL DOS JOVENS ASSEDIADORES/VIOLADORES E ABUSADORES DE CRIANÇAS

Nos parágrafos seguintes desenhamos um perfil dos violadores de colegas da mesma idade e dos abusadores de crianças, descrevendo as características de ambos os tipos, segundo dados obtidos em estudos feitos na Holanda. Em cada caso, trata-se de um 'perfil-tipo', pois consideramos que a realidade deste fenómeno será certamente mais multiforme. Deixaremos o exibicionismo de fora, devido à insuficiência de dados robustos provenientes das investigações neste domínio (ver, a este propósito, Wijk e Blokland, 1999).

Perfil dos jovens assediadores/violadores

A família do jovem violador/assediador (adiante designado por violador) é geralmente uma família multi-problemática, que é já conhecida em instituições de assistência social. O pai costuma ser um homem irascível, habitualmente consumidor excessivo de álcool e, muitas vezes, maltratante da mulher e dos filhos. Não raramente, este homem tem um passado de crime. Os estilos educativos por si adoptados tendem a ser bastante severos, sendo, em contrapartida, os da mãe demasiado permissivos. Por este motivo, o violador jovem inclina-se a afirmar que tem uma melhor relação com a mãe do que com o pai. O violador aproveita-se, então, da situação, em que a mãe cede para 'livrar-se de incómodos'. Na família, o jovem violador, habitualmente após o divórcio dos pais, evidencia os respectivos problemas de comportamento: não acata ordens, é refilão e faz o que lhe apetece. O contacto com os irmãos e as irmãs apresenta variações. Quando comparados com os que abusam de crianças, os violadores provêm, em geral, de famílias emigrantes. Em média, a idade do violador jovem é de cerca de 16 anos.

Os jovens violadores dizem ter muitos 'amigos'. Porém, se analisarmos bem, estas amizades a que se referem não passam de meros ' indivíduos conhecidos', que eles vão encontrando em locais de jogos, discotecas e cafés. Uma parte destes amigos é também conhecida pela polícia. É de referir que estes jovens andam muito em grupo. No seio dos 'amigos', os jovens violadores tomam posições variáveis, desde líderes a simples colaboradores. O facto de não colaborarem com o grupo é visto pelos colegas como, para utilizar uma expressão da gíria, o não ser capaz de 'dar a cara'. Em geral, os que assumem posições de liderança têm várias namoradas ocasionais, em que o mais importante na relação é o sexo. Os restantes colegas de grupo invejam os líderes pelo seu sucesso junto das raparigas, porém os seus esforços a esse nível tendem a ser infrutíferos.

Os resultados escolares dos jovens violadores são, em geral, muito fracos. A sua conduta impulsiva e instável provoca, desde cedo, problemas na escola, associados a grandes dificuldades de concentração e a comportamentos de oposição. Não raramente, são agressivos para com os colegas e os professores. Estes indivíduos fazem, em geral, uma avaliação bastante positiva de si próprios. Tal apreciação exacerbada do seu próprio valor resulta, talvez, da sua forte insegurança. O facto de se sentirem impotentes face às exigências que a vida do dia a dia lhes coloca, leva-os a adoptar uma atitude altamente compensatória em relação ao mundo exterior, situação esta que é mantida por sentimentos de zanga e/ou ira. Nestes casos, um diagnóstico que frequentemente se faz é o de distúrbio do comportamento, o qual, já durante a vida adulta, culmina em distúrbio de personalidade anti-social.

Os violadores podem cometer delitos sexuais tanto sozinhos como em grupo. As vítimas são quase sempre do sexo feminino e, em geral, mais velhas do que o abusador. O delito tende a ser praticado de forma impulsiva. Eles não costumam andar à procura de uma determinada vítima. Segundo o que é possível apurar das muitas racionalizações que os jovens violadores deixam perceber, tudo se passa, no seu entender, como se as vítimas estivessem no 'lugar errado, à hora errada', facto que os levou a praticar o abuso sexual. A vítima, em geral, é desconhecida do abusador, embora possa também pertencer ao seu círculo de 'conhecidos'. Acredita--se, a este respeito, que uma atitude de desprezo para com as mulheres, por parte dos abusadores, e uma visão perturbada acerca da gravidade do delito em questão são factores que contribuem para a efectivação real do mesmo. O consumo de álcool e de drogas leves podem ainda remover os últimos 'obstáculos'.

Através de ameaças de violência ou, em alguns casos, da utilização de armas, a vítima é forçada a consentir relações sexuais. Em muitos casos, há mesmo penetração. Não é incomum que a vítima fique ferida, durante a realização do delito, em virtude da violência física exercida pelo abusador. Após o delito, o praticante nega-o ou menospreza-o, subvalorizando inclusive a intensidade da violência eventualmente usada. Nas situações em que não consegue negar completamente o acto cometido, o abusador tende a lançar a responsabilidade deste sobre a vítima.

Sabe-se que um terço do número de violações é praticado em grupo, de que são exemplo os delitos cometidos nas piscinas. Estes procedimentos grupais conduzem, por sua vez, a uma posterior escalada de violações em grupo. Se a vítima for conhecida destes jovens, ela sentir-se-á impotente e aniquilada por uma tal supremacia. Por isso, é grande a probabilidade de não vir a denunciar o abuso sofrido, devido ao medo de eventuais represálias por parte do grupo de violadores (que poderão voltar a usar a força física e a abusar dela sexualmente). Apesar da gravidade do delito, os abusadores em grupo continuarão a praticar tais actos, não se sentindo mais perturbados com isso do que os que o fazem sozinhos.

Para finalizar, saliente-se que o delito sexual praticado pelo jovem violador, na maioria dos casos, tem outros comportamentos associados. De facto, este tipo de conduta tende a fazer parte de um padrão de criminalidade mais amplo de delitos contra a propriedade e de actos que envolvem o recurso à violência, o que significa que muitos dos jovens violadores poderão pertencer ao chamado grupo dos generalistas.

Perfil dos jovens abusadores de crianças

Tal como os violadores, os abusadores de crianças têm um passado familiar problemático. Num número considerável de casos, os pais são divorciados, embora os jovens também possam pertencer a famílias cujos progenitores vivam juntos. Nesta segunda situação, porém, o pai tende a estar emocionalmente desligado do jovem, pois não se interessa pela vida familiar.

É de referir que, neste tipo de agregados, a sexualidade desempenha um papel importante. Sobre este tema, ou os membros da família mantêm um silêncio absoluto, ou predomina um ambiente 'sexualizante'. Isto transparece, por exemplo, no facto de o jovem poder ter livre acesso aos materiais pornográficos dos seus pais, sendo que, nalguns acasos, é permitido aos jovens que assistam a certos filmes pornográficos, como parte da sua 'informação' sexual. A média das idades dos abusadores de crianças ronda os 14 anos e estes são geralmente de raça branca.

Os abusadores de crianças são, por vezes, descritos como 'os meninos da mamã', para usar a terminologia popular. Na família, não costumam dar nas vistas, tendem a exibir comportamentos de retracção e a isolar-se. São, em geral, o elemento mais problemático (a 'ovelha negra'), estabelecendo uma má relação com os irmãos de ambos os sexos, e sentindo-se por estes postos de parte e desvalorizados. Pode ainda acontecer que estes indivíduos manifestem comportamentos de sadismo para com os irmãos/irmãs mais pequenos, facto que piora o seu já baixo estatuto familiar.

Este tipo de abusador corre, habitualmente, maior risco do que os violadores de vir a tornar-se vítima de abuso sexual, por parte de pessoas que verdadeiramente lhe dão atenção. Os abusos podem ocorrer tanto dentro como fora da família.

É característica dos abusadores a sua dificuldade em integrar-se no grupo de colegas da mesma idade. Tal como na família, também na escola e nos clubes que frequentam eles costumam ser socialmente ostracizados. Efectivamente, tendem a ser molestados, porque são 'diferentes' das outras pessoas da mesma idade, quer ao nível das pobres competências sociais que manifestam, quer no que concerne a eventuais características corporais, como o facto de serem gordos, ruivos, de terem orelhas grandes, etc. Se, ao contactarem com colegas, experimentarem frustrações frequentes, tendem a estabelecer relações com (muitas) crianças do bairro em que habitam, usualmente mais novas do que eles. O abusador de crianças apercebe-se de que estas crianças o escutam e o tomam verdadeiramente em consideração, vendo-o, por conseguinte, como um líder. Esta percepção tende a reforçar o isolamento que sente relativamente aos colegas da sua idade, e na vizinhança torna-se conhecido como 'o jovem que anda sempre com crianças mais novas'. Para cúmulo da situação, e em virtude da sua agora melhorada posição social, alguns pais confiam-lhe o cuidado dos seus filhos.

Num primeiro momento, os jovens abusadores de crianças costumam fantasiar sobre possíveis contactos sexuais com colegas da mesma idade. No entanto, a descoberta do jogo sexual com crianças mais novas torna-se para eles, muito rapidamente, um substituto à altura, podendo desembocar, à *posteriori*, em actos de abuso sexual.

Se este jogo continuar e se os jovens começarem a associar a vontade de se masturbarem às fantasias sobre sexo com crianças, isso pode conduzir à situação em que a sua excitação sexual fica condicionada à presença de pensamentos sobre eventuais contactos com crianças pequenas. Uma experiência positiva, vivida no âmbito da própria vitimização (ou seja, a possibilidade de estes jovens abusadores receberem alguma atenção 'de tipo sexual' de uma pessoa mais velha), poderá ter sobre essa associação um efeito ainda mais reforçador.

Quanto ao funcionamento escolar, os jovens abusadores de crianças são alunos que passam bastante despercebidos, não incomodando muito os professores. Todavia, o seu comportamento social inadequado, como insistir e 'corrigir' o professor de modo muito provocador, é passível de desencadear nos colegas reacções negativas (*e.g.*, de rejeição, de crítica). Processa-se, desta forma, o tal afastamento progressivo dos indivíduos da sua idade, e abre-se caminho à sua procura de contactos sociais com crianças.

Comparando-os com os violadores, que exibem sobretudo comportamentos anti-sociais e agressivos, os abusadores de crianças caracterizam-se pela sua falta de autonomia e de iniciativa. Normalmente, neles não são diagnosticados distúrbios de comportamento, sendo mais comum uma problemática internalizante (que se opõe aos problemas externalizantes dos violadores). Vivenciam, por exemplo, sentimentos de medo e alienação, de isolamento emocional, de inferioridade e de falta de assertividade. Podem ainda manifestar sintomas depressivos, em especial aqueles que também são (ou foram) vítimas de abuso sexual. O chamado *distúrbio de desenvolvimento generalizado* (distúrbio de contacto parecido com o do *autismo*) aparece também, por vezes, em abusadores de crianças, o que poderá constituir uma explicação para as fracas competências sociais demonstradas e para a sua tendência para o isolamento social.

Os abusadores de crianças cometem os actos sobretudo sozinhos. Fala-se, neste caso, de 'uma sedução progressiva' (*grooming*), querendo com isto traduzir a ideia de que eles, a pouco e pouco, vão introduzindo a vítima jovem (geralmente conhecida do abusador) na sua esfera de influência e, depois, à maneira de 'jogo', passam à prática de actos de abuso. Em relação às vítimas, poucas vezes usam a força física, recorrendo sobretudo a ameaças verbais, para que elas não contem aos pais e/ou a outras pessoas sobre as práticas sexuais em questão. Devido a este silenciamento, e com o passar do tempo, o número de crianças abusadas vai aumentando, porque a vítima é obrigada a trazer amigos ou amigas para os encontros sexuais. Tais formas de 'recrutamento' forçado de outras vítimas contribuem ainda mais para o secretismo dos actos sexuais, porque, agora, a primeira vítima desempenhou também ela um papel 'activo' no processo, ao trazer mais um elemento, seu amigo, para a situação. As vítimas dos abusadores podem ser só rapazes, só raparigas, ou crianças de ambos os sexos. Quanto menor for a idade da vítima, tanto maior será a probabilidade de ela ser do sexo masculino. Contrariamente ao que acontece com os violadores, os abusadores de crianças raramente consomem álcool e/ou drogas antes de praticarem o delito.

A capacidade destes indivíduos de colocar-se no papel da(s) sua(s) vítima(s) (empatia) é reduzida. Por esta razão, a manifestação de sentimentos de arrependimento ou de culpabilidade, por parte de jovens abusadores de crianças pequenas, tem mais a ver com o facto de terem sido 'apanhados', do que com a tomada de consciência das consequências do abuso para a(s) vítima(s). Tende a ser notória, por isso, uma atitude de desvalorização dos delitos que cometem e lançam para fora de si a responsabilidade das suas acções.

Para além dos delitos sexuais, alguns abusadores são também culpados de outros actos puníveis. Porém, têm menos antecedentes criminais graves do que os violadores. A designação de 'delinquentes especialistas' poderá aplicar-se-lhes, se eles persistirem na sua carreira de abusos sexuais

TIPOS E CARACTERÍSTICAS DOS DELITOS SEXUAIS

O estudo de Fehrenbach e colaboradores (1986), feito com 305 jovens praticantes de delitos sexuais, mostrou que o assédio é o crime mais comum (59%), seguido de violação (23%), exibicionismo (11%) e de outros actos que não envolvem contacto físico. Por seu turno, Ryan e colaboradores (1996) e Becker e a sua equipa (1986) chegaram a resultados semelhantes[1].

As vítimas de violação são muitas vezes colegas da mesma idade ou mulheres adultas (Fehrenbach *et al.*, 1986; Worling, 1995). O local em que ocorre o delito é, habitualmente, a casa da vítima ou do violador (Hunter, Hazelwoord e Slesinger, 2000), sendo aquela, em geral, desconhecida deste (Vinogradov *et al.*, 1988; Hunter, Hazelwoord e Slesinger, 2000). Por outro lado, podem surgir também muitos delitos na sua esfera relacional (Bennett e Finneran, 1998; Small e Kerns, 1993; White e Koss, 1993), socorrendo-se os violadores de violência física ou de ameaças para concretizarem as suas intenções (Davis e Leitenberg, 1987; Vinogradov *et al.* 1988). Em alguns casos, as violações são feitas em grupo (Wree, 2004; Hsu e Stardynski, 1990; Hunter *et al.*, 2000; Lootje *et al.*, 2004) e poderá não haver planeamento explícito (Wijk, 1999).

A maioria das vítimas de assédio é constituída por crianças muito novas. Em mais de metade dos casos, o praticante e a vítima são parentes; uma em cada três é conhecida do abusador (Mathews, Hunter e Wuz, 1997). Os prevaricadores abusam das vítimas durante os períodos em que tomam conta delas ou procuram-nas na vizinhança, perto do local onde habitam (Kaufman *et al.*, 1994). Em cerca de 50% dos casos as vítimas são do sexo feminino e, em cerca de um quarto, do masculino. Nas restantes

[1] Em comparação com os abusadores adultos, os jovens tendem a ser mais culpados por assédio e menos por violação (Wijk e Ferwerda, 2000).

situações poderão estar envolvidas crianças de ambos os sexos. Não raramente, o praticante serve-se de violência ou de intimidação verbal, ou abusa ainda do seu poder físico para com elas (Fehrenbach *et al.*, 1986; Ryan *et al.*, 1996; Hunter *et al.*, 2000), inclinando-se a cometer o delito sozinho (Hsu e Stardynski, 1990).

Para finalizar, é de referir que as vítimas dos exibicionistas são habitualmente mulheres desconhecidas destes. Os delitos costumam acontecer na via pública (Awad e Saunders, 1989; Saunders e Awad, 1991). Freund (1990) estima que 10% dos exibicionistas passe, posteriormente, à prática de delitos mais graves, como o assédio ou mesmo a violação.

TAXAS DE REINCIDÊNCIA

Os jovens delinquentes sexuais, após o seu primeiro delito, podem, como atrás se referiu, cometer novamente actos dessa natureza, ou seja, voltar a reincidir. Na literatura da especialidade, faz-se distinção entre recidivos sexuais e recidivos generalistas. Devido a diferenças metodológicas, como a duração do período de acompanhamento destes sujeitos e a composição dos grupos em análise, nos diversos estudos realizados sobre a reincidência dos jovens delinquentes nos crimes de natureza sexual, não dispomos de dados robustos sobre este fenómeno (Wijk, 2000). Segundo os resultados disponíveis, a percentagem de recidivos de crimes sexuais poderá variar entre 3% e 37% (ver síntese em Prently *et al.*, 2000; Sipe *et al.*, 1998). Daí a necessidade de outras investigações que nos permitam obter estimativas mais fidedignas. Vejamos, no entanto, alguns exemplos, do que já foi feito.

Um estudo recente de acompanhamento de jovens delinquentes, realizado por Langström (2002), que se prolongou por cerca de 115 meses, mostrou que 30% dos casos não eram reincidentes. A percentagem de reincidência para a criminalidade em geral apresentou também uma enorme variação. No entanto, numa síntese de diversos estudos sobre este problema (Boyd *et al.*, 2000), verificou-se que a percentagem de recidivos generalistas poderia variar entre 11% e 89%. A maioria dos estudos chega, contudo, a percentagens de cerca de 40% a 50% (ver também, entre outros, Kahn e Chambers, 1991; Langström, 2002). Quando comparados com os delinquentes não-sexuais, os jovens que cometem delitos sexuais mostram-se mais propensos a voltar a praticar crimes desta natureza (Hagan *et al.*, 2001) e, quando adultos, reincidem menos em delitos não-sexuais (Sipe *et al.*, 1998).

Para o contexto holandês, foram tornados conhecidos, muito recentemente, dados relativos à reincidência no crime de jovens delinquentes sexuais. Numa investigação que envolveu 114 delinquentes em tratamento numa instituição de justiça para jovens, Hendriks e Bijleveld (2004) chegaram à conclusão de que 59% deles haviam reincidido num só delito e que 10% tinham voltado a cometer mais do que um acto deste género. É de salientar que estas percentagens são equiparáveis às que foram encontradas noutros países, no que respeita à reincidência neste tipo de crimes. Quando os jovens reincidem, fazem-no, geralmente, através de delitos não-sexuais, seguindo a mesma linha que Becker e Kaplan (1988) esboçaram nas trajectórias de desenvolvimento, atrás apresentadas.

JOVENS DELINQUENTES SEXUAIS: UM GRUPO APARTE?

Como já antes se assinalou, os jovens delinquentes sexuais cometem também delitos de outra natureza, sendo que 30% a 60% deles têm uma história de comportamento delinquente não-sexual (Fehrenbach *et al.*, 1986; Ryan *et al.*, 1996). Trata-se, por exemplo, de delitos contra a propriedade e de actos que envolvem o recurso à violência física (Fehrenbach *et al.*, 1986). Perante isto, coloca-se legitimamente a pergunta: formarão os jovens delinquentes sexuais um grupo distinto do dos restantes criminosos da mesma idade?

Na realidade, a literatura científica actual não nos permite obter uma resposta clara para esta questão. A partir de alguns estudos, já se avançou com a convicção de que os jovens delinquentes sexuais são criminosos (violentos) 'comuns', os quais, em paralelo, cometem delitos sexuais (Lewis *et al.*, 1979; Miner e Crimmins, 1995; Spaccarelli *et al.*, 1997; Wijk, Loeber *et al.*, *no prelo*). Este tipo de crimes é encarado, nesta óptica, apenas como a expressão de um estilo de vida anti-social, que neste caso também assume contornos de criminalidade (Milloy, 1994). No entanto, outras investigações apontam para uma diferenciação dos jovens delinquentes sexuais, encarando-os como um grupo aparte dos restantes. De facto, diversas pesquisas internacionais já revelaram que os jovens delinquentes sexuais foram (são), eles próprios, abusados sexualmente, de forma sistemática, manifestando, por isso, mais dificuldade em lidar com os colegas da mesma idade e apresentando outros problemas associados, como sensações de isolamento, agressividade, fobia social e sentimentos de desvalorização (ver, por exemplo, Ford e Linney, 1995; Katz, 1990). Independentemente da falta de unanimidade de resultados, e embora nos pareça que talvez haja alguma sobreposição entre os jovens que cometem delitos sexuais e os que praticam crimes de outro tipo (em especial com recurso à violência), pensamos existirem, contudo, certos factores que são específicos dos delinquentes sexuais.

Numa outra vertente de análise, Butler e Seto (2002) dividiram, recentemente, os jovens delinquentes sexuais em dois grupos: os que cometem apenas delitos dessa natureza (apenas a prática de sexo) e os que, a par desses actos, praticam igualmente outros (mais do que a prática de sexo). Concluíram, nesta sequência, que o primeiro grupo evidenciava menos problemas de comportamento, mais atitudes pró-sociais e um risco de reincidência menor do que os delinquentes não-sexuais. Por seu turno, os do segundo grupo revelaram-se, de facto, mais semelhantes aos jovens criminosos que não cometem delitos de natureza sexual. À luz destes resultados, parece-nos ser extremamente relevante levar em consideração a homogeneidade ou a heterogeneidade do padrão de criminalidade, se o objectivo for indagar as diferenças entre delinquentes sexuais e não-sexuais.

CONCLUSÃO

Segundo o modelo de Barbaree e colaboradores (1998), a causa principal do fenómeno da delinquência sexual juvenil tem a ver com a pertença a uma família disfuncional. A sua conceptualização remete-nos para problemas de apego, comportamento impulsivo e auto-vitimização (ter sido abusado ou maltratado no passado). Com efeito, a interacção destes factores impede os jovens de desenvolver relações sociais equilibradas. No geral, estes indivíduos apresentam uma incapacidade de manter relações íntimas e saudáveis com o outro sexo, o que costuma propiciar a prática de delitos sexuais. Uma parte destes jovens fica-se pelo primeiro delito, outra, e esta tem maior representatividade, continua, porém, a cometer delitos, sendo um pequeno número deles de natureza sexual. Os estudos holandeses sobre reincidentes apontam para as seguintes percentagens: 60% dos delinquentes sexuais reincidem, cometendo apenas um delito, e 10% tornam a cometer mais actos deste tipo (Hendriks e Bijleveld, 2004). De acordo com a literatura científica sobre os delinquentes adultos, é possível distinguir diversos tipos de indivíduos. A distinção mais usada é a que diferencia os assediadores/violadores de colegas da mesma idade dos abusadores de crianças pequenas e exibicionistas. Paralelamente, como se referiu, podem cometer também delitos não-sexuais.

Tendem a ser sobretudo os abusadores de crianças a caracterizar-se pela presença de uma certa obsessão sexual, já que nos assediadores/violadores o motivo sexual para os actos praticados é menos forte, prevalecendo mais o factor 'ocasião' para a prevaricação. Por esta razão, estes últimos são considerados 'oportunistas' pelos autores dos estudos sobre reincidência, atrás referidos. Uma questão importante é saber se, e em que aspectos, se diferenciam os jovens delinquentes sexuais dos delinquentes não-sexuais, por exemplo, dos que recorrem a grande violência nos actos que praticam.

Embora não haja concordância por parte dos especialistas, parece-nos que são sobretudo os assediadores/violadores aqueles que apresentam mais semelhanças com os praticantes de actos comuns de violência, e que os abusadores formam, eles próprios, um grupo específico de delinquentes sexuais, a quem o modelo apresentado se aplica melhor do que aos primeiros. Esta suposição carece, porém, de maior suporte empírico, sendo, por isso, recomendável o desenvolvimento de outros estudos científicos neste domínio.

BIBLIOGRAFIA

ABEL, G. G., BECKER, J. V., MITTELMAN, M., CUNNINGHAM-RATHNER, J., ROULEAU, J. L., & MURPHY, W. D. (1987). Self-reported sex crimes of nonincarcerated paraphilias. *Journal of Interpersonal Violence*, *2*, 3-25.

AWAD, G. A., & SAUNDERS, E. B. (1991). Male adolescent sexual assaulters: Clinical observations. *Journal of Interpersonal Violence*, *6*(4), 446-460.

BARBAREE, H. E., HUDSON, S. M., & SETO, M. C. (1993). Sexual assault in society: The role of the juvenile offender. In H. E. Barbaree, W. L. Marshall, & S. M. Hudson (Eds.), *The juvenile sex offender* (pp. 1-24). New York: The Guilford Press.

BARBAREE, H. E., MARSHALL, W. L., & McGORMICK, J. (1998). The development of deviant sexual behaviour among adolescents and its implications for prevention and treatment. *The Irish Journal of Psychology, 19*(1), 1-31.

BECKER, J. V., CUNNINGHAM-RATHNER, J., & KAPLAN, M. S. (1986). Adolescent sexual offenders: Demographics, criminal and sexual histories, and recommendations for reducing future offences. *Journal of Interpersonal Violence, 1*(4), 432-445.

BECKER, J. V., & HICKS, S. J. (2003). Juvenile sex offenders. Characteristics, interventions, and policy issues. *Annals of the New York Academy of Sciences, 989*, 397-410.

BECKER, J. V., & KAPLAN, M.S. (1988). The assessment of juvenile sex offenders. In R. J. Prinz (Ed.), *Advances in behavioral assessment in children and families* (Vol. 4, pp. 215-222). JAI, Greenwich: CT.

BENNETT, L., & FINERAN, S. (1998). Sexual and physical violence among high school students. Power belies, gender and relationship. *American Journal of Orthopsychiatry, 68*(4), 645-652.

BOYD, N. J., HAGAN, M., & CHO, M. E. (2000). Characteristics of adolescent sex offenders: A review of the research. *Aggression and Violent Behavior, 5*(2), 137-146.

BULLENS, R. A. R., & WIJK, A. PH. VAN (2002). *De jeugdige zedendelinquent in perspectief* (pp. 23-33). Amsterdam: Vrij Universiteit, Kinder- & Jeugdpsychologie en Psychiatrie.

BUTLER, S. M., & SETO, M. C. (2002). Distinguishing two types of adolescent sex offenders. *Journal of the American Academy of Child and Adolescent Psychiatry, 1*, 83-90

DAVIS, G. E., & LEITENBERG, H. (1987). Adolescent sex offenders. *Psychological Bulletin, 101*, 417-427.

EGGEN, A.TH. J., KRUISSINK, M., PANHUIS, P. VAN, & BLOM, M. (2003). Criminaliteit en opsporing. [crime and] In, W. van der Heide, & A.Th.J. Eggen (Red), *Criminaliteit en rechtshandhaving 2001. Ontwikkelingen en samenhangen.* Ministerie van Justitie/WODC, in samenwerking met het CBS, BJU.

FEHRENBACH, P. A., SMITH, W., MONASTERSKY, C., & DEISHER, R.W. (1986). Adolescent Sexual Offenders: Offender and Offense Characteristics. *American Journal Orthopsychiatry, 56*(2), 225-233.

FORD, M. E., & LINNEY, J. A. (1995). Comparative analysis of juvenile sexual offenders, violent nonsexual offenders, and status offenders. *Journal of Interpersonal Violence, 10*(1), 56-70.

FREUND, K. (1990). Courtship disorder. In W. L. Marshall, D. R. Laws, & H. E. Barbaree, *Handbook of sexual assault. Issues, theories, and treatment of the offender* (pp. 195-207). New York: Plenum Press.

HAGAN, M. P., GUST-BREY, K. L., CHO, M. E., & DOW, E. (2001). Eight--year comparative analyses of adolescent rapists, adolescent child molesters, other delinquents, and the general population. *International Journal of Offender Therapy and Comparative Criminology, 3*, 314-324.

HENDRIKS, J., & BIJLEVELD, C. (1999). Jeugdige zedendelinquenten: verschillen tussen groeps- en alleenplegers. *Delikt & Delinkwent, 29*, 722-736.

HENDRIKS, J., & BIJLEVELD, C. (2004). *Recidive van jeugdige zedendelinquenten. Een onderzoek naar de algemeen-, zeden- en geweldsrecidive van in JJI Harreveld behandelde jeugdige zedendelinquenten.* Leiden: NSCR.

HENDRIKS, J., BIJLEVELD, C., & MUIZER, M. (2002). Jeugdige zedendelinquenten: misbruikers van leeftijdgenoten gecontrasteerd met misbruikers van kinderen. *Delikt en Delinkwent, 32*, 489-506.

HUNTER, J. A., FIGUEREDO, A. J., MALAMUTH, N. M., & BECKER, J. V. (2003). Juvenile sex offenders: Toward the development of a typology. *Sexual Abuse: A Journal of Research and Treatment, 1*, 27-48.

HUNTER, J. A., HAZELWOOD, R. R., & SLESINGER, D. (2000). Juvenile-perpetrated sex crimes: patterns of offending and predictors of violence. *Journal of Family Violence, 15*, 81-93.

HSU, L. K. G., & STARZYNSKI, J. (1990). Adolescent rapists and adolescent child sexual assaulters. *International Journal of Offender Therapy and Comparative Criminology, 34*, 23-30.

KAHN, T. J., & CHAMBERS, H. J. (1991). Assessing Reoffense Risk with Juvenile Sexual Offenders. *Child Welfare, 70*(3), 333-345.

KAUFMAN, K. L., HILLIKER, D. R., & DALEIDEN, E. L. (1994). Subgroup differences in the modus operandi of adolescent sexual offenders. *Child Maltreatment, 1*(1), 17-24.

KATZ, R. C. (1990). Psychosocial adjustment in adolescent child molesters. *Child Abuse & Neglect, 14*, 567-575.

KNIGHT, R. A., & PRENTKY, R. A. (1990). Classifying Sexual Offenders. The Development and Corroboration of Taxonomic Models. In W. L.

Marshall, D. R. Laws, & H. E. Barbaree (Eds.), *Handbook of Sexual Assault. Issues, Theories, and Treatment of the Offender* (pp. 23-52). New York: Plenum Press.

KNIGHT, R. A., & PRENTKY, R. A. (1993). Exploring characteristics for classifying juvenile sex offenders. In H. E. Barbaree, W. L. Marshall, & S.M. Hudson (Eds.), *The juvenile sex offender* (pp.45-103). New York: The Guilford Press.

LÅNGSTRÖM, N. (2002). Long-term follow-up of criminal recidivism in young sex offenders: temporal patterns and risk factors. *Psychology, Crime & the Law*, *8*, 41-58.

LEWIS, D. O., SHANOK, S. S., & PINCUS, J. H. (1979). Juvenile male sexual assaulters. *American Journal of Psychiatry, 136*(9), 1194-1196.

LONGO, R. E., & GROTH, A. N. (1983). Juvenile sexual offenses in the histories of adult rapists and child molesters. *International Journal of Offender Therapy and Comparative Criminology*, *27*, 150-155.

LOOIJE, D., BIJLEVELD, C., WEERMAN, F., & HENDRIKS, J. (2004). Gedwongen seks als groepsactiviteit: Een dossierostudie naar groepszedendelicten. *Tijdschrift voor Seksuologie*, *28*, 183-196.

MARSHALL, W. L., & BARBAREE, H. E. (1990). An integrated theory of the etiology of sexual offending. In W. L. Marshall, D. R. Laws, & H. E. Barbaree (Eds.), *Handbook of sexual assault. Issues, theories, and treatment of the offender* (pp. 257-275). New York: Plenum Press.

MATHEWS, R., HUNTER, J. A., & VUZ, J. (1997). Juvenile female sexual offenders: Clinical characteristics and treatment issues. *Sexual Abuse: A Journal of Research and Treatment*. *9* (3), 187-199.

MILLOY, C. (1994). *A comparative study of juvenile sex offenders and non-sex offenders*. Olympia, WA: Washington State Institute for Public Policy.

MINER, M. H., & CRIMMINS, C. L. S. (1995). Adolescent sex offenders – Issues of etiology and risk factors. In B. K. Schwartz, & H. R. Cellini (Eds.), *The sex offender: New insights, treatment innovations, and legal developments* (Volume II, pp. 9-1 - 9-15). Kingston, NJ: Civic Research

O'BRIEN, M., & BERA, W. (1986). Adolescent sex offenders: a descriptive typology. *A News Letter of the National Family Life Education Network*, *1*, 1-5.

PRENTKY, R., HARRIS, B., FRIZZELL, K., & RIGHTHAND, S. (2000). An actuarial procedure for assessing risk with jevenile sex offenders. *Sexual Abuse: A Journal of Research and treatment*, *12*(2), 71-92.

RYAN, G. (1997). Incidence and prevalence of sexual offenses committed by juveniles. In G. Ryan, & S. Lane (Eds.), *Juvenile sexual offending. Causes, consequences and corrections* (pp.10-16). San Francisco: Jossey-Bass Publishers.

RYAN, G. (1999). Treatment of sexually abusive youth. The evolving consensus. *Journal of Interpersonal Violence, 4*, 422-436.

RYAN, G., MIYOSHI, T. J., METZNER, J. L., KRUGMAN, R. D., & FRYER, G. E. (1996). Trends in a national sample of sexually abusive youths. *Journal of the American Academy of child and Adolescent Psychiatry, 35*(1), 17-25.

SAUNDERS, E., AWAD, G. A., & WHITE, G. W. (1986). Male adolescent sex offenders. The offender and the offence. *Canadian Journal of Psychiatry, 28*, 105-116

SAUNDERS, E. B., & AWAD, G. A. (1991). Male adolescent sexual offenders: Exhibitionism and obscene phone calls. *Child Psychiatry and Human Development, 21*(3), 169-178.

SIPE, R., JENSEN, E. L., & EVERETT, R. S. (1998). Adolescent sexual offenders grow up. Recidivism in young adulthood. *Criminal Justice and Behavior, 25*, 109-124.

SMALL, S. A., & KERNS, D. (1993). Unwanted sexual activity among peers during early and middle adolescence: Incidence and risk factors. *Journal of Marriage and the Family, 55*, 941-952.

SPACCARELLI, S., BOWDEN, B., COATSWORTH, J. D., & KIM, S. (1997). Psychosocial correlates of male sexual aggression in a chronic delinquent sample. *Criminal Justice and Behavior, 24* (1), 71-95.

VINOGRADOV, S., DISHOTSKY, N. I., DOTY, A. K., & TINKLENBERG, J. R. (1988). Patterns of Behavior in adolescent rape. *American Journal of Orthopsychiatry, 58*(2), 179-187.

WHITE, J. W., & KOSS, M. P. (1993). Adolescent sexual aggression within heterosexual relationships: Prevalence, characteristics and causes. In H. E. Barbaree, W. L. Marshall, & S. M. Hudson (Eds.), *The juvenile sex offender* (pp. 182-202). New York: The Guilford Press.

WORLING, J. R. (1995). Adolescent sibling-incest offenders: Differences in family and individual functioning when compared to adolescent nonsibling sex offenders. *Child Abuse & Neglect, 5*, 633-643.

WIJK, A. PH. VAN (1999). *Een verkennend onderzoek naar jeugdige zedendelinquenten*. Advies- en Onderzoeksgroep Beke, Arnhem/VU, Amsterdam.

WIJK, A. PH. VAN (2000). Jeugdige zedendelinquenten; typen, recidivepatronen en criminele carrières. *Justitiële Verkenningen*, *6*, 42-55.

WIJK, A. PH. VAN, & BLOKLAND, A. A. J. (1999). Dé jeugdige zedendelinquent bestaat niet. Een profiel van verkrachters en misbruikers van kinderen. *Proces*, *5/6*, 67-70.

WIJK, A. PH. VAN, DORELEIJERS, TH. A. H, & BULLENS, R. A. R. (1999). Criminologie: naar een interdisciplinaire benadering van criminaliteit. Een verkenning van jeugdige zedendelinquenten. In G. J. N. Bruinsma (Red.), *Vooruitzichten in de criminologie* (pp. 159-177). Amsterdam: Vrije Universiteit, Nederlandse Vereniging voor Kriminologie.

WIJK, A. PH. VAN, & FERWERDA, H. B. (2000). Criminaliteitsprofielen van zedendelinquenten. Een analyse van politiegegevens. *Maandblad Geestelijke volksgezondheid*, *12*.

WIJK, A. PH. VAN, LOEBER, R., VERMEIREN, R. DORELEIJERS, TH. A. H., & BULLENS, R. A. R. (submitted). Violent uvenile sex offenders compared with non-sex offenders: findings from the Pittsburgh Youth Study.

WREE, E. DE (2004). *Daders van groepsverkrachting. Een daderprofiel in maatschappelijke context*. Maklu, Antwerpen/Apeldoorn.

Agrupamentos e alternâncias nas tarefas de fluência verbal: Um estudo na população adolescente

TÂNIA FERNANDES
Psicóloga
Estudante de Doutoramento na Faculdade de Psicologia e de Ciências da Educação da Universidade de Lisboa, Portugal

INTRODUÇÃO

Os estudos neuropsicológicos clássicos (Yakovlel & Lecours, 1967; Benton, 1967) demonstraram a associação entre o funcionamento do córtex frontal e as funções executivas. As funções executivas englobam um conjunto heterogéneo de funções, como o controlo inibitório, o planeamento de acções complexas, a auto-monitorização, a formação de conceitos e o pensamento abstracto. Dada a heterogeneidade das funções mediadas pelo lobo frontal, estas apresentam diferenças na idade de aquisição, desde funções adquiridas numa fase mais precoce (na infância) como a auto-regulação do comportamento motor (Welsh & Pennington, 1988), até funções adquiridas apenas no final da adolescência, como o desenvolvimento da organização de conceitos abstractos (Fiducia & O'Leary, 1990; Levin, Culhane & Hartmann, 1991; Passler, Isaac & Hynd, 1985).

As Tarefas de Fluência Verbal (TFV) foram, inicialmente, introduzidas na avaliação neuropsicológica, no estudo de casos de lesão frontal (Benton, 1967). As TFV são, frequentemente, consideradas tarefas de funcionamento do lobo frontal. Nestas tarefas é pedido ao indivíduo que gere palavras de acordo com uma determinada categoria, com regras específicas (fornecidas pelo examinador), durante um tempo limite de, normalmente, 60 segundos. De acordo com a categoria a que deverão pertencer os itens gerados, podem definir-se dois tipos de TFV: Fluência Semântica e Fluência Fonémica (também denominada Fluência Formal ou Fonológica). Nas Tarefas de Fluência Semântica (TFS) é pedido ao participante que gere palavras (exemplares) de uma categoria semântica pré-determinada (e.g. produção do maior número de "animais" possível, durante o intervalo de tempo pré-definido). Nas Tarefas de Fluência Fonémica (TFF) é pedida a produção de palavras com determinadas características fonológicas (e.g., que comecem por determinado fonema; que rimem com uma palavra). Classicamente, a categoria utilizada nas TFF é a de palavras iniciadas por determinado fonema. Em ambos os tipos de TFV, o indivíduo tem de obedecer às regras da tarefa (i.e., auto-gerar itens pertencentes à categoria em questão) e, simultaneamente, auto-monitorizar o comportamento, evitando gerar itens não pertencentes à categoria pré-determinada (i.e., evitar intrusões) e não repetir itens produzidos previamente (i.e., evitar repetições, ou na sua forma patológica, perseverações). A procura lexical tem de ser planeada e flexível, com alternância entre subgrupos da categoria em questão, sempre que se tenham esgotado os exemplares de um subgrupo prévio (e.g., na fluência semântica da categoria "Animais", após esgotar os exemplares da categoria subordinada "animais de estimação" transitar para a categoria "animais do Zoo"). De acordo com as várias componentes cognitivas envolvidas nas TFV, torna-se evidente a orquestração de diferentes funções executivas no alcance de um desempenho optimal. Portanto, estas tarefas não podem ser consideradas um fenómeno unitário.

As TFV (quer as TFF, quer as TFS) requerem acesso e recuperação de itens lexicais, embora se possam distinguir estratégias de recuperação dos itens, de acordo com a natureza semântica ou fonológica da tarefa. Na TFS, é requerida a procura de exemplares pertencentes a uma categoria semântica, sendo esta estratégia de pesquisa e recuperação de itens consistente com a organização estrutural do mundo; ou seja, a organização e recuperação de informação a partir do seu significado (Vikki & Holst, 1994; Cardebat, Démonet, Viallard, Faure, Puel & Celsis, 1996). Na TFF, o indivíduo tem de suprimir a recuperação natural das palavras a partir do seu significado, utilizando, para um desempenho adequado, uma estratégia menos natural de procura dos exemplares. A geração de itens exige a utilização de uma estratégia de procura baseada na representação fonológica dos mesmos e, portanto, exige, também, de forma colateral, a inibição da estratégia de procura natural, baseada na sua representação semântica. A TFF, pela sua exigência de inibição de um comportamento (i.e., recuperação de itens a partir das suas características semânticas), para além dos múltiplos componentes cognitivos já descritos, é especialmente sensível a lesão frontal (Szatkowska, Grabowska & Szymanska, 2000).

Os estudos de casos neuropsicológicos demonstraram que o desempenho em TFV pode ser perturbado por lesão do lobo frontal e do lobo temporal. Alguns autores (Jurado, Mataro, Verger, Bartumeus & Junque, 2000; Ratcliff, Ganguli, Chandra, Sharma, Belle, Seaberg & Pandav, 1998) propõem que os dois tipos de TFV (i.e., fluência semântica e fonémica) são sensíveis, de forma diferencial, a padrões específicos de disfunção cerebral. Esta sensibilidade diferencial seria devida aos diferentes processos cognitivos que estão envolvidos em cada um dos dois tipos de TFV, que dependeriam de mecanismos cerebrais distintos. De facto, alguns estudos (e.g., Jurado et al., 2000) de sindromas neuropsicológicas, sugerem a existência de dupla dissociação no desempenho dos dois tipos de TFV, em particular, em casos de demência vascular (frontal-subcortical) e demência por Doença de Alzheimer (temporal), com perturbação do desempenho nas TFF e nas TFS, respectivamente. Contudo, alguns autores (Troyer, Moscovitch & Winocur, 1997; Tröster, Fields, Testa, Paul, Blanco, Hames, Salmon, 1998; Stuss, Alexander, Hamer, Palumbo, Dempster, Binns, 1998) questionam esta dupla dissociação tendo em conta dois aspectos: (1) estudos de imagem funcional e análise de activação cerebral durante a realização destas tarefas; (2) limitações do resultado quantitativo utilizado na maioria dos estudos que sugerem esta dupla dissociação.

Os estudos realizados com adultos saudáveis, com recurso a técnicas de imagem funcional, demonstram o envolvimento de múltiplas áreas cerebrais durante o desempenho de TFV modificadas, com activação da área pré-frontal dorsolateral esquerda (Frith, Friston, Liddle & Frackowiak, 1991), das regiões mesiais do lobo frontal, e do lobo temporal inferior esquerdo (Parks, Lowenstein, Dodrill, Barker, Yoshii, Chang, Emran, Apicella, Sheramata, & Duara, 1988; Cardebat et al., 1996; Elfgren & Risberg, 1998), sem observação de diferenças sugestivas da dupla dissociação da mediação de áreas cerebrais activadas, nos dois tipos de TFV. Por outro lado, as evidências actuais demonstram que o desempenho em tarefas de fluência semântica e fonológica, medido pelo número total de respostas correctamente produzidas, embora sensível a lesão cerebral difusa, não é necessariamente sensível a lesões específicas numa área cerebral restrita do lobo frontal e do lobo temporal (Vikki & Holst, 1994; Troyer et al., 1997; Stuss et al., 1998; Troster et al., 1998).

A inconsistência das evidências descritas: por um lado, sensibilidade diferencial a lesão cerebral *vs.* sensibilidade a lesão difusa; por outro lado, envolvimento de múltiplas áreas neuroanatómicas, pode estar associada ao tipo de medida quantitativa utilizada para a classificação do desempenho nestas tarefas. O número total de respostas correctas é a medida mais frequentemente utilizada. Contudo, dada a natureza multifactorial das TFV, este resultado quantitativo poderá não integrar todos os factores importantes envolvidos no desempenho (Stuss et al., 1998; Troyer et al., 1998; Troyer, 2000). As evidências baseadas nos estudos clínicos e nos estudos comportamentais com utilização de técnicas de imagem sugerem que o índice convencional (número total de respostas correctas) fornece pouca informação sobre os processos cognitivos subjacentes ao desempenho do indivíduo, e, por conseguinte, esta medida não permite tecer considerações explicativas de um desempenho perturbado nas TFV, quer em grupos neuropsicológicos específicos, quer em indivíduos saudáveis em condições de manipulação experimental (i.e., porque é que se observa, em determinadas condições, um desempenho perturbado nas TFV? Qual é o papel das diferentes redes neuronais, mediadoras de processos cognitivos distintos envolvidos no desempenho destas tarefas? E que processos são esses?).

Nas TFV, um desempenho optimal, requer a geração de itens pertencentes a diferentes subcategorias e à alternância entre estas (Cardebat et al., 1996; Troyer et al., 1997). Troyer e colaboradores (Troyer et al., 1997; Troyer et al., 1998; Troyer, 2000) identificaram e operacionalizaram estes componentes: um primeiro componente – "agrupamentos", que diz respeito ao número de itens produzidos em sequência pertencentes a uma subcategoria; e um segundo componente – "alternâncias", que diz respeito à capacidade de transição entre subcategorias. Nos estudos destes autores (Troyer et al., 1997; 1998a; 1998b) com participantes adultos, foi demonstrado que os dois componentes das TFV são diferencialmente sensíveis a lesão de áreas cerebrais distintas (quer em lesão difusa, quer em lesão focal) e a manipulações experimentais da atenção (condição de atenção dividida *vs* atenção total). O índice "agrupamentos", medido pelo número médio de itens produzido para cada subcategoria, está relacionado com o funcionamento do lobo temporal; enquanto que o índice "alternâncias", diz respeito ao número total de transições entre subcategorias, e associa-se ao funcionamento do lobo frontal. A proposta de Troyer e colaboradores sobre o envolvimento destes componentes nas TFV e sua mediação pelo funcionamento de áreas cerebrais distintas, é corroborada, quer por evidência neuropsicológica de dupla dissociação destes índices em casos de lesão cerebral, quer por evidência experimental em casos de manipulação, em condições de atenção dividida, da tarefa secundária realizada por adultos saudáveis. Troyer et al. (1997) demonstraram que, em adultos saudáveis, os dois índices são altamente correlacionados com o número total de respostas correctas produzidas em TFS; enquanto que nas TFF, o índice "alternâncias" é mais correlacionado com o número total de respostas correctas do que o índice "agrupamentos". Inclusivamente, para o grupo de jovens adultos, estudado por estes autores, nas TFF, apenas o índice "alternâncias" se correlacionava com a pontuação global (número de respostas correctas). Neste estudo, o nível educacional e o género não apresentaram valor preditivo para qualquer um dos índices, enquanto que a idade se mostrou o melhor preditor destes índices.

As TFV são também frequentemente utilizadas em crianças e adolescentes, na análise dos padrões de desenvolvimento. De facto, muitos dos instrumentos utilizados na avaliação neuropsicológica, em geral, e na avaliação de disfunção frontal em particular, foram inicialmente desenhados para adultos. A utilização destes instrumentos na avaliação neuropsicológica de desenvolvimento é baseada em dois pressupostos: (1) é considerado que estes instrumentos avaliam funções similares em adultos e em crianças; (2) um desempenho perturbado numa tarefa neuropsicológica específica é indicativo de disfunção de uma componente particular de um sistema cognitivo específico (Halperin, Healy, Zeitch & Weinstein, 1989; Temple, 1997). Vários autores (e.g., Halperin et al., 1989; Riva, Nicheli & Devoti, 2000) apontam para a limitação prática destes pressupostos, dado o número reduzido de estudos normativos em populações infantis e adolescentes e, por vezes, a ausência de informação sobre a natureza dos padrões de desenvolvimento no desempenho dessas tarefas. Estas limitações dificultam a utilização correcta e a interpretação adequada do desempenho infantil e adolescente, nas tarefas neuropsicológicas inicialmente construídas para adultos.

Os estudos de desenvolvimento realizados demonstraram a adequabilidade de utilização das TFV nestas populações (Halperin et al., 1989; De Agostini, Metz-Lutz, Van Hout, Chavance, Deloche, Pavão Martins, & Dellatolas, 1998; Riva et al., 2000; Sauzéon, Lestage, Raboutet, N'Kaoua, & Claverie, 2004; Fernandes, Silva, Loureiro, Dias & Pavão Martins, *sub-*

metido). Contudo, as TFF não são tão utilizadas quanto as TFS, nestas populações, uma vez que é considerado que a capacidade de organizar e recuperar explicitamente itens lexicais a partir da sua representação fonológica se desenvolve gradualmente e está associada à aquisição da literacia (Ratcliff et al., 1998). A capacidade de gerar palavras de acordo com a sua representação semântica desenvolve-se mais rapidamente e está associada ao conhecimento conceptual e, em última instância, à integridade da memória semântica. Por outro lado, a menor utilização das TFF, frequentemente mais associadas ao funcionamento do lobo frontal do que as TFS, prende-se directamente com o paralelismo existente entre o desenvolvimento cerebral e o desenvolvimento cognitivo.

Vários estudos recentes de técnicas de imagem incidem sobre os aspectos de desenvolvimento do lobo frontal e a sua associação com a aquisição de diferentes funções cognitivas. Kanemura, Aihara, Aoki, Araki & Nakazawa, (2003) demonstraram o desenvolvimento tardio dos lobos frontais *in vivo,* através da utilização de Imagem de Ressonância Magnética, apresentando o contraste entre um rápido desenvolvimento das áreas pré-frontais entre os 8 e os 14 anos de idade, e o desenvolvimento lento destas áreas antes dos 8 anos de idade. Estudos metabólicos (e.g., Chugani, 1994) realizados em crianças com a Técnica de Emissão de Positrões (PET – *positron emission technique*), também demonstraram que as regiões frontais são as que apresentam um aumento maturacional mais tardio.

Este desenvolvimento prolongado das áreas frontais parece ser acompanhado de um desenvolvimento gradual de algumas das funções executivas, especialmente das que são mediadas pelo funcionamento das áreas pré-frontais. Estudos comportamentais com tarefas sensíveis à integridade das áreas frontais demonstraram a associação entre o nível de desempenho nessas tarefas e o desenvolvimento estrutural destas áreas cerebrais (Sowell, Dellis, Stiles & Jerningan, 2001), sugerindo a proposta de paralelismo entre o desenvolvimento neurobiológico e cognitivo, apoiado pelos estudos de imagem. Este desenvolvimento tardio dos lobos frontais contrasta com o desenvolvimento (de acordo com o volume) mais precoce de outras áreas cerebrais, como o lobo temporal, que se mantém bastante estável entre os 4 e os 18 anos de idade (Casey, Giedd, & Thomas, 2000).

No que diz respeito ao envolvimento de componentes cognitivos similares nas TFV realizadas por crianças e adultos, os estudos de imagem funcional demonstram a activação de áreas corticais similares nos dois grupos (Gaillard, Hertz-Pannier, Mott, Barnett, LeBihan, & Theodore, 2000; Holland, Plante, Byars, Strawsburg, Schmisthorst & Ball, 2001; Gaillard, Sachs, Whitnah, Ahmad, Balsamo, Petrella, Braniecki, McKinney, Hunter, Xu & Grandin, 2003), com predomínio da activação do córtex frontal inferior esquerdo (área de Broca) e do córtex pré-frontal dorso-lateral. As crianças activam estas áreas em maior extensão do que os adultos, o que sugere a menor automatização destes processos nas crianças; mas ambos os grupos apresentam padrões semelhantes de activação, bem definidos já na infância. Na mesma linha de evidências, Fernandes et al. (*submetido)* demonstraram o mesmo padrão de correlação dos índices específicos propostos por Troyer e colaboradores, com o número total de respostas correctas, nos dois tipos de TFV: uma correlação negativa entre o índice "alternâncias" e o índice "agrupamentos" nos dois tipos de TFV; na TFS, uma correlação positiva entre cada um dos índices específicos e o número total de respostas correctas; e na TFF uma correlação positiva muito forte entre o índice "alternâncias" e o número de respostas correctas. Este padrão correlacional sugere que, para além de áreas cerebrais similares assistirem a realização de TFV em adultos e em crianças, também os componentes cognitivos específicos propostos nos estudos com adultos, parecem apresentar um papel similar no desempenho de TFV em crianças.

De acordo com a revisão de estudos de desenvolvimento realizados com TFV, apenas dois estudos (Sauzéon et al., 2004; Fernandes et al., *submetido*) avaliaram os índices de alternâncias e agrupamentos em crianças saudáveis. Fernandes et al. (*submetido*) demonstraram a adequabilidade de utilização destes índices específicos em crianças portuguesas com idades compreendidas entre os 6 e os 11 anos. Para além do padrão de desempenho observado nos três índices de fluência utilizados (i.e., número total de respostas correctas; agrupamentos e alternâncias), a utilização de uma medida independente de funcionamento frontal (i.e., desempenho em tarefa de memória de trabalho), demonstrou o paralelismo esperado entre o desenvolvimento cognitivo indicado pelos índices de fluência utilizados e o desenvolvimento diferencial das áreas temporais e frontais, descrito na infância. O desempenho optimal nas TFV envolve um componente de memória de trabalho, uma vez que o indivíduo tem de gerar itens que obedecem a regras predefinidas, e simultaneamente monitorizar a procura lexical, de modo a não realizar erros ou repetições. Goldman-Rakik (1997) propõe que o córtex pré-frontal constitui parte de um sistema de memória, permitindo o acesso a dados relevantes do armazém de memória de longo prazo, e a sua utilização corrente para as decisões comportamentais necessárias no momento presente. Na mesma linha de evidência, Gaillard et al. (2003) demonstraram que crianças e adultos, activam uma região do lobo frontal esquerdo associada às exigências de memória de trabalho na realização das TFV. Fernandes et al. sugerem que as duas tarefas (i.e., TFV e Tarefa de Memória de Trabalho) utilizadas se associam ao funcionamento do lobo frontal, observando-se uma correlação forte, especialmente entre o índice "alternâncias" mediado pelo lobo frontal e a tarefa de memória de trabalho.

No presente estudo foi analisado o padrão de desempenho de adolescentes portugueses entre os 11 e os 17 anos de idade, nas TFV, de modo a melhor avaliar o paralelismo, observado num estudo anterior (Fernandes et al., *submetido*), entre o desenvolvimento de componentes específicos das TFV e o desenvolvimento diferencial do lobo temporal e frontal. De acordo com os estudos de desenvolvimento estrutural, existem evidências claras de diferenças temporais no desenvolvimento de áreas cerebrais distintas, contrastando a maturação tardia das áreas frontais, especialmente do córtex pré-frontal, com o desenvolvimento mais precoce do lobo temporal, que se mantém relativamente estável entre os 4 e os 18 anos de idade. De acordo com o paralelismo cerebral e cognitivo, espera-se observar um efeito evidente da idade no índice "alternâncias", mediado pelo funcionamento do lobo frontal, e também uma correlação mais forte entre este índice específico e o desempenho global (i.e., número de respostas correctas) na TFF. Por conseguinte, nesta tarefa o efeito de idade será muito evidente. Por outro lado, tendo em conta a relativa estabilidade estrutural do lobo temporal e o seu envolvimento nas TFV associado ao índice "agrupamentos", espera-se apenas observar uma diferença entre o grupo mais jovem estudado e o grupo mais velho, com valores estáveis ao longo da idade do índice indicativo do processo de agrupamento, mediado pelo lobo temporal.

No estudo anterior realizado com crianças foi observada uma diferença no desempenho global (número de respostas correctas) para os dois tipos de TFV, com pior desempenho para as TFF. Este padrão de resultados, frequentemente observado na infância (e.g., Riva et al., 2000), foi interpretado de acordo com duas propostas: a hipótese do paralelismo entre desenvolvimento cerebral e cognitivo; e a hipótese do envolvimento de competências metalinguísticas na TFF. Contudo, o contributo explicativo destas duas propostas, apenas poderá ser esclarecido, no estudo presente, por avaliação do desempenho de adolescentes, uma vez que as duas propostas prevêem padrões de desempenho distintos nesta população.

De acordo com a primeira proposta, os processos cognitivos envolvidos no desempenho das TFV, associados a exigências de substratos neuroanatómicos com fases de desenvolvimento distintas (i.e., lobo temporal com desenvolvimento precoce e relativamente estável durante a infância e adolescência *vs.* lobo frontal com desenvolvimento tardio e maturação para além do final da adolescência) seriam responsáveis pelas diferenças de desempenho observadas nos dois tipos de TFV. De facto, tendo em conta dois aspectos (1) padrão de resultados observado em crianças: maior contributo do índice "alternâncias" na TFF e, portanto, maior exigência do funcionamento do lobo frontal nesta tarefa; (2) desenvolvimento tardio do lobo frontal até ao início da idade adulta – espera-se, no presente estudo, observar um pior desempenho nas TFF, quando comparado com o desempenho nas TFS, visto mesmo na adolescência, o lobo frontal encontrar-se ainda em desenvolvimento.

De acordo com a segunda proposta, a diferença de desempenho observada em crianças, seria devida às exigências organizacionais e estratégicas associadas à aquisição da literacia, nomeadamente a consciência fonémica e o desenvolvimento de um léxico ortográfico. De facto, durante a infância e com o início do percurso é desenvolvida a meta-análise de todos os níveis linguísticos: fonológico, pragmático, semântico, sintáctico; o que enriquece e modifica o *input* linguístico, capacitando o desenvolvimento do conhecimento metalinguístico. De acordo com um papel predominante das competências metalinguísticas para explicação da diferença de desempenho nas TFV, com penalização das TFF, esperar-se-ia que, na adolescência, esta diferença não fosse observada, ou pelo menos, não fosse tão evidente, quanto a encontrada em crianças entre os 6 e os 11 anos de idade. De facto, na adolescência, os processos de leitura e escrita estão completamente automatizados e essa reflexão metalinguística, se fundamental no desempenho das TFF, está já completamente desenvolvida, permitindo um desempenho optimal na realização desta tarefa.

MATERIAL E MÉTODOS

Participantes

Cento e dezoito participantes (57 do sexo feminino e 61 do sexo masculino), estudantes entre o 6.º e o 12.º ano de escolaridade, da área da grande Lisboa, com idades compreendidas entre os 11 anos e 4 meses e os 17 anos e 11 meses. Os participantes foram recrutados através de uma carta de consentimento enviada à escola e explicada aos pais/encarregados de educação. Todos os participantes frequentavam o ensino regular, eram portugueses nativos, e não tinham reprovado em nenhum ano escolar até ao momento de inclusão neste estudo. Não tinham perturbações de desenvolvimento, de acordo com o seu director de turma, nem doença neurológica ou psiquiátrica conhecida.

Procedimento

As TFV foram realizadas individualmente numa sala da escola de cada participante, durante o horário escolar. Todos os participantes realizaram 2 ensaios de TFS e 3 ensaios de TFF.

Ensaios de TFF

Os 3 ensaios de TFF realizados correspondiam a geração de palavras cujos *sons* iniciais eram /p/, /m/, /R/. De acordo com as instruções convencionais (Troyer et al., 1997), em cada ensaio, foi pedido aos indivíduos que produzissem o maior número de palavras possível durante 60 segundos começadas por um dos fonemas em cada um dos ensaios. Foi pedido aos participantes que produzissem todas as palavras que obedecessem ao critério, excepto nomes próprios (e.g., nomes de pessoas, países) e palavras da mesma família/com a mesma raiz morfémica (e.g., parar, parado). Estas letras foram escolhidas de acordo com 2 critérios:

(1) Frequência de palavras começadas por estes fonemas em Português Europeu; em ordem de frequência decrescente /p/, /m/, /R/;
(2) Transparência ortográfica destes fonemas, de modo a controlar a inexistência de erros ortográficos.

Ensaios de TFS

Os 2 ensaios realizados correspondiam à categoria "Animais" e "Alimentos". No ensaio "Animais", os participantes eram instruídos a gerar o maior número de animais diferentes possível, tentando utilizar apenas um dos géneros (e.g., se dissesse *gato* não deveria produzir *gata*). No ensaio "Alimentos", era pedido aos participantes que produzissem o maior número possível de coisas que podem ser comidas ou bebidas, excepto marcas comerciais (e.g., bebida da marca X).

A instrução era dada apenas uma vez antes do início de cada ensaio e todos os itens produzidos pelo participante eram registados, não sendo dado qualquer *feedback* sobre a exactidão das suas produções.

A ordem dos ensaios dos dois tipos de tarefas era aleatória para cada um dos participantes.

Para cada um dos dois tipos de TFV foram consideradas três pontuações: número médio de agrupamentos; número bruto de alternâncias e número total de respostas correctas. Foi também realizada uma análise quantitativa do número de erros e repetições. Foram utilizadas, em cada TFV, as regras de pontuação dos dois índices específicos detalhadas por Troyer (2000).

Na TFF apenas foram considerados os agrupamentos fonémicos e, de forma semelhante, na TFS apenas foram considerados os agrupamentos semânticos. O tamanho médio dos agrupamentos foi calculado pelo número médio de itens produzido em cada subcategoria (agrupamento). As alternâncias foram calculadas de acordo com o número de transições entre cada agrupamento, incluindo agrupamentos com um único item. Tal como nos estudos com adultos, em que foram utilizados estes índices (e.g., Troyer, 2000), para a TFF, os resultados descritos dizem respeito ao somatório das pontuações dos três índices, derivada dos três ensaios.

RESULTADOS

Os 4 grupos de idade foram categorizados em anos de idade, de modo que a idade de cada participante em meses foi convertida em anos. Neste estudo existia uma correspondência linear entre idade e nível de escolaridade, visto a inclusão dos participantes, neste estudo, implicar a inexistência de reprovação escolar. Desta forma serão analisados, apenas, os efeitos da variável idade.

TFS – Ensaio "Animais"

O desempenho dos adolescentes nos dois ensaios da TFS é apresentado na Tabela 1.

TABELA 1
Valores médios nos três índices utilizados nos dois ensaios de TFS para cada grupo etário. Os valores entre parêntesis correspondem ao desvio padrão do desempenho

	Ensaio "Animais"			Ensaio "Alimentos"		
Idade	RC	Alt.s	Agr.s	RC	Alt.s	Agr.s
11 (n = 30)	17.40 (4.85)	7.07 (2.90)	1.53 (0.86)	14.33 (4.62)	5.63 (2.28)	1.38 (0.69)
13 (n = 30)	21.40 (5.19)	7.47 (2.53)	1.72 (0.61)	18.10 (6.49)	7.13 (2.89)	1.45 (0.84)
15 (n = 28)	21.21 (3.99)	7.71 (2.12)	1.58 (0.66)	17.46 (5.25)	6.07 (2.09)	1.88 (1.12)
17 (n = 30)	20.37 (5.91)	7.57 (2.72)	1.53 (0.71)	18.53 (5.91)	7.03 (1.75)	1.51 (0.85)

RC – respostas correctas; Alt.s – Alternâncias; Agr.s – Agrupamentos.

Foi realizada uma MANOVA[1] a um factor (variável idade – inter--sujeitos) para cada ensaio da TFS, tendo em conta os três índices utilizados (número total de respostas correctas; tamanho médio dos agrupamentos; alternâncias). De acordo com esta análise, foi observado um efeito significativo da variável idade para o número total de respostas correctas (*Pillai's trace*, F (3,114) = 4.004, $p < .009$). Não foi observada qualquer diferença significativa entre os grupos etários estudados para os índices específicos, quer para o índice "alternâncias" (*Pillai's trace,*

[1] Na análise multivariada de variância (MANOVA), as variáveis dependentes são consideradas em simultâneo e organizadas de forma compositória, de modo que os efeitos observados são ponderados pela correlação existente entre estas variáveis. A utilização da MANOVA permite que o erro de Tipo I se mantenha igual a α.

F (3,114) = 0.336, $p > .799$), quer para o índice "agrupamentos" (*Pillai's trace,* F (3,114) = 0.445, $p > .722$). A análise *post-hoc* (método de Scheffé; p=.05) demonstrou que no que diz respeito ao número total de respostas correctas, apenas se observaram diferenças significativas entre o grupo mais jovem estudado (grupo de 11 anos) e os restantes ($p < .046$), tendo este grupo apresentado o pior desempenho global, no que respeita ao total de itens correctamente produzidos no ensaio "Animais".

TFS – Ensaio "Alimentos"

Para o ensaio "Alimentos", de acordo com a MANOVA a um factor realizada, foram observados efeitos significativos de idade no número total de respostas correctas produzidas (*Pillai's trace,* F (3,114) = 3.434, $p < .019$), tal como observado no ensaio "Animais"; e no índice "alternâncias" (*Pillai's trace,* F (3,114) = 3.054, $p < .031$). De forma semelhante, ao observado para o outro ensaio de TFS, não foi observado um efeito de idade para o índice "agrupamentos" (*Pillai's trace,* F (3,114) = 2.00, $p > .117$). De acordo com a análise *post-hoc* (método de Scheffé; p=.05), no que diz respeito ao número de itens correctamente produzidos, apenas se observaram diferenças significativas entre o desempenho do grupo mais jovem (de 11 anos) e o do grupo mais velho (de 17 anos) estudados ($p < .043$). Para o índice "alternâncias", nas comparações *post hoc* não foram observadas diferenças significativas entre os grupos etários estudados, apenas uma tendência, não significativa ($p > .099$), para um pior resultado do grupo mais jovem (de 11 anos) neste índice.

Erros e Repetições nos dois ensaios TFS

A MANOVA a um factor (variável idade) para os erros e repetições produzidos no ensaio "Animais" revelou existência de efeitos significativos de idade nas duas variáveis dependentes avaliadas (erros: *Pillai's trace,* F (3,114) = 3.481, $p < .018$; repetições: *Pillai's trace,* F (3,114) = 2.796, $p < .043$). O número médio de erros e repetições para cada grupo etário estudado é apresentado na Tabela 2.

TABELA 2
Número médio de Erros e Repetições na TFS (ensaios "Animais" e Alimentos") dos grupos etários estudados. Os valores entre parêntesis correspondem ao desvio padrão.

	Ensaio "Animais		Ensaio "Alimentos"	
Idade	Erros	Repetições	Erros	Repetições
11 (n = 30)	0.07 (0.25)	.30 (0.60)	0.13 (0.57)	0.23 (0.43)
13 (n = 30)	0.33 (0.76)	0.10 (0.31)	0.10 (0.40)	0.27 (0.52)
15 (n = 28)	0.04 (0.19)	0.32 (0.48)	0.04 (0.19)	0.61 (.99)
17 (n = 30)	0.03 (0.18)	0.07 (0.25)	0.03 (0.18)	0.20 (0.48)

De acordo com as comparações *post hoc* realizadas (método de Scheffé) em nenhuma das variáveis foram observadas diferenças, com alcance do nível de significância, entre os grupos etários estudados. Contudo, na análise do número de erros, verificou-se uma tendência quase significativa ($p < .066$) para os grupos mais jovens apresentarem mais erros neste ensaio. No que diz respeito ao ensaio "Alimentos", na MANOVA a um factor não se observaram quaisquer efeitos de idade, quer para o número de erros (*Pillai's trace,* F (3,114) = .510, $p > .676$), quer para o número de repetições, cujas diferenças não alcançaram um nível de significância estatística (*Pillai's trace,* F (3,114) = 2.482, $p > .067$).

Para os grupos etários estudados, os valores, quer de erros quer de repetições, nos ensaios de TFS, foram muito baixos (i.e., próximos de valores médios de 1) para todos os grupos.

Padrão correlacional entre os três índices nas TFS

A análise correlacional dos dois ensaios da TFS é apresentada na matriz de correlação – Tabela 3 (ensaio "Animais": Tabela 3a; ensaio "Alimentos": Tabela 3b).

TABELA 3
Matrizes correlacionais dos três índices utilizados com controlo da variável idade em cada ensaio da TFS

TABELA 3A
Coeficientes de correlação parcial para o ensaio "Animais" da TFS

Ensaio "Animais"	RC	Alt.s	Agr.s
RC	-	.537**	.200*
Alt.s	.537**	-	– .642**
Agr.s	.200*	– .642**	-

* $p < .001$; ** $p < .04$

TABELA 3B
Coeficientes de correlação parcial para o ensaio "Alimentos" da TFS

Ensaio "Alimentos"	RC	Alt.s	Agr.s
RC	-	.626**	.380**
Alt.s	.626**	-	– .370**
Agr.s	.380**	– .370**	-

** $p < .04$

Foi feita a análise correlacional parcial, entre os três índices derivados para cada ensaio, com controlo da variável idade, visto esta ter um efeito para o desempenho global (i.e., número de respostas correctas) dos grupos estudados. Nos dois ensaios semânticos, o número total de respostas correctas apresentou uma associação altamente significativa, quer com o número de alternâncias (ensaio "Animais", $r = .537$, $p < .001$; ensaio "Alimentos", $r = .626$, $p < .001$); quer com o índice "agrupamentos" (ensaio "Animais", $r = .200$, $p < .033$; ensaio "Alimentos", $r = .380$, $p < .001$). Em ambos os ensaios TFV, os dois índices específicos apresentaram uma correlação negativa significativa entre si (ensaio "Animais", $r = -.642$, $p < .001$; ensaio "Alimentos", $r = - .370$, $p < .001$).

Ensaio "Animais" vs. "Alimentos"

Foi feita uma ANOVA de medidas repetidas, de modo a comparar o desempenho dos adolescentes nos dois ensaios de TFS. De acordo com esta análise foram observadas diferenças significativas, entre os dois ensaios de TFS, quer no desempenho global (número total de respostas correctas) ($F(1, 117) = 37.856$, $p < .0001$), quer no índice "alternâncias" ($F(1, 117) = 14.116$, $p < .0003$). Não se observando diferenças no índice "agrupamentos" ($F(1, 117) = .168$, $p > .683$). Contudo, verificou-se uma forte associação positiva entre os dois ensaios, para o número total de respostas correctas (*correlação parcial, com controlo da variável idade*; $r = .519$, $p < .001$).

Assim sendo, no ensaio "Animais", os participantes produziram maior número de respostas, à custa de maior número de transições entre subcategorias, quando comparado com o seu desempenho no ensaio "Alimentos". Em ambos os ensaios, o número médio de itens produzidos em cada subcategoria foi semelhante entre si.

TFF – desempenho nos três índices

Na ANOVA com medidas repetidas foi observada uma diferença significativa entre ensaios, para o número total de respostas correctas ($F(2, 234) = 14.037$, $p < .0001$). De acordo com as comparações planeadas, o número de respostas correctas foi significativamente superior para o fonema /p/, quando comparado com o desempenho para o fonema /m/ ($p < .024$), e com o desempenho no ensaio do fonema /R/ ($p < .0001$). O desempenho para o fonema /m/ foi também significativamente superior ao do observado no ensaio do fonema /R/ ($p < .005$). Este padrão de desempenho vai ao encontro do esperado no que diz respeito à frequência de ocorrência destes fonemas em início de palavra: com maior frequência para o fonema /p/, seguido de /m/, e menor frequência para /R/.

Tal como proposto por Troyer (2000), os resultados obtidos nos 3 ensaios da TFF foram analisados em conjunto, a partir do somatório dos resultados obtidos nos três índices utilizados. A Tabela 4 apresenta os resultados médios obtidos pelos adolescentes nos três índices utilizados na TFF. De acordo com a MANOVA a um factor (variável idade) foi observado um efeito significativo desta variável nos índices número de respostas correctas (*Pillai's Trace*, $F = 4.935$, $p < .003$) e no índice alternâncias

($F = 3.751$, $p < .013$). Não foram observados efeitos significativos da variável idade para o índice agrupamentos ($F = 0.141$, $p > .935$).

TABELA 4

Desempenho dos grupos etários estudados nos três índices na TFF e número médio de erros e repetições (Rep.) na TFF. Os valores entre parêntesis correspondem ao desvio padrão.

	TFF				
Idade	**RC**	**Alt.s**	**Agr.s**	**Erros**	**Rep**
11 (n = 30)	20.43 (7.80)	13.68 (5.83)	1.81 (1.31)	3. 43 (2.70)	0.23 (0.43)
13 (n = 30)	24.03 (7.25)	16.48 (6.15)	1.82 (0.58)	4.90 (3.51)	0.367 (0.99)
15 (n = 28)	27.82 (8.13)	19.18 (5.82)	1.93 (1.18)	4.42 (4.53)	0.40 (0.72)
17 (n = 30)	27.47 (9.70)	18.37 (8.49)	1.93 (0.63)	4.30 (3.57	0.39 (0.82)

De acordo com a análise *post hoc* (método de Scheffe), para o número de respostas correctas, apenas se observaram diferenças significativas entre o grupo mais jovem (de 11 anos) e os dois grupos mais velhos (de 15 anos, $p < .014$; de 17 anos $p < .018$). O mesmo padrão foi encontrado para o índice "alternâncias" (diferença entre 11 e 15 anos, $p < .028$); mas a diferença entre o grupo mais jovem e o mais velho estudados não alcançou um nível de significância estatística ($p < .075$).

Erros e Repetições na TFF

Na ANOVA a um factor, não se observaram diferenças significativas entre os diferentes grupos etários, quer para o número de erros ($F(3, 114) = 0.902$, $p > .442$), quer para o número de repetições ($F(3, 114) = 0.834$, $p > .478$), na TFF.

Padrão correlacional entre os três índices nas TFS

A matriz correlacional, com controlo da variável idade, é apresentada na tabela 5. De acordo com a análise correlacional entre os três índices utilizados na TFF, observou-se uma correlação positiva altamente significativa entre o índice "alternâncias" e o número total de respostas correctas ($r = 0.886$, $p < .001$), não se tendo observado uma correlação significativa entre o índice "agrupamentos" e o número total de respostas correctas ($r = 0.081$, $p > .392$). Foi observada uma correlação negativa significativa entre os dois índices específicos ($r = - 0.205$, $p < .029$).

TABELA 5
Matriz correlacional dos três índices utilizados com controlo da variável idade na TFF

	RC	Alt.s	Agr.s
RC	-	.886**	.081
Alt.s	.886**	-	–.205*
Agr.s	.081	–.205*	-

* $p < .03$; ** $p < .001$

TFS vs TFF

A análise correlacional entre os dois ensaios de TFS e os ensaios de TFF revelou a existência de uma forte associação positiva entre o desempenho global nos dois tipos de TFV ($r > 0.24$, $p < .008$). Foi feita uma análise comparativa entre o desempenho global (i.e., número de respostas correctas) nos dois ensaios de TFS e nos três ensaios de TFF. De acordo com os contrastes planeados, verificou-se a existência de uma diferença significativa por tipo de ensaio, com desempenhos significativamente superiores no ensaio "Animais" (TFS) do que em qualquer um dos três ensaios fonémicos (TFF) (F (1, 117) = 612.582, $p < .001$). O mesmo padrão de desempenho foi observado na comparação entre o ensaio "Alimentos" e os três ensaios TFF (F(3, 117) = 311.309, $p < .001$). Na comparação dos dois ensaios de TFS com cada um dos ensaios de TFF, de acordo com o número de erros e de repetições realizado, verificou-se a existência de uma diferença significativa entre cada um dos ensaios TFS e os ensaios TFF ($F > 140$, $p < .001$), com maior número de erros e de repetições em qualquer um dos ensaios de TFF quando comparado com os ensaios TFS.

DISCUSSÃO

Neste estudo foi analisado o padrão de desempenho de adolescentes nos dois tipos de TFV, de acordo com os dois índices específicos propostos por Troyer e colaboradores no seu trabalho com adultos, e anteriormente utilizados em crianças saudáveis portuguesas. O padrão correlacional descrito para adultos (Troyer, 2000) e para crianças (Fernandes et al., *submetido*) foi também encontrado em adolescentes com idades entre os 11 e os 17 anos, observando-se uma correlação negativa entre os dois índices específicos nos dois tipos de TFV; na TFS, uma correlação positiva entre cada um dos índice específicos e o desempenho global (número de respostas correctas), e na TFF, tal como observado por Troyer et al. (1997) em jovens adultos, uma correlação altamente significativa entre o número de alternâncias e o desempenho global.

Tal como observado num estudo anterior com crianças, os adolescentes apresentam um padrão estável no índice "agrupamentos", independentemente do seu nível etário. Este padrão de desempenho é sugestivo do envolvimento do lobo temporal nos processos associados ao índice "agrupamentos". Esta área cerebral apresenta, nas idades estudadas, um volume estável com um desenvolvimento precoce antes dos 4 anos de idade. De forma contrastante, foi observado um efeito claro da idade no índice de alternâncias com diferenças significativas entre o resultado do grupo etário mais jovem e os grupos mais velhos. Especialmente na TFF, em que este índice tem um grande contributo para o desempenho global (i.e., forte associação entre este índice e o número total de respostas correctas), o que é convergente com as evidências neuroanatómicas de um desenvolvimento prolongado e tardio da organização do córtex pré-frontal, com uma maturação que se prolonga até à idade adulta.

No que diz respeito às diferenças de desempenho entre os dois tipos de TFV realizados, foi observado o padrão de desempenho já descrito num estudo anterior (Fernandes et al., *submetido*), com melhor desempenho global nos dois ensaios de TFS do que nos ensaios de TFF, e maior número de erros e repetições na fluência fonémica. Esta diferença de resultado que se observa na infância e se mantém até aos 17 anos de idade, não parece apoiar a concepção de que o principal factor implicado na maior dificuldade de realização da TFF é o componente metalinguístico deste tipo de TFV. De facto, enquanto que na infância, durante o ensino básico, as diferenças de desempenho poderiam ser devidas ao facto das TFF requererem competências em aquisição, dependentes da literacia, como o desenvolvimento de um léxico ortográfico, na adolescência, os processos de leitura e de escrita deverão ser processos automáticos, e o conhecimento metalinguístico estará completamente organizado. Assim sendo, a evidência de diferenças de desempenho nos 2 tipos de TFV serem observadas mesmo na adolescência parece mais consistente com exigências de substrato neuroanatómico. De facto, o alcance da maturação do córtex pré-frontal já na idade adulta parece ser uma proposta plausível para interpretação deste padrão de desempenho.

Os dois tipos de TFV envolvem exigências diferentes das estruturas neuronais implicadas no desempenho destas tarefas. As TFF são, de acordo com os estudos de lesão cerebral (e.g., Troyer et al., 1998a; Troyer et al., 1998b), mais sensíveis a disfunção frontal do que as TFS. De facto, tal como demonstrado para indivíduos adultos (Troyer et al., 1998), como para crianças (Fernandes et al., *submetido*), e também para os adolescentes, o índice "alternâncias", que é sugerido como mediado pelo funcionamento do lobo frontal, está mais altamente correlacionado com o desempenho global (i.e., número total de respostas correctas) na TFF, do que o índice "agrupamentos". Desta forma, a diferença observada no desempenho global dos dois tipos de TFV, com pior desempenho na TFF, parece ser devida ao facto de, no caso da TFF, haver maior exigência no envolvimento do córtex frontal, e portanto, depender em maior grau do que a TFS da maturação do lobo frontal (Casey et al., 2000). Por outro lado, a TFS exige não só o envolvimento do funcionamento frontal, mas a recuperação de conceitos pertencentes à mesma categoria semântica, prendendo-se com a integridade da memória semântica. Tal é evidenciado pela correlação positiva que ambos os índices específicos estudados apresentam com o desempenho global.

Contudo, a partir deste estudo não se pretende minimizar o papel que as competências metafonológicas possam ter no desempenho das TFF. A observação de um maior número de erros nesta tarefa, e os resultados obtidos por Ratcliff et al. (1998) com adultos iletrados, sugerem que estas competências também poderão ter um papel no desempenho de TFV. Para uma determinação exacta do contributo destas competências, seria importante, em estudos futuros, avaliar directamente o seu papel nestas tarefas e o seu potencial contributo independente dos índices neurobiológicos aqui estudados, bem como a comparação do desempenho nas TFV com outras medidas de conhecimento metalinguístico.

Por outro lado, a consideração da proposta do paralelismo entre o desenvolvimento cerebral e cognitivo não assenta numa concepção de causalidade do primeiro em relação ao segundo. É conhecido o papel que o conhecimento metalinguístico em particular, e a estimulação cognitiva em geral, têm no desenvolvimento estrutural (e.g., Castro-Caldas, Petersson, Reis, Stone-Elander, & Ingvar, 1998) e, portanto, a hipótese aqui revista de paralelismo entre desenvolvimento cerebral e cognitivo não assenta numa relação de causalidade linear de um em relação ao outro.

Os resultados deste estudo sugerem: a) os dois componentes das TFV (indicados pelos índices específicos de alternâncias e agrupamentos) têm efeitos de idade dissociados, com evidências claras de desenvolvimento para o índice "alternâncias" mediado pelo funcionamento do lobo frontal; b) o desenvolvimento da fluência fonémica e das estratégias de alternância ocorrem simultaneamente nas TFV, e coincidem temporalmente com o desenvolvimento das áreas dorso-frontais, que são recrutadas e activadas durante as TFV, tanto em crianças, quanto em adultos; c) o processo derivado do índice de agrupamentos e a fluência semântica são mais dependentes do funcionamento dos lobos temporais, activados durante a realização das TFV; estas áreas cerebrais não apresentam uma alteração estrutural massiva durante a infância e adolescência; d) o envolvimento de competências metalinguísticas na TFF não permite, de forma integrada com a hipótese biológica, explicar as diferenças de desempenho nos dois tipos de TFV, quer na infância, quer na adolescência.

Este estudo fornece evidências de que a proposta de Troyer e colaboradores pode ter, também, um contributo importante para a Neuropsicologia do Desenvolvimento, permitindo uma análise mais fina do desempenho nas TFV, e na investigação de processos cognitivos específicos mediados pelo funcionamento de diferentes áreas cerebrais. No estudo neuropsicológico de desenvolvimento, a análise do desempenho nas TFV baseada nos dois índices específicos permite, de forma mais analítica, destrinçar o envolvimento de áreas cerebrais distintas, em condições de desempenho perturbado nas TFV em casos de perturbação adquirida em idades precoces (Fernandes et al., 2002). No que diz respeito à aplicação clínica destes índices, um aspecto interessante que emerge deste estudo, e já observado no estudo anterior com crianças, é o da raridade de erros típicos de disfunção frontal (intrusões e perseverações). Este tipo de "sinais positivos" de perturbação sugere, ou a *perda* de uma função adquirida numa fase precoce (regressão), ou a sua patologia (i.e., raramente observadas em indivíduos saudáveis, sem disfunção cerebral). Para além da aplicação clínica, esta análise confirma a adequabilidade de utilização destes índices específicos de uma tarefa neuropsicológica tão largamente utilizada quanto as TFV, permitindo uma análise mais detalhada do desempenho de crianças e adolescentes. Esta evidência poderá ter consequências importantes na avaliação e no diagnóstico na Neuropsicologia do Desenvolvimento, num futuro próximo.

AGRADECIMENTOS

Quero agradecer à Dra. Rosário Vieira e à Prof. Doutora Isabel Pavão Martins pela disponibilização dos dados deste estudo e pelo seu contributo para a realização deste trabalho, e à Dra. Beatriz Dias e à Dra. Clara Loureiro pela ajuda na codificação dos resultados. Quero também agradecer a todos os participantes e escolas responsáveis pela sua colaboração nesta investigação. E, *the last but not the least*, quero prestar o meu agradecimento ao Prof. Doutor Mário Simões pelo convite para participação neste livro.

BIBLIOGRAFIA

BENTON, (1967). Word fluency and brain damage. *Neuropsychologia, 5* (2), 135-140.

CARDEBAT, D., DEMONET, J., VIALLARD, G., FAURE, S., PUEL, M. & CELSIS, P. (1996). Brain functional profiles in formal and semantic fluency tasks: A SPECT study in normals. *Brain and Language*, *52*, 305-313.

CASEY, B., GIEDD, N. & THOMAS, K. (2000). Structural and functional brain development and its relation to cognitive development. *Biological Psychology, 54,* 241-257.

CASTRO-CALDAS, A., PETERSSON K-M., REIS, A., STONE-ELANDER, S., & INGVAR, M (1998). Learning in childhood determines the functional organisation of the adult brain. *Brain, 121,* 1053-1063

CHUGANI, H.T. (1994). Development of regional brain glucose metabolism in relation to behaviour and plasticity. In G. D. Kurt W. Fisher (Eds.), *Human behavior and the developing brain*" (pp. 153-175). London: Guildford.

De Agostini, M., Metz-Lutz, M-N., Van Hout, A., Chavance, M., Deloche, G., Pavão Martins, I., & Dellatolas, G. (1998). Batterie d'évaluation du language oral de l'enfant aphasique (ELOLA) standardisation française (4-12 ans). *Revue de Neuropsychologie, 8* (3), 319-367.

Elfgren, C. & Risberg, J. (1998). Lateralized frontal blood flow increases during fluency tasks: Influence of cognitive strategy. *Neuropsychologia, 36* (6), 505-512.

Fernandes, T., Silva, R., Loureiro, C., Dias, B., & Pavão Martins, I. (*submetido*). Switching and clustering on verbal fluency tasks: A developmental study.

Fernandes, T., Silva, L., Loureiro, C. & Pavão Martins, I. (2002). Development in the absence of the prefrontal cortex: A case report. *Journal of the International Neuropsychology Society, 8* (4), 515.

Fiducia, D., & O'Leary, D. (1990). Developmental of a behaviour attributed to the frontal lobes and the relationship to other cognitive functions. *Developmental Neuropsychology, 6*(2), 85-94.

Frith, C., Friston, K., Liddle, P. & Frackowiak, R. (1991). A PET study of word finding. *Neuropsychologia, 29* (12), 1137-1148.

Gaillard, W., Hertz-Pannier, L., Mott, S., Barnett, A., LeBihan, D. & Theodore, W. (2000). Functional anatomy of cognitive development fMRI of verbal fluency in children and adults. *Neurology, 54,* 180-185.

Gaillard, W., Sachs, B., Whitnah, J., Ahmad, Z., Balsamo, L., Petrella, J., Braniecki, S., McKinney, C., Hunter, K., Xu B., & Grandin, C. (2003). Developmental aspects of language processing: fMRI of verbal fluency in children and adults. *Human Brain Mapping, 18,* 176-185.

Goldman-Rakik, P.S. (1987). Development of cortical circuit and cognitive functions. *Child Development, 58,* 642-691.

Halperin, J., Healey, J., Zeitchik, E., Ludman, W., & Weinstein, L. (1989). Developmental aspects of linguistic and mnestic abilities in normal children. *Journal of Clinical and Experimental Psychology, 11* (4), 518-528.

Holland, S., Plante, E., Byars, A., Strawsburg, R., Schmisthorst & Ball, W. (2001). Normal fMRI brain activation patterns in children performing a verb generation task. *NeuroImage, 14,* 837-843.

Jurado, M. A., Mataro, M., Verger, K., Bartumeus, F. & Junque, C.

(2000). Phonemic and semantic fluencies in traumatic brain injury patients with focal frontal lesions. *Brain Injury, 14(*9), 789-795.

KANEMURA, H., AIHARA, M., AOKI, S., ARAKI, T. & NAKAZAWA, S. (2003) Development of the prefrontal lobe in infants and children: A three-dimensional magnetic resonance volumetric study. *Brain Development, 25* (3), 195-199.

LEVIN, H., CULHANE, K., HARTMANN, J., EVANKOVICH, K., & MATTSON, A. (1991). Developmental changes in performance on tests of purported frontal lobe functioning. *Developmental Neuropsychology, 7*(3), 377-395.

PARKS, R., LOWENSTEIN, D., DODRILL, K., BARKER, W., YOSHII, F., CHANG, J., EMRAN, A., APICELLA, A., SHERAMATA, W. & DUARA, R. (1988). Cerebral metabolic of a verbal fluency test: A PET scan study. *Journal of Clinical and Experimental Psychology, 10* (5), 565-575.

PASSLER, M., ISAAC, W., & HYND, G. (1985). Neuropsychological development of behavior attributed to frontal lobe functioning in children. *Developmental Neuropsychology, 1*(4), 349-370.

RATCLIFF, G., GANGULI, M., CHANDRA, V., SHARMA, S., BELLE, S., SEABERG, E. & PANDAV, R. (1998). Effects of literacy and education on measures of word fluency. *Brain and Language, 61,* 115-122.

RIVA, D., NICHELLI, F. & DEVOTTI, M. (2000). Developmental aspects of verbal fluency and confrontation naming in children. *Brain and Language, 71,* 267-284.

SAUZÉON, H., LESTAGE., P., RABOUTET, C., N'KAOUA, B., & CLAVERIE, B. (2004). Verbal fluency output in children aged 7-16 as a function of the production criterion: Qualitative analysis of clustering, switching processes, and semantic network exploitation. *Brain and Language, 89*(1), 192-202.

SOWELL, E.R., DELIS, D., STILES, J. & JERNIGAN, T.L. (2001). Improved memory functioning and frontal lobe maturation between childhood and adolescence: A structural MRI study. *Journal of the International Neuropsychological Society, 7,* 312-322.

STUSS, D., ALEXANDER, M., HAMER, L., PALUMBO, C., DEMPSTER, R., BINNS, M., LEVINE, B. & IZUKAWA, D. (1998). The effects of focal anterior and posterior brain lesions on verbal fluency. *Journal of the International Neuropsychological Society, 4,* 265-278.

SZATKOWSKA, I., GRABOWSKA, A. & SZYMANSKA, O. (2000). Phonological and semantic fluencies are mediated by different regions of the prefrontal cortex. *Acta Neurobiol. Exp., 60,* 503-508.

TEMPLE, C.M. (1997). *Developmental cognitive neuropsychology*. New York: Psychology Press.

TRÖSTER, A., FIELDS, J., TESTA, J., PAUL, R., BLANCO, C., HAMES, K., SALMON, D., & BEATTY, W. (1998). Cortical and subcortical influences on clustering and switching in the performance of verbal fluency tasks. *Neuropsychologia, 36* (4), 295-304.

TROYER, A. (2000). Normative data for clustering and switching on verbal fluency tasks. *Journal of Clinical and Experimental Neuropsychology, 22* (3), 370-378.

TROYER, A., MOSCOVITCH, M., WINOCUR, G., ALEXANDER, P & STUSS, D. (1998a). Clustering and switching on verbal fluency: The effects of focal frontal- and temporal-lobe lesions. *Neuropsychologia, 36* (6), 499-504.

TROYER, A., MOSCOVITCH, M., WINOCUR, G., LEACH, L. & FREEDMAN, M. (1998b). Clustering and switching on verbal fluency tests in Alzheimer's and Parkinson's disease. *Journal of the International Neuropsychological Society, 4,* 137-143.

TROYER, A., MOSCOVITCH, M. & WINOCUR, G. (1997). Clustering and switching as two components of verbal fluency: Evidence from younger and older healthy adults. *Neuropsychology, 11* (1), 138-146.

VIKKI, J. & HOLST, P. (1994). Speed and flexibility on word fluency tasks after focal brain lesions. *Neuropsychologia, 32* (10), 1257-1262.

YAKOVLEV, P., & LECOURS, A. (1967). The myelogenetic cycles of regional maturation of the brain. In A. Minkowski (Ed.), *Regional development of the brain in early life* (pp. 3-70). Oxford, UK: Blackwell Scientific.

WELSH, M., & PENNINGTON, B. (1988). Assessing frontal lobe functioning in children: Views from developmental psychology. *Developmental Neuropsychology, 4*(3), 199-230.

O exame dos comportamentos de simulação em avaliação (neuro)psicológica*

MÁRIO R. SIMÕES
Serviço de Avaliação Psicológica
Faculdade de Psicologia e de Ciências da Educação
da Universidade de Coimbra, Portugal

INTRODUÇÃO

O estudo dos comportamentos de simulação através do recurso a testes de avaliação neuropsicológica corresponde a uma área que tem sido objecto de intensa investigação na última década. Este interesse não é surpreendente. Um número crescente de pedidos de avaliação neuropsicológica surge em contextos de litígio judicial e envolve a atribuição de recursos financeiros substanciais, no caso de ser demonstrada a existência de défices cognitivos reais provocados por lesão. Actualmente, e no contexto da avaliação neuropsicológica, é reconhecida a necessidade de identificar défices cognitivos, especialmente quando os ganhos secundários são evidentes (Heaton, Smith, Lehman, & Vogt, 1978; Rogers, 1997). Este facto tem conduzido ao desenvolvimento de novas estratégias de avaliação dos comportamentos de simulação *("malingering")*.

Em resposta a pedidos de compensação financeira que entram nos tribunais, o exame neuropsicológico pode constituir o meio principal de

* Trabalho financiado no âmbito do Projecto de Investigação "Adaptação e estandardização portuguesa de testes neuropsicológicos: Estudos normativos e de validade" (Projecto 35410/2000, SAPIENS/POCTI/FCT) e do *Centro de Psicopedagogia* da Universidade de Coimbra (FEDER/POCTI-SFA-160-490).

elucidar os efeitos de danos neurológicos insidiosos – como é o caso dos traumatismos crânio-encefálicos ligeiros ou a exposição a substâncias neurotóxicas. Alguns pacientes podem simular, isto é, produzir ou exagerar intencionalmente sintomas físicos ou psicológicos em circunstâncias em que existe a possibilidade de obter ganhos resultantes de uma determinação de incapacidade. Neste plano, as tradicionais medidas neuropsicológicas parecem ser particularmente vulneráveis à simulação devido à sua dependência da cooperação ou motivação do sujeito (Beetar & Williams, 1995; Heubrock & Petermann, 1998). Ao mesmo tempo, a investigação mostra que o desempenho médio de sujeitos simuladores em testes (neuro)psicológicos é, em muitos casos, substancialmente inferior à média.

Por definição, a simulação não é uma conclusão diagnóstica que se apoie apenas no desempenho nos testes. No entanto, e como iremos ver ao longo deste texto, os testes (neuro)psicológicos ocupam um lugar essencial no processo de formulação diagnóstica.

Com efeito, um dos modelos usado no exame dos comportamentos de simulação envolve a aplicação de **testes e outros instrumentos de avaliação (neuro)psicológica**. A este respeito convém referir que são numerosos os testes tradicionais onde a problemática dos comportamentos de simulação tem sido analisada: *Wechsler Adult Intelligence Scale* (WAIS-R; WAIS-III); *Standard Progressive Matrices* (SPM); *Halstead-Reitan Neuropsychological Battery* (HRNB); *Wechsler Memory Scale* (WMS-R; WMS-III); *Warrington Recognition Memory Test* (WRMT); *California Verbal Learning Test* (CVLT); *Rey Auditory Verbal Learning Test* (RAVLT); *Rey-Osterrieth Complex Figure Test* (ROCFT); *Wisconsin Card Sorting Test* (WCST); *Testes de Fluência Verbal*; *Test of Variables of Attention* (TOVA); *Trail Making Test* (TMT); *Minnesota Multiphasic Personality Inventory* (MMPI-2); *Millon Clinical Multiaxial Inventory – Third Edition* (MCMI-III). Neste contexto, estes instrumentos têm sido usados para determinar padrões de resultados ou derivar fórmulas estatísticas que diferenciem o desempenho de pacientes com lesão cerebral de sujeitos reconhecidamente simuladores ou suspeitos de simulação. O presente trabalho desenvolve-se basicamente em torno deste modelo.

Um outro modelo de avaliação dos comportamentos de simulação passa pelo recurso a **testes especificamente construídos para a avaliação da validade de sintomas**. Algumas destas provas aparentam um grau de dificuldade substancialmente maior do que os escassos recursos cognitivos que na realidade são necessários para a sua resolução. Alguns dos testes usados neste contexto correspondem a provas com uma configuração de resposta de escolha forçada e permitem identificar desempenhos deliberadamente reduzidos. Uma das limitações conhecidas deste novo modelo remete para o facto do critério diagnóstico de "desempenho significativamente inferior à probabilidade resposta ao acaso" poder ser muito rígido e, por isso, menos sensível a formas mais sofisticadas de simulação. Estudos de simulação realizados em laboratório mostram que uma parte importante dos sujeitos instruídos para simular desempenhos deficitários não alcança resultados significativamente inferiores ao acaso (Guilmette, Hart, & Giuliano, 1993). Neste contexto, são vários os testes especificamente construídos para examinar a problemática dos comportamentos de simulação: *Test of Memory Malingering* (TOMM; Tombaugh, 1996); *Word Memory Test* (Green, Allen & Astner, 1996); *Victoria Symptom Validity Test* (VSVT; Slick, Hopp, Strauss & Thompson, 1995); *Portland Digit Recognition Test* (PDRT; Binder, 1993); *Digit Memory Test* (DMT; Hiscock & Hiscock, 1989); *Reliable Digit Span Task* (RDST; Greffenstein et al., 1994); *Computerized Dot Counting Test* (CDCT; Rey, 1941; Lezak, 1995); *Rey 15-Item Memory Test* (Rey, 1964); *Amsterdam Short-Term Memory Test* (ASTM; Schmand et al., 1998); *21-Item Test* (Iverson et al., 1991); *Structured Interview of Reported Symptoms* (SIRS; Rogers, Bagby & Dockens, 1992).

Como já foi referido, o presente texto analisa a problemática da simulação em avaliação neuropsicológica através do recurso a medidas mais tradicionais. Mais especificamente, num primeiro momento procede-se à distinção entre conceitos necessários para a análise das questões relativas à definição de simulação, às dificuldades de natureza diagnóstica e ao diagnóstico diferencial.

Os sinais e sintomas clínicos, os padrões e as linhas orientadoras na identificação de comportamentos de simulação são outros tópicos a seguir apresentados.

Finalmente, e de modo ilustrativo, são resumidos resultados obtidos nalguns testes (neuro)psicológicos consensualmente considerados mais representativos.

CONCEITOS

Impõe-se desde já uma breve distinção de natureza conceptual que mostra a diversidade terminológica que caracteriza a área dos estudos de simulação. Os conceitos a clarificar são: simulação ("*malingering*"); esforço insuficiente ("*insufficient effort*"); dissimulação ("*dissimulation*"); defensividade ("*defensiveness*"); estilo de resposta irrelevante ("*irrelevant response style*"); estilo de resposta fiável ("*reliable response style*"); perturbações factícias ("*factitious disorder*").

A **simulação** pode ser definida como a "produção intencional de sintomas físicos ou psicológicos, falsos ou exagerados, motivados por incentivos externos, tais como evitar o serviço militar ou o trabalho, obter compensações económicas, evitar cumprimento de penas ou dispor de drogas" (APA; DSM-IV-TR, 2002, p. 739). A simulação corresponde também a uma postura de fingimento de doença ("fazer-se doente"), incapacidade ou incompetência. Os termos "*overreporting*" (o sujeito exagera de forma deliberada uma doença, défices, incapacidade ou incompetência), "*faking bad*" ou "*fake bad*" (o sujeito tenta dar uma imagem negativa de si próprio) e "fingimento negativo" (o sujeito encontra-se motivado para mostrar uma imagem desfavorável de si mesmo, para se apresentar desajustado do ponto de vista psicológico, cognitivo ou emocional, ou para exagerar os seus sintomas) podem estar associados ao comportamento de simulação.

O **esforço insuficiente** é operacionalmente definido como o desempenho alcançado num teste que é significativamente mais reduzido do que os padrões de desempenho conhecidos relacionados com perturbações neurológicas verdadeiras. Este desempenho substancialmente mais baixo não está associado a disfunção cerebral e não é atribuível a variáveis moderadoras como a idade, nível educativo, depressão, etc.. Neste contexto, a "simulação" pode ser operacionalmente definida como um exemplo específico de esforço insuficiente orientado para a obtenção de ganhos secundários.

Os estilos de resposta incluem o **estilo de resposta fiável** (o sujeito apresenta sintomas de uma maneira honesta e franca) e o **estilo de resposta irrelevante** (o sujeito não está psicologicamente envolvido e pode responder de uma forma inconsistente ou aleatória). Na "resposta ao acaso" ("*random response*") o sujeito responde deliberadamente de uma forma aleatória. As razões para respostas irrelevantes podem incluir a falta de compreensão, o desinteresse, a interferência psicótica, tentativas para fingir confusão ou outras motivações pessoais não especificadas.

A **dissimulação** refere-se a um estilo de resposta em que os sujeitos distorcem deliberadamente ou representam incorrectamente os seus sintomas físicos ou psicológicos. De acordo com algumas formulações, e ao contrário da *defensividade* ou da *simulação*, estas distorções não parecem inserir-se num padrão coerente de resposta. A *dissimulação* seria assim um termo descritivo particularmente apropriado para casos em que a motivação ou estilo de resposta é menos evidente. Num registo aparentemente distinto, a dissimulação pode remeter para a ocultação de sintomas psicológicos ou psicopatológicos e, nesta perspectiva, aproximar-se da ideia de "fingimento positivo" (explicitada a seguir, no conceito de "defensividade"). Tanto a "simulação" como a "dissimulação" são formas de "engano", "fingimento" ou "falsificação" da realidade.

A **defensividade** é o oposto da "simulação" embora implique também um processo consciente e deliberado de distorção. Refere-se ao comportamento de indivíduos que denegam propositadamente, ou minimizam ("*underreporting*") de forma grosseira e intencional, os seus problemas (défices, incapacidade, incompetência, etc.) ou sintomas psicológicos. Corresponde a um desejo consciente de proporcionar ao examinador uma imagem positiva de si próprio. O sujeito tenta mostrar um funcionamento psicológico mais ajustado e equilibrado e minimiza os seus sintomas ("fingimento positivo"). "*Faking good*", "*fake good*", "boa imagem" e "desejabilidade social" (o sujeito comunica de forma deliberada uma imagem positiva de si mesmo, finge características ou traços positivos, nega traços ou dificuldades indesejáveis) são termos associados ou próximos do conceito de defensividade. A defensividade distingue-se dos "mecanismos de defesa do eu", representados nos modelos psicodinâmicos do conflito intra-psíquico, e que são habitualmente considerados processos inconscientes.

A **perturbação factícia** corresponde à apresentação deliberada, manipulação ou fingimento de sinais e sintomas físicos ou psicológicos por parte do sujeito e é um meio deste assumir o papel de "doente" ou "pessoa inválida" (Hebber & Milberg, 2002, p. 174). Os incentivos externos não são o objectivo dos sintomas (APA, 2002). Se o sujeito obtém algum ganho económico ou evita responsabilidade legal por causa desses défices, a hipótese de perturbação factícia é excluída. Uma vez que a intencionalidade da produção de sintomas é consciente e deliberada não se classifica como perturbação psicossomática. A perturbação factícia não tem motivação económica utilitária, incentivo ou ganho externo específico, como a simulação. A motivação do sujeito vai no sentido de assumir o papel de "doente" com a consequente expectativa de prestação de cuidados, e com a libertação de responsabilidades da vida normal, mesmo à custa de prejuízos monetários, de saúde ou de liberdade. Se o objectivo externo é exclusivamente o assumir um papel de doente, o estilo de resposta é considerado factício. Neste âmbito, Rogers, Bagby e Rector (1989) advertem que a distinção baseada apenas na motivação (estado do paciente *versus* outros objectivos) é difícil de aplicar.

Em contextos de **avaliação neuropsicológica** a **simulação** corresponde ao exagero ou manifestação intencional de défices cognitivos com o objectivo de obter ganhos materiais substanciais (Slick, Sherman & Iverson, 1999). Há duas componentes necessárias ao diagnóstico de simulação: a evidência de intenção e a certeza de que o comportamento é motivado por potenciais ganhos secundários externos de natureza material. Do ponto de vista legal, entre os ganhos secundários da simulação encontram-se: (i) a compensação de natureza financeira, ou outra recompensa, pela lesão ou dano cerebral; (ii) a compensação do trabalhador (por exemplo, ao nível da reorganização das condições de trabalho); (iii) a justificação, desculpa ou atenuação para as consequências de comportamento criminal ou outro comportamento ilícito; por exemplo, evitar a definição de culpa pelo tribunal (não ser considerado culpado em resultado do veredicto que refere "*uma condição conhecida que provoca dano cerebral*"; Hall & Poirier, 2001, p. 137); (iv) evitar deveres, obrigações, responsabilidades.

PADRÕES DE SIMULAÇÃO

Os **padrões de simulação** incluem as seguintes situações: (i) falsificação de sintomas ou défices; (ii) exagero de sintomas; (iii) manutenção de sintomas; (iv) atribuição incorrecta de sintomas (Ferguson, 2003).

Mais especificamente, no cenário da **falsificação ("simulação pura")**, o sujeito não apresenta sintomas ou défices mas, de forma fraudulenta, alega ter sintomas ou défices não existentes e que seriam o resultado de uma lesão. Os sintomas podem ser atípicos, inconsistentes ou bizarros ou constituir réplicas perfeitas de síndromas reais cujos sintomas foram consultados em "manuais", na literatura especializada ou na *internet*. A falsificação corresponde a uma forma rara de simulação. A quantidade excessiva de respostas perseverativas no *Wisconsin Card Sorting Test* constitui um exemplo de falsificação.

Na situação de **exagero ("simulação parcial")**, o sujeito manifesta sintomas ou défices genuínos provocados por uma lesão, mas alega que os sintomas são mais graves. É provavelmente a forma de simulação mais comummente observada nas práticas clínica e forense. Considerem-se os seguintes dois exemplos. De forma deliberada, o sujeito com problemas mnésicos reais resolve ignorar pormenores nas tarefas diferidas de *Memória Lógica* ou de *Reprodução Visual* da *WMS-III*. No outro exemplo, nos relatos retrospectivos, um sujeito com dificuldades cognitivas inflaciona artificialmente o nível de funcionamento cognitivo/intelectual pré-mórbido.

Na **manutenção**, o sujeito apresentou previamente sintomas ou défices provocados por lesão. No entanto, e apesar de ter recuperado ou melhorado, ele alega, de modo falso, que esses sintomas continuam sem qualquer decréscimo, ou que se agravaram mesmo com o decorrer do tempo. A manutenção de sintomas associados a lesão, depois desta ter sido ultrapassada (*sintomas pós-concussão*), constitui um exemplo deste cenário.

Na **atribuição incorrecta** ou **falsa imputação**, o sujeito apresenta sintomas ou défices que antecedem, são posteriores ou não estão relacionados com a lesão (resultante de acidente de viação ou de trabalho) mas, de forma enganosa, atribui falsamente esses sintomas a uma causa etiologicamente não relacionada (lesão, acidente, etc.). É o caso do sujeito que denega uma história prévia de graves dificuldades de aprendizagem e atribui exclusivamente os seus actuais défices cognitivos à lesão (ou ao acidente).

LINHAS ORIENTADORAS NA IDENTIFICAÇÃO DE SIMULAÇÃO

A detecção de simulação, a partir de índices, depende do conhecimento e competência diagnóstica do (neuro)psicólogo na comparação do perfil de resultados com o conjunto dos sintomas diagnósticos que caracteriza as várias perturbações, problemas ou doenças.

Uma primeira linha orientadora remete para a análise das variáveis contextuais/situacionais e da inconsistência nos desempenhos.

A consideração de **variáveis situacionais** abrange a análise da possibilidade de ganhos secundários. Os **factores de natureza contextual** que alertam para a possibilidade de simulação incluem: (i) a presença de incentivos externos reconhecíveis para os comportamentos de simulação; (ii) história de emprego irregular, lesões incapacitantes, demasiadas ausências ao trabalho; (iii) comportamentos de desonestidade arreigados; (iv) conhecimento das normas legais relevantes para o seu caso; (v) exposição a processos litigiosos; (vi) experiência com situações de prestação de cuidados de saúde ou com companhias de seguro. Rogers (1990) precisa que a simulação deve ser uma hipótese a considerar sempre que a pessoa está numa posição de litígio ou existe a suspeita de simulação, que ocorre mais frequentemente em contextos médico-legais. No entanto, a suspeição não deve ser tomada como evidência de simulação. Além disso, os comportamentos de simulação podem ser situacionalmente específicos e não generalizáveis a outras situações.

A **inconsistência dos desempenhos** constitui um aspecto central da simulação e pode assumir formas muito diversificadas. Uma delas remete, por exemplo, para uma diferença fortemente exagerada entre sintomas simulados e sintomas genuínos ou para um padrão de resultados que "não faz sentido do ponto de vista neurológico". Neste âmbito, é possível constatar, quer padrões de desempenho em testes (neuro)psicológicos, quer défices severos, que não são observados em pacientes psiquiátricos ou neurológicos reais e que, por isso mesmo, não são consistentes com uma condição clínica. Entre os perfis de "resultados que não fazem sentido do ponto de vista neuropsicológico" podemos encontrar vários cenários. Num deles, é possível constatar a presença de pontuações superiores em tarefas de evocação relativamente a tarefas de reconhecimento. Por exemplo, os sujeitos "simuladores" em testes de aprendizagem de listas de palavras, como é o caso do *Rey Auditory Verbal Learning Test*, apresentam resultados na tarefa de evocação superiores aos resultados na tarefa de reconhecimento. Nos sujeitos com problemas mnésicos genuínos a relação é inversa (evocação inferior ao reconhecimento).

Os sintomas fortemente exagerados podem ocorrer em todos os testes, numa tentativa para simular um défice global/generalizado, ou ser mais selectivos e manifestarem-se apenas num único teste. Em qualquer dos casos, a gravidade dos défices (simulados), tal como se manifestam nos resultados nos testes, são desproporcionados relativamente à gravidade da lesão. A apresentação clínica é caracterizada por queixas não consistentes com o funcionamento cognitivo e neurológico esperados por parte do sujeito com lesão cerebral. Um exemplo frequente é o do sujeito com lesão cerebral ligeira que apresenta resultados em testes neuropsicológicos comparáveis aos obtidos por pacientes com deterioração cognitiva global. Todavia, o exagero grosseiro de sintomas, que é relativamente fácil de identificar, é apenas típico de simuladores ingénuos, não sofisticados.

São igualmente de valorizar as inconsistências excessivas ou contradições:

(i) durante uma mesma sessão de *testing*, o sujeito manifesta uma discrepância acentuada nos resultados em testes que medem a mesma aptidão (discrepâncias entre provas que avaliam os mesmos processos, como a memória). Por exemplo, resultado situado na média *vs* resultado no percentil 1;

(ii) devem ser consideradas incongruências entre avaliações na mesma prova ou em provas distintas. Com efeito, a inconsistência nas respostas desacredita os resultados e pode ser observada relativamente a um mesmo teste específico ou a diferentes testes e corresponder a padrões inabituais de pontuações quer na população normal, quer em grupos clínicos;

(iii) neste contexto, um outro cenário conhecido remete para a situação de "falhar itens mais fáceis e acertar itens mais difíceis". Por exemplo, no *Trail Making Test*, o resultado no Trail B é superior ao do Trail A; na Memória de Dígitos o desempenho em Sentido Inverso é melhor que o observado em Sentido Directo; na prova de Pares de Palavras o resultado dos "Pares difíceis" é superior ao encontrado para os "Pares fáceis";

(iv) divergências entre resultados padronizados (em percentis, por exemplo), em provas que avaliam diferentes processos mnésicos (memória visual ou memória verbal) devem ser analisadas. Normalmente os resultados padronizados são idênticos nos mesmos grupos etários. Sempre que possível, as discrepâncias entre diferentes medidas de aprendizagem verbal (evocação de frases, listas de palavras, pares de palavras) devem ser convertidos em percentis e a consistência dos desempenhos ser comparada;

(v) diferenças associadas a uma reduzida fiabilidade teste-reteste. A discrepância entre resultados manifesta-se ao longo do tempo, entre os desempenhos do mesmo sujeito em diferentes sessões de avaliação após a lesão ou problema clínico. Por exemplo, passar de desempenhos médios para desempenhos [inferior ao percentil 2] num teste idêntico;

(vi) desajuste entre as queixas do sujeito e os seus comportamentos. Por exemplo, o sujeito queixa-se que não consegue ler mas, repetidamente, "lê" as palavras na tarefa de interferência de Stroop;

(vii) afastamento entre resultados em testes neuropsicológicos e actividades de vida diária. Por exemplo, o sujeito apresenta resultados muito baixos nos testes, mas vive de forma independente, lida com as suas finanças, conduz o automóvel, etc.. Neste caso há uma falta de consistência entre as queixas aduzidas e as actividades habituais em que o sujeito se envolve. É importante analisar a comunicação relativa a actividades de vida diária e procurar informação independente que confirme ou refute o relato do sujeito, relativo a dificuldades em lidar com actividades profissionais ou com tarefas da vida diária. Consideremos outro exemplo relativo a um paciente com queixas intensas de "perda de memória" após acidente de automóvel, com resultados muito reduzidos na bateria de testes neuropsicológicos, muito desproporcionados tendo em conta a gravidade da lesão e muito inconsistentes com o desempenho actual nas actividades quotidianas. Por exemplo, o sujeito é capaz de encontrar o caminho da sala de exame sem ajuda, apesar do resultado de apenas 3 dígitos na Memória de Dígitos em sentido directo (Tombaugh, 1995, p. 54). Outro exemplo é relativo a um sujeito com resultados muito baixos nos testes neuropsicológicos, mas capaz de se lembrar do nome do neurologista que o examinou 4 anos antes, da aparência do psicólogo que administrou os testes, descrever com rigor os materiais dos estímulos usados, evocar objectos de arte observados à hora de almoço (Larrabee, 1990);

(viii) divergência entre os resultados obtidos e os resultados esperados (em função da natureza ou da gravidade da lesão);

(ix) presença quer de respostas aproximadas, embora erradas, quer de respostas ilógicas;

(x) não concordância entre resultados nos testes ou os auto-relatos e os comportamentos observados e registos médicos invalidam os resultados nos testes e os auto-relatos.

Outras **linhas orientadoras na avaliação dos comportamentos de simulação** incluem as seguintes rubricas:

(i) detecção de situações de "esforço reduzido" ou de "falta de cooperação" no processo de avaliação por parte do sujeito, que podem ser identificadas a partir de pelo menos duas situações. Por um lado, muitas respostas "não sei" (que traduz falta de esforço associado a "simulação" .... ou a "problemas emocionais"). Por outro, a tendência para desistir rapidamente da tarefa nos itens mais difíceis. Independentemente da justificação, a falta de esforço tem implicações importantes na interpretação da validade dos resultados;

(ii) preocupação excessiva, por parte do sujeito, em estabelecer um vínculo causal entre as dificuldades apresentadas e um acontecimento traumático prévio;

(iii) sintomas implausíveis (por exemplo, queixa-se que vê as letras desordenadas e ao contrário e que não consegue ver com os óculos);

(iv) o sujeito é indicado para avaliação (neuro)psicológica por um advogado, juiz, etc.;

(v) observar o comportamento durante o exame (e fora da situação de teste);

(vi) verificar os níveis de aptidão e de desempenho pré-mórbidos, bem como perdas ao nível do funcionamento cognitivo (através do recurso a fontes objectivas e independentes, como registos tanto escolares como profissionais/laborais);

(vii) examinar os padrões de desempenho em testes específicos de avaliação da validade de sintomas de comportamentos de simulação, isto é, testes de escolha forçada, e para os quais pode ser calculado um nível de desempenho provável; neste plano, são de valorizar os resultados inferiores aos *pontos-de-corte* em testes de escolha forçada.

Os comportamentos de simulação não diferem apenas no grau mas, também, no **tipo de sintomas**. Neste sentido, as áreas de exagero ao nível da possível manifestação de sintomas abrangem: (i) dores, rigidez acentuada, vertigens ou tonturas; (ii) depressão, nervosismo, irritação, frustração; (iii) perturbação da memória, amnésia grave ou total; (iv) confusão geral durante o processo de avaliação, falta de compreensão; (v) concentração reduzida (distracção); (vi) dislexia; (vii) alteração da personalidade; (viii) cegueira ou perda de visão; (ix) torpor; (x) mobilidade fortemente limitada ou reduzida amplitude de movimentos (Iverson & Binder, 2000; Williams, 1998).

Neste contexto, são ainda de considerar outros **sinais e sintomas clínicos de simulação**. Estes incluem os seguintes aspectos: (i) manifestar impaciência em discutir ou chamar a atenção, de modo excessivamente "dramático", para sintomas ou para mencionar "novos" sintomas sugeridos pelo (neuro)psicólogo; (ii) formular imputações falsas acerca da validade dos sintomas; (iii) referir sintomas raramente encontrados em pacientes "credíveis" com traumatismo craniano e/ou comunicação de numerosos sintomas improváveis; (iv) simular sintomas positivos mais frequentemente que sintomas negativos. Sintomas positivos significam aqui sintomas associados à presença de lesão cerebral; (v) relatar sintomas mais "exuberantes ou óbvios" de lesão cerebral do que sintomas "subtis"; (vi) assinalar sintomas que são de uma gravidade extrema, incluindo sintomas bizarros e caricatos; (vii) indicar sintomas, desempenhar tarefas, ou fracassar no desempenho de tarefas que são inconsistentes com os seus próprios relatos anteriores, relatos de outras pessoas, ou observações do seu comportamento noutras situações; (viii) apresentar uma constelação de sinais e sintomas que são inconsistentes com uma lesão cerebral reconhecível e demonstrar (sugerir) uma evolução da alegada lesão que é contrária ao desenvolvimento real/verdadeiro das lesões; (ix) respostas incorrectas, lentas, ao acaso.

A presença de alguns destes critérios comportamentais é usada para incluir casos em grupos de "suspeitos de esforço reduzido". Quanto mais numerosos forem estes sintomas maior é a probabilidade de simulação. A ausência relativa destes sintomas poderá apoiar a opinião de validade da lesão cerebral.

PROBLEMAS

São vários os problemas existentes relativos à avaliação dos comportamentos de simulação. Estes problemas podem ser resumidos nos seguintes pontos:

(i) ao nível dos critérios de diagnóstico, a DSM-IV proporciona uma orientação fraca acerca de como distinguir entre sintomatologia intencional e sintomatologia não intencional;

(ii) as amostras usadas nos estudos experimentais são constituídas frequentemente por alunos universitários. Uma parte importante dos estudos envolve *"simulators rather than genuine malingerers"*. Estes "simuladores" são instruídos para fingir ou inventar défices mnésicos. São mais raras as investigações com pacientes reais, suspeitos de "esforço insuficiente" nas tarefas de teste. Deste modo, é limitada a generalização dos resultados obtidos com os grupos de universitários para o "mundo real dos pacientes que simulam". Nesta perspectiva, as amostras de alunos universitários não são "credíveis" nem "representativas" dos sujeitos que mais frequentemente simulam défices (principalmente casos de sujeitos de meia-idade, que procuram obter incentivos financeiros substanciais, e possuem oportunidades de ocupação profissional limitadas). São numerosos os estudos que indicam discrepâncias acentuadas entre o desempenho de "simuladores" e "pacientes reais" suspeitos de esforço insuficente (Binder, 1993; Binder, & Willis, 1991; Haines, & Norris, 1995; Nies, & Sweet, 1994);

(iii) embora seja conceptualmente apelativa, a ideia de usar vários "indicadores de falta de validade" ou de recorrer a "padrões de inconsistência" para identificar a simulação tem uma aplicação prática limitada, uma vez que se trata de situações relativamente raras;

(iv) a simulação ocorre em diferentes graus, não é sempre uma situação manifestamente presente ou ausente: existem variações entre o exagero mínimo de sintomas e sintomas flagrantemente falsos/não existentes. Por outro lado, a presença de simulação não exclui a possibilidade de existência de sintomas genuínos (Binder, 1990; Larrabee, 1990). A pessoa pode exagerar a presença dos sintomas. No entanto, quem tenta obter compensação através do exagero de sintomas torna mais difícil, senão mesmo impossível a avaliação dos sintomas genuínos presentes (Tombaugh, 1996);

(v) o diagnóstico de simulação corresponde a um dos juízos clínicos mais pejorativos, na medida em que, no essencial, acusa o sujeito de engano, fraude e perjúrio (Ruff et al., 1993). Um diagnóstico falso tem consequências negativas substanciais para a vida pessoal, familiar e profissional do sujeito. Mesmo estando correcto, o diagnóstico de simulação pode ter consequências pessoais, sociais e psicológicas a longo prazo que excedem a gravidade da fraude (Tombaugh, 1996). A confirmação do diagnóstico é muito difícil de estabelecer com qualquer grau de certeza, a menos que a pessoa admita a simulação ou seja surpreendida a desempenhar um acto incompatível com os alegados sintomas (Resnick, 1988). A simulação não pode ser vista como um traço de personalidade. Por outro lado, simular num contexto ou situação não significa que o sujeito simule sempre;

(vi) embora impossibilite o sujeito de obter recompensas externas, o diagnóstico de simulação tem uma utilidade clínica reduzida (Pankratz & Erikson, 1990);

(vii) convém igualmente referir as dificuldades associadas à crescente sofisticação na manifestação de "défices" cognitivos e, neste contexto, assinalar a existência da categoria dos "simuladores sofisticados". Muitos simuladores têm um conhecimento directo ou indirecto de sintomas específicos associados à lesão ou à doença que tentam fingir. Alguns simuladores têm um conhecimento directo dos sintomas porque já anteriormente os experimentaram, embora actualmente esses sintomas estejam ausentes ou se manifestem com uma intensidade reduzida (caso de pessoa que recuperou parcialmente e que exagera as queixas relativas a sintomas que ainda ocorrem). O conhecimento indirecto dos sintomas pode ser proveniente da leitura (artigos e livros que fazem referência a sintomas associados a quadros clínicos), da navegação na *internet*, ou resultar da informação obtida junto de amigos, pacientes ou advogados. A detecção de comportamentos de simulação é mais difícil quando o sujeito que simula tem "conhecimentos" (por exemplo, sabe que a memória de reconhecimento permanece intacta mesmo nos casos mais graves). O "simulador sofisticado" pode simular sintomas de forma "não obviamente exagerada". O seu padrão de simulação dos resultados nos testes apenas pode ser detectado se ele não se ajusta ao perfil neuro-comportamental específico. Por outras palavras, os resultados e os sintomas não têm sentido do ponto de vista neurológico, remetem para "desempenhos aberrantes nas medidas neuropsicológicas" (Bernard, 1991; Greiffenstein, Baker, & Gola, 1994; Millis, 1994);

(viii) o recurso a "padrões aberrantes" de desempenho nos testes neuropsicológicos como medidas de simulação reside no facto dos padrões de desempenho de sujeitos com défices verdadeiros e de indivíduos sem problemas neurológicos não terem sido ainda suficientemente clarificados (Mittenberg et al., 1993); é necessária precaução na interpretação dos resultados baixos. Neste contexto, é importante distinguir a capacidade deficitária do sujeito do seu envolvimento ou esforço reduzido colocado na prova. Nem todo o esforço insuficiente representa simulação. Os resultados reduzidos podem não significar simulação, mas apenas um esforço inadequado que é consequência de outras motivações ou factores, que podem ter um impacto negativo nos desempenhos e que devem ser considerados. Não há forma objectiva de determinar o nível de esforço;

(ix) existem vários outros factores de complexidade no exame dos comportamentos de simulação, como é o caso da existência de simuladores com "patologia genuína" ou com "desempenhos normais";

(x) existem poucos estudos com simuladores "suspeitos" ou "confirmados", facto que inviabiliza a exploração de propriedades psicométricas dos índices, pontos-de-corte, ao nível da sensibilidade e poder preditivo.

BREVE ANÁLISE DOS RESULTADOS EM DIFERENTES TESTES

Vejamos seguidamente os resultados observados nalgumas das provas mais usadas em avaliação neuropsicológica. Comecemos por algumas provas de avaliação da **memória**. As perturbações da memória constituem a queixa mais frequente nos casos de lesão cerebral e de traumatismo crânio-encefálico (TCE) e pensa-se que é um tipo de dificuldade em que há maior probabilidade de simulação (Williams, 1998). As dificuldades na memória são comuns a seguir a um traumatismo craniano de suficiente gravidade e as pessoas tem a expectativa que os sintomas de diminuição da memória ocorram em consequência do traumatismo (Mittenberg, DiGiulio, Perrin, & Bass,1992). Questões relativas à validade dos défices mnésicos não surgem quando não existe evidência de défice. O desempenho de pacientes com capacidade cognitiva intacta não é relevante para a validação de medidas de simulação.

A importância atribuída à memória no exame dos comportamentos de simulação justifica que a análise dos resultados empíricos disponíveis se ocupe agora numa parte importante de testes de memória (*Wechsler Memory Scale, Memory Assessment Scale, California Verbal Learning Test).* No mesmo plano, outras provas muito usadas em avaliação (neuro) psicológica serão igualmente objecto de abordagem: é o caso das *Wechsler Adult Intelligence Scale* e do *Trail Making Test.*

Wechsler Memory Scale (WMS-R; Wechsler, 1981; WMS-III; Wechsler, 1997).

A pesquisa de Langeluddecke et al. (2003) mostra que foram encontradas diferenças altamente significativas entre simuladores e não simuladores em todos os subtestes e índices da WMS-III. O resultado bruto no Índice Reconhecimento Auditivo Diferido (somatório dos resultados no Reconhecimento Diferido da Memória Lógica e do Reconhecimento Diferido dos Pares de Palavras Associados) e, numa menor extensão, o Reconhecimento de Listas de Palavras, parecem constituir um "método extremamente eficaz" para despistar as situações de "esforço inadequado".

Os perfis de simuladores nos indíces da WMS sugerem que estes apresentam piores resultados do que pacientes com lesões cerebrais, nomeadamente nas medidas de atenção relativamente às medidas da memória. Neste enquadramento, outras investigações assinalam a utilidade de um "índice de esforço não óptimo" que corresponderia à presença de uma diferença substancial entre os resultados (mais baixos) no Índice Atenção/Concentração (IAC) e os resultados (mais elevados) no Índice Memória Geral (IMG). Este é um padrão de pontuações que na WMS-R discriminou os desempenhos de 39 "simuladores" (sujeitos normais instruídos para, sem ser detectados, fingirem défices mnésicos em consequência de um traumatismo craniano) de 39 pacientes com traumatismo craniano em situação não litigiosa. Estes pacientes foram observados em média 14 meses depois da ocorrência de um traumatismo moderado ou severo. Esta caracterização corresponde a um cenário similar ao dos pacientes examinados em contextos litigiosos. Diferenças entre 25 e 35 pontos colocam a probabilidade de simulação entre .85 e .89 (Mittenberg, Azrin, Millsaps, & Heilbrunner, 1993).

No mesmo sentido vai a investigação de Hilsabeck et al. (2003) ao assinalar que discrepâncias de 25 pontos entre os mesmos índices (Atenção/Concentração *versus* Memória Geral) classificam incorrectamente como simuladores apenas 8.5% dos casos (6.5% dos casos através da função discriminante).

Rosenfeld, Sands e Van Gorp (2000) criticam o recurso a esta diferença de resultados, com base na baixa exactidão preditiva positiva (percentagem de todos os diagnósticos positivos que estão correctos) que apresenta "taxas-base" de 15% ou menos. A exactidão preditiva positiva refere-se à percentagem de todos os diagnósticos positivos que estão correctos. Esta percentagem é afectada pela prevalência da simulação numa dada população (a "taxa-base"). Em sentido inverso, há a considerar a evidência proveniente de estudos empíricos com instrumentos bem validados que referem "taxas-base" entre 33 e 59% nos grupos com lesão cerebral moderada (Binder, 1993; Greiffenstein, Baker, & Gola, 1994; Millis, 1992; Youngjohn, Burrows, & Erdal, 1995).

Na investigação de Mittenberg et al. (1993) o "simulador médio" manifesta desempenhos no Índice Atenção/Concentração que são respectivamente 1 e 2 desvios-padrão inferiores aos do Índice Memória Geral. Não é provável que uma pessoa com uma amplitude da atenção gravemente deficitária possa apresentar neste Índice resultados superiores (ainda que inferiores à média). Do ponto de vista da neuropsicologia clínica, este padrão não faz sentido uma vez que não é possível recordar aquilo que inicialmente não foi objecto de atenção. É necessário um certo nível de capacidade de atenção para um desempenho mnésico intacto. É possível ter dificuldades significativas ao nível do funcionamento da memória com a atenção relativamente intacta, mas o inverso é improvável. Do ponto de vista da conceptualização dos sistemas da atenção e da memória sabe-se que a aprendizagem de informação nova está fortemente dependente do funcionamento da atenção e que uma pessoa com memória normal raramente demonstra capacidades de atenção diminuídas.

É no entanto necessário ter em conta que esta teoria é persuasiva apenas no caso destes índices constituírem medidas válidas da "atenção" e da "memória" e que é importante reconhecer que défices transitórios na atenção são frequentes a seguir a um traumatismo craniano agudo (Iverson, Slick & Franzen, 2000). Ainda num registo de precaução do uso destes indicadores Hannay, Bieliauskas, Crosson, Hammeke, Hamster e Koffler (1998) chamam a atenção para duas situações que podem provocar erros falso-positivos. Por um lado, a existência prévia de Dificuldades de Aprendizagem ou de Perturbação de Hiperactividade com Défice de Atenção pode influenciar negativamente o desempenho no Índice Atenção/Concentração. Por outro, os efeitos da prática com intervalos teste-reteste curtos podem inflacionar artificialmente o Índice Memória Geral.

Um outro indicador conhecido remete para o teste da Memória de Dígitos. Os pacientes julgam, erradamente, que as provas de memória de dígitos avaliam a memória e não a atenção e concentração. Esta atribuição incorrecta leva a que sujeitos que simulam défices cognitivos, devido a lesão cerebral, apresentem frequentemente resultados baixos em testes de memória de dígitos (Andrikopoulos, 1994). Todavia, este resultado também não faz sentido do ponto de vista neurológico, uma vez que a atenção imediata permanece relativamente intacta na lesão cerebral traumática e na situação de amnésia global (Butters et al., 1988). A pesquisa de Suchy e Sweet (2000), realizada com sujeitos institucionalizados em programas de tratamento de abuso de substâncias, mostra que a amplitude da atenção imediata (avaliada através da memória de dígitos e da memória espacial) e os resultados no subteste da Informação/Orientação da WMS-R constituem indicadores úteis da suspeição de esforço insuficiente.

No dizer de Spreen e Strauss (1998) estas tarefas são percebidas pelos simuladores como avaliando a memória, quando efectivamente examinam processos atencionais simples ou informação verbal sobreaprendida; ambos os processos são resistentes aos efeitos do traumatismo craniano ligeiro ou moderado.

Os défices mnésicos podem ser facilmente simulados e difíceis de distinguir dos défices provocados por lesão cerebral. Pelo contrário, a amplitude da atenção está relativamente preservada na demência resultante de traumatismo craniano crónico (Levin, Benton, & Grossman, 1982 citados em Mittenberg et al., 1992), bem como na maior parte das etiologias de demência e amnésia (American Psychiatric Association, 2002).

Memory Assessment Scale (MAS; Williams, 1991).

As investigações com a MAS sugerem que os simuladores apresentam de um modo geral resultados mais reduzidos na MAS do que os não simuladores (Beetar & Williams, 1995) e que litigantes com TCE suspeitos de manifestar esforço reduzido poderão apresentar resultados globais mais baixos em quase todos os índices da MAS do que os litigantes com TCE não suspeitos de simulação (O'Bryant et al., 2004).

É no entanto justificada alguma precaução. O'Bryant et al. (2004) defendem que o nível de desempenho reduzido na MAS não constitui, por si só, uma indicação de simulação, acrescentando que a presença de resultados muito fracos em todos os índices podem ajudar a detectar um possível exagero de sintomas ou simulação, apenas quando considerados conjuntamente com os resultados obtidos em testes mais específicos de avaliação da validade de sintomas.

California Verbal Learning Test (CVLT; Delis, Kramer, Kaplan & Ober, 1987).

Este teste constitui uma medida das capacidades de aprendizagem e memória, com excelente validade facial relativamente a um domínio (memória) que é frequentemente escolhido como objecto de simulação. Neste contexto, parecem ter especificidade necessária para uso na detecção de simulação (ou esforço insuficiente) os pontos-de-corte, que é necessário ir re-ajustando e que são relativos aos seguintes indicadores: (i) Total Ensaios 1-5 (Millis, Putnam, Adams, & Ricker, 1995; Truebold, 1994; Sweet, Wolfe, Sattlberger, Numan, Rosenfeld, Clingerman, & Nies, 2000); (ii) Acertos no reconhecimento (*recognition hits*) (Ashendorf, O'Bryant, & McCaffrey, 2003; Millis et al., 1995; Truebold, 1994; Truebold & Schmidt, 1993; Sweet et al., 2000); (iii) Discriminabilidade no reconhecimento (*recognition discriminability*), Evocação Guiada Diferida com intervalo de retenção longo (*long-delay cued recall*) (Ashendorf et al., 2003; Millis et al., 1995; Sweet et al., 2000).

No estudo de Millis et al. (1995), os índices do CVLT, atrás citados, permitiram diferenciar os desempenhos de pacientes com lesão cerebral ligeira, que demonstraram esforço insuficiente em medidas independentes de motivação, dos desempenhos de pacientes com TCE moderado ou severo e motivados, assegurando assim que pacientes com graus mais severos de lesão cerebral não são incorrectamente classificados como casos que manifestam esforço insuficiente.

É também de sublinhar que na investigação de Sweet et al. (2000) com o CVLT os sujeitos simuladores foram identificados através do recurso a critérios independentes definidos a partir de testes mais específicos de validade de sintomas (*Multi-Digit Memory Test*; *Rey 15-Item Memory Test*). Este é um tipo de plano de investigação, actualmente mais recomendado, que combina medidas clássicas de avaliação neuropsicológica e instrumentos específicos de exame dos comportamentos de simulação

Wechsler Adult Intelligence Scales (WAIS-R; Wechsler, 1981; WAIS-III, Wechsler, 1997).

A diferença entre os resultados padronizados nos subtestes Vocabulário-Memória de Dígitos (V-MD) tem sido usada como índice de suspeição de resposta enviesada (Greve et al., 2003; Mittenberg et al., 1995). Com base em comparações entre amostras de sujeitos com traumatismo, simuladores e prováveis simuladores, a investigação de Mittenberg et al. (2001) refere que o resultado da diferença V-MD apresenta uma exactidão diagnóstica global de 71%. Na pesquisa de Millis, Ross e Ricker (1998) o recurso à diferença V-MD permitiu identificar correctamente 79% de pacientes não litigantes com traumatismo moderado ou severo e pacientes em litígio com traumatismos ligeiros que se acredita manifestarem desempenhos que traduzem esforço reduzido nos testes.

As pessoas que fingem ou exageram problemas mnésicos "moderam" ou mitigam frequentemente o seu desempenho no teste da Memória de Dígitos. A prova está presente nas diferentes versões da WAIS e da WMS e tem sido proposta como um potencial marcador do desempenho intencionalmente reduzido em avaliação neuropsicológica (Iverson & Tulksy, 2003). Embora comuns em sujeitos simuladores, os desempenhos muito reduzidos na MD são relativamente raros em pacientes com diferentes tipos de lesão cerebral (Mittenberg, Theroux-Fichera, Zielinski, & Heilbronner, 1995). Neste contexto, resultados padronizados inferiores a 5 (Greiffenstein, Baker, & Gola, 1994) ou a 4 pontos (Iverson & Franzen,

1996) têm sido considerados como traduzindo suspeita de respostas enviesadas. Estes critérios são consonantes com a investigação de Miller (1956) que define a amplitude normal da MD em sentido directo como a amplitude máxima de 7 ± 2 dígitos. Pacientes com défices mnésicos apresentam desempenhos no extremo inferior da distribuição. O estudo de Black (1986) com uma amostra de 162 pacientes, com lesões cerebrais resultantes de diferentes etiologias, mostra que o desempenho médio deste grupo é de aproximadamente 6 dígitos na MD em sentido directo (M= 5.9; DP= 1.4) e 4 na MD em sentido inverso (M= 4.0; DP= 1.3). Por isso, um resultado muito baixo obtido por um sujeito com traumatismo ligeiro no subteste da MD pode ser indicativo de uma estratégia de amplificação das dificuldades, uma vez que as capacidades de pacientes com défices associados a lesões cerebrais apresentam desempenhos relativamente preservados.

Com base na amostra normativa da aferição americana da WAIS-III e nos grupos clínicos incluídos nos estudos de validade (lesão cerebral traumática, abuso crónico de consumo de álcool, síndrome de Korsakoff, lobectomias temporais esquerdas e lobectomias temporais direitas em casos de epilepsia intratável, doença de Alzheimer) Iverson e Tulsky (2003) proporcionam um conjunto de linhas orientadoras para detectar situações de enviesamento negativo nos resultados na MD: (i) resultados padronizados inferiores ou iguais a 5; (ii) amplitude mais elevada na MD sentido directo menor ou igual a 4 (para pessoas com menos de 55 anos); (iii) amplitude mais elevada na MD sentido inverso inferior ou igual a 2 e (iv) diferença V-MD superior ou igual a 5.

Trail Making Test (TMT; Reitan & Wolfson, 1993).

No *Trail Making Test* as análises dos resultados relativos ao número de erros, tempos de completamento das tarefas e razão entre TMT-B: TMT-A podem ser úteis para detectar respostas enviesadas (Goebel, 1983; Ruffolo, Guilmette, & Willis, 2000; Trueblood & Schmidt, 1993).

No estudo de Trueblood e Schmidt (1993) com 16 pacientes com lesão cerebral moderada (8 considerados simuladores, 8 classificados como simuladores "questionáveis"), o tempo de resposta no TMT-B e o número de erros é significativamente maior nos sujeitos suspeitos de simulação. Para além da amostra reduzida, a ausência de sujeitos com lesão cerebral não suspeitos de simulação constitui uma limitação deste estudo.

A pesquisa de Ruffolo e cols. (2000) sugere que, relativamente a grupos de não simuladores (TCE ligeiro, TCE moderado a grave, e grupo controlo), os grupos suspeitos de simulação (sujeitos simuladores e sujeitos com TCE ligeiro suspeitos de esforço reduzido) despenderam significativamente mais tempo para completar o TMT-A e o TMT-B e manifestaram um maior número de erros no TMT-B.

Uma maior precaução na interpretação dos resultados é sugerida por O'Bryant, Hilsabeck, Fisher e McCaffrey (2003). Com base numa amostra de 94 sujeitos com TCE em situação litigiosa (27 casos de presumível simulação e 67 não suspeitos identificados a partir do TOMM e do *Rey 15-Item Memory Test*) aqueles investigadores concluem que os erros não discriminam os grupos, embora o nível global do desempenho no TMT seja deliberadamente reduzido nos simuladores. O resultado TMT-B:TMT-A é distintamente mais baixo nos sujeitos litigantes suspeitos de simulação, mas os autores consideram que a sua utilidade clínica é insignificante. Um posicionamento ainda mais céptico é apresentado por Iverson, Lange, Green e Franzen (2002) ao considerarem que a sensibilidade do teste é fraca para a detecção de exagero deliberado.

CONCLUSÃO

A detecção de "esforço reduzido" durante a situação de *testing* e a inferência de que este comportamento é o resultado de simulação corresponde a um processo clínico complexo. Habitualmente, este processo passa pelo recurso a resultados em vários testes e fontes de informação. Uma maior confiança no diagnóstico está associada à manifestação de resultados mais extremos numa medida e à evidência convergente a partir do recurso complementar a várias outras provas. O recurso isolado a um único teste apresenta um valor muito limitado.

O diagnóstico de simulação exige, pois, o recurso a várias provas, a exploração de forma combinada de vários indicadores dentro de cada prova, o emprego complementar quer de medidas tradicionais de aptidão ou de funções neuropsicológicas, quer de provas mais específicas de avaliação da validade dos sintomas.

Os trabalhos aqui recenseados mostram que é urgente mais investigação para avaliar a utilidade dos pontos-de-corte sugestivos de sintomas simulação em diferentes testes.

Desconhecemos a existência de estudos teóricos ou empíricos, em Portugal, no domínio da avaliação dos comportamentos de simulação. Esperamos também com este trabalho chamar a atenção para uma área importante da avaliação (neuro)psicológica onde entre nós está ainda tudo por fazer.

BIBLIOGRAFIA

AMERICAN PSYCHIATRIC ASSOCIATION (APA, 2002). *DSM-IV-TR: Manual de diagnóstico e estatística das perturbações mentais (4.ª ed., texto revisto)*. Lisboa: Climepsi Editores.

ASHENDORF, L., O'BRYANT, S. E., & MCCAFFREY, R. J. (2003). Specificity of malingering detection strategies in older adults using the CVLT and WCST. *The Clinical Neuropsychologist, 17*(2), 255-262.

BEETAR, J. T., & WILLIAMS, M. (1995). Malingering response styles on the Memory Assessment Scales and symptom validity tests. *Archives of Clinical Neuropsychology*, *10*, 57-72.

BEETAR, J., & WILLIAMS, J. (1995). Malingering response styles on the Memory Assessment Scales and Symptom Validity Tests. *Archives of Clinical Neuropsychology*, *10*, 57-72.

BERNARD, L. C. (1991). The detection of faked deficits on the Rey Auditory Verbal Learning Test: The effect of serial position. *Archives of Clinical Neuropsychology*, *6*, 81-88.

BINDER, L. M. & WILLIS, S. C. (1991). Assessment of motivation after financially compensable minor head trauma. *Psychological Assessment*, *3*, 175-181.

BINDER, L. M. (1990). Malingering following minor head trauma. *The Clinical Neuropsychologist*, *4*(1), 25-36.

BINDER, L. M. (1993). Assessment of malingering after mild head trauma with the Portland Digit Recognition Test. *Journal of Clinical and Experimental Neuropsychology*, *15*, 170-182.

BINDER, L. M. (1993). *Portland Digit Recognition Test Manual*. Beaverton, OR: Author.

BLACK, W. F. (1986). Digit repetition in brain-damage adults: Clinical and theoretical implications. *Journal of Clinical Psychology*, *42*, 770-782.

BUTTERS, N., SALMON, D. P., CULLUM, C. M., CAIRNS, P., TROSTER, A. L., JACOBS, D., MOSS, M., & CERMAK, L. S. (1988). Differentiation of amnesic and demented patients with Wechsler Memory Scale--Revised. *The Clinical Neuropsychologist, 2,* 133-148.

DELIS, D. C., KRAMER, J. H., KAPLAN, E., & OBER, B. A. (1987). *California Verbal Learning Test: Adult version manual*. San Antonio, TX: The Psychological Corporation.

FERGUSON, K. E. (2003). Detecting malingering in forensic neuropsychological, evaluations in litigduts with mild traumatic brain injury. In W. O. Donohue & E. Levensky (Eds.), Mandbook of forensic psydidogy (pp. 301-314). San Diego, CA: Elsevier Academic Press.

GOEBEL, R. A. (1983). Detection of faking on the Halstead Reitan Neuropsychological Test Battery. *Journal of Clinical Psychology*, *39* (5), 731-742.

GREEN, P., ALLEN, L., & ASTNER, K. (1996). *Manual for computerised Word Memory Test*. Durham, NC: CogniSyst.

GREIFFENSTEIN, M. F., BAKER, W. F., & GOLA, T. (1994). Validation of malingered amnesia measures with a large clinical sample. *Psychological Assessment*, *6*(3), 218-224.

GREVE, K. W., BIANCHINI, K. J., MATHIAS, C. W., HOUSTON, R. J., & CROUCH, J. A. (2003). Detecting malingered performance on the Wechsler Adult Intelligence Scale validation of Mittenberg's approach in traumatic brain injury. *Archives of Clinical Neuropsychology*, *18*, 245-260.

GUILMETTE, T. J., HART, K. J., & GIULIANO, A. J. (1993). Malingering detection: The use of a forced-choice method in identifying organic versus simulated memory impairment. *The Clinical Neuropsychologist*, *7*, 59-69.

HAINES, M. E. & NORRIS, M. P. (1995). Detecting the malingering of cognitive deficits: An update. *Neuropsychology Review*, *5*, 125-148.

HALL, H. V., & POIRIER, J. G. (2001). *Detecting malingering and deception: Forensic distortion analysis* (2nd ed.). New York: CRC Press.

HANNAY, H. J., BIELIAUSKAS, L., CROSSON, B. A., HAMMEKE, T. A., HAMSHER, K., & KOFFLER, S. (1998). Proceedings of the Houston Conference on Specialty Education and Training in Clinical Neuropsychology: Policy statement. *Archives of Clinical Neuropsychology*, *13*, 160-166.

HEATON, R. K., SMITH, H. H., JR., LEHMAN, R. A. & VOGT, A. T. (1978). Prospects for faking believable deficits on neuropsychological testing. *Journal of Consulting and Clinical Psychologist*, *46*, 892-900.

HEUBROCK, D. & PETERMANN, F. (1998). Neuropsychological assessment of suspected malingering: Research results, evaluation techniques, and further directions of research and application. *European Journal of Psychological Assessment*, *14*, 211-225.

HILSABECK, R. C., THOMPSON, M. D., IRBY, J. W., ADAMS, R. L., SCOTT, J. G., & GOUVIER, W. D. (2003). Partial cross-validation of the Wechsler Memory Scale-Revised (WMS-R) General Memory--Attention/Concentration Malingering Index in a nonlitigating sample. *Archives of Clinical Neuropsychology*, *18*, 71-79.

HISCOCK, M., & HISCOCK, C. K. (1989). Refining the forced-choice method for the detection of malingering. *Journal of Clinical and Experimental Neuropsychology*, *11*, 967-974.

IVERSON, G. L., & BINDER, L. M. (2000). Detecting exaggeration and malingering in neuropsychological assessment. *Journal of Head Trauma Rehabilitation*, *15*, 829-858.

IVERSON, G. L., & FRANZEN, M. D. (1996). Using multiple objective memory procedures to detect simulated malingering. *Journal of Clinical and Experimental Neuropsychology*, *18*, 38-51.

IVERSON, G. L., & TULSKY, D. S. (2003). Detecting malingering on the WAIS-III unusual Digit Span performance patterns in the normal population and in clinical groups. *Archives of Clinical Neuropsychology*, *18*, 1-9.

IVERSON, G. L., FRANZEN, M. D., & MCCRAKEN, L. M. (1991). Evaluation of an objective assessment technique for the detection of malingered memory deficits. *Law and Human Behavior*, *15*, 667-676.

IVERSON, G. L., SLICK, D. J., & FRANZEN, M. D. (2000). Evaluation of a WMS-R malingering index in a nonlitigating clinical sample. *Journal of Clinical and Experimental Neuropsychology*, *22*, 191-197.

IVERSON, G., L., Lange, R. T., Green, P., & Franzen, M. D. (2002). Detecting exaggeration and malingering with the Trail Making Test. *The Clinical Neuropsychologist*, *16*(3), 398-406.

KILLGORE, W. D. S., & DELLA PIETRA, L. (2000). Item response biases on the logical memory delayed recognition subtest of the Wechsler Memory Scale-III. *Psychological Reports*, *86*(3), 851-857.

LANGELUDDECKE, P., & LUCAS, S. K. (2003). Quantitative measures of memory malingering on the Wechsler Memory Scale-Third Edition in mild head injury litigants. *Archives of Clinical Neuropsychology, 18*, 181-197.

LARRABEE, G. J. (1990). Cautions in the use of neuropsychological evaluation in legal settings. *Neuropsychology, 4*, 239-247.

LEZAK, M. (1995). *Neuropsychological assessment* (3rd. ed.). New York: Oxford University Press.

MILLER, G. A. (1956). The magical number seven, plus or minus two: Some limits on our capacity for processing information. *Psychological Review, 63*, 81-97.

MILLER, L. J., RYAN, J. J., CARRUTHERS, C. A., & CLUFF, R. B. (2004). Brief screening indexes for malingering: A confirmation of Vocabulary minus Digit Span from the WAIS-III and the Rarely Missed Index from the WMS-III. *The Clinical Neuropsychologist, 18*(2), 327-333.

MILLIS, S. R. (1992). The Recognition Memory Test in the detection of malingered and exaggerated memory deficits. *Clinical Neuropsychologist, 6*, 406-414.

MILLIS, S. R. (1994). Assessment of motivation and memory with the Recognition Memory Test after financially compensable mild head injury. *Journal of Clinical Psychology, 50*, 601-605.

MILLIS, S. R., PUTNAM, S. H., ADAMS, K. M., & RICKER, J. H. (1995). The California Verbal Learning Test in the detection of incomplete effort in neuropsychological evaluation. *Psychological Assessment, 7*, 463-471.

MILLIS, S. R., ROSS, S. R., & RICKER, J. H. (1998). Detection of incomplete effort on the Wechsler Adult Intelligence Scale-Revised: A cross-validation. *Journal of Clinical and Experimental Neuropsychology, 20*, 167-173.

MITTENBERG, W., AGUILA-PUENTES, G., PATTON, C., CANYOCK, E. M., & HEILBRONNER, R. L. (2002). Neuropsychological profiling of symptom exaggeration and malingering. In J. Hom & R. L. Denney (Eds.), *Detection of response bias in forensic neuropsychology* (pp. 227-240). New York: Haworth Medical Press.

MITTENBERG, W., AZRIN, R., MILLSAPS, C., & HEILBRONNER, R. (1993). Identification of malingered head injury on the Wechsler Memory Scale-Revised. *Psychological Assessment, 5*(1), 34-40.

MITTENBERG, W., DIGIULIO, D. V., PERRIN, S., & BASS, A. E. (1992). Symptoms following mild head injury: Expectation as etiology. *Journal of Neurology, Neurosurgery, and Psychiatry, 55*, 200-204.

MITTENBERG, W., THEROUX, S., ÁGUILA-PUENTES, G., BIANCHINI, K., GREVE, K., & RAYS, K. (2001). Identification of malingered head injury on the Wechsler Adult Intelligence Scale – 3rd ed. *The Clinical Neuropsychologist, 15*, 440-445

MITTENBERG, W., THEROUX-FICHERA, S., ZIELINSKI, R., & HEILBRONNER, R. L. (1995). Identification of malingered head injury on the Wechsler Adult Intelligence Scale-Revised. *Professional Psychology: Research and Practice, 26*(5), 491-498.

NIES, K. J. & SWEET, J. J. (1994). Neuropsychological assessment and malingering: A critical review of past and present strategies. *Archives of Clinical Neuropsychology, 9*(6), 501-522.

O'BRYANT, S. E., DUFF, K., FISHER, J. & MCCAFFREY, R. J. (2004). Performance profiles and cut-off scores on the Memory Assessment Scales. *Archives of Clinical Neuropsychology, 19*, 489-496.

O'BRYANT, S. E., HILSABECK, R. C., FISHER, J. M., & MCCAFFREY, R. J. (2003). Utility of the Trail Making Test in the assessment of malingering in a sample of mild traumatic brain injury litigants. *The Clinical Neuropsychologist, 17*(1), 69-74.

PANKRATZ, L., & ERICKSON, R. C. (1990). Two views of malingering. *The Clinical Neuropsychologist, 4*, 379-389.

REITAN, R. M., & WOLFSON D. (1993). *The Halstead-Reitan Neuropsychological Test Battery: Theory and clinical interpretations.* Tucson, AZ: Neuropsychology Press.

REITAN, R. M., & WOLFSON D. (1998). Detection of malingering and invalid test results using the Halstead-Reitan battery. In C. R. Reynolds (Ed.), *Detection of malingering during head injury litigation* (pp. 163-208). New York: Plenum Press.

REY, A. (1964). *L'examen clinique en psychologie.* Paris: Presses Universitaires de France.

ROGERS, R. (1990). Models of feigned mental illness. *Professional Psychology: Research and Practice, 21*, 182-188.

ROGERS, R. (1997). *Clinical assessment of malingering and deception* (2nd ed.). New York: Guilford Press.

ROGERS, R., BAGBY, R. M., & DOCKENS, S. E. (1992). *SIRS: Structured interview of reported symptoms: Professional manual.* Odessa, FL: Psychological Assessment Resources.

ROSENFELD, B., SANDS, S. A. & VAN GORP, W. G. (2000). Have we forgotten the base rate problem? Methodological issues in the detection of distortion. *Archives of Clinical Neuropsychology*, *15*, 349--359.

RUFF, R. M., WYLIE, T., & TENNANT, W. (1993). Malingering and malingeringlike aspects of mild closed head injury. *Journal of Head Trauma Rehabilitation*, *8*, 60-73.

RUFFOLO, L. F., GUILMETTE, T. J., & WILLIS, W. G. (2000). Comparison of time and error rates on the Trail Making Test among patients with head injuries, experimental malingerers, patients with suspect effort on testing, and normal controls. *The Clinical Neuropsychologist, 14(2)*, 223-230.

SLICK, D. J., SHERMAN, E. M., & IVERSON, G. L. (1999). Diagnostic criteria for malingered neurocognitive dysfunction: Proposed standards for clinical practice and research. *The Clinical Neuropsychologist*, *13*(4), 545-561.

SPREEN, O., & STRAUSS, E. (1998). *A compendium of neuropsychological tests: Administration, norms and commentary* (2nd ed.). New York: Oxford University Press.

SUCHY, Y,. & SWEET, J. J. (2000). Information/orientation subtest of the Wechsler Memory-Scale-Revised as an indicator of suspicion of insufficient effort. *The Clinical Neuropsychologist, 14*(1), 56-66.

SWEET, J. J., WOLFE, P., SATTLBERGER, E., NUMAN, B., ROSENFELD, J. P., CLINGERMAN, S. & NIES, K. J. (2000). Further investigation of traumatic brain injury versus insufficient effort with the California Verbal Learning Test. *Archives of Clinical Neuropsychology*, *15*(2), 105-113.

TOMBAUGH, T. M. (1996). *Test of Memory Malingering TOMM*. Canada: Multi-Health Systems.

TRUEBLOOD, W. & SCHMIDT, M. (1993). Malingering and other validity considerations in the neuropsychological evaluation of mild head injury. *Journal of Clinical and Experimental Neuropsychology*, *15*(4), 578-590.

TRUEBLOOD, W. (1994). Qualitative and quantitative characteristics of malingered and other invalid WAIS-R and clinical memory data. *Journal of Clinical and Experimental Neuropsychology*, *16*, 597--607.

WECHSLER, D. (1981). *Manual for the Wechsler Adult Intelligence Scale--Revised*. San Antonio, TX: The Psychological Corporation.

WECHSLER, D. (1987). *Manual for the Wechsler Memory Scale-Revised*. San Antonio, TX: The Psychological Corporation.

WECHSLER, D. (1997). *WAIS-III and WMS-III manual*. San Antonio, TX: The Psychological Corporation.

WILLIAMS, J. M. (1998). The malingering of memory disorder. In C. R. Reynolds (Ed.), *Detection of malingering during head injury litigation* (pp. 105-132). New York: Plenum Press.

WILLIAMS, M. J. (1991). *Memory Assessment Scales (MAS): Professional manual*. Odessa, FL: Psychological Assessment Resources.

YOUNGJOHN, J. R., BURROWS, L. & ERDAL, K. (1995). Brain damage or compensational neurosis? The controversial post-concussive syndrome. *The Clinical Neuropsychologist*, *9*, 112-123.

ÍNDICE DOS CAPÍTULOS